电子商务系列教材

跨境电商理论与实务

主　编：陈　盈
副主编：李文华　丁小宝　陈张丰

电子工业出版社
Publishing House of Electronics Industry
北京·BEIJING

内 容 简 介

随着电子信息技术和经济全球化的深入发展，电子商务在国际贸易中的地位和作用日益凸显，已经成为我国对外贸易的重要发展渠道。跨境电商越来越受到政府部门的重视，跨境电子商务法律政策不断完善，在跨境支付、通关和保税模式等方面对跨境电商呈现多重利好。近年来，跨境电商发展如火如荼，大量的中国卖家借助阿里巴巴速卖通平台、Wish 平台、亚马逊平台、Lazada 平台等，将"Made in China"的商品销售到全球各地的消费者手中。

为了帮助企业及个人创业者做好跨境电商业务，同时也为了给电商相关专业学生提供学习参考，本书主要以实操的方式，以适合新手入门的速卖通为主要讲解平台，由浅入深地介绍了跨境电商的知识和速卖通平台运营技巧，并对亚马逊平台、Wish 平台等各自在基础操作、平台规则、跨境物流、数据分析、视觉美工等方面进行了深入的分析。全书共三篇十三章，理论篇为第一、二章，介绍了跨境电商的基本概念和跨境物流的基础知识；实务篇为第三～九章，从平台规则、店铺营销、数据分析、视觉美工策略、客服服务、物流模板设置、跨境收款与支付七个方面详细介绍了速卖通平台实战；拓展篇为第十～十三章，分别介绍了 Amazon 平台、Wish 平台和 Lazada 平台的相关情况，以及与另外几个相关平台的比较。

本书适用于已经从事跨境电商行业或有志于此的朋友。

未经许可，不得以任何方式复制或抄袭本书之部分或全部内容。
版权所有，侵权必究。

图书在版编目（CIP）数据

跨境电商理论与实务/陈盈主编．—北京：电子工业出版社，2021.12
ISBN 978-7-121-34428-2

Ⅰ．①跨… Ⅱ．①陈… Ⅲ．①电子商务－高等学校－教材 Ⅳ．①F713.36

中国版本图书馆 CIP 数据核字（2021）第 215894 号

责任编辑：王昭松　　　　　特约编辑：田学清
印　　刷：三河市鑫金马印装有限公司
装　　订：三河市鑫金马印装有限公司
出版发行：电子工业出版社
　　　　　北京市海淀区万寿路 173 信箱　　邮编 100036
开　　本：787×1092　1/16　印张：21.25　字数：585 千字
版　　次：2021 年 12 月第 1 版
印　　次：2021 年 12 月第 1 次印刷
定　　价：62.00 元

凡所购买电子工业出版社图书有缺损问题，请向购买书店调换。若书店售缺，请与本社发行部联系，联系及邮购电话：（010）88254888，88258888。
质量投诉请发邮件至 zlts@phei.com.cn，盗版侵权举报请发邮件至 dbqq@phei.com.cn。
本书咨询联系方式：（010）88254609，hzh@phei.com.cn。

前　言

21世纪以来，经济全球化进入深度发展时期，物品、资本、生产、技术、信息等生产要素的跨境流动不断加速。信息技术革命使得国际（地区）贸易进一步突破了传统的地理界限，实体经济与虚拟经济相结合所产生的互联网经济将全球市场更加紧密地联结在了一起。云计算、大数据技术的发展既使得传统外贸企业的经营产生了革命性的改变，也为跨境电子商务的发展提供了坚实的技术基础。跨境电子商务作为融合了国际（地区）贸易和电子商务两种业态的新型跨境交易模式，对传统贸易的交易主体、运行体制、运作流程、竞争态势等都产生了极大的冲击，同时也通过促进分工深化、更新交易手段、改变成本结构、重组贸易条件、影响贸易政策等途径重塑了全球贸易价值链并促进其包容协调发展。

在政策支持和跨境电商平台建设的不断完善下，我国跨境电商企业在2008年全球金融危机后得到了快速的发展，体现出以创新思维推动产业转型和经济结构调整的独特优势，并将在很长一段时期内面临良好的发展机遇和广阔的发展空间。在跨境电商行业快速发展的大背景下，跨境电商领域的学术研究却尚未引起足够的重视，相关高端人才的培养也呈现出供不应求的态势，各行各业各部门分别起草跨境电商人才标准，但是没有核心的课程标准与之相对应。学术研究与人才培养的脱节在一定程度上制约了这个新兴行业的发展。

在这样一种时代大背景下，我们编写了这本《跨境电商理论与实务》，在梳理了近年来我国跨境电商产业发展轨迹的基础上，选择了全球价值链上极具典型性与代表性的跨境电商平台，介绍了与跨境电子商务相关的基本操作、数据分析、跨境物流等知识点，希望能够为相关产业与课堂教学提供第一手材料，增加理论知识与实务操作。

与其他的跨境电商书籍相比，本书在形式、内容与编写方法方面均有一些不同之处。形式方面，如经典案例集中的案例标题通常都是中性的，而本书为每个案例所取的标题则均略显褒义，这样处理是为了激励目标企业为案例采编提供更加充实的决策素材与数据资料。内容方面，本书希望能够通过较为灵活的结构让读者在尽可能短的篇幅内尽可能多地感受到跨境电商行业的丰富事实，因此放松了对于案例故事线索组织形式的约束，不追求案例正文的每一章节都严格对应一个决策点。编写方法方面，本书撰写的一部分案例在面世之前已经经过了短期的课堂教学试验验证，但为了尽快推出教学型案例及满足社会各界的需求，一定程度上缩短了这个验证周期，因此这部分工作仍然需要广大师生朋友在教学实践中共同探索，把使用过程中的感受、意见与建议反馈给作者。

本书是编者及学生团队集体智慧和辛勤汗水的结晶。理论篇第一、二章由丁小宝老师编写；实务篇第三、四章由李文华老师编写，第五～九章由陈盈老师编写；拓展篇第十、十一章由陈张丰老师编写，第十二、十三章由李文华老师编写。陈盈老师负责了全书的统稿和整体思路把握。由始至终，我们一起共渡难关，各自尽职尽责地完成了编写工作，对负责的每一章内容都进行了反复研究。本书的出版要特别感谢电子工业出版社的编辑，在进行校企合作及在企业选择、书稿写作、案例修订的过程中给出了诸多建设性意见；感谢郑艳艳老师、钱爱玲老师；感谢陈玲佳同学，她在成书的过程中做了许多琐碎的事务性工作。本书的编写也同时参考了阿里巴巴平台、Wish 平台、亚马逊平台等官方教学材料和各个跨境电商的展会，在此一并感谢。

  我们身处的时代赋予我们机会，让个人的价值可以成为事业的主宰，跨境电商的发展无疑为这种价值的释放和扩大提供了一个绝佳的载体和通道。与其羡慕那些传说中一夜成名的"风口者"，不如顺势而为，加入时代的大潮中，只要迈开脚步，任何时候都不晚。

编　者

2021 年 6 月

理 论 篇

第1章 跨境电商的基本概念
- 1.1 什么是跨境电商 ... 3
  - 1.1.1 跨境电子商务的含义 ... 3
  - 1.1.2 跨境电子商务的分类 ... 3
- 1.2 跨境电商的发展状况 ... 4
  - 1.2.1 跨境电商的发展历程 ... 4
  - 1.2.2 中国跨境电商现状 ... 6
  - 1.2.3 跨境电商存在的机遇与风险 ... 7
- 1.3 跨境电商涵盖的范围 ... 9
  - 1.3.1 进口、出口跨境电商的运作模式 ... 9
  - 1.3.2 主流跨境电商模式 ... 11
  - 1.3.3 出口跨境电商模式及代表企业 ... 12
  - 1.3.4 进口跨境电商模式 ... 17
- 课后习题 ... 21

第2章 跨境物流
- 2.1 邮政物流介绍 ... 23
  - 2.1.1 EMS ... 23
  - 2.1.2 e邮宝 ... 24
  - 2.1.3 中国邮政航空大包 ... 25
  - 2.1.4 中国邮政航空小包 ... 25
  - 2.1.5 其他国家或地区的邮政小包 ... 26
- 2.2 商业快递介绍 ... 26
  - 2.2.1 TNT 介绍 ... 26
  - 2.2.2 UPS 介绍 ... 27
  - 2.2.3 FedEx 介绍 ... 29
  - 2.2.4 DHL 介绍 ... 29
  - 2.2.5 Toll 介绍 ... 30
  - 2.2.6 SF Express 介绍 ... 31
- 2.3 专线物流介绍 ... 31
  - 2.3.1 Special Line-YW ... 31
  - 2.3.2 Russian Air ... 32
  - 2.3.3 Aramex ... 33
  - 2.3.4 芬兰邮政 ... 33
  - 2.3.5 中俄快递-SPSR ... 34
- 2.4 其他物流方式介绍 ... 35
- 2.5 海外仓介绍 ... 35
- 课后习题 ... 35

实 务 篇

第3章 全球速卖通平台实战
- 3.1 注册规则 ... 41
- 3.2 发布规则 ... 41
  - 3.2.1 禁售、限售规则 ... 41
  - 3.2.2 知识产权规则 ... 43
  - 3.2.3 搜索排序规则 ... 45
  - 3.2.4 发布商品 ... 49
- 3.3 交易规则 ... 50
  - 3.3.1 成交不卖与虚假发货 ... 50
  - 3.3.2 物流纠纷规则 ... 53
  - 3.3.3 货不对版 ... 58
  - 3.3.4 售后规则 ... 59
  - 3.3.5 卖家服务等级 ... 61
- 3.4 放款规则 ... 63
  - 3.4.1 具体放款规则 ... 63
  - 3.4.2 放款方式 ... 64
- 课后习题 ... 64

第4章 店铺营销
- 4.1 平台营销工具 ... 67
  - 4.1.1 关联营销 ... 67
  - 4.1.2 橱窗推荐 ... 68

        4.1.3 联盟营销 70
    4.2 平台活动 76
        4.2.1 大促活动分析 76
        4.2.2 活动选品技巧 79
        4.2.3 活动报名流程 79
        4.2.4 搭配套餐 81
    4.3 直通车 83
        4.3.1 什么是直通车 83
        4.3.2 直通车的优势 84
        4.3.3 直通车的规则 86
        4.3.4 直通车的推广方法 88
        4.3.5 直通车的优化工具 91
        4.3.6 直通车的数据分析 93
        4.3.7 利用直通车获取流量 96
    4.4 SNS 营销 103
        4.4.1 速卖通卖家可以利用 SNS
              做些什么 104
        4.4.2 SNS 社交营销类型 106
    课后习题 122

第 5 章　数据分析

    5.1 数据分析与定位 124
        5.1.1 数据分析的目标 124
        5.1.2 数据分析的方法 124
    5.2 行业数据分析 125
        5.2.1 行业情报 125
        5.2.2 选品专家 128
        5.2.3 关键词分析 133
        5.2.4 关键词设置技巧与方法 134
    5.3 店铺数据分析 141
        5.3.1 店铺实时风暴 141
        5.3.2 店铺概况分析 141
        5.3.3 流量来源分析 142
        5.3.4 店铺装修效果分析 142
        5.3.5 店铺商品分析 143
    课后习题 144

第 6 章　视觉美工策略

    6.1 视觉营销的重要性 145
    6.2 文案策划 146
        6.2.1 店招文案 147
        6.2.2 海报文案 147

        6.2.3 详情页文案 148
    6.3 美工图片的规范化 148
        6.3.1 图片尺寸 149
        6.3.2 图片品质 150
        6.3.3 其他 150
    6.4 点爆广告图 151
        6.4.1 主图设计 152
        6.4.2 海报设计 153
    6.5 速卖通店铺装修基础操作 154
        6.5.1 AliExpress 旺铺首页设计 155
        6.5.2 店招设计 155
        6.5.3 图片轮播模块 156
        6.5.4 商品推荐模块 156
        6.5.5 自定义内容区 157
    6.6 速卖通店铺装修第三方模块 160
        6.6.1 全屏海报 160
        6.6.2 广告墙 160
        6.6.3 分类导航 160
        6.6.4 自定义模块 161
        6.6.5 产品信息模块 161
    课后习题 163

第 7 章　客服服务

    7.1 跨境电商的沟通技巧 164
        7.1.1 了解海外客户的沟通习惯 164
        7.1.2 售前、售后的常见问题 166
        7.1.3 提高客户体验 169
    7.2 信用评价 170
        7.2.1 速卖通信用评价的规则 170
        7.2.2 导致中差评的原因 173
        7.2.3 完善服务，解决差评 173
    7.3 纠纷 177
        7.3.1 速卖通纠纷规则 177
        7.3.2 如何处理纠纷 178
        7.3.3 服务等级 179
        7.3.4 客服处理纠纷技巧 181
        7.3.5 如何有效处理纠纷 185
    课后习题 187

第 8 章　物流模板设置

    8.1 认识新手运费模板 189
    8.2 设置运费模板 191

8.3	速卖通线上发货	197
8.3.1	线上发货的优势	197
8.3.2	线上发货的操作流程	197
8.4	海外仓	202
8.4.1	海外仓产品运费的设置	202
8.4.2	关于海外仓费用的计算	205
课后习题		205

第 9 章　跨境收款与支付

9.1	收款账户设置	207
9.1.1	收款账户的类型	207
9.1.2	注册和绑定国际支付宝	208
9.1.3	注册和绑定美元收款账户	209
9.1.4	查询银行的 Swift Code	211
9.1.5	支付宝账户的认证流程	212
9.2	卖家提现与支付	212
9.2.1	速卖通收费标准	212
9.2.2	卖家提现	212
9.2.3	"支付宝卖家保护指南"	213
9.2.4	买家支付方式介绍	215
课后习题		217

拓　展　篇

第 10 章　Amazon 平台

10.1	Amazon 平台注册	221
10.2	Amazon 平台运营特点	225
10.2.1	Listing 优化	227
10.2.2	Buy Box	233
10.3	Amazon 平台操作	237
10.3.1	Amazon 后台操作	237
10.3.2	Selling Rating	241
10.3.3	Pending Oder	244
10.3.4	刊登产品	245
10.4	FBA 物流	246
10.4.1	什么是 FBA	246
10.4.2	FBA 的优缺点	247
10.4.3	FBA 操作	248
10.5	Amazon A-to-Z 条款	249
10.5.1	A-to-Z 条款内容	249
10.5.2	如何应对 A-to-Z 条款	250
课后习题		252

第 11 章　Wish 平台

11.1	Wish 平台的销售原理	256
11.1.1	Wish 平台流量的特点	256
11.1.2	Wish 平台的产品推送原理	260
11.1.3	Wish 平台的销售策略	262
11.2	Wish 平台的基本操作	267
11.2.1	创建店铺	267
11.2.2	产品上架优化	271
11.2.3	发货物流	278
11.2.4	售后服务	281
课后习题		283

第 12 章　Lazada 平台

12.1	Lazada 平台运营	285
12.1.1	注册店铺	285
12.1.2	产品图片设置	287
12.1.3	订单管理	295
12.2	Lazada 平台上的物流	307
12.3	Lazada 平台上的收付款	309
12.4	Lazada 平台上的禁售	313
12.5	促销活动	314
课后习题		321

第 13 章　平台比较与选择

13.1	阿里巴巴国际站、环球资源网、中国制造网比较	324
13.2	蜜芽宝贝、洋码头、敦煌网比较	325
13.3	亚马逊、eBay 平台比较	325
13.4	敦煌网的商业模式	326
13.5	Wish、速卖通平台比较	328
13.6	具有代表性的四种出口平台模式	328
课后习题		331
参考文献		**332**

理 论 篇

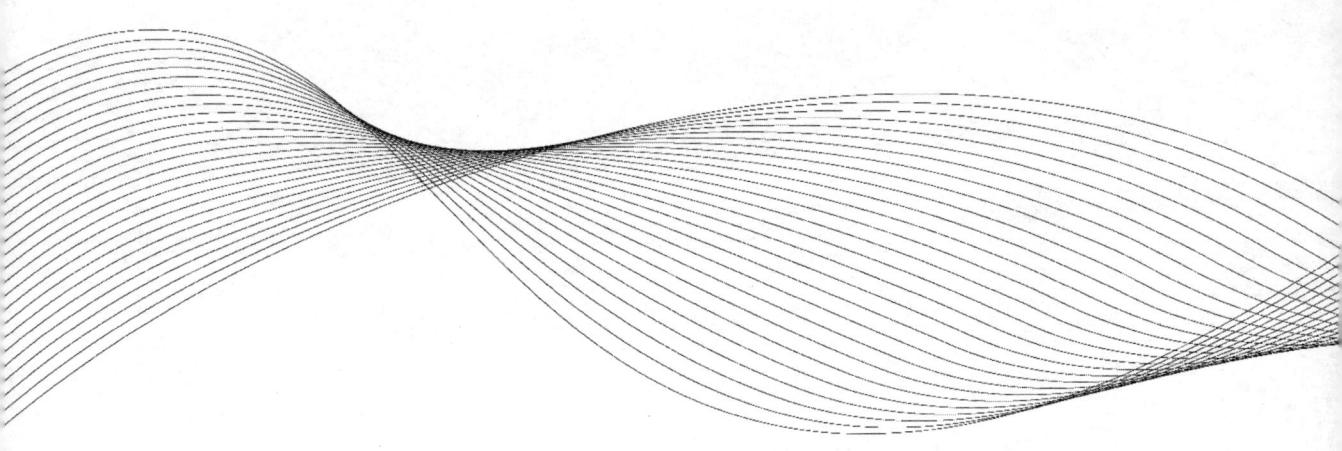

第 1 章 跨境电商的基本概念

 什么是跨境电商

1.1.1 跨境电子商务的含义

跨境电子商务,又称跨境电商,是指不同关境的交易主体通过电子商务平台达成交易、进行支付结算,并通过跨境物流送达商品、完成交易的一种国际贸易活动。

跨境电子商务是基于网络发展起来的,网络空间是相对于物理空间而言的,它是一个新的空间,是一个虚拟但在客观世界存在的站点。网络空间的独特价值和行为模式对跨境电子商务产生了深远的影响,使其与传统的交易方式不同,呈现出其自身的特点。目前,对跨境电子商务的认知主要表现在四个方面:政策领域、国际组织、咨询公司与学术研究。

政策领域:欧盟在其电子商务统计中出现了跨境电子商务(Cross-Border Electronic Commerce)这一个名称和相关的内容,主要是指国家之间的电子商务,但并没有给出明确的定义。

国际组织:联合国于 2000 年就已经关注到了国际贸易和电子商务的关系;2010 年,国际邮政组织(IPC)在《跨境电子商务报告》中,分析了 2009 年的跨境电子商务状况,但对跨境电子商务的概念也没有明确的界定,而是出现了"Internet shopping""Online shopping""Online cross-border shopping"等多个不同的说法。

咨询公司与学术研究:在 eBay、尼尔森等著名公司及诸多学者的表述中也运用了不同的名词表达,如跨境在线贸易、外贸电子、跨境网购、国际电子商务等。阿里巴巴电子商务研究中心在 2016 年的报告中对跨境电子商务概念的界定是:跨境电子商务有广义和狭义之分——广义的跨境电子商务是指分属于不同关境的交易主体通过电子商务手段达成交易的跨境进出口贸易活动;狭义的跨境电子商务特指跨境网络零售,指分属于不同关境的交易主体通过电子商务平台进行跨境支付结算,并通过跨境物流送达商品、完成交易的一种国际贸易新业态(跨境网络零售是互联网发展到一定阶段所产生的新型贸易形态)。总体来看,这些概念虽然表达不同,但还是反映了一些共同的特点:一是渠道上的现代性,即以现代信息技术和网络渠道为交易途径;二是空间上的国际性,即由一个经济体成员境内向另一个经济体成员境内提供的贸易服务;三是方式上的数字化,即以无纸化为主要交易方式。

1.1.2 跨境电子商务的分类

跨境电子商务包含了较多的要素,有交易对象、交易渠道、货物流通、监管方式、资金交付、信息和单据往来等多个方面,按照这些要素的不同可以将跨境电子商务划分为不同的类型。

按照交易对象的不同，跨境电子商务可以分为 B2B、B2C、C2C 和 B2G 四类。

B2B（Business to Business），即企业与企业之间的跨境电子商务，主要应用于企业之间的采购与进出口贸易等。传统的电商形式中最常见的是 B2B 模式，核心在于交易双方都是商家。B2B 可以分为三种模式：第一种是垂直模式，主要是整合某一专业领域的上下游产业链；第二种是综合模式，其网站属于一个开发性的中间平台，例如阿里巴巴、中国制造网等；第三种是自建平台，企业自己建立平台直接销售自有或采购的商品。

B2C（Business to Customer），即企业与消费者个人之间的跨境电子商务，主要应用于企业直接销售或消费者全球购活动。随着大量第三方在线平台的建立，跨境电商的交易门槛大幅降低，越来越多的零售商甚至消费者直接参与到销售和网上购买过程，从而缩短了供应链、减少了中间环节。B2C 模式的使用率明显增加，甚至出现了不同国家消费者之间少量商品互通有无的 C2C 模式和工厂直接到消费者的 M2C 模式。

C2C（Customer to Customer），即消费者与消费者之间的跨境电子商务，简言之 C2C 是个人与个人之间的电子商务，主要应用于消费者之间的个人拍卖等行为。C2C 模式的特点是大众化交易，早期的 eBay 属于 C2C 平台，而一度非常流行的海淘代购也是典型的 C2C 模式。

B2G（Business to Government），B2G 是最近出现的电子商务模式，即"商家到政府"（是术语 B2B 的变化形式），是企业与政府之间的跨境电子商务，主要应用于政府采购，但目前进行跨境采购要受到各国诸多法规的限制。

1.2 跨境电商的发展状况

1.2.1 跨境电商的发展历程

跨境电子商务作为电子商务的重要分支，在对外贸易中扮演着重要的角色，在促进国际贸易、满足人们的日常生活需求方面发挥着不可替代的作用。要想了解跨境电子商务的发展历程，首先就要了解电子商务的发展历程。

（1）世界电子商务发展经历的四个阶段

第一阶段：基于电子通信工具的初期电子商务。1844 年，莫尔斯发明电报通信，人们开始运用电子手段进行商务活动的实践，电报的发明拉开了电信时代的序幕；1876 年，贝尔和华生发明了电话，开始用声音传递商务信息；1925 年，电视之父贝尔德发明了能传输图像的电视机；1930 年有声电视出现；1937 年沃恩斯的电子电视系统击败贝尔德，真正意义上的电视诞生，于 1946 年合法制造。由此，电报、电话、传真、电视等成为进行商务活动的电子通信工具（传递信息、商务文件、谈判、支付、广告等）。

第二阶段：基于电子数据交换的电子商务。20 世纪 60 年代，"个人计算机"的出现及企业之间专用网络的发展，应用于企业之间的电子数据交换技术（EDI）和银行之间的电子资金转账技术（EFT）作为电子商务应用的系统雏形出现了。商业文件可以从一台计算机传输到另一台计算机，这大大提高了商业文件的处理速度，降低了商业成本。但企业使用专用网络与设备的费用太高，专业的人才少，阻碍了它的发展。

第三阶段：基于互联网的电子商务。20世纪90年代，互联网在全球迅速普及和发展，逐步从军事、大学、科研机构走向企业和百姓家庭，基于互联网的电子商务以遍布全球的互联网为架构，以交易双方为主体、网上支付和结算为手段、客户信息数据库为依托的一种新的商务模式迅速发展。

第四阶段：E概念电子商务。它是人类社会、经济、科学、文化发展的必然产物，是信息化社会的商务模式，也是商务发展的未来。随着互联网的迅速发展，风起云涌的网站在炒足了概念之后，都纷纷转向了"务实"，而"务实"比较鲜明的特点之一，是绝大多数的网站都在试图做实实在在的电子商务。

（2）中国电子商务发展的四个阶段

第一阶段：萌芽与酝酿期（1997—2000年）——爆炸式发展的夏天。亚马逊网络书店的冉冉升起使电子商务成了经济活动的热点，大量风险投资涌入电子商务，网络概念股在美国备受青睐，电子商务出现爆炸式发展。

第二阶段：调整蓄势阶段（2000—2003年）——寒冬。由于扩张速度快、资金投入多、电子商务问题暴露、物流与管理问题突出，网络股出现泡沫经济，国际股市从5000点跌破到2000点。资金撤离、网站开始重新洗牌，电子商务的发展经历了寒冬，超过1/3的电子商务网站销声匿迹了。

第三阶段：复苏与回暖期（2003—2005年）——高速发展的春天。经过严峻的市场考验，电子商务网站开始务实经营。"9·11"事件的发生、SARS病毒的出现使得电子商务卷土重来，又迎来了一个发展的春天。这个阶段对于电子商务来说最大的变化有三个——第一个变化是大批的网民逐步接受了网络购物的生活方式，而且这个规模还在高速地扩张；第二个变化是众多的中小型企业从B2B电子商务中获得了订单，得到销售机会，"网商"的概念深入商家之心；第三个变化是电子商务基础环境不断成熟，物流、支付、诚信瓶颈得到基本解决，在B2B/B2C/C2C领域里有不少的网络商家在迅速地成长，积累了大量的电子商务运营管理经验和资金。

第四阶段：电子商务纵深发展期（2006年至今）——做大做强，收获果实的秋天。这个阶段最明显的特征就是，电子商务已经不仅仅是互联网企业的天下了。数不清的传统企业和资金流入电子商务领域，使得电子商务世界变得异彩纷呈。

（3）跨境电子商务的发展历程

跨境电子商务脱胎于跨境贸易，最早的跨境贸易基本都是通过线下交易完成的。1995年，随着互联网开始普及到社会生活的各个层面，各种基于商务网站的电子商务业务和网络公司开始不断涌现。

中国跨境电子商务的发展经历了以下三个阶段（在阶段时间划分上没有统一标准，现按照阿里研究院的时间划分），如图1-1所示。

第一阶段：萌芽期（1999—2007年）。跨境电商在我国起步于20世纪末，最早出现的是帮助中小型企业出口的B2B平台，代表企业有中国制造网、阿里巴巴（国际站）等，这些跨境电商平台为中小型企业提供商品信息展示、交易撮合等基础服务。其中，阿里巴巴（国际站）是目前全球较大的跨境B2B平台，并且已经从线上B2B信息服务平台逐步发展成B2B跨境在线交易平台。

第二阶段：发展期（2008—2013年）。随着全球网民渗透率的提高，以及跨境支付、物流等服务水平的提高，2008年前后，面向海外个人消费者的中国跨境电商零售出口业务（B2C/C2C）蓬勃发展起来，兰亭集势、阿里巴巴全球速卖通皆是顺应这一趋势成长起来的跨境电商B2C网站。跨境电商零售的发展造成国际贸易主体、贸易方式等发生了巨大的变化，我国大量中小型企业、"网商"开始直接深入参与国际贸易。

第三阶段：爆发期（2014年至今）。2014年我国对跨境电商零售进口做出监管制度创新，促进了跨境电商的迅猛发展，诞生了一大批跨境电商零售进口平台和企业，包括天猫国际、网易考拉、聚美优品、洋码头、小红书等，整个行业在2015年迎来了爆发式增长。如果说20世纪末开始的跨境电商只是改变了传统国际贸易的营销方式，那么随着全球互联网基础设施的普遍安装，当前跨境电商已经对国际贸易运作方式、贸易链环节产生了革命性、实质性的影响。中小型企业、个人深入参与到国际贸易的各个环节，中小型企业直接与全球消费者进行互动和交易，全球化红利的受益者更加广泛，各方受益也更加均衡和普惠。

图1-1 中国跨境电商发展历程

1.2.2 中国跨境电商现状

（1）跨境电商高速增长

由于我国跨境电商整体发展环境向好，受国内消费升级趋势及国家注重进出口贸易发展的影响，再加上国际物流及供应链技术的不断发展，跨境电商市场近年来发展迅速，呈现出高速增长状态。跨境电商贸易宏观格局图，如图1-2所示。

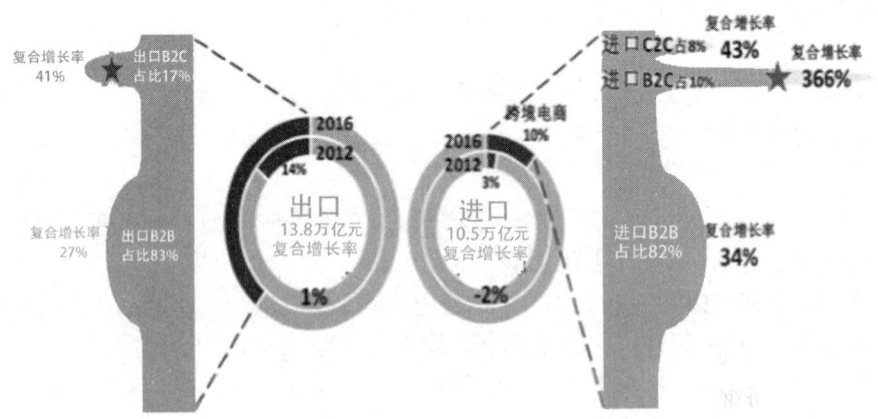

图1-2 跨境电商贸易宏观格局图

（2）受到政府的高度重视

我国政府对于跨境电子商务的发展非常重视，具体体现在以下三个方面：第一，政府将跨境电商视为制造经济新的增长点的一个重要方式；第二，关于跨境电商的一系列政策措施将会逐步落地，为跨境电商的发展营造一个良好的环境；第三，跨境电商试点在全国范围不断拓展，成为之后发展可借鉴的成熟经验。第一批跨境电商试点城市除郑州、重庆、上海、杭州、宁波5个城市之外，广州、深圳前海及青岛等地也相继获批，成为跨境电子商务试点城市。尤其是"综试区+试点城市"齐头并进的政策红利，催生了行业大发展。

我国跨境电商采用两种试点模式——跨境电商综合试验区（国务院牵头）、跨境电商试点城市（海关总署牵头）。两种试点模式均处于探索期，政策多由试点当地政府以自下而上探索，核心目的在于规范行业和提高行政效率。综试区是试点城市的升级版，地位高于试点城市。国务院总理李克强亲自敲定了首个综试区——中国（杭州）跨境电子商务综合试验区。跨境电商政策性区域如图1-3所示。

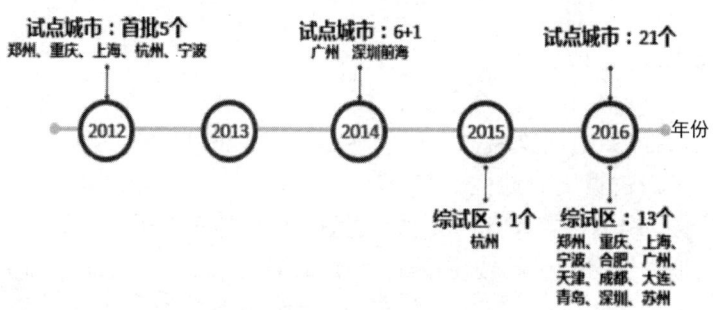

图1-3 跨境电商政策性区域

（3）提升国内消费者福利水平

我国居民收入水平在逐步提高，跨境电商能更好地满足国内居民对更高品质生活的追求，这样就能够以消费升级需求引领产业升级。跨境电商进口以扁平化的线上交易模式使中间多个环节减少，产品价格下降。我国通过引入品质较优的海外产品培育国内市场，使国内市场的产品得到优化提升，也使产品多样化。更多的选择使国内消费者获得满足，大大提升了国内消费者的福利水平与幸福感，也增强了消费者对于跨境电商的信任度与满意感，实现了双赢。

（4）存在的问题

尽管跨境电商得到了快速的发展，但也存在一些问题：一是跨境外贸发展迅速，国际物流发展却跟不上节奏，可想而知会引发很多问题。买家与卖家发生交易后，持续的等待与态度恶劣的物流服务直接影响了买家对卖家的满意度、忠诚度和购物体验。二是通关手续不够简化。通关是跨境电商面临的一个共同难题，我国跨境电商的发展相对来说还处于初始阶段，如何解决这些问题使其得到更好的发展是当务之急。

1.2.3 跨境电商存在的机遇与风险

跨境电子商务具有不同于传统贸易方式的诸多特点，而传统的税法制度却是在传统的贸易方式下产生的，在电子商务贸易中必然会漏洞百出。网络深刻地影响着人类社会，也给税收法律规范带来了前所未有的冲击与风险。

（1）跨境电商仍将继续保持高速增长

研究显示，随着全球人均购买力的不断增强、网络普及率的不断提升、物流水平的进步、支付方式的逐步改善，未来几年我国跨境电商仍将保持30%的年均复合增长率。2020年，全球跨境电商交易规模达到了12.5万亿元，今后仍将维持高速增长。eMarketer监测显示，到2023年，全球网络零售额将达到6.5万亿美元，在全球消费品零售总额中占比达到22%。分析认为，跨境电商已经成为连接中国制造与全球消费的重要方式，发展还在起步阶段，还有巨大的市场空间待挖掘。报告来自《跨境电商蓝皮书：中国跨境电商发展报告（2020）》。

（2）跨境电商服务生态将更加繁荣和健康发展

跨境金融服务、跨境物流服务、外贸综合服务、跨境电商衍生服务（代运营、搜索关键词优化、人员培训咨询等）、大数据和云计算等，将围绕跨境电商平台得到快速的发展。

（3）跨境电商将促进互联网时代国际贸易新规则和新秩序的形成

截至 2020 年，全球跨境电商消费者总数已超过 9 亿人，全球跨境电商零售将成为国际贸易的重要组成部分，这代表了互联网时代全球贸易主体和贸易方式的巨大变化。因此，国际社会需要不断革新的贸易体制、规则和标准，以适应全球互联网经济和跨境电商飞速发展的时代潮流。

（4）跨境电商仍以出口为主

当前，跨境电商出口交易额在总交易额中的比重为 86.7%，这意味着目前跨境出口电商发展快速。2020 年前后出口电商交易额占比仍将保持在 80%以上，所以我国跨境电商之后的发展仍以出口为主，出口占据主导地位。

（5）海淘用户倾向于高频率消费，产品质量成为消费者选择的首要因素

随着经济的发展，使得我国跨境电商平台对高品质产品和产品品类的覆盖度不断扩大，技术进步也助力跨境电商服务质量的提高。目前，我国跨境电商平台在满足消费者需求升级方面，海淘的表现良好，数据显示我国近七成海淘用户在过去半年有过海淘经历，其中仅有 1.6%的消费者对近一年的海淘经历表示不满，可见海淘已成为消费者购物的一个重要渠道。

iiMedia Research（艾媒咨询）数据显示，57.7%的海淘用户选择海淘的原因是出于对优质产品的需求，同时各有三成以上用户出于对产品高性价比、品牌丰富及正品保障的考虑而选择海淘，如图 1-4 所示。

2017H1中国海淘用户选择海淘原因（Top 4）

海淘原因	比例
优质产品	57.7%
高性价比	34.4%
品牌丰富	30.9%
正品保障	30.2%

图 1-4　2017 H1 中国海淘用户选择海淘原因（TOP4）

未来在消费升级趋势驱动下，对产品质量、正品度有需求的用户将继续提高海淘频率。

（6）跨境电商平台包罗万象，与国际品牌合作成为战略需要

随着海淘消费群体的不断壮大，消费者海淘个性化需求不断增强，对产品品牌和品类的选择也正在拓宽，跨境电商平台巨头化趋势逐渐明显，当下跨境电商扩展与国际品牌的合作已成为战略必需。

2017 年上半年，各大电商平台特别是巨头平台，如网易考拉海购、天猫国际、京东等都抓紧与国际品牌商合作，圈占供应商，升级打造上游供应链，扩大与国际品牌的合作并扩充产品品类，迎战 2017 跨境电商"拐点"。

像网易考拉海购、天猫国际等跨境电商平台由于背靠资源丰富的网易、阿里巴巴，在扩展平台产品品类和国际商家合作方面占有优势，同时也能依靠强供应链提供优质物流服务。而其他细分垂直平台则主要依靠平台运营和用户体验方面吸引海淘消费者，未来针对自建平台的主

要消费群体继续精化业务是重要发展方向。

（7）物流行业的机遇与挑战并存

阿里巴巴前董事局主席马云在 2017 年杭州全球物流峰会上预计，到 2025 年，我国每天将会有 10 亿个物流包裹。数据显示，2016 年我国全年社会物流总额达 230 万亿元，日均包裹快递数量接近 1 亿件，连续几年成为世界第一快递大国。

随着互联网和电子商务的迅速发展，跨境线上购物对于全球消费者来说已变得越来越平常，如何为消费者提供更好的购物体验，使其保持稳定的销售增长，并在海外市场赢得一席之地，是每个跨境电商从业者都必须思考和应对的问题。

（8）跨境电商被流程化、制度化

基于历史因素和不完善的体制机制，我国跨境电商还存在灰色通关现象。随着跨境电商规模的壮大和监管制度的完善，将不符合条件的清关物品纳入法定行邮监管的必要性不断增强，跨境电商被流程化、制度化是跨境电商发展的必然趋势，这样才有助于正品的销售、降低物流成本、完善售后制度，使跨境电商朝着健康、规范化的方向发展。

（9）自营与平台类的融合成主流

跨境电商企业具有很强的竞争力，主要体现在正品、价格、物流和售后方面。跨境电商平台类企业产品丰富，在交易过程中为买卖双方提供服务。而自营类企业由于自身的要求，需要先进行海外产品的采购，因此对企业的资金实力和选择产品水平都有更高的要求，其重点消费产品是标准化易于运输的正品。如果自营类企业能够看清市场趋势，抓住市场需求形成自己较强的竞争力，那么发展一定是很快速的。综合来看，跨境电商的发展方向应该是两者的结合，综合各自的核心竞争力，实现多项优势，为跨境电商的发展再创佳绩。

跨境电商是经济全球化的必然产物，是资源能够在世界市场范围内进行优化配置的途径，具有中间环节少、信息成本低、支付便捷等优势，有利于提高买卖双方的交易效率。同时，跨境电商也是互联网和外贸的结合，其未来的发展方向必然是有利于促进全球贸易便利化、降低交易成本，提升我国的对外开放水平和国内居民生活与消费水平，推动经济长期持续健康发展。总体来看，跨境电商的发展是很乐观的，再加上政府的重视势必会迎来快速的发展。

1.3 跨境电商涵盖的范围

1.3.1 进口、出口跨境电商的运作模式

跨境电商运作模式较多，进口跨境电商平台可以分为垂直型跨境电商平台和综合型跨境电商平台；出口跨境电商平台主要有服务提供商、第三方平台、自建平台、跨境电商产业园四种主要运作模式。

（1）进口跨境电商的运作模式

按照提供产品或服务范围的不同，进口跨境电商平台可以分为垂直型跨境电商和综合型跨境电商两种平台。

1）垂直型跨境电商平台。

垂直型跨境电商平台是以行业为特色的平台，平台上的产品或服务都属于同一类型，此类平台具备独特的专业性质。例如，2011年上线的蜜芽宝贝平台，该平台专门售卖进口母婴品牌产品。

2）综合型跨境电商平台。

综合型跨境电商平台的特点是网站内容覆盖面广、涉及行业多，采用多品类、多元化经营的电商模式。例如，2014年上线的天猫国际平台，其售卖的商品包括美妆、食品、母婴用品、服饰、鞋、包和数码产品等。

（2）出口跨境电商的运作模式

按照提供产品或服务范围的不同，出口跨境电商平台可以分为服务提供商、第三方平台、自建平台、跨境电商产业园四种模式。

1）服务提供商。

服务提供商在跨境电商活动中为开展跨境贸易的企业提供辅助性的服务，包括金融、物流、支付、营销推广、客户关系管理等方面的服务，为企业解决订单、人才、培训、融资等方面的难题。跨境服务提供商主要有跨境综合服务提供商、跨境支付服务提供商、跨境物流服务提供商、跨境通关服务提供商等。跨境综合服务提供商为跨境电商企业提供全产业链的服务，国内代表企业有阿里巴巴，该集团旗下的阿里巴巴国际站为跨境电商企业提供一站式的店铺装修、产品展示、营销推广、生意洽谈及店铺管理等全系列线上服务和工具，帮助企业降低成本、高效率地开拓外贸市场；跨境支付服务提供商为跨境电商企业解决支付通道的申请、技术接入、结算、退款、查账等方面的难题，同时为企业提供多种主流支付方式和本地支付方式；跨境物流服务提供商致力于跨境贸易通道建设，如深圳皇家物流有限公司的主营业务有国际快递服务、国际小包服务、国际专线服务、国际空运服务、仓储代发货服务等，可以为跨境电商解决各种物流难题；跨境通关服务提供商主要是为跨境电商企业提供通关服务，解决收、结、汇和退税等问题。

2）第三方平台。

第三方平台是指专门为买卖双方提供信息、支付、物流等服务，促成买卖双方完成交易，并从中获取会员费、佣金及其他服务费用的平台。第三方平台既不是卖家，也不是买家，而是独立于产品或服务提供者与需求者的平台。

信息服务平台主要是为供应商或采购商提供交易供需信息，帮助交易双方完成交易准备和磋商谈判等工作，即供应商可以通过平台获取采购信息，而采购商可以根据自身的采购需求，在平台上获取相关的供应信息。该平台主要专注于供求信息的数量和质量，并不参与买卖双方的交易过程。待供应商与采购商在网上达成交易协议之后，货款的支付、货物的交付等合同履行部分需要交易双方在线下完成。在信息服务平台模式中，平台方主要通过收取会员费、推广费、增值费等盈利。交易服务平台是一种能够实现买卖双方网上交易和在线电子支付的商业平台，除了提供信息服务平台的服务，它还提供货款的支付和货物的交付等服务。与信息服务平台相比，交易服务平台能够整合碎片化订单，为买卖双方提供全程综合服务，平台方从中收取佣金和推广服务费等费用。交易服务平台能够更好地适应市场需要，是第三方平台发展的趋势。例如，以阿里巴巴为代表的第三方外贸网站，其早期的电子商务业务主要集中于信息流，但随着渠道缺失和信任等问题的出现，阿里巴巴认识到第三方平台需要逐步从一个信息交互的信息市场平台向供应链交易的服务平台转移。交易服务平台的典型代表有敦煌网，成立于2004年的敦煌网是我国第一个B2B跨境电商平台，它不仅为中小型企业提供商品的展示、营销、支付和物流管理等一站式服务，还开创了"按交易额收取佣金"的收费模式，降低了中小型企业开展跨境交易的成本。目前，跨境电商第三方平台多数是交易服务平台，主要有 B2B 和 B2C 两种形式。我国比较知名的 B2B 跨境电商第三方平台有阿里巴巴国际站、中国制造网、环球资源网、敦煌网等；现阶段主流的 B2C 跨境电商第三方平台有阿里巴巴速卖通、亚马逊、eBay、Wish 等。

3）自建平台。

有些生产制造企业自建电商平台，直接与国外消费者进行交易。在自建平台模式中，平台方就是卖方，商品可能来自自有工厂，也可能来自其他工厂。自建平台模式要求企业以标准化为原则，对其经营的商品进行统一生产或采购，并负责商品的在线发布、支付、物流配送和售后等服务，企业有很强的自主性，可以自主定价，进而从中赚取差价。企业自建电商平台在前期基础设施建设方面投入较大，偏重零售形态，毛利水平低，该模式主要依靠规模和效率提升利润率，但整体上自建平台属于微利的商业模式，适合具有一定资源的大型企业。自建平台的典型代表有兰亭集势、帝科思、环球易购、米兰网等。

4）跨境电商产业园。

中国（杭州）跨境贸易电子商务产业园是国内最早成立的专业跨境电商产业园。该产业园引入天猫国际、苏宁易购等 70 多家平台电商，网易考拉、银泰网等 100 多家垂直电商，以及中外运、海仓科技等 80 多家电商服务企业。杭州正逐渐从跨境电商试点城市走向示范城市。现在，深圳、厦门、重庆等城市纷纷推出跨境电商产业园，并积极吸引当地跨境电商企业入驻。由于产业园区内聚集的企业类型丰富，且有电商企业非常需要的配套服务商入驻，因此，电商产业园能够较好地发挥产业聚集效应，帮助中小型企业更顺利地开展跨境电商业务。

1.3.2 主流跨境电商模式

（1）跨境电商的模式

从买卖双方主体的属性上来说，跨境电商也可以分为：C2C、B2C、B2B 等模式。例如，天猫国际、亚马逊海外购、跨境通是 B2C 进口跨境电商平台；阿里巴巴速卖通是 B2B 出口跨境电商平台。

C2C 代购、海淘购物平台可以算是跨境电商的雏形。

B2C 是电子商务按交易对象分类的一种，是商业机构与消费者之间的电子商务。这种形式的电子商务一般以网络零售为主，主要借助于互联网开展在线销售活动。

B2B 是企业与企业之间通过互联网进行产品、服务及信息的交换。基于互联网的 B2B 的发展速度十分迅猛。目前，跨境电商已经越来越趋向于去掉代购、海淘转运等中间环节，而由买卖双方直接进行交易，税费透明、商品更有保证。

（2）跨境电商业务分类

跨境电商业务包括进口业务和出口业务，相应的我国跨境电商分为进口跨境电商和出口跨境电商两种。

进口跨境电商是海外卖家将商品直销给我国国内的买家，一般是国内买家访问境外商家的购物网站选择商品后下单，由境外卖家发国际快递给国内买家；出口跨境电商是国内卖家将商品直销给境外的买家，一般是国外买家访问国内商家的购物网站后下单购买并完成支付，由国内卖家发国际快递至国外买家。

跨境电商中，出口跨境电商占了 9 成左右，虽然进口跨境电商的数量相对较少，但是其增长的态势比较可观。进口跨境电商形成了以下 10 种模式：以天猫国际为代表的"保税进口+海外直邮"模式；以苏宁海外购为代表的"自营+招商"模式；以京东海外购为代表的"自营而非纯平台"模式；以聚美海外购为代表的"直营+保税区"模式；以唯品会全球特卖为代表的"海外商品闪购+直购保税"模式；以亚马逊海外购、1号海购和顺丰海淘为代表的"自营跨境 B2C 平台"模式；以洋码头为代表的"直销、直购、直邮"的"导购返利平台"模式；以蜜芽宝贝为代表的"垂直型自营跨境 B2C 平台"模式；以 55 海淘为代表的"直营+保税区"模式和以淘宝全球购、美国购物网为代表的"跨境 C2C 平台"模式。

出口跨境电商按交易模式主要可以分为 B2B、B2C 和 C2C 三种模式。其中，B2B 模式在跨境电商中占主导地位，B2C 和 C2C 模式受到商品价值、地域、物流等限制，份额占比并不多。

B2B 模式下，企业依靠在各大跨境电商贸易平台（如阿里巴巴国际站、中国制造网和环球资源网等）上发布广告和商品信息，向国外客户发信及参加国内外各大展销会的方式获取客户资源。原材料、半成品、一般日常消费品，甚至包括技术、服务，均是 B2B 跨境电商的消费商品。线上营销推广协商，成交和通关流程基本在线下完成。由于成交量大，这个过程往往需要很长的时间。运输一般通过海运，每单交易的时间跨度较大，B2B 企业也纳入海关的一般贸易统计。

B2C 模式下，企业直接依靠跨境电商零售平台（如全球速卖通、Wish、eBay 和亚马逊等）面对国外消费者发布商品，以销售个人消费品为主。B2C 模式下的物流方式主要有邮政包裹、国际快递（DHL、TNT、FedEx 和 UPS）、国内快递（主要指 EMS、顺丰和"四通一达"）、专线物流及海外仓储。因此，B2C 模式下的商品特征是：体积小，重量轻，商品附加值高。由于报关主体多是邮政或快递公司，目前，大多数 B2C 企业未纳入海关登记。

C2C 模式主要是由海外代购模式（简称"海代"）构成的。随着近年来我国综合国力的不断增强，国人的购买能力也在不断提升。越来越多身在海外的国人/商户开始发现身边的商机，为有需求的国内消费者在当地采购所需商品，并通过跨国物流将商品送达国内消费者手中。于是跨境电商 C2C 模式开始出现。不过，C2C 模式一半依托海外代购平台，一半依托微信朋友圈进行代购，这种原始的模式在进口跨境电商的冲击下未来恐怕难以为继。

1.3.3 出口跨境电商模式及代表企业

我国知名电商智库——电子商务研究中心（100EC.CN）发布了《2017 年度中国出口跨境电商发展报告》。报告对 2017 年我国出口跨境电商商业模式进行了分析，包括自营服务模式、交易服务模式、开放平台模式、自营平台模式。另外，据报告发布的《2017 年中国出口跨境电商行业产业链图谱》显示，目前出口跨境电商平台主要由以下几类构成：B2B 类——阿里巴巴国际站、TOOCLE3.0（生意宝）、环球资源网、中国制造网、MFG.com、聚贸、大龙网、敦煌网等；B2C 类——全球速卖通、eBay、亚马逊、Wish、兰亭集势、DX、米兰网、跨境通、有棵树、Newegg、百事泰、海翼股份、通拓科技、傲基电商、执御、小笨鸟等；自营平台——一达通、易单网、世贸通、PayPal、MoneyGram、中国银行、中国平安、中国邮政、UPS、TNT、顺丰、DHL、FedEx、递四方、出口易、四海商舟、大麦电商等。

1.3.3.1 B2B 模式及代表平台

B2B 跨境电商平台模式主要通过第三方跨境电商平台进行信息发布或信息搜索完成交易服务，其主要盈利模式包括会员服务和增值服务。会员服务即卖方每年缴纳一定的会员费用后享受平台提供的各种服务，会员费是平台的主要收入来源，目前该种盈利模式市场趋向饱和；增值服务即买卖双方免费成为平台会员后，平台为买卖双方提供增值服务，主要包括竞价排名、点击付费及展位推广服务，竞价排名是信息服务平台进行增值服务最为成熟的盈利模式。

B2B 模式的代表平台：阿里巴巴国际站、敦煌网、大龙网和环球资源网。

（1）阿里巴巴国际站

阿里巴巴国际站于 1999 年正式上线，是阿里巴巴集团最早创立的业务，主要针对全球进出口贸易，是目前全球领先的跨境 B2B 电子商务平台，为全世界数以千万计的采购商和供应商提供服务。阿里巴巴国际站专注服务于全球中小微企业，在这个平台上买卖双方可以更高效地找到适合的企业，并更快、更安心地达成交易。此外，阿里巴巴外贸综合服务平台提供的一站式通关、退税、物流等服务，让外贸企业在出口流通环节也变得更加便利和顺畅。

阿里巴巴国际站商业模式的核心就是平台的收入模型，这个商业模式赚取的就是中小型企业的广告费，平台通过会员费完成商业模式的构建，不同等级的会员费提供不同级别的服务，平台提供了两种差异化打包增值服务，其实就是广告打包销售。平台的商品包罗万象，从标准的快消品到化工原料产品都有涉及。

阿里巴巴国际站作为传统的 B2B 服务厂商，在细分市场占据一席之地，主要提供信息匹配服务，收入还是靠会员费为主的增值服务。

（2）敦煌网

敦煌网成立于 2004 年，是我国第一个 B2B 跨境电商平台，致力于帮助我国中小型企业通过电子商务平台走向全球市场。敦煌网上销售的产品品类主要包括电子产品、手机配件、计算机及网络、婚礼用品等，主要目标是欧美地区、澳大利亚等发达市场。目前，敦煌网已经实现了 120 多万名国内供应商在线、3000 多万种商品在售，遍布全球 224 个国家和地区及 1000 万名买家在线购买的规模。每小时有 10 万名买家实时在线采购，平均每 3 秒钟就产生一个订单。

作为跨境电商领域 B2B 出口贸易的创新者，敦煌网是我国最早将信息流、资金流、物流实现"三流合一"的出口电商平台。敦煌网发挥整合优势，提供在线支付、在线物流、交易支持、海外营销、金融服务等为平台用户提供完整的平台资源整合业务。

（3）大龙网

大龙网是国家商务部首批跨境电商试点企业之一，成立于 2010 年，在成立的最初三年大龙网从开网店到转战 eBay，再到做自己的垂直型平台，从商业模式来看都是 B2C 模式。网站提供产品统一编号、采购、质检、仓储分解及物流服务等供应链解决方案，实现一对一模式的经纪人服务体系，致力于打通本地化服务、海外零售终端和大小批发商的对接。

大龙网之所以能够成为跨境电商行业的龙头，主要是因为其从销售到售后等环节对传统 B2B 模式进行了以下两点创新。第一，建立线下国外展销厅，填补传统跨境 B2B 电商模式中海外客户"无体验"的"空白"。2014 年 10 月 31 日，大龙网在东莞——广东现代国际展览中心举办了第一场网贸会"2014OSELL"，来自世界各地超过 3000 家采购商和中国制造商在场馆内就各种展览产品进行了沟通与交流。大龙网首先在国内重庆大足区招商，与重庆德之易商贸公司、杰力来等大足"千年五金"代表企业签约，获得了产品的供应商，然后通过大龙网在巴林的线下合作伙伴——全球网贸会在当地设立中国商品展销馆，巴林经销商通过该线下体验馆直观地了解了我国所提供的五金产品的精品，从而获得了该国经销商的信任，促成贸易的达成。海外体验馆的建立告别了跨境电商传统 B2B 模式中"只看图、无真品"的时代，在缩短跨境贸易产业链中间环节的同时，也拓展了海外市场的销售渠道和网络。第二，设计跨境贸易商务社交 App——约商 App，为两国商人建立线上通畅的交流体系。大龙网通过将 50 多家物流渠道商、70 多种支付方式，以及各种语言服务商、品牌供应商等整合到约商 App，使得贸易支付、物流、售后服务全部在线化，降低了传统跨境电商 B2B 模式线下交易的多环节高昂成本。约商 App 的最大亮点在于为在线会员提供了完善的供需匹配系统和商务社交系统。海外采购商可通过 App 的首页展示自己的采购需求，与此同时，中国供应商可通过"摇一摇"供需配对。例如，美国的医药采购商想采购中国某种类的药品时，只需要在该 App 上发布采购信息（前提是我国供应商已经填写了该商品的完整资料），那么系统会自动匹配需求相适应的供应商。另外，约商 App 提供 71 种语言的自动翻译，并引入人工实时翻译，满足随时随地的交流沟通需求，增进了客户之间的了解。

（4）环球资源网

环球资源网是一家领先业界的多渠道 B2B 媒体公司，公司的核心业务是通过一系列英文媒体，促进大中华地区的出口贸易。环球资源网一方面为全球买家提供采购信息，另一方面为供应商提供整合营销服务。通过环球资源网，超过 544 000 名活跃买家在复杂的海外市场上进行有效益的采购。同时，供应商借助环球资源网提供的各种有效媒体，向遍布全球 230 个国家和地区的买家推广和销售商品。环球资源网包括商品行业网站、地区出口网站、技术管理及其他网站。环球资源电子商务网站有两大特色保证供应商的质量，即强大的行业搜索引擎和"已核实供应商"体系为买家提供业内最全面的搜索结果及经第三方审核的优质供应商。

1.3.3.2 B2C 模式及代表平台

B2C 模式代表平台有 Wish、亚马逊、eBay 和全球速卖通。

（1）Wish

Wish 是 2011 年成立的一家高科技独角兽公司，是北美和欧洲地区较大的移动电商平台，其有 90%的卖家来自中国。它使用一种优化算法大规模获取数据，并快速了解如何为每个客户提供最相关的商品。Wish 旗下共拥有 6 个垂直的 App：Wish、Geek、Mama、Cute、Home、Wish for Merchants。

Wish 的优势在于技术，把智能推送算法技术完全运用到电商中，采用本土化的网站建设方式，针对不同国家采用当地的语言，简易可读。网站门槛低，以免费的方式吸引卖家注册用户成为会员，汇聚商流，活跃市场，创造了商机。

利用 baynote、barrillance、bunting、richelevance、monetate、IBM product recommendations、adobe target 等有效的产品推荐工具创造自己的个性化服务。

Wish 鼓励用户通过社交媒体注册：鼓励新用户使用 Facebook 和 Google+等社交媒体账户与站点互动，这样 Wish 就能根据用户兴趣向其推荐产品，专注于社交媒体也使 Wish 赢得了顾客和客户的忠诚度。

Wish 专注于核心产品：由于 Wish 采用的是移动技术，因此公司在用户界面及移动应用程序方面花费了大量心思，将资源集中投入核心平台的改进工作，而不是分散关注多个不同的收入流。

Wish 将社交媒体与购物相结合：Wish 应用程序本身就像是一个社交媒体站点，用户可以相互关注，查看彼此喜欢的产品和交换 Wish 清单。

Wish 乐于帮助消费者省钱：与其他电子商务应用程序和网站不同的是，Wish 上大部分商品直接打 3～5 折，顾客不需要花费时间找优惠券，也不需要等到店内促销，就能以优惠的价格买到他们喜欢的产品。

（2）亚马逊

亚马逊公司，成立于 1995 年 7 月，总部位于美国西雅图，是美国较大的一家网络电子商务公司。它一开始只经营书籍销售业务，目前已成为全球商品种类最多的网上零售商。亚马逊及其他销售商为客户提供数百万种独特的全新、翻新及二手商品，类别涉及广泛。

目前，亚马逊旗下的网站除美国官网外，还有澳大利亚、新西兰、巴西、加拿大、中国、法国、德国、印度、墨西哥、意大利、日本、英国、西班牙和挪威官网。其中，为其美国网站服务的员工就已超过24万名。亚马逊公司并不仅仅是一家网络电商公司，公司创始人贝索斯对公司的定位是科技公司。

亚马逊中国前身为卓越网，被亚马逊公司收购后成为其子公司，经营图书、音像、软件等。卓越网创立于2000年，为客户提供各类图书、音像、软件、玩具礼品、百货等商品。亚马逊中国总部设在北京，并成立了上海和广州分公司，是全球领先的电子商务公司。亚马逊中国坚持"以客户为中心"的理念，承诺"天天低价，正品行货"，致力于从低价、选品、便利三个方面为消费者打造一个百分百可信赖的网上购物环境。亚马逊平台提供免费的站内推广服务，商家的商品可以在主题活动中得到免费推广。亚马逊也提供付费推广，包括关键词搜索、页面广告等。亚马逊拥有专业的顾问团队，向平台商家免费提供首次上线的技术支持和咨询服务，并定期提供网络培训服务。

亚马逊在国外运作多年，已经聚集了大量的海外供应商。消费者可享受来自亚马逊美国、德国、西班牙、法国、英国和意大利在内的共计8000多万种国际选品，开通直邮的品类包括鞋靴、服饰、母婴、营养健康及个人护理产品等。亚马逊为卖家提供两种售卖方案：专业卖家（Professional Sellers）计划和个人卖家（Individual Sellers）计划。若计划每月销售超过40种商品，可选择参与专业卖家计划；若每月销售的商品少于40种，可选择参与个人卖家计划。当商品成功售出之后，卖家要向亚马逊支付一定的费用，主要包括成交手续费、运费、佣金和可变结算费。根据每月在亚马逊上发布的活跃非媒体类商品的SKU，卖家需要支付一部分大批量刊登费用。

亚马逊中国目前有15个运营中心，总运营面积超过70万平方米，拥有世界一流的自动化包装流水线、商品摄影棚和图片处理平台，以及先进的订单处理系统、库存管理系统。亚马逊运营中心主要负责厂商收货、仓储、库存管理、订单发货、调拨发货、客户退货、返厂、商品质量安全等。通过布局大型仓储运营中心，将供应商或消费者分散的信息流和物流集中起来，发挥规模效应，降低了整个供应链的运行成本，亚马逊最终打败了竞争对手，抢占了更多市场份额。通过亚马逊快捷可靠的多渠道物流服务，FBA的库存也可以用于卖家自己的网站或其他第三方网站上产生的订单，为卖家提供了简单方便的跨国扩展业务方式。

（3）eBay

eBay集团于1995年9月成立于美国加州硅谷，是全球商务和支付行业的领先者，为不同规模的商家提供了公平竞争、共同发展的机会。

所谓"拍卖+一口价"方式综合刊登，就是卖家在销售商品时选择拍卖方式，设置最低起拍价的同时，再根据自己对物品价值的评判设置一个满意的"保底价"，也就是一口价。这种"拍卖+一口价"的方式能够同时综合拍卖方式和一口价方式的所有优势，能让买家根据自身需要和情况灵活地选择购买方式，更能为卖家带来更多的商机。

卖家在eBay上开设店铺、刊登物品进行销售并不是免费的，而是需要支付一定的手续费。eBay平台的手续费主要包括5个部分，即刊登费、成交费、特色功能费、店铺费和PayPal收款手续费。

eBay相比其他跨境电商平台具有自己的优势，eBay拥有数目庞大的网上店铺，每天有数百万件的商品在更新,每天有数百亿元的资金通过 PayPal 快捷的支付方式安全地实现流通。面对巨大的跨国市场,eBay 外贸拥有无与伦比的优势,其主要优势包括提供了灵活的销售方式、开店的门槛低、利润高、支付方便等。

(4)全球速卖通

跨境电商全球速卖通创建于 2009 年,2010 年 4 月免费对外开放注册。经过 6 年多的发展,覆盖全球 220 多个国家及地区,海量资源助力中国品牌出海。2019 年 3 月,阿里巴巴旗下跨境电商零售平台全球速卖通在俄罗斯推出在线售车服务。俄罗斯消费者可以直接在速卖通上一键下单,支付预付款,到指定线下门店支付尾款即可提车。速卖通中交易额最高的 5 个国家分别是美国、俄罗斯、西班牙、法国和英国。

全球速卖通的买家以个人消费者为主,约占平台买家总数的 80%,还有 20%为海外批发商和零售商,所以全球速卖通的定位是外贸零售网站。

全球速卖通的核心优势是:在全球贸易新形势下,全球买家采购方式正在发生剧烈变化,小批量、多批次正在形成一股新的采购潮流,更多的终端批发零售商直接上网采购,缩短了流通零售渠道,直接在线零售支付收款,拓展了小批量、多批次商品的利润空间,为批发零售商创造了更多收益。

1.3.3.3 自营平台及代表企业

自营平台对其经营的商品进行统一生产或采购、商品展示、在线交易,并通过物流配送将商品投放到最终消费者群体手中。

自营平台通过量身定做符合自我品牌诉求和消费者需要的采购标准,来引入、管理和销售各类品牌的商品,以可靠品牌为支撑点凸显出自身品牌的可靠性。自营平台在商品的引入、分类、展示、交易、物流配送、售后保障等整个交易流程、各个重点环节管理均发力布局,通过互联网 IT 系统管理、建设大型仓储物流体系实现对全交易流程的实时管理。

自营平台代表企业:兰亭集势、环球易购和米兰网。

(1)兰亭集势

兰亭集势由文心、刘俊和张良于 2007 年成立,公司的使命是为全世界中小零售商提供一个基于互联网的全球整合供应链。公司成立之初即获得美国硅谷和中国知名风险投资公司的注资,成立高新技术企业,总部设在北京。兰亭集势是以自营为主的 B2C 跨境模式,以进销差价获取盈利。在商品采购方面兰亭集势绕过层层中间贸易环节,70%的商品直接从工厂进货,节约进货成本;在商品销售方面,兰亭集势直接从工厂进货价格相对较低的中国制造品,以海外市场的定价标准直接卖到 C 端消费者手中获得了高毛利的优势,兰亭集势在保持一定毛利的基础上,进行一定的规模扩张,以获得规模效应。

除了自营销售商品以外,目前兰亭集势以吸引商家入驻的方式获得相应的收益,主要招商对象是国内传统品牌、互联网品牌和外贸工厂,以收取分成获得盈利,兰亭集势收取商家销售额的 15%作为分成。

(2)环球易购

深圳市环球易购电子商务有限公司(简称"环球易购")创建于 2007 年,总部位于深圳市南山区。在全球一体化的时代,环球易购专注于跨境外贸 B2C 电子商务,背靠深圳高度集中的电子市场的地理优势,开发海外市场,经过努力,在海外市场建立了广阔的销售网络,得到了美国和欧洲地区国家客户的认可,公司业务保持着 100%的增长速度。

环球易购汇集了众多的网络精英,以独具视角的创意、崭新的理念、卓越的商品品质,始终走在全球电子商务一体化时代的前沿。公司主要经营休闲服装、电子产品、婚纱礼服、手表、玩具等品类，在多个自建垂直网络销售平台上在线销售的 SKU 有 20 万种之多，销往全世界 200 多个国家和地区。环球易购以跨境 B2C 电子商务在线零售模式把中国制造的商品直接销售给海外终端消费者，推动中国制造走向世界。环球易购秉承"扎根中国，惠通全球"的经营理念，打造精品电商平台，为全球客户提供高质量、高性价比的中国制造商品。环球易购未来的愿景是成为全球领先的独立 B2C 电子商务公司，围绕这一愿景未来环球易购将在品类拓展、品牌建设、移动端建设、平台化投入、自有商品品牌培育等方面不断发展。环球易购将一如既往地坚持"客户第一，诚实守信"的原则，坚持为海外客户提供一流的中国产品，积极拓展海外市场，争取成为中国外贸 B2C 行业的领航者。

环球易购未来将进一步拓展贴近全球"快时尚"年轻消费客群的商品品类，依托较为完善的海外仓储和物流体系，适当增加家居园艺、汽车零配件等大体积商品的投入，并开拓如婚纱礼服定制化商品、可穿戴设备、珠宝饰品等配饰类商品，加大新品类的推广力度，同时将加大西班牙语、葡萄牙语、俄语、阿拉伯语、法语等小语种国家的销售收入渗透率，进一步推动销售收入的增长，提升客户黏性和客单价。

（3）米兰网

米兰网于 2008 年正式上线运营，总部在成都，员工人数 230 余人，平均年龄 26 岁，其中 80%以上员工拥有本科及以上学历，15%以上员工有海外留学和工作经历，并有来自国内外知名电商企业的优秀电商人才及俄罗斯、意大利、阿尔及利亚等国外籍员工。公司管理团队成员中有的人具有多年从事互联网海外营销及管理经验，在网络营销、系统平台开发、产品研发、供应链管理等方面具有强大的团队优势。米兰网是国内首家提出"跨国在线零售 B2C"概念的外贸电子商务企业。

米兰网主要产品线包括时尚男女装、婚纱、礼服、男女鞋、女包、萝莉塔、角色扮演、配饰、运动、童装、家居产品等。

对于平台的供应商，平台不收取任何组织商品销售的费用，还竭力促成商品的海外销售，为供应商提供更多的价值和财富。

例如，一个商品从供应商那里获取时货款是 50 元，这个商品销售到日本时的售价为 100 元，按产品销售价格比例，如 10%，平台会多返回 5 元给供应商，这样这个商品的供应商得到的货款为 55 元。

从供应商的仓库到平台的发货仓库的物流成本由供应商自行负责。海外端物流与通关由平台自行完成。

1.3.4　进口跨境电商模式

进口跨境电商模式根据邮寄模式和平台模式的不同，分为代购模式、综合自营平台模式、自营+平台模式和第三方平台模式。代购模式代表网站有淘宝全球购、海外代购、国外网站等。综合自营平台模式典型网站主要有天猫国际；自营+平台模式主要网站有京东海外购等；自营模式代表网站主要有网易考拉。

根据物流模式的不同，B2C 跨境电商分别有两种不同的物流模式。

第一种是直购进口模式。所谓"直购进口"是指消费者在购物网站上确定交易后，商品以邮件、快件方式运输入境情况下的跨境贸易电子商务商品通关模式。也就是说，商品在国外就已经被分装打包，然后以个人物品的形式通关，被送到国内各个消费者的手中。以浙江首个"直购进口"模式电子商务平台天猫国际为例，通过阿里旗下的菜鸟网络与杭州海关的合作，天猫国际"海外直邮"商品的购物流程有望缩短在 10 天以内,购物流程与国内淘宝基本无异。进驻天猫国际平台的商家必须为消费者支付行邮税,必须在大陆建立退换货的网点。对于热衷海淘的消费者来说,可以借此告别以往海淘周期长、风险大的问题。

第二种是保税进口模式。保税模式,也称"自贸模式",即境外商品入境后暂存保税区内,消费者购买后以个人物品行邮清关出区,包裹通过国内物流的方式送达境内消费者手中。国外商品已经整批抵达国内海关监管场所,消费者在下单后往往几天内便收到货物且运费不高。值得一提的是,商品进口之后须在海关监管场所内保存存储,消费者下单后直接从仓库运送到个人。这样税收就会从以前的两道环节(增值税+关税,总计 35%)变成一道环节。就像个人从国外买东西一样,带入境内只要付一次税收。跨境电商阳光化的监管要求需要平台订单、物流单、支付环节单证凭证的"三单合一",相对于零散的快件、邮件清关,保税模式下的监管便捷度相对较高。

(1) 境外代购平台

海外代购主要分两种,一种是私人代购,另一种则是官方代购。前者一般在电子商务网站上开个网店,为顾客提供代购服务;而后者则多为专业类的购物网站。

1) 私人代购。

私人代购又可以分为熟人海外代购和职业私人代购。而不论是私人代购还是官方代购,又大多涉及网络代购。借助的平台有微信朋友圈、淘宝个人店铺等。

最早的代购人群为海外留学生,他们有一定的购买能力,对时尚也有了解,因此成为帮助亲朋好友在国外采购奢侈品的最佳买手。而跑腿的次数一多,委托人自然要给这些人一些"小费"以表感谢。久而久之,以收取商品价格 10%的代购费,成了不少代购的共识。随着海外代购受到国人热捧,除了职业代购人外,因公经常出差的人、境外导游和空姐成了私人代购行业中的主力军。

2) 淘宝全球购。

全球购是淘宝网奢侈品牌的时尚中心,全球购抱着帮助会员实现"足不出户,淘遍全球"的目标,于 2007 年建立此平台。全球购期望通过严格审核每一位卖家,精挑细选每一件商品,为淘宝网的高端用户提供更好的服务,为大家代购女装、男装、彩妆、女鞋、男鞋、箱包、内衣、运动用品、居家用品、床品、美食、手机、相机等提供平台。全球购拥有韩国、日本、美国、英国、加拿大等多个淘宝代购频道。

全球购卖家需符合以下两个资质的要求。

第一,全球购平台面向大众消费市场,工业原材料、工业制品等商品不符合全球购发展方向。

第二,除彩妆护肤、手表类目以外,其他类目的卖家,如加入"假一赔三"服务,可享受优先审核。

数据显示,LV、Gucci、Prada、Chanel 等国际大牌的淘宝网代购价格大约是国内专柜的 7~8 折,因此广受国内消费者的青睐。而更多时尚潮流的大众品牌,例如 Coach、CK、IT 等,即使有些品牌在国内专柜出售,但是海外代购的价格可以达到 5 折甚至更低,这样一来买家选择全球购的概率大大提升。

随着国人消费能力的提高,越来越多的消费者对境外商品的购买需求和意识正在转变,开始接受和习惯于通过淘宝网全球平台购买商品。

3) iHerb(美国直邮网站)。

iHerb 线上商城始于 1996 年,在美国加利福尼亚州、肯塔基州、伊利诺伊州和宾夕法尼亚州设有多个仓储中心。iHerb 是一家位于美国的电商平台，向全世界 150 多个国家和地区提供高性价比的天然健康商品，在加州和肯塔基州拥有两个经过 GMP 认证的现代化的绿色环保仓库，有超过 1200 个品牌和 30 000 种商品。iHerb 中国市场由顺丰和 EMS 提供直邮运输服务，全程可跟踪、有保险，从美国仓库到客户收货平均只需要 5~10 个工作日。

iHerb 中文版界面还支持支付宝、财付通、微信、银联信用卡等支付方式，并且提供工作时间在线客服与 24 小时中文邮件客服服务。在 iHerb 上购物时可以查看每个商品的有效期和真实的客户商品评价，并且价格比线下商店节省 30%~40%，还能享受免邮或超低的运费活动。

4）官方海淘平台——跨境通。

一方面，国内消费者购买使用海外商品的愿望越来越强烈，海外的服装鞋帽、数码家电等消费品，以及国内外存在一定差价的商品如手表、化妆品，还有海外一些国家和地区的特色优势商品等，都成为消费者通过网络"海淘"的目标；另一方面，缺乏正规的跨境网上购物渠道，大量商品以快件、邮件的物流方式进出口，单价价值小、批次多，不仅存在买到假冒伪劣商品的风险，也对海关、检验检疫等部门的监管带来难度，导致进口税金流失、商品未通过检疫等风险。

为应对当前跨境电子商务贸易发展新形势，国家发展和改革委员会委托海关总署实施跨境贸易电子商务服务试点，上海电子口岸搭建跨境电子商务服务平台——跨境通，上海海关完成与之配套的海关通关系统部分的建设，为国内消费者提供了一条阳光、便利、快捷的跨境网购新渠道。2013 年 10 月 7 日，全国第一家跨境贸易电子交易平台——跨境通电子商务平台在中国上海自由贸易试验区完成功能测试，通过"跨境通"平台"海淘"将更加方便。

跨境通电子商务平台看起来就像是一个电商网站，分门别类地展示着各种商品。平台上，合作商户都经过海关备案，避免了消费者买到假货的风险，全程电子化管理也可实现商品追溯，让消费者获得服务保障。而平台上每件商品，都会标明商品本身的价格、进口关税和物流费用，使消费者对自己的支付价格一目了然，避免商家在价格上"打闷包"，消费者还能获取相应的缴税凭证，购物渠道更规范透明、价格比境内实体店更实惠，商品来源更安全可靠。确定购买、生成订单后，由于消费者是经过实名认证的，确认商品符合海关规定的个人物品合理自用数量及金额限定后，就可以网上付款。

跨境通主要经营的商品包括服装、服饰、婴幼儿用品、3C 电子产品、化妆品、箱包等六大类，定位在中高端。现已经有 CK、Coach、Burberry 等多个境外品牌入驻这个平台，这些奢侈品的价格可能会比国内专柜便宜 30%左右。

（2）综合第三方平台模式

天猫国际是阿里巴巴集团在 2014 年 02 月 19 日正式上线的，天猫国际主要是为国内消费者直供海外原装进口商品的。天猫国际涵盖美妆、服饰鞋包和母婴等多种品类，并且有众多商家入驻平台，所以天猫国际属于综合平台型的 B2C 进口跨境电商。

入驻天猫国际的商家均为中国地区以外的公司实体，具有海外零售资质；销售的商品均原产于或销售于海外，通过国际物流经中国海关正规入关。所有天猫国际入驻商家将为其店铺配备旺旺中文咨询，并提供国内的售后服务，消费者可以像在淘宝网购物一样使用支付宝买到海外进口商品。而在物流方面，天猫国际要求商家 120 小时内完成发货，14 个工作日内到达，并保证物流信息全程可跟踪。

中国香港第二大化妆品集团卓悦网、中国台湾最大电视购物频道东森严选、日本第一大保健品 B2C 网站 Kenko、海淘名表第一网站店 Ashford 等海淘平台陆续在天猫国际开设海外旗舰店。

天猫国际的收入主要包括三个方面：自营产品的销售盈利、平台上商家与消费者交易的佣金和收取商家的会员费、手续费、服务费等。另外，天猫国际还会对平台上的卖家提供广告、关键词推广等增值服务并收取服务费。天猫国际依托阿里巴巴，在市场宣传和平台维护方面有较大的优势。

天猫国际的物流方式包括三种：保税区进口物流配送、海外直邮和集货进口物流配送。保税区进口物流配送是指企业先将商品从国外运输至保税区，等国内消费者购买后，商品从保税仓库发货并配送至消费者手中；海外直邮和集货进口物流配送是指消费者下单付款后，首先由国际物流把商品运送至海关，然后由国内快递将商品送达消费者手中。

天猫国际使用国际版支付宝，依靠强大的阿里巴巴集团，极大地保障了资金的安全，并且也不用支付高额的第三方交易费用，节约运营成本。目前国际版支付宝支付的方式有Visa、银联、WebMoney、Boleto及银行汇款等。

（3）综合自营＋平台型模式

京东全球购是京东在2015年开启的跨境电子商务新业务，旨在为用户带来更优质、更多选择的海外商品。京东全球购同样涵盖多种品类，但是因为京东全球购一部分属于自营业务，一部分属于平台卖家业务，所以它属于综合自营＋平台型的B2C进口跨境电商。

2018年11月20日，京东已正式将旗下京东全球购升级为海囤全球，定位于全球直购平台的海囤全球将专注原产地直购模式。

京东海囤全球商家承诺出售均为100%海外原装正品，并承诺提供正品保障服务。一旦海囤全球商家被发现出售假货及非原装正品商品，京东海囤全球有权立即与商家终止协议，并对买家进行赔偿。

海囤全球旗下的自营商品和使用京东物流配送的非自营商家的商品配送，最快可实现1.5小时送达，一二线城市当日达或次日达。自2018年开始，京东先后在日本、韩国开设直采中心，并筹备在北美、欧洲、澳新等地区开设直采中心。

海囤全球将加快海外直采中心建设，进一步加强直采和自营能力，从源头保证商品质量、丰富消费者的选择。在加大品类商品丰富度的同时，进一步加强在美妆、保健品等优势品类方面的发展。

京东在全国范围内拥有超过500个物流中心。京东跨境网络也已全面开放，包含了10余个跨境口岸、110多个海外仓，近千条全球运输链路及覆盖中国全境的配送网络。

京东全球购的收入主要包括两个方面：一是来源于商家的费用，通过收取商家的会员费、交易费和手续费等；二是通过保税集货、保税备货盈利。

京东全球购可以通过京东支付、Visa、MasterCard等国际信用卡、中国银联或微信等进行消费结算。

（4）自营模式

网易考拉是网易旗下以跨境业务为主的综合型电商，于2015年1月9日公测，销售品类涵盖母婴、美容彩妆、家居生活、营养保健、环球美食、服饰箱包、数码家电等。作为"杭州跨境电商综试区首批试点企业"，网易考拉海购获得由中国质量认证中心认证的"B2C商品类电子商务交易服务认证证书"，认证级别四颗星，是国内首家获此认证的跨境电商企业，也是目前国内首家获得最高级别认证的跨境电商平台之一。相对于天猫国际纯粹的第三方平台模式和京东自营＋平台的混合模式，网易考拉海购采取的则是纯自营B2C模式，将目标客户锁定为追求高品质的中产阶层用户。

网易考拉海购主打自营直采，在美国、德国、意大利、日本、韩国、澳大利亚设有分公司或办事处，深入产品原产地进行严格的审核，从源头上杜绝假货，保证了商品的安全性，这个做法无疑给消费者吃了一颗"定心丸"。同时，自营直采省去中间环节，直接对接优质品牌商和供应商，增强了平台的竞争力。

网易考拉海购凭借网易集团雄厚的资本，在建设初期就致力于拿地建仓、外出招商、梳理供应链等工作。在物流的选择上，网易考拉海购采取战略合作的方式，把物流配送交给了中外运、顺丰等合作伙伴，采用定制包装箱，让用户享受"相对"标准化和专业化的物流服务。网易考拉海购在杭州、郑州、宁波、重庆四个保税区拥有超过15万平方米的保税仓储面积，在行业内排第一。未来，网易考拉海购还将陆续开通华南、华北、西南保税物流中心。在海外，网易考拉海购初步在美国及中国香港建成两大国际物流仓储中心，并将开通韩国、日本、澳大利亚、欧洲等国家和地区的国际物流仓储中心。保税的模式，既合法合规，又能降低成本、实现快速发货，在同行跨境电商业务中遥遥领先。

网易是中国最大的门户网站，在邮箱、游戏、新闻等方面拥有7亿左右的用户群体。基于对网易的认可，这些庞大的用户群体很快就成了网易考拉海购的目标消费者或品牌影响者，其发展的势头必然不可估量。

课后习题

一、单选题

1. _____在整个跨境电子商务中的比重最大，约占整个电子商务出口的90%。_____虽只占跨境电子商务总量的10%左右，却是增长最为迅速的部分。（　　）
   A．B2B　B2C　　B．B2C　B2B　　C．B2B　C2C　　D．C2C　B2C
2. 电子商务通过_____进行销售商品、提供服务等经营活动。（　　）
   A．增值网　　　B．虚拟网　　　C．互联网　　　D．局域网
3. 电子商务平台常用的交易模式有B2B、B2C、C2C等。其中B2C是指_____。（　　）
   A．企业对企业　B．企业对个人　C．企业对政府　D．个人对个人
4. 跨境电商未来呈现以下哪些局势？（　　）
   A．产业生态更加完善
   B．产业品类和销售市场更加多元化
   C．B2C占比提升，B2B和B2C协同发展
   D．以上皆是

二、多选题

1. 为什么要做跨境电商？（　　）
   A．有利于传统外贸企业转型升级　　B．缩短了对外贸易的中间环节
   C．为小微企业提供了新的机会　　　D．促进产业结构升级
   E．有利于中国制造应对全球贸易新格局。
2. 和传统国际贸易相比，跨境电子商务呈现出传统国际贸易所不具备的_____特征。（　　）
   A．多边化　　　B．小批量　　　C．高频度　　　D．透明化
   E．数字化

3．跨境电商呈现以下哪些发展趋势？（　　）
　　A．产业生态更为完善，各环节协同发展
　　B．产品品类和销售市场更加多元化
　　C．B2C占比提升，B2B和B2C协同发展
　　D．移动端成为跨境电商发展的重要推动力
4．参与跨境电商的主体有哪些？（　　）
　　A．通过第三方平台进行跨境电商经营的企业和个人
　　B．跨境电子商务的第三方平台
　　C．物流企业
　　D．支付企业

三、判断题

1．一般我们说的跨境电商是指广义的跨境电商，不仅包含B2B，还包括B2C部分；不仅包括跨境电商B2B中通过跨境交易平台实现线上成交的部分，还包括跨境电商B2B中通过互联网渠道线上进行交易撮合线下实现成交的部分。（　　）

2．跨境电商交易环节复杂（生产商—贸易商—进口商—批发商—零售商—消费者），涉及中间商众多。（　　）

3．跨境电商缩短了对外贸易的中间环节，提升了进出口贸易的效率，为小微企业提供了新的机会。（　　）

4．当前物流已经不再是制约跨境电商发展的难题。（　　）

四、简答题

1．跨境电商的分类有哪些？
2．跨境电商的特点有哪些？

第 2 章 跨境物流

对于跨境卖家来说，在接到客户的订单之后，首先需要考虑的问题是，我们应该选择什么样的物流方式将产品递送给海外客户。以下对邮政物流、商业快递、专线及海外仓储物流方式逐一进行介绍。

2.1 邮政物流介绍

邮政物流包括了中国邮政速递物流分公司的 EMS、e 邮宝，以及各国（地区）邮政局的邮政航空大包、小包。下面，依次对这几种常见的邮政物流方式进行介绍。

2.1.1 EMS

EMS 即 Express Mail Service，特快专递邮件业务，是中国邮政速递物流与各国（地区）邮政局合作开办的我国与其他国家间寄递特快专递（EMS）邮件的一项服务。由于是跟其他国家（地区）的邮政局合办的，所以 EMS 在各国（地区）邮政、海关、航空等部门均享有优先处理权。这是 EMS 区别于很多商业快递的最根本的地方。

（1）资费标准

EMS 国际快递的资费标准请参考其官网，不同分区折扣不同，卖家可与邮政或货代公司协商。

（2）参考时效

EMS 国际快递投递时间通常为 3～8 个工作日，不包括清关的时间。由于各个国家和地区的邮政、海关处理的时间长短不一，有些国家的包裹投递时间可能长一些。卡哈拉邮政是 2002 年成立的国际邮政业务合作项目，其成员国主要包括中国、澳大利亚、日本、韩国、美国。卡哈拉国家的承诺妥投时间以 EMS 官方网站公布的为准。

（3）跟踪查询

卖家可以登录 EMS 快递网站查看相应的收寄、跟踪信息。

（4）体积和重量限制

用 EMS 邮寄时物品的体积、重量（质量的通俗叫法）限制参考 EMS 快递网站。

（5）禁运物品

跨境电商出口禁限寄的物品因卖家选择的物流方式不同而存在差异，具体以各物流方式官方网站公布的要求为准。国际航空条款规定的不能邮寄或限制邮寄的货物，如粉末、液体、易燃易爆物等危险品，以及烟酒、现金及有价证券、侵权产品等均不适宜寄递，具体包括以下内容。

1）国家法律法规禁止流通或寄递的物品。

2）爆炸性、易燃性、腐蚀性、放射性和有毒性危险物品。

3）反动或淫秽报刊、书籍，以及其他暴力宣传品。

4）各种货币。

5）妨害公共卫生的物品。

6）容易腐烂的物品。

7）活的动物（包装能确保寄递和工作人员安全的蜜蜂、蚕和水蛭除外）。

8）包装不妥，可能危害人身安全、污染或损毁其他邮件设备的物品。

9）其他不适合邮递的物品。

因此，卖家在选品和发货时均要注意排查。

（6）EMS 的优缺点总结

概括起来，EMS 主要有以下四个突出的优点。

1）邮政的投递网络强大，覆盖面广，价格比较合理，不计算抛重，以实重计费。

2）不用提供商业发票就可以清关，而且具有优先通关的权利，即使通关不过的货物也可以免费运回国内（其他快递一般都要收费）。

3）EMS 适用于小件，以及对时效要求不高的货物。

4）EMS 寄往南美地区和国家及俄罗斯有绝对优势。

但是 EMS 也存在着三个比较明显的缺点。

1）EMS 相对于商业快递来说，速度会偏慢一些。

2）网站信息滞后，一旦出现问题只能做书面查询，查询的时间较长。

3）EMS 不能一票多件，大货价格偏高。

2.1.2 e 邮宝

ePacket 俗称 e 邮宝，又称 EUB，是中国邮政速递物流旗下的国际电子商务业务。ePacket 目前可以发往美国、澳大利亚、英国、加拿大、法国和俄罗斯。ePacket 的具体资费可参考邮政官方网站。

（1）参考时限

中国邮政对 ePacket 业务是没有承诺时限的，这点卖家在发货时要注意。

（2）跟踪查询

美国、澳大利亚和加拿大 ePacket 业务提供全程时限跟踪查询，但不提供收件人签收证明；英国 ePacket 业务提供收寄、出口封发和进口接收信息，不提供投递确认信息，卖家可以登录邮政官方网站或拨打客服热线查询。

要注意的是，ePacket 不受理查单业务，不提供邮件丢失、延误赔偿。因此，ePacket 并不适合寄递一些价值比较高的物品。

（3）体积和重量限制

1）单件限重为 2 千克。

2）最大尺寸：单件邮件长、宽、高合计不超过 90 厘米，最长一边不超过 60 厘米。圆卷邮件直径的两倍和长度合计不超过 104 厘米，长度不得超过 90 厘米。

3）最小尺寸：单件邮件长度不小于 14 厘米，宽度不小于 11 厘米。圆卷邮件直径的两倍和长度合计不小于 17 厘米，长度不少于 11 厘米。

2.1.3 中国邮政航空大包

中国邮政航空大包服务是中国邮政区别于中国邮政航空小包的新业务，是中国邮政国际普通邮包裹三种服务方式中的航空运输方式服务，可寄达全球 200 多个国家和地区，对时效性要求不高而重量稍重的货物，可选择使用此方式发货。

重量在 2 千克以上，通过邮政空邮服务寄往国外的大邮包，可以称为国际大包。国际大包分为普通空邮（Normal Air Mail，非挂号）和挂号（Registered Air Mail）两种。前者费率较低，邮政不提供跟踪查询服务；后者费率稍高，可提供网上跟踪查询服务。

（1）优势

1）价格比 EMS 稍低，且和 EMS 一样不计算抛重，没有偏远地区附加费。

2）以首重 1 千克，续重 1 千克的计费方式结算。

3）成本低。相对于其他运输方式（如 EMS、DHL、UPS、FedEx、TNT 等）来说，中国邮政航空大包服务有绝对的价格优势。采用此种发货方式可最大限度地降低成本，提升价格竞争力。

（2）限制要求

寄往各国包裹的最大尺寸限度分为以下两种。

1）第一种尺寸：最长一边不超过 150 厘米，长度与长度以外的最大横周合计不超过 300 厘米。

2）第二种尺寸：最长一边不超过 105 厘米，长度与长度以外最大横周合计不超过 200 厘米。详见中国邮政航空大包资费表中各个国家重量及尺寸限制的备注。

注：横周长的计算公式为 2×高+2×宽+长（单位：厘米）。

2.1.4 中国邮政航空小包

邮政小包又叫中国邮政航空小包，是中国邮政开展的一项国际、国内邮政小包业务服务，属于邮政航空小包的范畴，是一项经济实惠的国际快件服务项目，可寄达全球 230 多个国家和地区的各个邮政网点。

（1）优势

1）价格实惠，中国邮政小包相对于其他运输方式（如 DHL、UPS、FedEx、TNT 等）来说有绝对的价格优势。

2）邮寄方便，可以寄达全球各地，只要有邮局的地方都可以送到（极少数国家和地区除外）。

3）中国邮政小包安全、掉包率低；挂号可全程跟踪。

4）速度优势：直接交接中国邮政，无须中转中国香港，包裹交邮局后当天可在中国邮政官网查询到包裹状态。

（2）限制要求

1）邮政小包重量限制：邮政小包限重 2 千克（阿富汗除外）。

2）邮政小包体积限制：非圆筒货物长+宽+高≤90 厘米，单边最长为 60 厘米，最小尺寸单边长度≥17 厘米，宽度≥10 厘米。

（3）禁运物品

1）危险品：由于货物本身的物理、化学性质所决定，在运输过程中会对运输者人身安全造成威胁的物品，如酸性物质、生化制品、毒性物质、麻醉品、化肥、汽油类、液体类、油漆、放射生物质等。

2）运输风险大的物品：货物本身的物理、化学性质对运输者人身安全不造成任何威胁，但由于快递运输的方式会造成货物本身的危险如丢失、损坏等，而给委托人或承运人造成重大损失的物品，如空白发票、现金、贵重物品、珠宝、邮票、股票证券等。

3）国家明令禁止运输的物品，如色情物品、武器等。

4）仿牌、侵权产品。

5）动物、植物等生物。

2.1.5 其他国家或地区的邮政小包

邮政小包是使用较多的一种国际物流方式。依托万国邮政联盟网点覆盖全球，其对于重量、体积、禁寄物品要求等方面均存在很多的共同点，然而不同国家和地区的邮政所提供的邮政小包服务却或多或少存在着一些区别，主要体现在不同区域会有不同的价格和时效标准，对于承运物品的限制也不同。

因此，商家需要与多个物流渠道的货运代理公司建立联系，以确保能尽快了解各类渠道的最新信息，从而根据最新的信息多个渠道组合使用。假如中国香港小包这个月爆仓了，马上就换新加坡小包，新加坡小包爆仓了，再换菲律宾小包；又如这个月新加坡小包可能停收带电池物品了，可以马上改换马来西亚小包通道，马来西亚小包也停收了，可以马上换瑞典小包、荷兰小包通道，甚至可以换东北亚的小包通道。

为了让各卖家能灵活地综合使用各种小包渠道，下面对常用的航空小包的特点做一个简要的介绍。

（1）中国香港小包：时效中等，价格适中，处理速度快。

（2）新加坡小包：价格适中，服务质量高于邮政小包一般水平，是目前常见的手机、平板等含锂电池商品的主要运输渠道。

（3）瑞士邮政小包：欧洲地区线路的时效较快，但价格较高。其欧洲地区通关能力强，欧洲地区的国家免报关。

（4）瑞典小包：欧洲地区线路的时效较快，俄罗斯通关及投递速度较快，且价格较低。它是俄罗斯首选的物流方式，而且在某些时段安检对带电池的物品管制还没那么严格，可用于寄递带电池的物品。

2.2 商业快递介绍

全球速卖通平台常用的商业快递方式包括 TNT、UPS、FedEx、DHL、Toll、SF Express 等。不同的国际快递公司具有不同的渠道，在价格、服务、时效上都有所区别。下面重点介绍几种常用的国际快递方式。

2.2.1 TNT 介绍

TNT 集团总部位于荷兰，是全球领先的快递服务供应商，为企业和个人客户提供全方位的快递服务。TNT 快递在欧洲地区、中国、南美地区、亚太地区和中东地区拥有航空与公路运输网络。

（1）资费标准

TNT 快递的运费包括基本运费和燃油附加费两部分，其中燃油附加费每个月会变动，以 TNT 官网公布的数据为准。

（2）参考时效

一般货物在发货次日即可实现网上追踪，全程时效在 3~5 天，TNT 经济型时效在 5~7 天。

（3）跟踪查询

可到 TNT 官网跟踪查询。

（4）体积和重量限制

TNT 快递对包裹的重量和体积限制如下所述。

体积重量计算公式：长×宽×高（单位：厘米）÷5000

1）货物的计费重量以实重与材积重取大者为准。

2）单件物品尺寸不能超过 240 厘米×120 厘米×150 厘米。

（5）注意事项

1）TNT 快递运费不包含货物到达目的地海关可能产生的关税、海关罚款、仓储费等费用，因货物原因无法完成目的地海关清关手续或收件人不配合清关，导致货物被退回发件地（此时无法销毁所产生的一切费用，如收件人拒付），则需由卖家承担相关费用。

2）若因货物原因导致包裹被滞留，不能继续转运、其退回费用或相关责任由发件人自负。

3）卖家若授权货代公司代为申报，如因申报原因发生扣关或延误，货代公司大多不承担责任。

4）如 TNT 包裹需要申请索赔，需在包裹上网后 21 天内提出申请，逾期 TNT 不予受理。

5）一票多件计算方式：计算包裹的实重之和与体积重之和，取其中较大者。

6）TNT 不接受仿牌货物，若仿牌货物被扣关则 TNT 不负责任。

（6）TNT 主要有以下七个优点

1）速度快，通关能力强，提供报关代理服务。

2）可免费、及时、准确地追踪查询货物，无偏远地区配送附加费。

3）在欧洲和西亚、中东及政治、军事不稳定的国家和地区有绝对优势。

4）在 2~4 个工作日内通至全球，特别是到西欧地区大概用 3 个工作日，可送达的国家和地区比较多。

5）网络比较健全，网站信息更新快，遇到问题响应及时。

6）纺织品类大货到西欧地区、澳大利亚、新西兰有优势。

7）可以通达沙特，但需提供正版发票。

（7）TNT 主要存在以下两个缺点

1）要算体积重，对所运货物限制也比较多。

2）价格相对较高。

2.2.2　UPS 介绍

UPS 全称是 United Parcel Service，即联合包裹服务公司，于 1907 年作为一家信使公司成立于美国华盛顿州西雅图，其总部位于美国佐治亚州亚特兰大市，是一家全球性的公司，作为世界上最大的快递承运商与包裹递送公司，它也是运输、物流、资本与电子商务服务的提供者。

（1）大部分 UPS 的货代公司均可提供 UPS 旗下主打的以下四种快递服务。

1）UPS Worldwide Express Plus——全球特快加急，资费最高。

2）UPS Worldwide Express——全球特快。

3）UPS Worldwide Saver——全球速快，也就是所说的红单。

4）UPS Worldwide Expedited——全球快捷，也就是所说的蓝单，是最慢的，资费最低。

在 UPS 的运单上，前三种快递是用红色标记的，最后一种是用蓝色标记的，但是通常所说的红单是指 UPS Worldwide Saver。截至 2014 年 9 月，全球速卖通平台支持的 UPS 发货方式包含 UPS Express Saver（俗称红单）和 UPS Express Expedited（俗称蓝单），下面进行简要的介绍。

（2）资费标准

UPS 的资费标准以 UPS 官网公布的信息或以 UPS 的服务热线提供的信息为准。

一票多件货物的总计费重量依据运单内每个包裹的实际重量和体积重量中较重者计算，并且不足 0.5 千克的按照 0.5 千克计算，超出 0.5 千克不足 1 千克的按照 1 千克计算。每票包裹的计费重量为每件包裹的计费重量之和。

（3）参考时效

1）UPS 国际快递参考配送时间为 2~4 个工作日。

2）配送时间为从已上网到收件人收到此快件为止。

3）如遇到海关稽查等不可抗拒的因素，配送时效就要以海关放行时间为准。

（4）跟踪查询

UPS 国际快递跟踪查询，可在其官网进行查询。

（5）体积和重量限制

UPS 国际快递小型包裹服务一般不递送超过重量和尺寸标准的包裹。若 UPS 国际快递接收该类包裹，将对每个包裹收取超重超长附加费 378 元。重量和尺寸标准如下所述。

1）包裹的重量最多可达 70 千克。

2）包裹的长度和周长之和最多可达 419 厘米。

3）包裹的长度最大为 274 厘米。

4）重量超出 31.5 千克，欧盟地区内为 25 千克的包裹要求贴上一张特别的重包裹标签。

5）尺寸重量比值较大的包裹要求采用特别的定价和体积重量计算。

注：每个包裹最多收取一次超重超长费。

（6）UPS 主要有以下五个优点

1）速度快，服务好。

2）在美洲地区等线路上发货有优势，另外对于美国、加拿大、南美、英国、日本等国家和地区，适于发快件。

3）一般 2~4 个工作日可送达。若是发往美国的包裹，差不多 48 个小时能送达。

4）货物可送达全球 200 多个国家和地区，可以在线发货，在全国 109 个城市可上门取货。

5）网站信息更新快，遇到问题解决及时。

（7）UPS 主要有以下四个缺点

1）运费较贵，要计算产品包装后的体积重。

2）对托运物品的限制比较严格。

3）中国香港 UPS 代理已停发澳大利亚件，但内地的 UPS 可以发。

4）大货不宜使用中国香港地址发货物（发票也不宜使用中国香港地址和公司），如果目的地清关必须使用中国香港地址，应找正规的货代公司发货。

2.2.3　FedEx 介绍

FedEx 即美国联邦快递，总部位于美国田纳西州孟菲斯，在中国香港、加拿大安大略省多伦多、比利时布鲁塞尔、美国佛罗里达州迈阿密设有分支机构。

FedEx IP 指的是联邦快递优先服务，时效比较快，相对来说价格也比普通的高一些。

FedEx IE 指的是联邦快递经济服务，时效与 FedEx IP 相比要慢一些，是 FedEx 国际快递中最便宜的递送方式。

（1）FedEx IP

1）时效快，递送的时效为 2～5 个工作日。

2）清关能力强。

3）为全球超过 200 多个国家和地区提供快捷、可靠的快递服务。

（2）FedEx IE

1）价格更加优惠，相对于 FedEx IP 的价格更有优势。

2）时效慢，递送的时效一般为 4～6 个工作日，比 FedEx IP 通常慢 3 个工作日左右。

3）清关能力强，FedEx IE 和 FedEx IP 有同样的清关团队。

4）为全球超过 90 多个国家和地区提供快捷、可靠的快递服务，FedEx IE 同 FedEx IP 享受同样的配送网络，只有很少部分国家的运输路线不同。

（3）资费标准

FedEx 的资费标准以其官网为准。

（4）参考时效

1）FedEx IP 正常配送时效为 2～5 个工作日（此时效为快件上网至收件人收到此快件止），需根据目的地海关通关速度决定。

2）FedEx IE 正常配送时效为 4～6 个工作日（此时效为快件上网至收件人收到此快件止），需根据目的地海关通关速度决定。

3）FedEx 的跟踪查询可参考其官方网站。

4）FedEx 的体积和重量限制。

重量收费按实际重量与体积重量相比，取较重者计算收取。

体积重量计算公式：长×宽×高（单位：厘米）÷5000

单票计费重量在 20.5 千克以内（含 20.5 千克），不足 0.5 千克的按 0.5 千克计费，0.5 千克以上不足 1 千克的按 1 千克计费。

计算横周长的公式为货件最大尺寸长+宽×2+高×2（最小边的周长+最长边>330 厘米），超过 330 厘米或单件超过 68 千克为超大件，部分国家超大件需要征收超大件附加费。

2.2.4　DHL 介绍

DHL 是全球知名的邮递和物流集团 Deutsche Post DHL 旗下公司，可寄达 220 个国家和地区，有涵盖超过 20 000 个目的地（主要邮递区码地区）的网络，向企业及私人买家提供专递及速递服务。

（1）资费标准

首重运费+（总重量×2-1 个首重）×续重运费。

每票货物可以选购保险。保费按照货值的 2%收取，最低收费为 15 英镑，最多为 800 英镑（必须真实申报货物价值，否则可能无法顺利索赔）。

所有报价的收费单位为 0.5 千克，所有价格按照英镑结算，不包含关税清关费用、增值税和其他可能产生的附加费。燃油附加费已经包含，按照 17%收取。

（2）参考时效

全球配送 2~7 个工作日妥投。

（3）跟踪查询

可到官网查询。

（4）注意事项

1）物品描述：申报品名时需要填写实际品名和数量，不接收礼物或样品申报。

2）申报价值：DHL 对申报价值是没有要求的，客户可以自己决定填写的金额，建议按货物的实际申报价值填写，以免产生高额关税及罚金。

3）收件人地址：DHL 有部分国家不接受邮箱地址，必须要提供收件人电话，资料应用英文填写，其他语种不允许。

（5）DHL 主要有以下三个优点

1）发往西欧、北美地区有优势，适宜走小件。可送达国家网点比较多。

2）一般 2~4 个工作日可送达：到欧洲地区一般 3 个工作日，到东南亚地区一般两个工作日。

3）网站货物状态信息更新也比较及时，遇到问题解决速度快。

（6）DHL 主要有以下两个缺点

1）走小货价格较贵不划算，DHL 适合发 5.5 千克以上，或者介于 21 千克到 100 千克之间的货物。

2）对托运物品的限制比较严格，拒收许多特殊商品，截至 2014 年 9 月，秘鲁、巴西、乌拉圭、阿根廷、巴拉圭、叙利亚、沙特、俄罗斯不提供 DHL 包裹寄递服务。

2.2.5 Toll 介绍

Toll 环球快递（又名拓领快递）是 Toll Global Express 公司旗下的一个快递业务，Toll 环球快递到澳大利亚、泰国、越南等地区的价格较有优势。

（1）体积、重量限制

Toll 环球快递首重续重均为 0.5 千克，对包裹的重量限制为 15 千克，体积重量超过实际重量需按照体积重量计费，体积重量的算法为长×宽×高（单位：厘米）÷5000。单件货物任何一边长度超过 120 厘米，需另外加收每票 200 元的附加费。

（2）注意事项

1）Toll 环球快递运费不包含货物到达目的地海关可能产生的关税等费用，或者货物被退回发件地（此时无法销毁）所产生的一切费用。如收件人拒付，则需由发件人承担费用。

2）若因货物原因导致包裹被滞留在中国香港，不能继续转运，其退回费用或相关责任由发件人自负。

3）如货物因地址不详等原因在当地配送不成功，需更改地址配送，Toll 环球快递会收取每票 50 元的操作费。

4）Toll 环球快递在当地会有两次配送服务，如两次配送均不成功，要求第三次配送会收取 75 元的配送费。

5）货物不能用金属或木箱包装，及其他不规范的包装，否则 Toll 环球快递会收取 200 元的打包费。

2.2.6 SF Express 介绍

SF Express 即顺丰速运。近年来，顺丰积极拓展国际件服务，目前已开通美国、日本、韩国、新加坡、马来西亚、泰国、越南、澳大利亚等国家的快递服务。

（1）体积、重量限制

顺丰并未对重量进行限制，300千克以上的货物也可被接受，但其对体积进行了限制，体积要求为200厘米×80厘米×70厘米之内。

对于体积大、重量轻的货物，顺丰参考国际航空运输协会（IATA）的规定，根据体积重量和实际重量中较重的一种收费。

体积重量计算公式：长×宽×高（单位：厘米）÷6000

（2）优势、劣势

1）顺丰国际快递的优势主要体现为国内服务网点分布广，员工队伍人员服务意识强，服务队伍庞大，价格有一定的竞争力。

2）劣势主要表现在开通的国家线路少，卖家可选的国家少，而且顺丰的业务种类繁多，在国际快递的专业知识方面略显逊色。

2.3 专线物流介绍

速卖通平台与各国邮政，以及当地商业快递合作搭建了面向不同国家的专线物流，这些专线物流与传统物流渠道不同，是通过速卖通平台线上发货来使用的。下面对几种常用的专线物流进行简要的介绍。

2.3.1 Special Line-YW

Special Line-YW 即燕文航空专线，俗称燕文专线，是北京燕文物流公司旗下的一项国际物流业务。燕文专线目前已开通南美专线和俄罗斯专线。

燕文南美专线小包：通过调整航班资源一程直飞欧洲地区，再根据欧洲地区到南美地区航班货量少的特点，快速中转，避免旺季爆仓，大大缩短妥投时间。

燕文俄罗斯专线小包：与俄罗斯合作伙伴实现系统内部互联，全程无缝可视化跟踪。国内快速预分拣、快速通关，快速分拨配送，正常情况下俄罗斯全境配送时间不超过25天，人口50万以上城市派送时间低于17天。

注意：包装材料及尺寸选择应按照所寄物品的性质、大小、轻重选择适当的包装袋或纸箱。邮寄物品外面需套符合尺寸的包装袋或纸箱，包装或纸箱上不能有文字、图片、广告等信息。

由于寄递路程较远、冬天寒冷等原因宜选用适当的结实抗寒的包装材料，以便防止以下情况的发生。

1）封皮破裂，内件露出，封口胶开裂内件丢失。

2）伤害相关工作人员。

3）污染或损坏其他包裹或分拣设备。

4）因寄递途中碰撞、摩擦、震荡或压力、气候影响而发生损坏。

2.3.2 Russian Air

Russian Air 即中俄航空专线，是通过国内快速集货、航空干线直飞、在俄罗斯境内通过俄罗斯邮政或当地落地配送进行快速配送的物流专线的合称。截至本书发稿前，中俄航空专线下面有 Ruston 专线（后续会上线更多中俄航空专线）。

线上发货中俄航空 Ruston 专线是由黑龙江俄速通国际物流有限公司提供的中俄航空小包专线服务。

（1）线路介绍

1）时效快：包机直达俄罗斯，80%以上包裹 25 天内到达买家目的地邮局。

2）交寄便利：北京、深圳、广州（含番禺）、东莞、佛山、杭州、金华、义乌、宁波、温州（含乐清）、上海、昆山、南京、苏州、无锡、郑州、泉州、武汉、成都、葫芦岛兴城、保定白沟 1 件起免费上门揽收，揽收区域或非揽收区域也可自行发货到指定揽收仓库。

3）赔付保障：邮件丢失或损毁提供赔偿，可在线发起投诉，投诉成立后最快 5 个工作日完成赔付。

（2）运送范围及价格

1）中俄航空 Ruston 专线支持发往俄罗斯全境邮局可到达区域。

2）运费根据包裹重量按克计费，1 克起重，每个单件包裹限重在 2 千克以内。中俄航空运费，如图 2-1 所示（价格更新时间：2018 年 6 月 1 日）。

国家/地区列表		包裹重量1-150克 配送服务费原价（根据包裹重量按克计费）元（RMB）/KG	包裹重量1-150克 挂号服务费 元（RMB）/包裹	包裹重量151-300克 配送服务费原价（根据包裹重量按克计费）元（RMB）/KG	包裹重量151-300克 挂号服务费 元（RMB）/包裹	包裹重量301-2000克 配送服务费原价（根据包裹重量按克计费）元（RMB）/KG	包裹重量301-2000克 挂号服务费 元（RMB）/包裹
Russian Federation	RU 俄罗斯	62.6	15.3	54.3	16.6	48.1	18.2

* "中俄航空Ruston"菜鸟保留价格调整权

* 此价格为速卖通平台补贴价格，价格如有调整会提前公告

图 2-1 中俄航空运费

3）目的国无法投递退件。

2018 年 11 月 29 日起海外无法投递退货服务调整，详情可到全球速卖通网站查询。

（3）参考时效

正常情况：16～35 天左右到达目的地。

特殊情况：35～60 天到达目的地，特殊情况包括节假日、特殊天气、政策调整、偏远地区等。

查询物流时效：可到全球速卖通网站查询。

时效承诺：物流商承诺货物 60 天内（自揽收成功/签收成功起计算）必达（不可抗力除外），因物流商原因在承诺时间内未妥投而引起的限时达纠纷赔款，由物流商承担（按照订单在速卖通的实际成交价赔偿，最高不超过 700 元）。

（4）物流信息查询

1）物流商与速卖通平台已对接，速卖通会在订单详情页面直接展示物流跟踪信息。

2）也可以在中国邮政官网和服务商网站（Ruston 官网）查询相关物流信息。

3）买家可在俄罗斯邮政官网（包裹到俄罗斯邮局后）查询相关物流信息。Ruston 官网可切换为俄语版本，也可提供该网站给买家查询。

2.3.3 Aramex

Aramex 快递即中外运安迈世，在国内也称为"中东专线"，是发往中东地区的国际快递的重要渠道。Aramex 创建于 1982 年，其强大的联盟网络覆盖全球。其总部位于中东地区，是该地区的国际快递巨头。

（1）资费标准

1）Aramex 的标准运费包括基本运费和燃油附加费两部分，其中燃油附加费每个月都会变动，以 Aramex 网站公布的数据为准。

2）Aramex 的价格计算方式为：（首重价格+续重价格×续重数量）×燃油附加费×折扣；超过 15 千克按续重单价 1 千克计费，然后外加燃油附加费，再乘以折扣。

Aramex 的体积重量的计算公式：长×宽×高（单位：厘米）÷5000

Aramex 国际件的实际重量和体积重量，两者取较大者收取费用。

（2）优点

1）运费价格优势：寄往中东、北非、南亚等地区其价格具有显著的优势，是 DHL 的 60%左右。

2）时效优势：时效有保障，包裹寄出后大部分在 3~5 天可以投递，大大缩短了世界各国间的商业距离。

3）无偏远配送附加费：抵达全球各国都无偏远配送附加费。

包裹可在 Aramex 官网跟踪查询，状态实时更新信息，寄件人每时每刻都可跟踪到包裹最新动态。

2.3.4 芬兰邮政

速优宝芬兰邮政是由速卖通和芬兰邮政（Post Finland）针对 2 千克以下小件物品推出的中国香港口岸出口特快物流服务，分为挂号小包和经济型小包，运送范围为俄罗斯及白俄罗斯全境邮局可到达区域。芬兰邮政运费，如图 2-2 所示。

包裹形状	重量限制	最大体积限制	最小体积限制
方形包裹	小于2千克（不包含）	长+宽+高≤90cm，单边长度≤60cm	至少有一面的长度≥14cm，宽度≥9cm
圆柱形包裹		2倍直径及长度之和≤104cm，单边长度≤90cm	2倍直径及长度之和≥17cm，单边长度≥10cm

图 2-2　芬兰邮政运费

芬兰邮政优点如下。

1）运费价格优势。寄往俄罗斯和白俄罗斯的价格较其他专线具有显著的优势。

2）时效优势。时效有保障，包裹寄出后大部分在35天可以投递，挂号小包因物流商原因在承诺时间内未妥投而引起的速卖通平台限时达纠纷赔款，由物流商承担，降低卖家风险。

经济型小包跟传统的平邮小包相比，直到包裹离开芬兰前均有物流轨迹，离开芬兰前包裹丢失、破损及时效延误而延期的速卖通平台限时达纠纷赔款，由物流商承担，降低卖家风险。

2.3.5 中俄快递-SPSR

中俄快递-SPSR 的服务商 SPSR Express 是俄罗斯较优秀的商业物流公司之一，也是俄罗斯跨境电子商务行业的领军企业。中俄快递-SPSR 提供经北京、香港、上海等地出境的多条快递线路，运送范围为俄罗斯全境。

（1）线路介绍

1）时效快：俄罗斯境内75个主要城市（包含莫斯科、圣彼得堡等）11～14天内到达，其他偏远地区31天内可到达。

2）物流信息可查询：中俄快递-SPSR 提供国内段交航，以及目的国妥投等跟踪信息。

3）交寄便利：北京、深圳、广州（含番禺）、东莞、佛山、杭州、金华、义乌、宁波、温州（含乐清）、上海、昆山、南京、苏州、无锡、郑州、泉州、武汉、成都、葫芦岛兴城、保定白沟提供上门揽收服务，非揽收区域卖家可自行寄送至揽收仓库。

4）配送便利：默认送货到门服务，如果买家愿意可以选择自提（SPSR 在俄罗斯境内260多个城市遍布900多个方便的自提点）。

（2）运送范围及价格

1）运送范围：中俄快递-SPSR 支持发往俄罗斯全境邮局可到达区域。

2）价格：运费根据包裹重量按每100克计费，不满100克的按100克计，每个单件包裹限重在31千克以内。包裹尺寸限制在长、宽、高之和小于180厘米，单边不能超过120厘米以内。

（3）物流信息查询

1）物流详情查询平台。

- 11688 用户工作台：订单详情页面直接展示物流跟踪信息。
- 菜鸟官方物流追踪网站。

2）其他可追踪的官方网站。

在揽收服务商燕文官网查询到包裹在揽收服务商（燕文）仓库出库前的信息。

在 SPSR 官网可以查询到包裹从揽收服务商仓库出库信息。

2.4 其他物流方式介绍

使用其他物流方式的多为两种情况：第一种情况是卖家使用的物流方式不能在运费模板内进行选择并设置，因此需要卖家手动增加该物流方式；第二种情况是部分物流公司是使用转单号的，该单号在卖家发货后即在物流公司网站自动生成，或者由物流公司相关人员提供，卖家可以在物流公司的网站跟踪包裹信息。

这里要注意的是，从保护买家的购物体验方面考虑，平台建议卖家选择正规的、风险可控的物流渠道，对于卖家自行选择的专线物流，需要确保该物流有资质、有能力提供相应物流服务并在提供服务的过程中保障买家的体验，否则就得承担相对应的风险。若提供虚假物流渠道物流跟踪信息，速卖通有权不予认可并保留追究卖家相应责任的权利。

2.5 海外仓介绍

海外仓储集货指为卖家在销售目的地进行货物仓储、分拣、包装和配送的一站式控制与管理服务。确切地说，海外仓储应该包括头程运输、仓储管理和本地配送三个部分。

头程运输：中国卖家通过海运、空运、陆运或联运将商品运送至海外仓库。

仓储管理：中国卖家通过物流信息系统，远程操作海外仓储货物，实时管理库存。

本地配送：海外仓储中心根据订单信息，通过当地邮政或快递将商品配送给客户。使用海外仓储集货可使运输时效大大提高，特别是在销售旺季，能有效避免爆仓风险。

课后习题

一、单选题

1. 以下哪种不是邮政物流的方式？（　　）
   A．EMS   B．China Post Air Mail
   C．ePacket   D．Russian Air
2. 关于线上发货，以下哪种说法是错误的？（　　）
   A．不是货物多的地区都支持上门揽件

B．符合揽收范围的区域上门揽收是免费的
　　C．卖家不需要支付运费
　　D．揽收范围外的卖家需要自行发货到指定集货仓
3．中国邮政小包对包裹重量的限制是多少？（　　）
　　A．2千克　　　　B．1千克　　　　C．500克　　　　D．100克
4．中国跨境电商出口包裹大部分通过_____投递。（　　）
　　A．DHL　　　　B．UPS　　　　C．ePacket　　　　D．邮政系统
5．以下哪种快递不按照体积计算资费？（　　）
　　A．UPS　　　　B．EMS　　　　C．TNT　　　　D．DHL
6．一般情况下，商业快递运达全球的时间为多少天？（　　）
　　A．1~3天　　　　B．3~5天　　　　C．5~7天　　　　D．7~10天
7．体积大或是超重的大件物品国内小包无法运送，或者费用太贵的产品_____海外仓。
（　　）
　　A．选用　　　　B．必用　　　　C．不用　　　　D．可用可不用

二、多选题

1．海外仓货物可以通过_____的方式将货物先运达海外仓库。（　　）
　　A．空运　　　　B．海运　　　　C．陆运　　　　D．多式联运
2．海外仓为跨境电商提供_____订单管理和售前、售后等物流服务。（　　）
　　A．海外仓储　　　B．小包　　　　C．专线　　　　D．国际快递
3．海外仓费用的构成主要有_____和关税、增值税、杂费。（　　）
　　A．头程费用　　　B．处理费　　　C．仓储费　　　D．尾程运费
4．海外仓使用的操作步骤有哪些？（　　）
　　A．货物运至海外仓储中心　　　　B．卖家在线远程管理海外仓储
　　C．根据卖家指令进行货物操作　　D．统计信息实时更新
5．下列关于跨境物流的说法中哪些是正确的？（　　）
　　A．跨境物流不可以找货代来进行发货
　　B．跨境物流国内物流运送时间长
　　C．国内物流比跨境物流运费多
　　D．跨境物流发货流程与国内物流大同小异
6．以下哪些关于速卖通发货的说法是正确的？（　　）
　　A．卖家可以选用速卖通线上发货
　　B．卖家可以自行联系货代进行线下发货
　　C．卖家在选择物流方式发货时无须征询买家的意见，只要包裹能够安全快捷地寄到买家手中即可
　　D．卖家尽量选择运达时间较短的商业快递，以便客户早日收到包裹
7．使用中国邮政航空包裹时需要注意什么？（　　）
　　A．包裹价值较高或对时效性要求较高时，尽量不选择此种运输方式
　　B．使用中国邮政航空小包邮寄包裹，要在发货期内在速卖通平台上填写并提交发货通知，以免超过发货期订单款项自动退还至买家
　　C．标准运费包含运费部分，但不包括挂号费、通关费等其他费用

D．发货后，卖家一定要及时跟进包裹的寄递情况，直至包裹安全妥投
8．以下物流方式中，海关通关能力较强的是哪种？（　　）
   A．中国邮政小包　　　B．UPS　　　　　　C．e邮宝　　　　　　D．DHL
9．卖家设置了承诺运达时间后，包裹被海关扣关了，该如何处置？（　　）
   A．全额退款给买家
   B．全额退款给卖家
   C．如果是买家的原因导致的扣关，平台会建议买卖双方进行协商。如果不能达成一致，将全额退款给买家
   D．如果是买家的原因导致的不能清关，即使包裹的超时未达到也不会全额退款

三、判断题
1．海外仓可以随便建立。（　　）
2．海外仓的设立不仅有利于海外市场的拓展，同时还能降低物流成本。（　　）
3．卖家使用物流商的物流信息系统，远程操作海外仓存储的货物，并且保持实时更新。
（　　）

四、简答题
1．建立海外仓有哪些优势？
2．海外仓选品如何定位？

实 务 篇

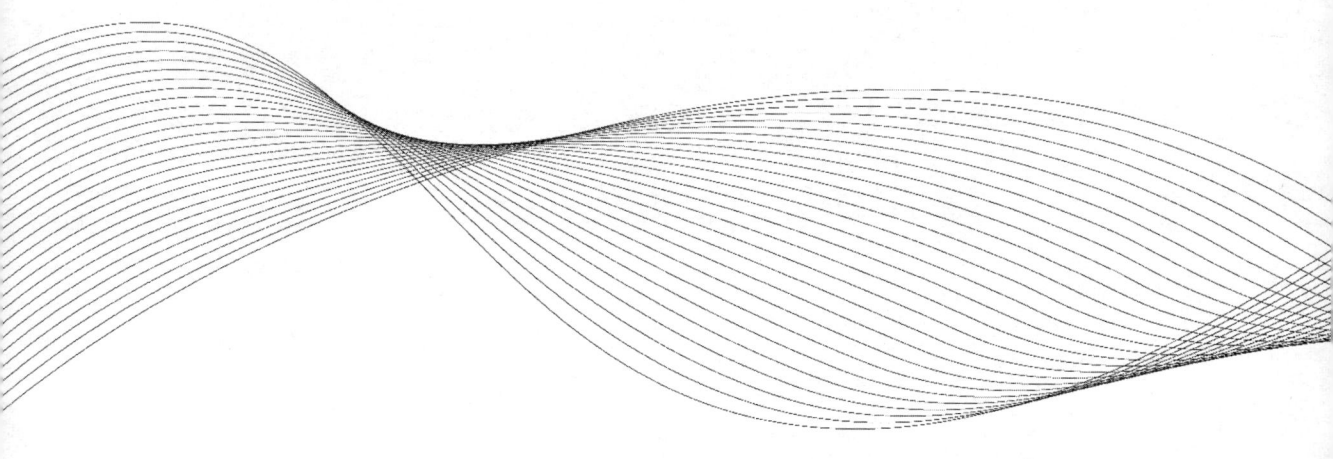

第 3 章 全球速卖通平台实战

3.1 注册规则

在全球速卖通（以下简称"速卖通"）中注册开店的过程非常简单，卖家只需要拥有一个本人使用的电子邮箱及一个实名认证的中国支付宝账号就可以开启一个新的速卖通账户。在注册开店的支付宝绑定、电子邮箱验证、手机验证等过程中，卖家不需要向速卖通平台缴纳任何费用。注册成功后卖家将拥有一个系统自动分配的会员 ID，这个 ID 是唯一的，不能修改。一个会员仅能拥有一个可出售商品的速卖通账户（速卖通账户指主账户），禁止出租、借出、转让会员账户。如果有相关行为，由此产生的一切风险和责任由会员本人自行承担，并且速卖通有权关闭该会员的账户。

全球速卖通有权终止、收回未通过身份认证且连续一年未登录速卖通或 TradeManager 的账户。用户在速卖通的账户因严重违规被关闭的，不得再重新注册账户。如果被发现重新注册账户，则速卖通将关闭重新注册的会员账户。

中国供应商付费会员若在阿里巴巴平台中因严重违规被关闭账户，则速卖通平台的相关服务或产品也将同时被停止使用。

3.2 发布规则

对于一个全球速卖通店铺的零基础卖家来说，发布产品时要了解平台的发布规则，虽然在速卖通平台发布产品是完全免费的，但这并不意味着卖家可以随意甚至恶意地发布产品，而应当了解平台一系列的发布规则。

3.2.1 禁售、限售规则

平台禁止发布任何含有或指向性描述禁限售信息，任何违反规则的行为，阿里巴巴有权依据《阿里巴巴速卖通的禁限售规则》进行处罚。用户不得通过任何方式规避该规定、平台发布的其他禁售商品管理规定及公告规定的内容，否则可能将被加重处罚。平台用户不得发布任何违反任何国家、地区及司法管辖区的法律规定或监管要求的商品。

禁售商品：指因涉嫌违法、违背社会道德或违背平台发展原则等原因，而禁止发布和交易的商品。

限售商品：指信息发布前需要取得商品销售的前置审批、凭证经营或授权经营等许可证明，否则不允许发布。

具体的禁售、限售商品列表请参见《全球速卖通禁限售商品目录》。

需要重视的是以下这些禁售商品：毒品，易制毒化学品及毒品工具，危险化学品，枪支弹药，管制器具，军警用品，药品，医疗器械，色情、暴力、低俗及催情用品，非法用途商品、非法服务类商品，烟草，纸币，邮票，赌博、间谍用品，卫星接收设备，医学美容仪器，管制刀具等。

除了禁售商品外，还需要了解限售商品，例如电子烟等。有的限售商品无论是否涉及品牌，都需要经过前置审批才能发布。一旦发布，店铺就会面临处罚，图3-1所示为禁限售积分处罚和店铺处罚规则。

处罚依据	行为类型	违规行为情节/频次	其他处罚
《禁限售规则》	发布禁限售规则	严重违规：48分/次（关闭账户）	1.退回/删除违规信息 2.若核查到订单中涉及禁限售商品，速卖通将关闭订单，如买家已付款，无论物流状况均全额退款给买家，卖家承担全部责任
		一般违规：0.5～6分/次（一天累积不超过12分）	

图3-1 禁限售积分处罚和店铺处罚规则

速卖通根据违规积分的等级制定了公平的处罚标准，分数按行为年累计计算。禁限售违规和知识产权一般侵权将累计积分，积分累计到一定分值，将执行账号处罚措施。例如，卖家在2020年6月1日被处罚扣12分，则会被冻结账户7天，同时，这个记录会保留到2021年6月1日才会被清零。屡次被处罚的店铺会被速卖通给予整个店铺不同程度的搜索排名靠后的处理，如图3-2所示。

违规行为类型	处罚方式	
《禁限售规则》 《知识产权规则》	分数累计到2分	警告
	分数累计到6分	限制商品操作3天
	分数累计到12分	冻结账户7天
	分数累计到24分	冻结账户14天
	分数累计到36分	冻结账户30天
	分数累计到48分 或全店销售假货 或进行恶意避规等	关闭账户
	注： 1、一般违规，一天内（即首次违规处罚时间起24小时内）累计扣分不超过12分； 2、严重违规，每次扣48分，关闭账号； 3、全部在线商品及下架商品均在"平台抽样检查"范围之内，如有违规行为会按照相关规定处罚； 4、以上商品列举并没有尽录全部不适宜在全球速卖通平台交易的商品，全球速卖通亦将不时地予以调整； 5、针对恶意规避等情节特别严重行为是（包括但不限于采用对商品信息隐藏、遮挡、模糊处理等隐匿的手段规避平台管理，经平台合理判断账号使用人本人或其控制的其他账号已因严重违规事件被处罚，账号使用人本人或其控制的其他账号被国内外监管部门立案调查、或虽未立案但有理由认为有重大嫌疑等严重影响平台管理秩序或造成一定负面影响的情况），平台保留直接扣除48分，关闭账号的权利	

图中"帐号"均为"账号"，"帐户"均为"账户"，下同

图3-2 速卖通给予违规店铺不同程度的处理方式

3.2.2 知识产权规则

知识产权,也称其为知识所属权,指权利人对其智力劳动所创作的成果享有的财产权利,一般只在有限时间内有效。各种智力创造比如发明、外观设计、文学和艺术作品,以及在商业中使用的标志、名称、图像都可被认为是某一个人或组织所拥有的知识产权。知识产权是关于人类在社会实践中创造的智力劳动成果的专有权利。

因此全球速卖通平台严禁用户未经授权发布、销售涉嫌侵犯第三方知识产权的商品。若卖家发布、销售涉嫌侵犯第三方知识产权的商品,则有可能被知识产权所有人或买家投诉,平台也会随机对商品(包含下架商品)信息、产品组名进行抽查,若涉嫌侵权则信息会被退回或删除。知识产权侵权类型主要包括商标侵权、著作权侵权、专利侵权,如图3-3所示。

侵权类型	定义	处罚规则
商标侵权	严重违规:未经注册商标权人许可,在同一种商品上使用与其注册商标相同或相似的商标	1) 三次违规者关闭账号
	一般违规:其他未经权利人许可使用他人商标的情况	1) 首次违规扣0分 2) 其后每次重复违规扣6分 3) 累计48分者关闭账号
著作权侵权	未经权利人授权,擅自使用受版权保护的作品材料,如文本、照片、视频、音乐和软件,构成著作权侵权。 实物层面侵权: 1) 盗版实体产品或其包装 2) 实体产品或其包装非盗版,但包括未经授权的受版权保护的作品 信息层面信息: 产品及其包装不侵权,但未经授权在店铺信息中使用图片、文字等受著作权保护的作品	1) 首次违规扣0分 2) 其后每次重复违规扣6分 3) 累计48分者关闭账号
专利侵权	侵犯他人外观专利、实用新型专利、发明专利、外观设计(一般违规或严重违规的判定视个案而定)	1) 首次违规扣0分 2) 其后每次重复违规扣6分 3) 累计48分者关闭账号 (严重违规情况,三次违规者关闭账号)

1、速卖通会按照侵权商品投诉被受理时的状态,根据相关规定对相关卖家实施适用处罚;
2、同一天内所有一般违规及著作权侵权投诉,包括所有投诉成立(商标侵权或专利权):被投诉方被同一知识产权投诉,在规定期限内未发起反通知,或虽发起反通知,但反通知不成立;著作权:被投诉方被同一著作权人投诉,在规定期限内未发起反通知,或虽发起反通知,但反通知不成立)及速卖通平台抽样检查,扣分累计不超过6分;
3、同三天内所有侵权投诉立(即被投诉方被同一知识产权投诉,在规定期限内未发起反通知,或虽发起反通知,但反通知不成立)及速卖通平台抽样检查,只会作一次违规计算;三次严重违规者关闭账号,严重违规次数记录累计不区分侵权类型;
4、速卖通针对卖家商品违规及侵权行为及卖家店铺采取处罚,包括但不限于(i)退回或删除商品/信息、(ii)限制商品发布、(iii)暂时冻结账户;及(iv)关闭账号。对于关闭账号的用户,速卖通采取措施防止该用户再次在速卖通上进行登记。
5、每项处理规定于由处罚之日起有效365天;
6、当用户侵权情节物别显著或极端时,速卖通有权对用户单方面采取解除速卖通服务协议及免费会员资格协议、直接关闭用户账号及速卖通的情况断与其相关联的所有账号、及/或采取其他为保护消费者或权利人的合法权益或平台正常的经营秩序,由速卖通酌情据以为适当的措施。该等情况下,速卖通除有权直接关闭账号外,还有权冻结用户关联国际支付宝账号资金及速卖通账号资金,其中依据括为确保消费者或权利人在行使投诉、举报、诉讼等救济权利时,其合法权益得以保障。"侵权情节特别显著或极端"包括但不限于下情形:
· 用户侵权行为的情节特别严重
· 权利人针对速卖通提起诉讼或法律要求
· 用户因侵权行为被警方或司法、执法或行政机关立案处理
· 因司法、执法或行政机关要求速卖通处置账号或采取其他相关措施
· 用户所销售的商品在产品属性、来源、销售规模、影响面、损害等任一因素方面造成较大影响的
· 构成严重侵权的其他情形(如比错放类目、使用变形词、遮盖商标、引流等手段规避)
7、速卖通保留以上处理措施等的最终解释权及决定权,也会保留与之相关的一切权利。
8、本规则如中文和非中文版本存在不一致,歧义或冲突,应以中文版为准。

图 3-3 知识产权侵权类型

速卖通商家之间的竞争愈演愈烈,速卖通对店铺和平台的管理也在逐渐加强,对商品侵权的打击力度也越来越大,作为速卖通的卖家,如何预防速卖通侵权事件呢?

首先,参考速卖通规则专区下的品牌参考列表,如果其中没有列举,可以去国家商标网查询,确定自己的商品是否构成侵权。如果依然不确定,那么要注意所有商品、店铺等发布到网上的信息中(包括文字和图片)都不能使用他人品牌名称或衍生词,也不能含有他人品牌的Logo或相似Logo;不发布含有模仿他人品牌代表性图案、底纹或款式的商品。

(1)产品来源把控

1)对于自有工厂的卖家:了解自己生产的产品外观,技术能力,或者品牌是否已被注册知

识产权；本公司研发的产品尝试去注册知识产权。从源头上避免速卖通侵权事件的发生。

2）对于无自有工厂的卖家：谨慎进货，了解供货方的资质，保证货源是合法正规的，同时也需要向供货方了解是否有权生产、销售该产品；保存交易凭证。交易凭证一定要保存好，防止遇到速卖通侵权事件的时候拿不出来证据。

（2）在线店铺管理

1）设置店铺名称。

需要注意店铺名称中是否有涉及他人注册商标的单词，对于相似或重复的，为了避免受到知识产权侵权投诉请不要使用，换个别致的店铺名称也有利于别人记住自己的店铺。

2）装修店铺、发布产品。

不要使用他人原创的图片、文字和视频，二次剪辑也是不可以的。

如果需要发布品牌信息，则先提供授权证明发送至 sellerproducts@aliexpress.com，注明 Member ID。

不要使用图片处理工具遮盖全部或部分 Logo，不可以使用品牌的变形词或衍生词，也不可以发布模仿知名品牌的代表性图案、底纹或款式的商品。如果卖家收到的是盗图的投诉，那么首先必须要确认这个行为是否真实存在。但是有时候卖家所用的图片来自供货商平台，在沟通不到位的情况下产生误会也是在所难免的。如果遇到盗图的投诉，投诉成立则一次扣 6 分，首次违规 5 天算一次（不扣分）；从第 6 天开始，每次投诉扣 6 分；如果一天内有多次投诉则扣一次分，时间按照投诉受理时间为准。

发布侵权产品后，在没有被投诉之前，如果卖家及时发现，立即删除就不会受到任何处罚。如果不小心收到了知识产权所有人的投诉，那么卖家也不必惊慌，采取积极有效的方法应对，可以将店铺的损失降低到最小。

3）商品因为可能涉及品牌而被审核退回。

确认自己销售的商品品牌是不是涉及了他人的注册商标。如果是，请卖家确定自己是否获得商标所有人的授权，或者供货方是否获得商标所有人的授权。同时登录知识产权保护系统，单击"我要回应投诉"按钮，查看知识产权编号名称，积极联系投诉方，以取得对方的谅解和撤诉的机会。如果有证据证明自己的产品不涉及侵权，那么可以主动发起反投诉。

若没有获得商标所有人的授权，则请删除这类商品，不再发布，并删除已发布的类似商品。因为发布后，不排除会收到知识产权所有人的投诉，到那时卖家需要承担一定的法律风险。若卖家是获得了授权的，提供授权证明并发送至 sellerproducts@aliexpress.com，不要忘记注明卖家的 Member ID，若卖家的供货商是获得了授权的，需要将供货方的授权证明和卖家的进货凭证发送至 sellerproducts@aliexpress.com，并注明卖家的 Member ID。

如果卖家销售的商品品牌不涉及他人的注册商标，请卖家重新修改信息，避免造成他人误解，误以为卖家销售的商品品牌涉及他人注册商标或者卖家和品牌所有人之间存在合作关系。

4）商品因知识产权侵权投诉。

如果确实存在侵权，请删除被投诉的商品，并且不要忘记把前台类似的商品也删除，防止再次被投诉侵权；如果认为商品不存在侵权，请积极提起反投诉。也可以积极与投诉方联系，说明商品情况，争取让投诉方撤诉。预防速卖通侵权事件不能掉以轻心，遇到速卖通侵权行为一定要及时举报，及时避免风险。

3.2.3 搜索排序规则

AliExpress 搜索的整体目标是帮助买家快速找到想要的商品并且能够有比较好的采购交易体验，而搜索的排名的目标就是要将最好的商品、服务能力最好的卖家优先推荐给买家，谁能带给买家最好的采购体验，谁的商品就会排序靠前。在排序的过程中，全球速卖通给予表现好的卖家更多的曝光机会，降低表现差的卖家曝光机会甚至没有曝光机会，优胜劣汰。

首先卖家的商品要如实描述且信息完整、准确，其次店铺的商品与买家搜索或类目浏览的需求非常相关，在这个基础上，速卖通会综合考虑商品的转化能力和卖家过往的服务表现，商品转化好，卖家服务好的商品会排序靠前，但如果有相关的搜索作弊行为，将会大大影响卖家的商品排序甚至没有排序的机会。

下面，详细介绍一下影响速卖通搜索排名的五个方面的因素。

（1）商品信息的描述质量

这是最基本的要求，卖家销售的是什么样的商品，在商品描述的时候一定要真实、准确地告诉买家，帮助买家快速地做出购买决策。由虚假描述引起的纠纷会严重影响卖家的排名情况甚至受到平台的处罚。

1）商品描述信息尽量准确完整。

商品的标题、发布类目、属性、图片、详细描述能够帮助买家快速做出购买决策，因此务必准确、详细地填写。

① 标题是搜索方面非常关键的一个因素，卖家务必在标题中清晰地描述商品的名称、型号及关键的一些特征和特性，让买家一看就能清楚地知道卖家卖的是什么商品，从而吸引买家进入详情页进一步查看。

② 发布类目的选择一定要准确，切忌将自己的商品放到不相关的类目里，否则不但被买家搜到的概率比较小，而且情况严重者会受到平台的处罚。

③ 商品的属性填写一定要尽量完整和准确，因为这些属性将帮助买家快速地判断卖家的商品是不是他们想要的商品。

④ 商品的主图是商品的一个不可或缺的部分，买家更加喜欢拍摄的高质量、多角度的实物图片，因为这些能够帮助他们清楚了解卖家的商品，从而做出购买决策。

⑤ 详细描述的信息一定要真实、准确，最好能够图文并茂地向买家介绍商品的功能、卖点、质量、优势，帮助买家快速了解。

一定要注意的是速卖通严格禁止盗用其他卖家的图片。图 3-4 所示展示了各个违规行为的类型与处罚措施。

（2）商品与买家搜索需求的相关性

相关性是搜索引擎技术里面一套非常复杂的算法，简单地说就是判断卖家的商品在买家输入的关键词搜索与类目浏览时，与买家实际需求的相关程度，越相关的商品，排名越靠前。

速卖通在判断相关性的时候，最主要是考虑卖家商品的标题，其次会考虑发布类目的选择、商品属性的填写及卖家商品的详细描述的内容。

以下几点建议有助于卖家获取更多曝光机会。

1）标题的描写是重中之重，真实、准确地概括描述卖家的商品，符合海外买家的语法习惯，没有错别字及语法错误，请不要千篇一律地描述，否则买家也有审美疲劳。

2）标题中切记避免关键词堆砌，例如"MP3，MP3 Player，Music MP3 Player"这样的速卖通标题关键词堆砌不能帮助卖家提升排名，反而会被搜索降权处理。

3）标题中切记避免虚假描述，例如卖家销售的商品是 MP3，但为了获取更多的曝光，在标题中填写类似 MP4/MP5 字样的描述，速卖通通过算法可以监测此类的作弊商品，同时虚假的描述也会影响卖家商品的转化情况，得不偿失。

4）商品发布类目的选择一定要准确，正确的类目选择有助于买家通过类目浏览或类目筛选快速定位到卖家的商品，错误地放置类目会影响曝光机会并且可能受到平台的处罚。

5）商品属性的填写要完整、准确，详细描述真实、准确有助于买家通过关键词搜索、属性的筛选快速地定位到卖家的商品。

违规行为类型	具体类型	处罚措施
商品的信息描述质量	标题堆砌 描述不完整 图片不符 商品超高价 商品超低价 运费不符	1、违规商品基于搜索排名靠后的处罚。 2、同时根据卖家搜索作弊行为累计次数的严重程度基于搜索排名靠后或者屏蔽处理，情节严重的基于冻结账户或者关闭账户的处罚。 注：对于更换商品的违规行为，平台将会增加清除该违规商品的所有销售记录
商品与买家搜索需求的相关性	标题类目不符	
商品的交易转化能力	转化率低	
卖家的服务能力	服务能力评分低	
搜索作弊的情况	黑五类商品的乱放 重复铺货骗曝光 类目错放 属性错选 重复开小账户抢曝光 SKU作弊 标题类目不符 计量单位作弊 更换商品	

图 3-4 违规行为的类型与措施

（3）商品的交易转化能力

速卖通看重商品的交易转化能力。一个符合海外买家需求、价格/运费设置合理且售后服务有保障的商品是买家想要的。速卖通会综合观察一个商品曝光的次数及最终促成的成交量来衡量一个商品的交易转化能力，转化高代表买家需求高，有市场竞争优势，从而会排序靠前；转化低的商品会排序靠后甚至没有曝光的机会，逐步被市场淘汰。

一个商品累积的成交量和好评，有助于帮助买家快速地做出购买决策，会排序靠前。如果买家对一个商品的评价不好，会严重地影响商品的排名。

（4）卖家的服务能力

除商品本身的质量外，卖家的服务能力是直接影响买家采购体验的因素。

在搜索排名上面，速卖通非常看重卖家的服务能力，能提供优质服务的卖家排名将靠前，服务能力差、买家投诉严重的卖家会受到排名严重靠后甚至不参与排名的处罚，同时也可能受到平台网规的相关处罚。

速卖通会重点观察卖家在以下五个方面的服务表现。

1）卖家的服务响应能力。

包含在阿里旺旺（TradeManager）及 Contact Now 邮件的响应能力，合理地保持旺旺在线，及时地答复买家的询问将有助于提升卖家在服务响应能力上的评分。

2）订单的执行情况。

卖家发布商品进行销售，承诺了发货时间，就应该兑现承诺。买家付款后，卖家应及时地发货。无货空挂、拍而不卖的行为将对买家的体验造成严重的影响，也会严重地影响卖家所有商品的排名情况，情节严重的话卖家所有商品将不参与排序，当然在这个过程中会排除非卖家责任的订单取消的情况。此外，拍而不卖和进行虚假发货的行为视为欺诈行为，将受到更加严厉的处罚。

3）订单的纠纷、退款情况。

卖家在发布商品进行销售时应该如实描述，向买家真实、准确地介绍自己的商品，保证商品的质量，避免买家收到货以后产生纠纷、退款的情况。如遇到买家有不满意的时候，应该提前积极主动地与买家沟通、协商避免纠纷的产生，特别是要避免纠纷上升到需要平台介入进行处理的情况。速卖通对于纠纷少的卖家会进行奖励，对于纠纷多的卖家会进行搜索排名严重靠后甚至不参与排名的处罚，当然平台也会排除非卖家责任引起的纠纷、退款情况。

4）卖家的DSR评分情况。

卖家的DSR评分直接代表着交易结束后买家对于商品、卖家服务能力的评价，是买家满意与否的最直接的体现，卖家应重视买家的评价情况。速卖通会优先推荐DSR评分高的商品和卖家，给予更多曝光机会和推广资源，对于DSR评分低的卖家进行大幅的排名靠后处理甚至不参与排名的处罚。

在订单的执行、纠纷退款等几种情况下，速卖通会同时观察单个商品和卖家整体的表现情况。个别商品表现差，会影响个别商品的排名；卖家整体表现差，将影响该卖家销售的所有商品的排名。

关于服务能力的表现情况，卖家可以关注卖家后台每日服务等级。

（5）搜索作弊的情况

对于搜索作弊的行为，速卖通会进行日常的监控和处理，及时清理作弊的商品，处理手段包含商品的排名靠后、商品不参与排名或者隐藏该商品。对于作弊行为严重或屡犯的卖家，会进行其店铺在某段时间内整体排名靠后或不参与排名的处罚；对于情节特别严重的卖家，甚至会进行关闭其账号，并进行清退的处理。

常见的搜索作弊行为如下。

1）黑五类商品的乱放。

订单链接、运费补差价链接、赠品、定金、新品预告等商品作为特殊商品存在于网站上面，但没有按照规定放置到指定的特殊发布类目中。例如，卖家售出了一个30美元的沙发套，买家因为要求更换运输方式，需要补5美元差价，于是卖家放了一个1美元的链接，让买家拍5次。可是这个补差价链接放在了家纺的类目中，那么这个链接就属于运费补差价链接，卖家有商品信誉炒作的嫌疑。正确的做法是将商品发布到正确的类目下面，特殊的补差价的链接要放在正确的Special Category（特殊类别）类目下。

2）重复铺货骗曝光。

卖家将同一件商品恶意发布为多个商品进行销售。为保证买家的购物体验及平台的公平性，同一件商品一个卖家只允许在平台上发布一次，而且一个卖家不允许通过多个账户分别或同时发布同一件商品，否则视为重复铺货行为。

重复铺货行为包含但不局限于以下两种情况：商品主图完全相同，且标题、属性雷同；商品主图不同（如主图为同一件商品以不同角度拍摄等），但标题、属性、价格高度雷同。

重复铺货特殊情况说明：商品主图、标题、属性均雷同，但若有合理的展示需求时，不视为重复信息，如同一件商品设置不同的打包方式。发布商品的数量不能超过3个，多余的商品将被视为重复铺货处理。

3）重复开小账户抢曝光。

卖家恶意注册多个账户发布相同商品进行销售。

4）商品标题、关键词滥用。

在商品的标题、关键词、简要描述和详细描述等处设置与商品本身不相关的品牌名称和描述用语，为吸引更多买家注意，误导买家浏览自己的商品。

5）商品发布类目错放以及属性错选。

这类错误可能造成商品展示在网站前台错误的类目下，平台将对其进行规范和处理。例如，将手机壳错放到化妆包（Cosmetic Bags & Cases）类目中，正确的类目应该为：电话和通讯（Phones & Telecommunications）→手机配件和零件（Mobile Phone Cessories & Parts）→手机包和手机壳（Mobile Phone Bags & Cases）。

将商品发布在不合适的类目中或设置错误的属性会影响网站产品类目列表及属性筛选的准确性，进而影响买家的搜索采购体验。对放错了类目的商品，平台将在搜索排名中将其排在后面，并将该商品记录到店铺搜索作弊违规商品总数里。当店铺搜索作弊违规商品累计达到一定数量后，将给予整个店铺不同程度的搜索排名靠后处理；情节严重的，将对店铺进行屏蔽处理；情节特别严重的，将对店铺进行冻结账户或直接关闭账户处理。

如何避免类目错放呢？首先，要对平台的各个行业、各层类目有所了解，知道自己所售商品从物理属性上来讲应该放到哪个大类目下，例如准备销售手机壳，应知道它是属于手机类目下的；其次，可以在线上通过商品关键词查看此类商品的展示类目作为参考；最后，根据自己所要发布的商品逐层查看推荐类目层级，也可以使用商品关键词搜索推荐类目，从而在类目推荐列表中选择最准确的类目。在发布商品时要注意正确填写商品的重要属性（发布表单中标星号或绿色感叹号的属性）。

6）商品超低价骗曝光。

卖家发布偏离商品正常价值较大的商品，目的是在默认和价格排序时吸引买家注意，骗取曝光。

7）商品价格与运费倒挂。

卖家以超低价格发布商品，同时调高运费价格，以此吸引买家注意，骗取曝光。

8）发布广告商品。

以宣传店铺或其他商品为目的，发布带有广告性质的商品。商家只为吸引买家访问，但不进行真实的销售。

9）商品销量炒作。

以提升商品的累积销量为目的，利用先卖低值商品，后转卖高值商品及虚假交易的方式提升商品的累积销量，误导买家。

10）卖家信用炒作。

信用评价并非基于真实的交易体验，而主要是为了提高会员的信誉做出评价或接收评价的行为。

在此提醒卖家朋友们，千万不要抱着侥幸的心理去尝试作弊提升曝光和排名，也不要去模仿其他卖家已有的作弊行为，诚信经营、长远发展才是根本。平台目前不是无法识别这些搜索作弊的行为，只是在分步骤实施清理和打击，并且会对历史的作弊行为进行追溯和清理，希望有作弊行为的卖家停止违规的操作并且自发地清理相关的商品。

3.2.4 发布商品

作为新手，速卖通新店开通之后，怎样发布商品关系到店铺商品的曝光及销量。那么，发布商品都有哪些技巧呢？

准备工作主要从以下四个方面着手。

（1）商品图片

建议背景底色为白色或纯色，图片尺寸 800px×800px 以上，图片横向和纵向比例建议 1∶1~1∶1.3 之间；图片不能有边框，也不能拼图；Logo 统一放在图片左上角。

保留拍摄产品的原图和调好色的大尺寸图片，以备不时之需，另外被其他卖家盗图时也可以维权。

（2）商品分组

一个小组下面可以建 10 个分支。

（3）商品信息模块

特别提醒：提前建好商品信息模块并在上传商品的时候插入商品中，需要的时候只修改商品信息模块的内容就会在商品信息中自动更新，可省去一个一个修改产生的麻烦。

（4）发布商品

做好了这些准备工作后就可以开始发布新商品了，发布新商品分为两步。

1）选择类目。

在填写商品属性的时候一定要填全、填正确，因为不同的类目，就会有不同的商品属性，属性填写率尽量达到 100%，有助于增加曝光。商品属性必须是正确的，与所发布的商品对应。

2）发布商品的步骤。

怎样发布商品才能吸引买家多下单呢？我们可以从标题、商品定价和详情页编辑三个方面来考虑。

① 关于标题。

标题格式：核心词（必填）+属性词（必填）+流量词（可多个），最好 128 个字符都填满，核心关键词一定要放在最前面。

这时候有卖家会有疑问，怎样确保标题中包含这 3 种词汇呢？

选择好热搜词之后，选取自家商品的类目，去掉品牌词、小语种词，去掉和商品不相关的词，最后分析出核心词、属性词和流量词。

特别提醒：属性词也可以作为选品参考，关键词可以是"属性词+关键词"的形式，但最多只能出现两次。重要的是标题中一定不要掺杂小语种，单词一定要拼写正确，否则买家将无法搜索到你的标题。

② 商品定价。

目前，速卖通平台所有类目的手续费一般为 8%，联盟营销佣金 3% 起。

卖家应该如何定价呢？以 10% 的利润为例，卖家的定价策略有以下两种。

- 不考虑 3% 联盟佣金的情况下：（成本+运费）÷0.9÷（1−0.08）÷6，6 是汇率。
- 考虑 3% 联盟佣金的情况下：（成本+运费）÷0.9÷（1−0.08−0.03）÷6，6 是汇率。

特别提醒：定价时一定要考虑店铺活动、促销等情况。

③ 商品详情页编辑。

详情页编辑的好坏将直接影响转化率、订单、销售额。那么，怎样编辑详情页才能让买家有下单的冲动呢？

下面是四条关于提升转化率的详情页技巧。

- 描述时尽量用文字，并且一定要短、要简单。不要为了向外国人炫耀你的英语学得好而写很长很复杂的句子。
- 保持页面整洁，简单有序，有吸引力。
- 创造稀缺感。稀缺是刺激人们购买欲望的强大因素之一，所以如果买家发现东西很稀缺，一定会迅速下单购买。
- 商品介绍图片最好在 6 张左右，最多不要超过 15 张，图片过多会导致在手机端打开商品时速度过慢，给买家造成不好的体验。

3.3 交易规则

速卖通为了维护健康有序的平台市场秩序，制止成交不卖的行为，也为了提升会员的用户体验，特制定以下规则。

3.3.1 成交不卖与虚假发货

（1）成交不卖

买卖双方在网上成交后（一般情况下以买家在网上成功拍下宝贝为准），卖家无正当理由拒绝出售或买家与之联系却始终没有回音，即成交不卖。

成交不卖包括以下两种类型。

1）买家对订单付款后，卖家未在其设置的发货期限内发货导致订单关闭。

2）买家对订单付款后，在卖家发货前申请取消订单，其取消订单原因项选择卖家原因。

成交不卖的处罚规则：在一定时间内成交不卖的次数和比率累计达到一定量后，将给予整个店铺不同程度的搜索排名靠后处理；情节严重的，将对店铺进行屏蔽处理；情节特别严重的，将对店铺进行冻结账户或直接关闭账户处理。

在考虑如何减少成交不卖订单时，应先查看成交不卖订单是如何产生的。

1）超过发货时间还没发货，例如卖家设置了 5 天内发货，但超过 5 天还没发。

2）买家下单的商品仓库没货，发不了。

3）因为价格或折扣设置错误导致的无利润或严重亏本的订单。

4）买家收货设置信息中由于地址或邮编有问题，卖家又联系不到买家而无法发货。

5）买家选择卖家原因并成功取消订单（如买家选择产品缺货而取消订单，卖家同意），此订单为成交不卖订单。

6）部分特殊类产品（如定制用品），制作时间超过承诺发货时间。

7）卖家填写运单号错误，未成功上传订单编号。

分析出了原因，接下来如何优化就好办了。

① 在获得订单及发货超时前，系统都会通过短信、邮件、贸易通等方式进行提示，请关注

自己注册时留下的各种联系方式。卖家必须在交货期限内发货，并在系统后台订单管理页面填写有效的货运跟踪号（以下简称"运单号"），因此卖家需要在每天上班前、下班前检查等待发货订单的剩余时间。

② 若是断码缺货导致成交不卖，可以先在店内查找相近尺码再询问买家是否能代替。如若不能，查找有无类似款产品，并与买家沟通。为了防止类似情况发生，还需定期检查 SKU，特别是店铺销量不错的产品，做好定期库存盘点工作。针对店内每日出单频次不同的产品，可以实行时间差异化库存盘点。

③ 若是价格或折扣导致成交不卖，在产品上架前再仔细检查一遍，每次制定活动折扣率时仔细看清楚，要知道 30% OFF 与打 3 折是很明显的折扣差别。

确保产品信息的准确。若发现产品包装信息、产品价格、交货时间、物流设置等内容填写错误，应及时修改，避免因为价格、备货期限填写错误而无法按时发货。

常见的填写错误情况有以下三种。

第一，销售方式选择打包出售后，零售价却未设置成打包后一包的价格。

第二，运费设置成部分折扣或免运费后，没有将运费成本计算进产品的零售价中。

第三，自定义运费内容设置错误。

④ 若是因卖家收货设置信息错误联系不到买家，可以尝试通过站内留言、订单邮箱、WhatsApp 联系，如若还联系不上买家，在发货时间到达前，卖家可找平台客服进行反馈，以作备案。

⑤ 若是买家选择了卖家原因导致成交不卖，卖家应及时联系买家问清原因，避免误会。

若订单关闭原因是基于买卖双方协商达成一致取消订单，同时买家选择取消订单的原因是买家下错单或买家重复下单，则该订单不会被记录为成交不卖。

⑥ 若是定制产品仍在制作导致成交不卖，卖家应诚恳地向买家解释清楚情况，并请买家同意延长发货时间。

（2）虚假发货

"虚假发货"包括以下两种类型。

1）在规定的发货期限内，卖家填写的运单号无效或虽然有效但与订单交易明显无关，误导买家或速卖通平台。

2）卖家申明发货（即完成"填写发货通知"）5 个工作日后运单无物流网络信息。

注意：

① 运单号无效，指运单号本身就不存在（包括使用小包未挂号导致无法追踪物流信息的情况）。

② 虽然有效但与订单交易明显无关，指运单号虽然真实存在，但与订单下单时间不符（如物流的收件时间明显早于订单下单时间），或寄递的地址明显与买家提供的地址不同（如寄递地址与收件人地址不在一个国家）。

③ 物流网络信息，以物流商提供的首条信息为准，线上发货一般是仓库揽收/签收成功；线下发货一般为收寄成功信息或物流商揽收成功信息。

很多卖家把产品设置为免运费的时候，会忘记把运费成本考虑进价格成本内。新手卖家很容易犯这个错误。设置好价格之后,要及时检查,还要及时关注自己的订单状态,在发货超时之前要填写好运单号。

有些人想避开"成交不卖"的规则,填写无效的运单号,或者虽然运单号有效但与订单交易明显无关,这就构成了虚假发货。如果遇到转单号或运单号填写错误,则应在运单号修改时间范围内及时更新,低价值货物无法单个发货,建议设置成打包销售。

对于一般虚假发货的处罚是冻结卖家账户 7 天。若店铺虚假发货订单累计达到 3 笔,就属于严重违规,处以冻结卖家账户 30 天的处罚。笔数较多或具有其他严重情节的,则会直接关闭卖家账户。

速卖通虚假发货行为根据严重程度,分为虚假发货一般违规和虚假发货严重违规两种情况。

虚假发货严重违规行为包括但不限于以下情形:

1)虚假发货订单金额较大。

2)买卖双方恶意串通,在没有真实订单交易的情况下,通过虚假发货的违规行为误导速卖通平台放款。

3)多次发生虚假发货一般违规行为。

常见的四种虚假发货的场景:

1)卖家单击"发货"按钮并输入运单号后,无法查看到跟踪记录。

卖家单击"发货"按钮并输入运单号后,在卖家承诺的发货时间内一直无法查看到跟踪记录。同时卖家不能提供有效的快递底单和物流公章证明证实自己已经真实发货的情况。

2)跟踪记录超过了买家付款后的 72 小时。

卖家单击"发货"按钮并输入运单号后,但是由于自身原因在买家付款后 72 小时内未真实发货,导致无法查看到物流跟踪记录。

3)卖家单击"发货"按钮后却未输入运单号或输入虚假单号。

卖家单击"发货"按钮后却未输入运单号,或者输入不正确的单号,此场景多发在双方对某种情况协商不一致,卖家操作发货,且向买家表明自己是不会发货的,让买家申请退款的情况。

4)卖家账户金额不足或利润限制,操作发货,实际未发货。

虚拟类目的商品,卖家设置平台软件自动发货,但由于卖家账户金额不足或利润限制,操作发货,实际未发货。

速卖通平台对于虚假发货的处罚措施如图 3-5 所示。

卖家被投诉虚假发货了,应该怎么办?

1)卖家收到投诉的第一时间,应查明原因及时向买家做好解释工作,并能主动与买家沟通并给出解决方案,争取能得到买家的谅解从而撤诉。

2)卖家如确认自己确实存在未真实发货的情况,且也未能联系上买家或无法与买家协商一致的,也可自主赔付交易金额(扣除运费)5%的违约金给到买家作为补偿。

3)卖家若确认是物流公司的各种原因导致派件不成功的,请提供物流发货底单,以及物流公司的公章凭证核实做申诉(特别提醒:业务章、财务章、合同章、发票章等均无效,需要的是公章)。

第 3 章 全球速卖通平台实战

违规情形	处罚措施
虚假发货一般违规	2分/次
虚假发货严重违规	12分/次
虚假发货特别严重	48分/次

说明： 速卖通平台将根据卖家违规行为情节严重程度进行扣分或直接关闭账号的判定。被平台认定为虚假发货的，不论是虚假发货一般违规、严重违规或是特别严重，平台将立即关闭该笔订单，并将订单款项退还买家，由此导致的责任由卖家承担。

图 3-5　处罚措施

速卖通平台给予卖家的两点建议：

1）卖家发货后若运单号有变更，可及时修改发货的运单号。

2）若卖家使用线下发货，需准确填写运单号，按平台要求准时发货。若使用线上发货或无忧物流，选择快递到仓服务，可选择稳定的物流商确保货物能如期到仓。选择上门揽收服务，需确保物流商上门时货物准备完毕，避免因备货原因导致的揽收失败。

3.3.2　物流纠纷规则

速卖通交易过程中，难免会遇到买家要求仅退款/退货退款的情况，一旦买家提起申请即进入纠纷阶段，须买卖双方协商解决。下面重点说说速卖通平台处理纠纷的流程。

（1）买家提起仅退款/退货退款申请

1）买家提交纠纷的原因如下。

① 未收到货。

② 收到的货物与约定不符。

③ 买家自身原因。

2）若卖家设置了限时达时间且小于 5 天则买家可以在卖家全部发货后立即申请退款；若卖家未设置限时达时间，则可以在卖家全部发货 10 天后申请退款。

3）买家端操作：在提交速卖通纠纷页面中，买家可以看到选项 "Only Refund" 和 "Return & Refund"。选择 "Only Refund" 可以提交仅退款申请；选择 "Return & Refund" 可以提交退货退款申请。提交仅退款/退货退款申请后，买家需要描述问题与解决方案及上传证据。买家提交纠纷后，纠纷小二会在 7 天内（包含第 7 天）介入处理。

（2）买卖双方交易协商

买家提起仅退款/退货退款申请后，需要卖家的确认，卖家可以在纠纷列表页面中看到所有的纠纷订单。快速筛选区域展示关键纠纷状态："纠纷处理中""买家已提交纠纷，等待您确认""等待您确认收货"。对于卖家未响应的纠纷，单击"接受"或"拒绝并提供方案"按钮进入纠纷详情，页面如图 3-6 所示。

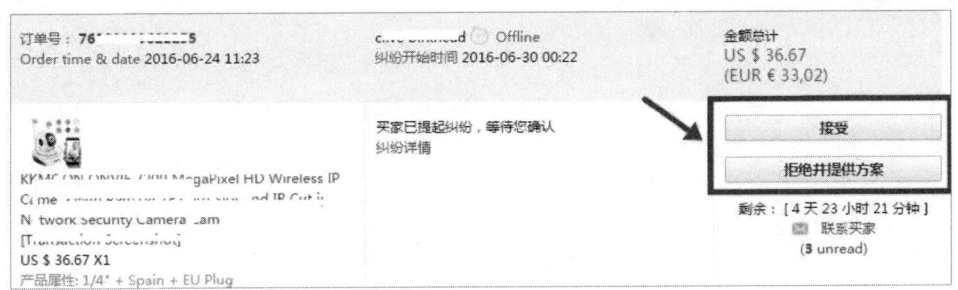

图 3-6　纠纷详情页面

进入速卖通纠纷详情页面,卖家可以看到买家提起纠纷的时间、原因、证据及买家提供的协商方案等信息。当买家提起纠纷后,请卖家在买家提起纠纷的 5 天内接受或拒绝买家提出的纠纷,若逾期未响应,系统会自动根据买家提出的退款金额执行。建议卖家在协商阶段积极与买家沟通。

卖家可以进行如下的操作。

1)同意协商方案。

买家提起的退款申请有以下两种类型。

① 仅退款:卖家接受时会提示卖家确认退款方案,若同意退款申请,则退款协议达成,款项会按照双方达成一致的方案执行。

② 退货退款:若卖家接受,则需要卖家确认收货地址,默认卖家注册时填写的地址(地址需要全部用英文来填写),若地址不正确,则单击"修改收货地址"按钮添加新的收货地址。

2)上传证据页面如图 3-7 所示。

图 3-7　上传证据页面

3)增加或修改协商方案。

买卖双方最多可提供两个互斥方案(若方案一提交了退货退款方案,方案二默认只能选仅退款不退货的方案),如图 3-8 至图 3-10 所示。

图 3-8 新增方案

图 3-9 修改方案

图 3-10　修改方案填写页面

4）删除方案/证据。

买卖双方均可对自己提交的方案或举证进行删除。

（3）平台介入协商

买家提交纠纷后，纠纷小二会在 7 天内（包含第 7 天）介入处理。速卖通平台会参看案件情况及双方协商阶段提供的证明给出方案。买卖双方均可在纠纷详情页面看到买家、卖家和平台三方的方案。纠纷处理过程中，纠纷原因、方案、举证均可随时独立修改（在案件结束之前，买卖双方如果对自己之前提供的方案、证据等不满意，可以随时进行修改）。买卖双方如果接受对方或平台给出的方案，可以单击"接受"按钮，此时双方对同一个方案达成一致，纠纷处理完成。纠纷完成赔付状态中，买卖双方不能再提出异议。

（4）退货流程

如果卖家和买家达成退货退款的协议之后，买家必须要在 10 天内将货物发出（否则货款会打给卖家）。买家退货并填写退货运单号后，卖家有 30 天的确认收货时间，如果未收到货物或对收到的货物不满，此时可以直接将订单提交至平台。处理纠纷部门会联系买卖双方跟进处理，买家退货后，卖家需要在 30 天内确认收货或提起纠纷，逾期未操作会默认卖家收货，执行退款操作。

1）卖家确认收货，纠纷处理完成。

2）若 30 天内卖家未进行任何操作，即未确认收货，也未提交纠纷裁决，系统会默认卖家已收到退货，将自动退款给买家。

海外仓本地退货：双方达成一致后，若订单支持本地退货则平台会展示退货地址，卖方的退货页面如图 3-11 所示。卖家确认收货后，纠纷得到解决，如图 3-12 所示。

图 3-11　卖方的退货页面

图 3-12　等待确认收到退货

3）若卖家在 30 天的时间内没有收到退货，或收到的退货有问题，卖家可以单击"升级纠纷"按钮将其提交至平台进行纠纷裁决（操作页面如图 3-13 所示），平台会在两个工作日内介入处理，卖家可以在纠纷页面查看状态及进行响应。平台裁决期间，卖家也可以单击"撤销仲裁"按钮撤销纠纷裁决，如图 3-14 所示。

图 3-13 升级纠纷

图 3-14 撤销仲裁

（5）无忧物流纠纷

使用速卖通无忧物流发货的订单，买家发起未收到货纠纷后，卖家无须响应，直接由平台介入核实物流状态并判责。

特别提醒：非物流问题导致的纠纷，仍然需要卖家自行处理。

3.3.3 货不对版

速卖通纠纷种类中，有些是货不对版类纠纷。"货不对版"是指买家收到的商品与达成交易时卖家对商品的描述或承诺在类别、参数、材质和规格等方面不相符。严重行为包括但不限于以下几种。

1）寄送空包裹给买家。
2）订单商品为电子存储类设备，商品容量与商品描述或承诺严重不符。
3）订单商品为电脑类产品硬件，商品配置与商品描述或承诺严重不符。
4）订单商品和寄送商品非同类商品且价值相差巨大。

速卖通平台将根据卖家以上违规行为视情节严重程度进行判定，处罚措施如图 3-15 所示。

违规行为	处罚措施
严重货不对版一般违规	2分/次
严重货不对版严重违规	12分/次
严重货不对版情节特别严重	48分/次

图 3-15 货不对版处罚措施

而"违背承诺"是指卖家未按照承诺向买家提供服务，损害买家正当权益的行为，包括交易及售后相关服务承诺、物流相关承诺、违背平台既定规则或要求，以及卖家违背其自行做出的其他承诺等，对买家购物体验造成严重的不良影响。一旦买家提起此类投诉，根据情节严重程度卖家会被给予警告、7天冻结账户和永久关店的处罚。

（1）交易及售后相关服务承诺，包括但不限于以下几种

1）卖家拒绝按照买家拍下的价格进行交易（交易双方线下另有约定的除外），或卖家承诺对商品价格给予优惠，但实际未履行。

2）卖家承诺给予买家赠品或发票等交易商品之外的物品，但实际未赠予或给付。

3）卖家承诺给予买家退换货、包维修等售后服务，但实际未履行。

（2）物流相关承诺，包括但不限于以下几种

1）卖家在商品标题或内容中承诺免运费，但买家实际下单时发现有运费。

2）卖家在交易订立过程中自行承诺或与买家约定了特定的运送方式、运送物流、快递公司等，但实际未按照相关承诺或约定履行。

3）卖家承诺承担退货运费，但实际未履行。

（3）违背平台既定规则或要求，包括但不限于以下几种

1）平台要求买卖双方的交易行为必须在线进行，但卖家以各种方式引导买家不通过速卖通平台进行支付和交易。

2）卖家参加速卖通官方活动，但未按照活动要求（除发货时间外）提供服务。

（4）卖家违背承诺违规行为包括但不限于以下情形

1）对买家购物体验造成严重的不良影响。

2）卖家在平台调查过程中做虚假陈述或提供虚假证明资料。

3）卖家不接受平台提醒或整改要求，仍明知故犯。

卖家违背其自行做出的其他承诺具体处罚如下：违背承诺根据严重程度，分为违背承诺一般违规、违背承诺严重违规和违背承诺情节特别严重三种，其处罚措施如图3-16所示。

违规行为	处罚措施
违背承诺一般违规	1分/次
违背承诺严重违规	3分/次
违背承诺情节特别严重	48分/次

图 3-16 卖家违背承诺处罚措施

3.3.4 售后规则

速卖通售后规则中最重要的是限时达和商品保障服务。

（1）限时达

速卖通和淘宝网一样，也有消费者保障计划（简称"消保"）。在消保第一期期间，速卖通针对全体卖家推出限时达（承诺运达时间）服务。

"承诺运达时间"是在速卖通平台原有"大小包60天未妥投纠纷退款规则"的基础上，将设置物流时间的功能开放给卖家，让有能力为买家提供更好的物流服务、敢于对买家承诺物流服务时间的卖家的优势得到凸显，增强买家购物信心、提升买家购物体验而推出的一项消费者保障服务。

卖家根据自身货运能力填写运费模板中的"承诺运达时间"，对不同运输方式到达不同国家的运达时间进行承诺保障（例如，承诺EMS最迟在27天可到达美国）。

时间区间是指从卖家填写运单号开始到货物妥投为止，填写上限为60天，其中俄罗斯的限时达上限是90天，巴西是120天。比现行商业快递（23天）、EMS（27天）纠纷退款规则在时间上更为宽裕。图3-17所示，添加运费模板时，卖家可以选择自定义运达时间进行设置。

图 3-17　卖家自定义运达时间

（2）商品保障服务

为了提高卖家入驻品牌的效率，更快地帮助有资质的卖家开通发布品牌权限，速卖通卖家入驻"商品保障服务"流程升级了。

1）已经加入品牌权限的卖家在 2015 年 8 月 11 日之后若涉及品牌延期流程如下：

- 登录"速卖通后台"→"账号及认证中心"→"品牌招商准入"，在线签署保证金协议，在对应行业选择要添加申请的品牌，进行线上提交资料；
- 资料审核 7 个工作日内通过后，进行品牌保证金冻结；
- 申请冻结完成，品牌权限开通；
- 2015 年 8 月 11 日之前申请品牌入驻的保证金申请退款。

注意：2015 年 8 月 11 日之后，所有的品牌延期保证金均通过线上冻结支付宝账号的方式。品牌延期成功的卖家，之前通过线下方式缴纳的保证金可通过业务邮箱申请退款，务必提供以下资料：①品牌入驻的店铺主账号；②品牌保证金入驻缴款时的支付宝账号和支付宝实名名称；③缴款的交易流水号；④缴款成功截图；⑤申请退款的支付宝收款账号。原则上，退款支付宝账号与打款支付宝账号一致，如不一致必须另外提供账号变更说明（需盖公司公章或个人身份证正反面）的扫描件。

2）新添加品牌入驻流程

针对通过速卖通后台已经加入"商品保障服务"的卖家，若要申请新品牌入驻，具体流程如下：

- 登录"速卖通后台"→"账号及认证中心"→"品牌招商准入"；
- 在对应行业，选择要添加申请的品牌进行线上提交资料；

- 资料通过审核；
- 品牌权限开通。

注意：所有品牌入驻申请的状态，均可在"速卖通后台"→"账号及认证中心"→"品牌招商准入"后台查看。

3.3.5 卖家服务等级

速卖通的规则不是一成不变的，卖家除了要关注日常经营外，还需要经常关注速卖通卖家首页右侧的规则公告，了解最新的规则变化，及时调整经营方向和策略，才能把店铺经营得更好。

速卖通经过多次的买家调研发现，卖家的商品质量及服务能力对于买家的购买决策有着至关重要的影响，特别是商品描述及评价、沟通效率、纠纷处理效率和态度等方面。买家强烈希望在选择商品时能快速识别商品和服务表现皆好的卖家。

所以，为了凸显商品质量及服务能力好的卖家，提升买家的购物体验，速卖通平台正式推出全新卖家服务等级，考核卖家在买家服务方面的各项能力，激励全体卖家提升店铺服务水平。

卖家服务等级每月末评定一次，次月 3 号前在后台更新，根据上月服务分均值计算得来，根据计算结果将卖家划分为优秀、良好、及格和不及格卖家，不同等级的卖家将获得不同的平台资源。

可以在服务分页面底部查看当月服务分均值，进行预估。

每日服务分采用百分制考核方式，一共 8 个考核项，每天更新，每日服务分等于 8 个考核单项得分之和，如图 3-18 所示。

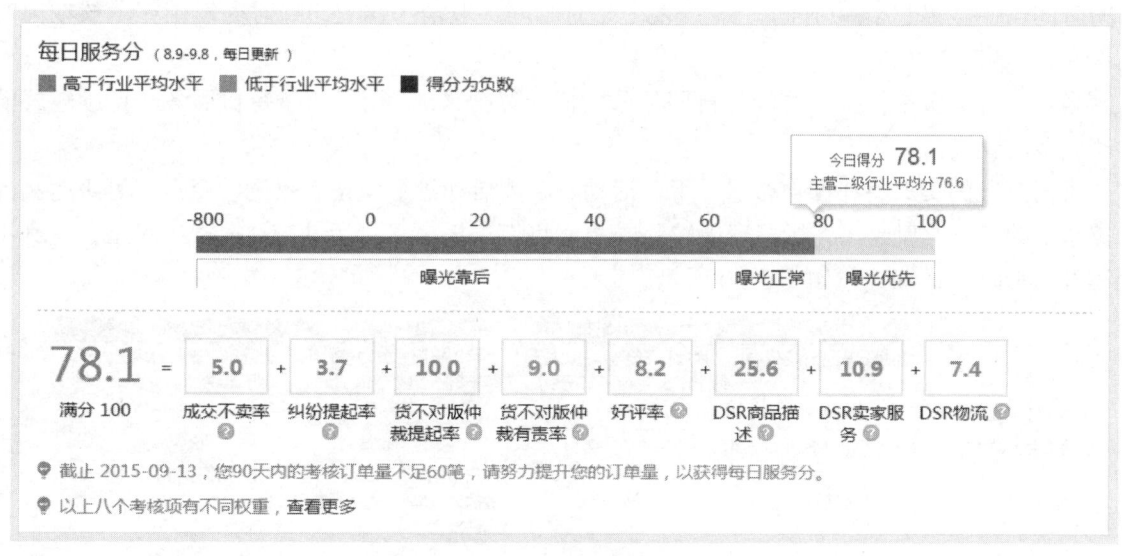

图 3-18 每日服务分考核

每个考核项最低分为-100 分，只有该项表现特别差的时候才可能得到负分。卖家服务分会每天更新，图 3-19 所示为各个考核项详情。

升级后的服务等级，取消了原来固定为 90 天的规定，不同类型的卖家的考核周期有所差异：

1）截至上月月底，过去 90 天内考核订单量<60 笔的卖家，不参加卖家服务等级考核。

2）截至上月月底，开店时间≥180 天且过去 30 天内考核订单量≥60 笔的卖家，考核周期为 30 天。

3）其他卖家，考核周期为 90 天。

4）不参加卖家服务等级考核的卖家，默认享有的权益等同于及格，这部分卖家需努力提升订单量，以获得参加考核的资格。

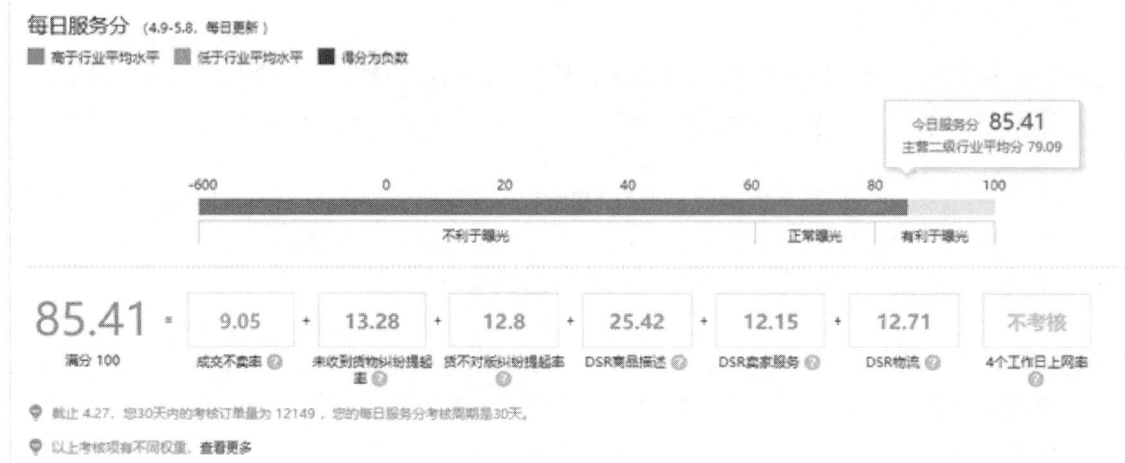

图 3-19　各个考核项详情

考核订单指以下任一时间点发生在考核期内的订单，这里的时间点具体包括卖家发货超时时间、买家选择卖家原因并成功取消订单的时间、买家确收或确认收货超时时间、买家提起纠纷时间、仲裁提起/结束时间、评价生效/超时时间（取消了修改纠纷时间发生在考核期内的订单）。

当月服务等级是根据上月的每日服务分均值计算得来的，用以给予每日服务分持续较好的卖家更多的奖励。

不同等级的卖家将在橱窗数量、平台活动、店铺活动等方面享有不同的资源。等级越高的卖家享受的资源奖励越多，指标表现较差的卖家将无法报名平台活动，且搜索排序上会受到不同程度的影响，详细描述如图 3-20 所示。

	不及格	及格	良好	优秀
定义描述	上月每日服务分均值小于60分	上月每日服务分均值大于等于60分且小于80分	上月每日服务分均值大于等于80分且小于90分	上月每日服务分均值大于等于90分
橱窗推荐数	无	无	1个	3个
平台活动权利	不允许参加	正常参加	正常参加	优先参加
直通车权益	无特权	无特权	开户金额返利15%，充值金额返利5%（需至直通车后台报名）	开户金额返利20%，充值金额返利10%（需至直通车后台报名）
营销邮件数据量	0	500	1000	2000

图 3-20　不同等级的卖家享有不同的资源

每月的 1～3 日，是服务等级计算及资源发放周期，期间会逐步完成各项奖励资源的发放，请耐心等待。

可以在卖家后台首页，或卖家服务等级页面查看每日服务分、当月服务等级、产生不良体验的订单或商品。

注意：①搜索排序曝光受每日服务分影响，与当月服务等级无关。②特殊放款享受最高比例特权，不再与服务等级挂钩。

总之，卖家要做好服务、以追求高标准的心态，让店铺进行良性循环。

3.4 放款规则

平台为了减缓卖家的资金压力，同时保障买家的交易安全，速卖通实行以卖家的综合经营情况进行评估订单为放款条件，不再以订单完成+物流妥投作为放款条件。图 3-21 所示为放款规则。

账号状态		放款规则		
		放款时间	放款比例	备注
账号正常	已经进入特殊放款计划	发货3个自然日后	70%～97%	1、实际放款比例根据账号经营表现有所不同 2、3%～30%的保证金释放时间可参见特殊放款保证金释放时间表
	未进入特殊放款计划	交易结束后	100%	交易结束：买家确认收货/买家确认收货超时
账号关闭		发货后180天	100%	无

图 3-21 放款规则

3.4.1 具体放款规则

放款规则一般分为一般放款规则和特殊放款规则。

一般放款规则：在速卖通中的订单采取的是担保交易的形式，必须满足买家确认收货和物流妥投的双重条件。如果速卖通判断订单存在纠纷、欺诈等风险，则速卖通有权延长放款周期。针对交易完成的订单，速卖通会进行系统和人工的物流核实，只有确认为"物流妥投"，订单的款项才会打入卖家相应的账户中。

特殊放款规则：特殊放款规则出台前，在一般放款规则的条件下，如果订单的物流信息没有妥投记录，订单款项会被系统暂时冻结 180 天，从买家支付货款成功那天开始算。所以速卖通的特殊放款会促进卖家成长。只要你在速卖通的各类指标达到系统计算的风控综合指标要求，就可以免费加入特殊放款计划。特殊放款计划流程如图 3-22 所示。

因此，应当尽量使用平台支持的物流方式，并在发货期内填写真实有效的运单号。若如运单号在货运途中发生变更，请及时更新。应尽量完善店铺的产品或服务，关注店铺的交易经营表现，以获取更短的放款时间及更高的放款比率。

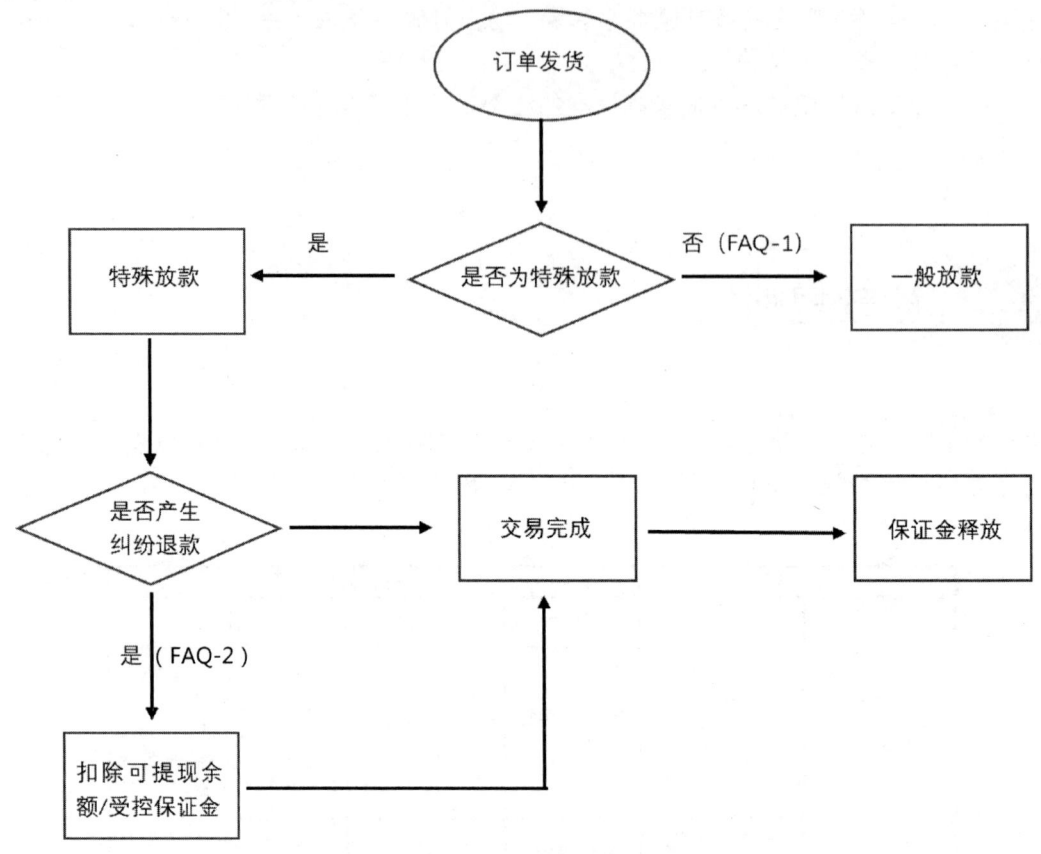

图 3-22 特殊放款计划流程

3.4.2 放款方式

为了帮助卖家能更好地管理速卖通平台的资金，速卖通特推出资金明细下载功能。该页面支持订单放款、退款、保证金和垫资明细等批量导出功能，卖家可轻松下载信息进行资金核对。

保证金冻结：特殊放款订单中，会针对每笔订单的每个商品冻结一定比例的保证金，用于特殊放款订单的退款。

保证金解冻：在特殊放款订单交易结束且满足返还保证金条件后，会将这笔订单冻结的保证金解冻。

保证金使用：如果余额不足以退款，会第一时间使用冻结的保证金进行退款。若保证金不足以退款，速卖通将垫付订单退款资金。

保证金追缴：如果还有需要补缴的保证金，冻结的保证金将不会再解冻，直到需要补缴的保证金全部还清。平台会使用新放款来偿还保证金。偿还顺序如下：优先偿还平台垫资直至垫资还清，然后偿还保证金直至还清。

课后习题

一、单选题

1. 发布、销售未经著作权人许可复制其作品的图书、音像制品、软件；发布、销售非商品来源国的注册商标权利人或其被许可人生产的商品的行为属于什么？（　　）

    A．一般侵权　　　B．虚假信息　　　C．搜索作弊　　　D．严重侵权

2. 淘代销每天能发布多少个商品？（　　）

    A．100 个　　　　　　　　　　　　B．50 个
    C．10 个　　　　　　　　　　　　　D．根据卖家等级的不同不一样

3. 下列不属于 SKU 作弊处罚的是哪个？（　　）

    A．冻结账户　　　B．屏蔽店铺　　　C．关闭店铺　　　D．限制发布

4. 下列关于线上发货和线下发货的区别说法中错误的是（　　）。

    A．线上发货支持在线投诉理赔，更有保障
    B．线上发货的物流商是平台认可的优质物流商
    C．线上发货的价格高于市场价
    D．线上发货运费是线上用支付宝支付的

5. 请将以下行为排序：①买家确认收货且平台查询物流妥投；②卖家发货；③款项到速卖通的第三方担保账户；④平台为卖家放款；⑤买家拍下产品付款。（　　）

    A．③④⑤①②　　B．⑤③④②①　　C．②①③④⑤　　D．⑤③②①④

6. 新手卖家必须完成的新手任务包含的内容下列说法中不正确的是？（　　）

    A．上架 120 个以上的商品　　　　　B．属性填写率大于 60%
    C．20%的商品支持免运费　　　　　 D．至少参加两项营销活动

7. 以下哪个不属于跨境电商经营范围？（　　）

    A．手表　　　　　B．鞋包　　　　　C．美容　　　　　D．婚纱服务

二、多选题

1. 商品详细描述需要包含哪些内容？（　　）

    A．物流信息　　　　　　　　　　　B．商品发布时间
    C．店铺及商品的相关推荐　　　　　D．商品基本描述

2. 使用中国邮政航空包裹有什么风险？（　　）

    A．丢包率较高　　　　　　　　　　B．货运追踪信息不全
    C．货运周期较长　　　　　　　　　D．价格高

3. 在承诺运达时间的规则中,满足什么条件,会在经过平台仲裁后全额退款给买家。（　　）

    A．货物超时未到达　　　　　　　　B．货物已妥投
    C．买家提起纠纷　　　　　　　　　D．买卖双方未达成一致

4. 平台活动有哪些？（　　）

    A．俄罗斯团购　　B．巴西团购　　　C．平台大促　　　D．Super Deals

5．平台用哪些指标来衡量卖家处理纠纷的能力？（　　）
   A．卖家责任裁决率　　　　　　　　B．纠纷率
   C．好评率　　　　　　　　　　　　D．裁决提起率
6．虚假发货有哪些处罚？（　　）
   A．关闭账号　　B．冻结账号30天　　C．屏蔽店铺商品　　D．冻结账号7天

三、判断题

1．发布禁售商品违规一般违规积分处罚0.5～6分/次。（　　）

2．2018年6月1日被处罚扣12分，则会被冻结账户7天，同时，这个记录会保留到2019年1月1日才会被清零。（　　）

3．买家对订单付款后，卖家未在其设置的发货期内发货导致订单关闭称为成交不卖。（　　）

4．干扰平台管理，严重扰乱平台秩序，损害其他用户或平台的合法权益的行为属于严重扰乱平台秩序。（　　）

5．e-EMS可以发往全球任何国家地区。（　　）

6．卖家在入驻的经营大类下，发布非该经营大类所属商品，规避速卖通类目准入政策的，或卖家通过作弊手段进行年销售额作假的，卖家将被清退该经营大类。（　　）

7．美金账户提现需要15美元的手续费。（　　）

8．产品有效期可以由卖家决定。（　　）

9．满立减活动开始时间为中国时间。（　　）

10．速卖通无权删除评价内容中包括人身攻击或其他不适当的言论的评价。（　　）

第 4 章 店铺营销

当前是一个全民营销的时代，单纯简单地开店已经远远不够，卖家需要懂得店铺营销及其操作。对于速卖通店铺，其流量来源包括以下几种：
① 站内搜索流量；
② 类目浏览流量；
③ 平台活动的引流；
④ 购物车流量；
⑤ 收藏夹流量；
⑥ 直通车流量；
⑦ 老客户直接点击流量；
⑧ 站内其他流量；
⑨ 站外的流量（如 Facebook，Google 等）。
其中，利用平台店铺自主营销是最便捷和最有效的方式。

4.1 平台营销工具

4.1.1 关联营销

关联营销是指在一个产品页面中放入其他同类、同品牌、可搭配等有关联的产品。做关联营销的主要目的是让客户能够看到店铺中更多的产品，从而提高店铺的客单量。制作产品详情页的关联营销是速卖通卖家在日常店铺运营中一项重要的工作内容，对于店铺内流量的分配引导及二次转化会起到重要的作用。

图 4-1 所示，某沙发套在详情页里放入了同类及搭配的产品，能够促进客户二次购买的欲望，因此关联营销实际上就是帮助客户做下一步的需求决策，从自己的产品上下手，挖掘出两者之间的关联性，实现引导客户需求的目的。

（1）提升店铺的流量转化

或许客户通过平台索引展示出来的产品并不那么让客户心动，但与之相匹配的关联产品也许能令他眼前一亮。这样就能在一定程度上达到提高客户流量利用率的目的。

（2）节省物流成本，提高订单价格

同样的销售额，一个客户购买两个产品和两个客户购买一个产品的区别自然是毋庸置疑的。关联营销一方面可以扩大单笔订单的成交金额，另一方面可以省下不少的物流费用，让店铺盈利进一步扩大,何乐而不为呢?

图 4-1　关联产品

(3) 提高曝光量

在前面的内容中说过,将自己店铺的引流款、爆款和利润款筛选出来,针对具有关联性和表现突出的产品做好优化和关联营销,用引流款和爆款带动利润款的曝光与销售增长。

那么,被关联的产品摆在哪个位置更好呢?

一般来说分为三种情况——产品描述之前、产品描述内、产品描述之后。三个不同的位置也都有不同的优点和缺点。

放在产品描述之前,可以让客户很快注意到被关联的产品,但是也可能让主产品受冷落,喧宾夺主,而且被关联的产品数量不宜过多,否则会影响客户的购物体验。

放在产品描述内,同样也需要注意关联产品的数量,并且在保证产品质量的前提下,关联产品的展示风格也要跟主产品一致。

放在产品描述之后,其实这个位置刚刚好。因为客户愿意花费时间仔细看完主产品,说明客户的购物意向是非常明确的,在客户打定主意购买这个产品的时候,恰到好处地将关联产品展示出来,帮助客户做出购买下一件产品的决定,自然能够达到事半功倍的效果。

4.1.2　橱窗推荐

要做橱窗营销,首先要明白什么是速卖通的橱窗位,速卖通橱窗位通过增加产品的排序分值,来提高产品的曝光度。在同等条件下橱窗产品比非橱窗产品排名靠前(设置为橱窗推荐的产品曝光量比普通产品高 8~10 倍),也就是说可以通过橱窗营销来增加产品曝光量,从而达到营销的目的。但是速卖通的橱窗,又和阿里巴巴国际站的橱窗不一样,它没有特定的展示位置,只是平台根据店铺的等级奖励给店铺一个增加产品曝光量的机会,卖家服务等级表现越好,店铺获得的橱窗位就越多,从而得到的曝光机会也就越多。

图 4-2 所示,可以看出要增加橱窗位,首先就要提高卖家服务等级,而想要提高卖家服务等级,就要减少店铺的不良体验订单和增加店铺的好评率。所以如果想做好橱窗营销,就要提高店铺等级,增加橱窗数量,从而更好地推动橱窗营销。

橱窗的设置相对比较简单,可以直接在后台首页选择"可用资源"→"橱窗推荐"选项,如图 4-3 所示。

		不及格	及格	良好	优秀
调整前	橱窗推荐数	无	2个	5个	10个
	店铺活动资源	活动时长和数量大幅减少	正常	正常	正常
调整后	橱窗推荐数	无	无	1个	3个
	店铺活动资源	正常	正常	正常	正常

图 4-2 服务等级对应的橱窗位数量

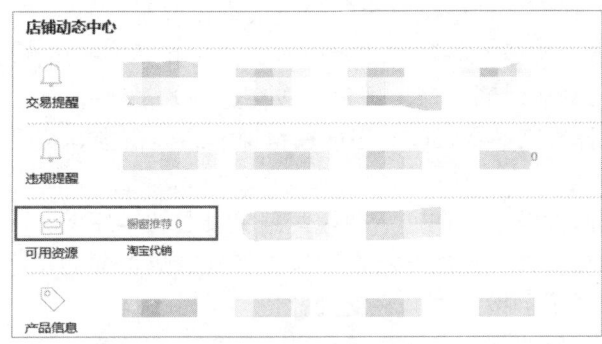

图 4-3 橱窗的设置

进入橱窗推荐产品页面，如图 4-4 所示。

图 4-4 进入橱窗推荐产品页面

在"橱窗推荐"下输入产品名称关键词即可找到相关产品，也可以直接在"产品管理"中找到该产品。选定产品后，在"编辑"下选择"更多操作"→"橱窗推荐"选项即可完成操作，如图 4-5 所示。

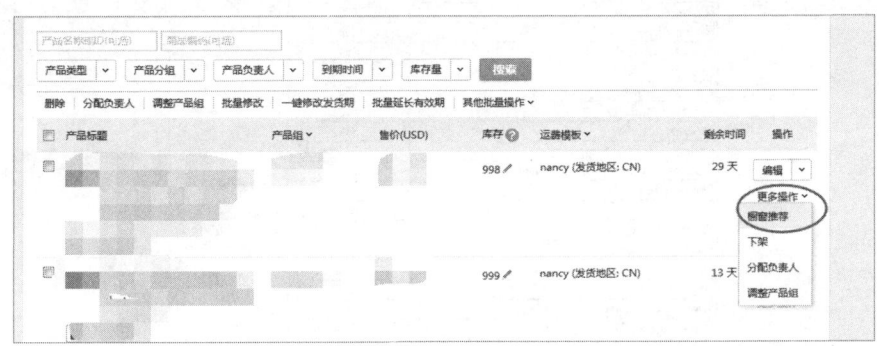

图 4-5 橱窗推荐

速卖通 80%的订单是买家通过搜索后，在搜索结果页面中产生的。通过速卖通的橱窗营销来增加产品曝光量，也能够达到营销的目的，但是速卖通的橱窗（从获得速卖通橱窗奖励开始），有两周左右的展示时间。

速卖通平台上，除了产品信息跟买家搜索关键词的匹配度要高一些，决定搜索排序的因素由三个部分组成：交易因子、优质产品因子和橱窗推荐位因子。

1）交易因子包含好评率、订单执行率和最近成交情况等。
2）优质产品因子包含优质产品数、速卖通运费占比和详细描述图片数等。
3）推荐因子包含：开店时间、信用评价、成交金额的基线等。

参加活动，能增加优质产品数，同时还能获得速卖通橱窗推荐奖励，也能在两大排序影响因子中占据优势。

（1）提升卖家的在线批发产品在速卖通搜索结果页面的排序

通过对橱窗产品的加权，卖家的产品在速卖通搜索结果页面的排序顺位将大幅提升。

（2）有可能获得普通平台搜索页面底部推荐位

只要卖家的橱窗产品足够优秀，符合平台的速卖通排名规则，就有可能进入原平台搜索页面底部的推荐位。该推荐位的产品是实时轮播的，只要卖家的产品够优秀就一定有机会展示。

4.1.3 联盟营销

速卖通联盟营销采用的是一种"按效果付费"的推广模式。加入速卖通联盟之后，商品除了可以在现有的渠道进行曝光外，站内会在速卖通的联盟专属频道得到额外曝光，站外会得到海量联盟流量。参与到联盟营销的卖家无须预先支付任何费用，推广过程完全免费，只需为联盟网站带来的成交订单支付联盟佣金。每个行业的联盟佣金设置标准各有不同。在加入联盟营销后，卖家可以在速卖通规定的 3%~50%的范围内自由设定联盟佣金比例，图 4-6 所示为联盟佣金比例。若有退款和订单折扣则按照比例削减佣金，运费无须支付佣金。联盟营销和直通车的单击收费不同，联盟营销采用的是成交收费，不成交则不收费的一种营销方式。

一级发布类目	最低佣金比例	最高佣金比例
Apparel & Accessories	5%	
Automobiles & Motorcycles	5%	
Beauty & Health	5%	
Computer & Office	3%	
Construction & Real Estate	5%	
Consumer Electronics	5%	
Customized Products	5%	
Electrical Equipment & Supplies	5%	
Electronic Components & Supplies	5%	
Food	3%	
Furniture	5%	
Hair & Accessories	5%	
Hardware	5%	
Home & Garden	3%	50%
Home Appliances	5%	
Industry & Business	3%	
Jewelry & Watch	5%	
Lights & Lighting	3%	
Luggage & Bags	5%	
Mother & Kids	3%	
Office & School Supplies	5%	
Phones & Telecommunications	3%	
Security & Protection	5%	
Shoes	8%	
Special Category	5%	
Sports & Entertainment	5%	
Tools	5%	
Toys & Hobbies	5%	
Travel and Vacations	3%	
Weddings & Events	5%	

图 4-6　联盟佣金比例

那么，如何加入联盟营销呢？选择"我的速卖通"→"营销活动"→"联盟看板"选项，打开"联盟看板"页面，勾选"我已阅读并同意此协议"，单击"下一步"按钮，进入联盟佣金比例设置页面，如图4-7所示。设好佣金比例后，单击"加入联盟计划"按钮，就可以正式加入联盟营销了，如图4-8所示。

图4-7 加入联盟计划

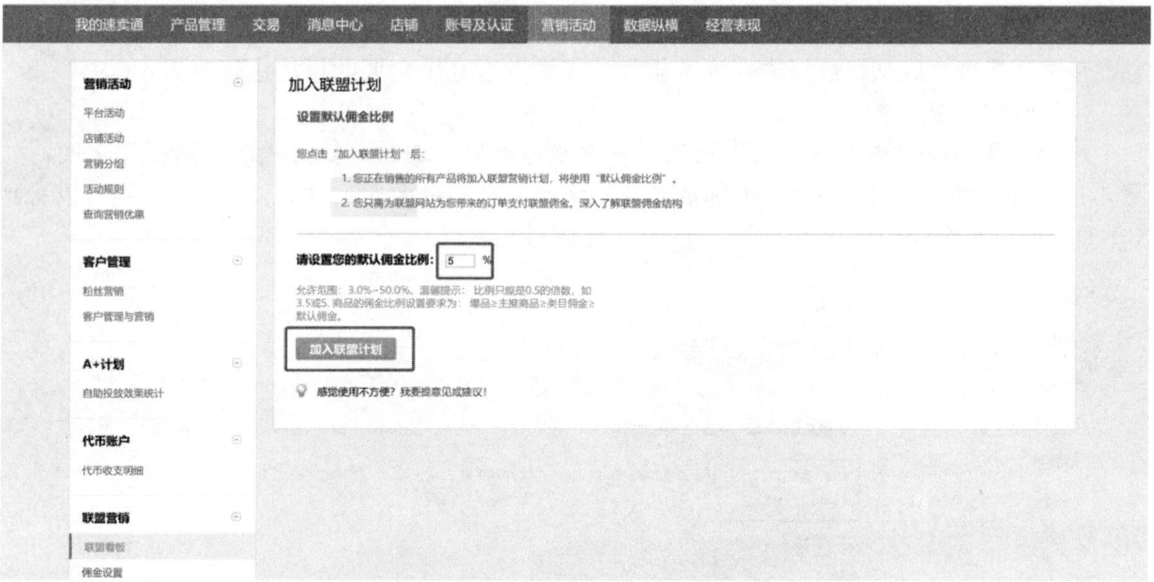

图4-8 设置佣金比例后正式加入联盟营销

在这里要说的是，佣金的比例要根据店铺的利润来设置。卖家在产品定价的时候要把联盟佣金的成本考虑进去，在确定自己的利润率的同时，还要确定自己的佣金比例，这样才能更好地进行联盟营销。如果想退出联盟营销可以通过登录速卖通网站，具体操作方法如图4-9所示。

图 4-9　退出联盟营销

有两点需要注意：第一，卖家单击过的推广链接对该用户在 30 天内继续有效，仍然计算佣金；第二，退出联盟营销后，15 天不能再加入联盟营销。由于联盟营销的站长来自全球 100 多个国家和地区，客户群体非常庞大，对店铺的营销和订单量的增长有非常大的帮助，因此应该利用好联盟营销。

联盟营销由 8 个部分组成：联盟看板、佣金设置、我的爆品、我的主推产品、店铺效果报表、营销品报表、成交详情报表、退款报表。下面针对几个主要的模块进行分析。

（1）联盟看板

选择"我的速卖通"→"营销活动"→"联盟看板"选项，打开"联盟看板"页面，如图 4-10 所示，通过"联盟看板"能够清楚地知道联盟营销最近 5 个月的营销情况，也可以看到 5 个月内的订单金额。

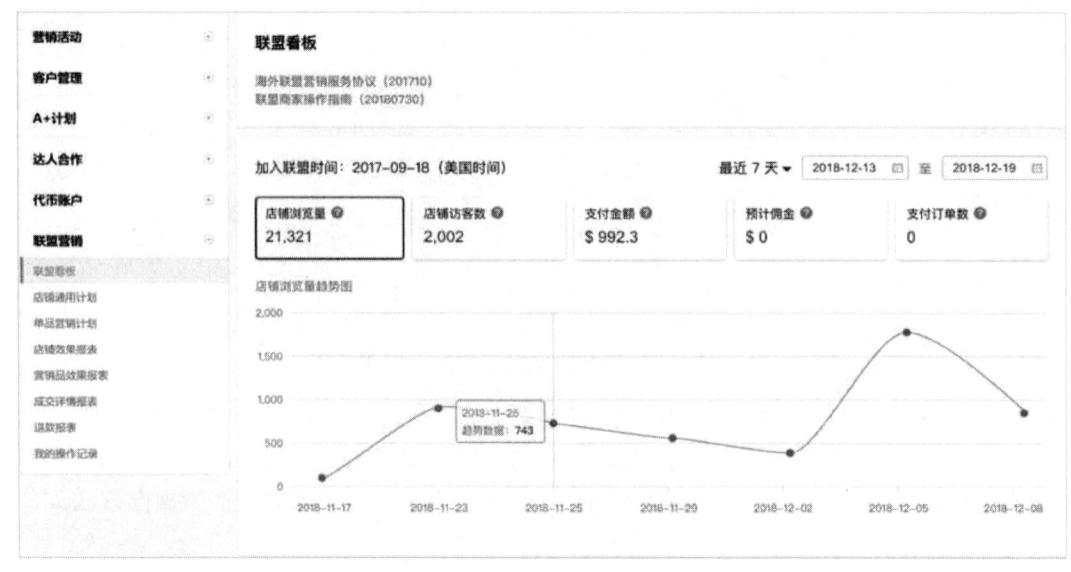

图 4-10　联盟看板

（2）佣金设置

系统会自动根据卖家设置的默认联盟佣金比例为所有的商品设置联盟佣金，如果希望推广的效果更好，可以根据产品的利润空间调整联盟佣金比例。针对店内在推的重点产品可以加入主推、爆品等产品列表中，如图4-11和图4-12所示。

图4-11　调整佣金比例

图4-12　确认调整佣金比例

保守起见，不建议设置过高的比例，因为这样做会极大地提高成本。当然若是后续推广需要，到时再适时提升也是可以的。

（3）我的主推产品和我的爆品

如果想重点推广部分产品，可以将它们设置为主推产品或爆品。每个加入联盟营销的产品都有曝光的机会，平台会以各种方式向联盟网站提供这些产品。站外买家可以通过联盟网站进行推广的搜索引擎、付费广告、社区论坛、邮件营销渠道看到产品广告。爆品是卖家想要重点提高销量的产品，除了联盟渠道的社交、导购等网站海外推广，还可以进行网红推广。"我的主推产品"上限为60个，"我的爆品"上限为20个。如何充分利用有限的资源成为提高流量的重要手段。

由于这些主推产品和店铺的其他产品是不一样的，因此最好挑选出店铺中比较热销的产品,这样推广起来效果会更好。设置佣金的时候比其他产品的佣金要稍微高一些,可按照爆品>主推产品>类目佣金的方式设置。如果全店铺默认的佣金是 5%,可以选出一些热销品进行主推,佣金可以为 6%、7%、8%等比例,爆品则可以选择更高的 9%、10%等,根据产品的利润来进行综合考虑。

主推产品及爆品设置好之后,根据一段时间的销售情况来判断产品的主推效果,可以以两个月为一个周期,将能为店铺带来订单的产品进行保留,不能产生效益的产品暂时先退出。这样经过几个月的循环测试,最终把主推产品进行效益最大化,从而给店铺带来高流量和订单。除此之外,可能会定时更新商品,因此将联盟里的产品由高到低排序,将带来订单少的产品退出,继续更换新的产品,最终目的是通过联盟营销的产品都能带来大量的订单。但是有一点需要注意,重新设置主推产品和爆品时,在每月的 1 日、10 日、20 日才能生效。在生效之前,所有的设置都会维持原样。

（4）成交详情报表

选择"我的速卖通"→"营销活动"→"联盟营销"→"成交详情报表"选项,在"成交详情报表"中进行筛选,可以看到近段时间主推产品的成交订单情况,如图 4-13 所示。针对近段时间的主推产品,利用筛选找到没出单的产品,将其在主推产品中移除,加入近期有潜力的产品或其他重点在推的产品。通过成交详情报表,能够清楚地知道联盟营销的效果,如在某个时间段内联盟营销所带来的每一个订单和收取的佣金等。联盟营销做的效果如何,可以通过观察成交详情报表得到。

图 4-13 成交详情报表

（5）营销品报表

如图 4-14 所示,通过营销品报表可以知道近 6 个月联盟营销每天为卖家带来的订单情况。营销品报表包括联盟营销每天所带来的支付订单数、支付金额、预付佣金、结算订单数、结算金额和结算佣金。在这里有一点需要注意,联盟所带来的支付订单数不等于结算订单数,同样联盟带来的订单销售额的佣金也不等于实际佣金,因为发生退款的订单和订单金额会被排除在外。

联盟营销是需要长期坚持的工作,在做联盟营销主推产品的时候,需要不断总结、不断去淘汰不良产品,最终才能留下能带来订单的产品,产生较大的效益。

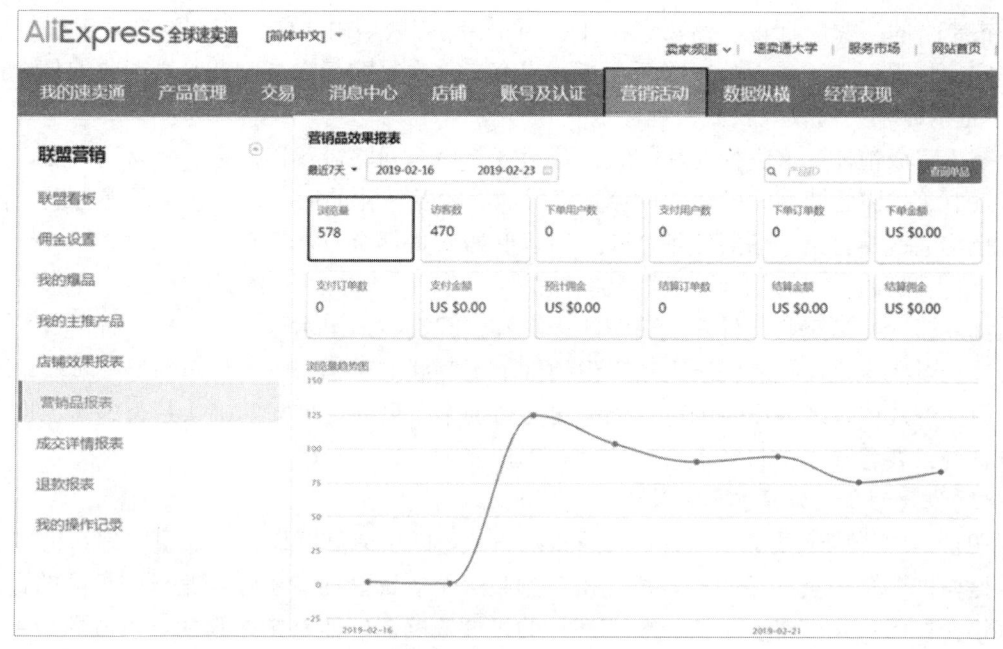

图 4-14 营销品报表

常见问题如下。

① 卖家能选择部分商品加入联盟营销吗?

不能,首先渠道的性质不一、推广形式多种多样,推广的内容也不同。买家可能被推广的内容所吸引,但是购买的内容不一定就是推广的内容,平台无法限制买家的选择。其次,从卖家的角度,流量的引入有利于店内的内循环成交。

② 支付联盟营销佣金的订单范围。

只有通过速卖通联盟营销成交的订单,才需要支付联盟佣金。

③ 联盟订单的识别。

联盟营销订单的判定规则:买家单击了卖家通过联盟营销推广出去的产品链接,会被打上联盟营销带来的买家的标识,该买家在 15 天的跟踪有效期内(广告影响的有效周期)下单,均会判定为联盟订单。

买家访问过推广链接,15 天以内进入店铺拍下产品,并且成交,卖家需要支付佣金。如果买家某月 1 日单击了推广链接,到 16 日才下单,则此时追踪不到 15 天内联盟的推广标识,不会收取佣金。但如果买家在 14 日下单,则在追踪有效期内会收取佣金。

④ 智能检测优化工具的优化建议是怎么给出的?为什么单击没有内容?

基于站内外买家的浏览、采购数据和店铺的销售情况,联盟会持续地优化并给卖家推广建议。例如建议卖家添加的商品是近期热搜的商品,建议卖家上调佣金比例,上调后预估能获得更好的效果,同理如果推广无效果的产品会建议卖家删除。建议该方案每周更新一次,卖家可以持续关注。

⑤ 联盟营销时效 15 天的定义。

从买家首次通过推广链接进入店铺开始计算,如果在这 15 天内买家又通过推广链接进入,那么将会重新开始计算。

⑥ 老客复购为何也收费?

联盟营销订单的判定规则:买家单击了卖家通过联盟营销推广出去的产品链接,会被打上联盟营销带来的买家的标识,该买家在 15 天的跟踪有效期内(广告影响的有效周期)下单,均会判定为联盟订单。并不是按照新老买家或有多少次复购行为来判断是否要收取佣金的。

⑦ 退款订单为何收取联盟营销佣金?

交易未完成前,买家进行退款的联盟营销订单会退回联盟营销佣金。交易完成后,买家正常退货,由于联盟营销网站已经完成流量引导、导购及转化的服务,且速卖通平台已经在交易结束时把这笔钱支付给了联盟营销站长,所以联盟营销佣金不予退还。

⑧ 退出联盟营销后还会收取联盟佣金吗?

退出联盟营销后仍收取佣金的情况不会存在。因为在退出生效后(次日 0 时生效)所有渠道都会停止对买家推广,所以退出后产生的订单不算联盟营销带来的订单。但在卖家单击"退出"按钮到生效该时间内产生的订单仍需要支付佣金。另外卖家需要确认是否确实已退出(部分卖家认为只要移除了类目的佣金比例就是退出了)。

⑨ 联盟营销在站外是如何推广的?

联盟营销的推广形式有很多种:有通投的方式,即引流到联盟营销流量阵地;也有定投的方式,比如推广某一类产品的集合页,引流到某一个店铺,或者引流到某一个单品的详情页。联盟营销会按照转化的情况不断调整在站外的投放策略。联盟营销未来的重点方向是单品。

4.2 平台活动

平台活动是速卖通面向卖家推出的免费推广服务,是速卖通中效果最明显的营销利器之一。它能快速实现店铺的高曝光率、高点击率、高转化率等一系列目标。对于各大电商平台的卖家来说,参加平台促销活动是非常有必要的,堪称引流利器。下面我们重点来看看速卖通平台活动报名规则。

4.2.1 大促活动分析

登录"速卖通"平台,选择"营销中心"→"平台活动"选项,打开"平台活动"页面,在"平台活动报名"下方的下拉菜单中选择"所有活动"选项,单击"不符合资质的原因"按钮,即可查看对应活动不能报名的原因,如图 4-15 所示。

不同的活动,参加的条件略有不同,可以登录平台活动报名的详情页面查看对应的活动要求,如渠道要求、价格门槛、支付时限、商品销售量及图片要求等,如图 4-16 所示。

通过观察各类平台活动的报名条件,可以提炼出参加活动所具备的一些基本的条件。

严禁提价打折:提价打折,即在产品上线之后将价格调高再打折的行为。这种操作表面上能够很容易实现加大物品折扣力度的目的,但是买家最终享受不到真正的折扣,购物体验非常不好。并且假如被系统检测到,可能影响店铺的权重。

满足最低折扣力度:例如大多数俄罗斯团购,折扣范围需要在全站折扣率 10%以上。

达到要求的 DSR 评分:多数平台活动会对店铺的 DSR 等级有一定的要求,比如描述相符分 4.5 及以上、沟通得分 4.5 及以上、物流得分 4.5 及以上;如果店铺的 DSR 没有达到这个标准，就无法报名。还有一些是根据店铺等级，例如店铺至少达到银牌卖家才能报名，当然有一些也没有具体要求，具体要求需要参考每个活动的资质。

图 4-15　平台活动报名页面

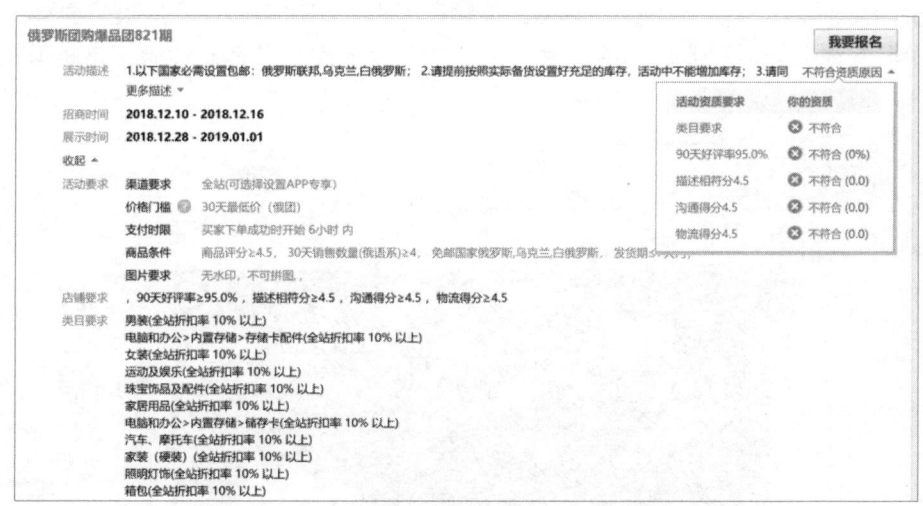

图 4-16　查看对应活动不符合资质的原因

对活动对象国包邮（俄罗斯、巴西团）：速卖通主打的是 Free Shopping 的商品，对买家包邮能够免除大多数买家对于运费的担忧。所以平台会在活动中要求对部分国家包邮，比如俄罗斯团购，要求包邮的国家不仅仅是俄罗斯，而且对俄语系的 15 个国家包邮。它们分别是亚洲的亚美尼亚、阿塞拜疆、格鲁吉亚、哈萨克斯坦、乌兹别克斯坦、吉尔吉斯斯坦、土库曼斯坦、塔吉克斯坦，以及欧洲的俄罗斯联邦、白俄罗斯、爱沙尼亚、立陶宛、拉脱维亚、乌克兰、摩尔多瓦。因此，在设置运费模板的时候要将这些国家设置成包邮。

价格门槛：需要在 30 天内价格最低，在设置的时候一定要把控好商品的利润。

销量要求：活动资质要求如图 4-17 所示，活动需要 30 天销售数量（俄语系）≥5，并不是所有活动都有这样的规定，具体根据具体活动而定。

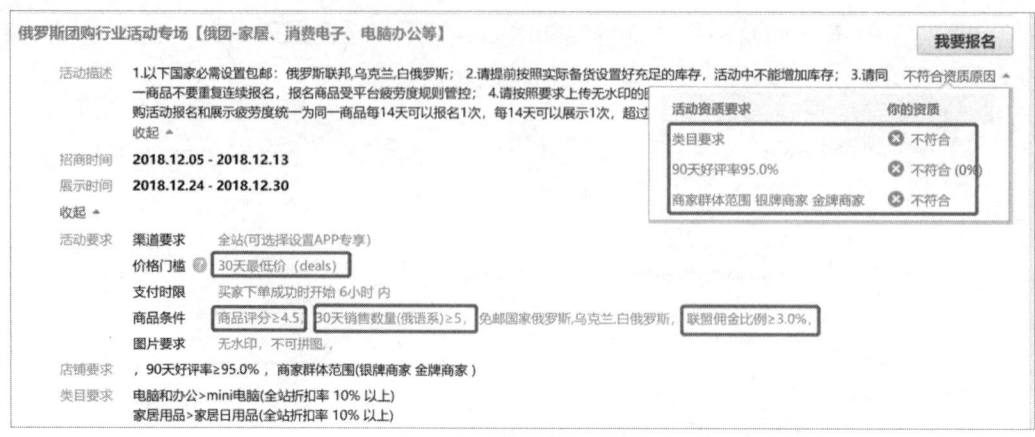

图 4-17　活动资质要求

以上是平台活动比较基本的报名要求，如果想要成功报名活动，必须满足相关的要求。

了解基本的活动规则之后，接下来我们来了解一下平台常见的活动类型，如 Super Deals、国家站团购、行业主题活动、行业大促等。

1）Super Deals：打造爆款的利器，曾有着一天千单的记录。根据工作日和周末分为 Daily Deals、Weekend Deals 等。根据不同品类，要求全站折扣率 20%以上，DSR 在 4.5 以上，90 天好评率大于或等于 95%，部分国家免邮。差不多相当于淘宝网的"聚划算"。目前，速卖通无线抢购及 Super Deals 活动合并成 Flash Deals。该频道一直处在速卖通首页显眼的位置，如图 4-18 所示，其能很好地提升活动流量，给产品带来曝光率，从而提升客户体验。该频道在 PC 和移动端均拥有入口。

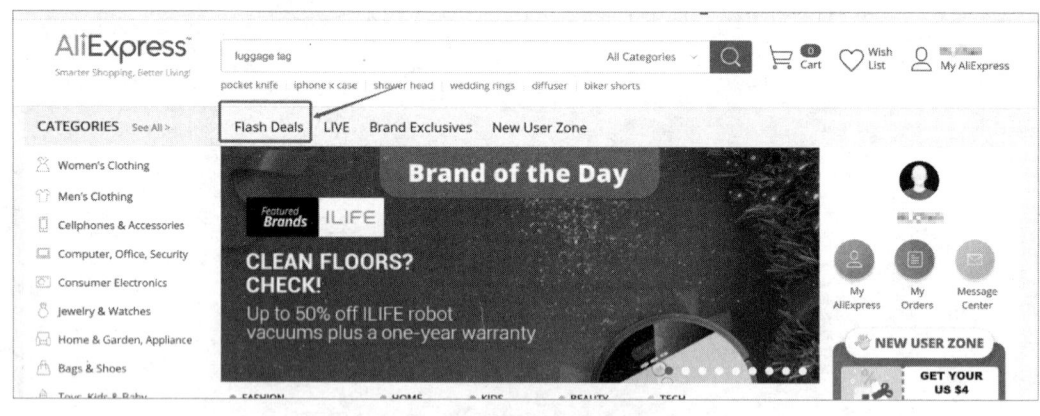

图 4-18　Flash Deals 所在页面

2）国家站团购：速卖通平台根据 GMV（网站成交金额）表现出色的国家，会陆续开放单独的国家团购页面，如现在已经开放的巴西团购、俄罗斯团购，还有即将开放的美国团购等。针对单一国家的团购活动，是进入这些国家市场最好的方式之一。

而印度尼西亚和西班牙团购的国家团购项目，团购招商条件要求较低，比较适合平台的中小卖家和刚刚开张不久的新店铺。

3）行业主题活动：针对一些行业的热销品和新品，速卖通会定期在首页相关类目进行推广投放资源。适合推出新品的日常行业促销，需要按照主题商品报名。这项活动结合买家对商品的购买需求发现行业的潜力新品类，推进行业的发展。

4）行业大促：针对各类节日和活动庆典速卖通会策划大型促销活动，目前主要有年初的 Shopping Festival，年中的 Super Sale、Double Eleven Carnival（双十一）及"黑色星期五"活动。从活动力度上看，双十一和黑色星期五的促销力度最大，同时流量也是最大的。

在促销当日，全网流量引入活动页面，这将给商品带来更高的曝光量。专门为买家购买商品提供行业专属优惠券，将使买家购买产品更集中，使行业购买率更高。

以上是目前主要的几类平台活动，在卖家达到一定的资质参加活动后，能够给店铺带来更多的流量和订单。

4.2.2 活动选品技巧

除了选择符合平台活动报名要求的商品，卖家还要有针对性地选择能够给自己店铺带来更多的流量的产品，重点可以从以下三个方面着手。

1）分析流行趋势：特别是针对 Fashion 类的产品，春夏秋冬四季交替或者最新流行的款式都是很好的风向标。可以打开平台首页，在 Categories 找到店铺的类目，把光标放在所选的类目查看各个二级类目的产品。单击其中一个感兴趣的类目，就会出现很多这个类目下卖得好的产品，或是单击"Orders"按钮后可查看该产品的交易记录，单击"Sort by latest"按钮更新到最新，查看近 3 天销量总数，算出日均销售量来预估月销量，同时用预估的月销量和该产品的售价相乘可以得出该产品的预估月销售额，以此来判断要不要开发此类产品来售卖。如果开发，价格要比该产品有优势，或者与该产品有微差异化。

2）优化商品匹配：参加排名平台活动时，商品的标题、图片、关键词、属性和文案五个指标都要高度贴合并且质量都很高，产品的相关性分值才能达到最大化。

3）提升服务质量：在速卖通出售商品时，会一并显示卖家服务等级，无论在哪个平台服务体系都是一个很重要的指标，如果卖家服务等级达到优秀，就可以优先参加平台活动，这对于卖家来说是一个很大的优势。图 4-19 所示为速卖通卖家服务等级详解。

卖家服务等级详解				
	不及格	及格	良好	优秀
定义描述	上月每日服务分均值小于60分	上月每日服务分均值大于等于60分且小于80分	上月每日服务分均值大于等于80分且小于90分	上月每日服务分均值大于等于90分
橱窗推荐数	无	无	1个	3个
平台活动权利	不允许参加	正常参加	正常参加	优先参加
营销邮件数量	0	1000	2000	5000

不考核卖家享有的营销邮件数量为1000，其他权益与及格卖家享受同等的平台资源。
营销邮件数量资源仅限当月使用，若未能及时使用则不会累计至下月，请了解。
每日服务分数越高，对搜索排序越有利（排序受多个维度影响，服务分为其中一个影响因素）。同时关于影响搜索排序的其他因素点此查看

图 4-19 速卖通卖家服务等级详解

4.2.3 活动报名流程

平台活动一旦报名参加，中间就不允许退出，一直到促销活动结束。参加活动的商品审核主要分为两个流程：先由系统自动审核，主要是参考一些硬性指标，如销量转化率等；系统筛选出符合条件的商品后再由人工审核，人工审核主要审核商品的活动主图、详情信息等。因此，卖家做好报名前的准备是非常重要的。在筛选好商品之后，以下就是具体的报名流程。

登录"我的速卖通",选择"营销活动"→"平台活动"选项,打开"平台活动报名"选项卡,在下面的下拉菜单中选择"可参加的活动"选项,筛选出当前正在招商中的活动,如图4-20所示(注意:以下图片均为示意图,请以后台实际显示为准)。

图 4-20　活动报名

单击"我要报名"按钮,进入活动子页面,选择需要报名的场次后,再单击"立即报名"按钮(见图 4-21)。活动的招商细则均在此页面内的"店铺资质要求"及"报名商品要求"中呈现。

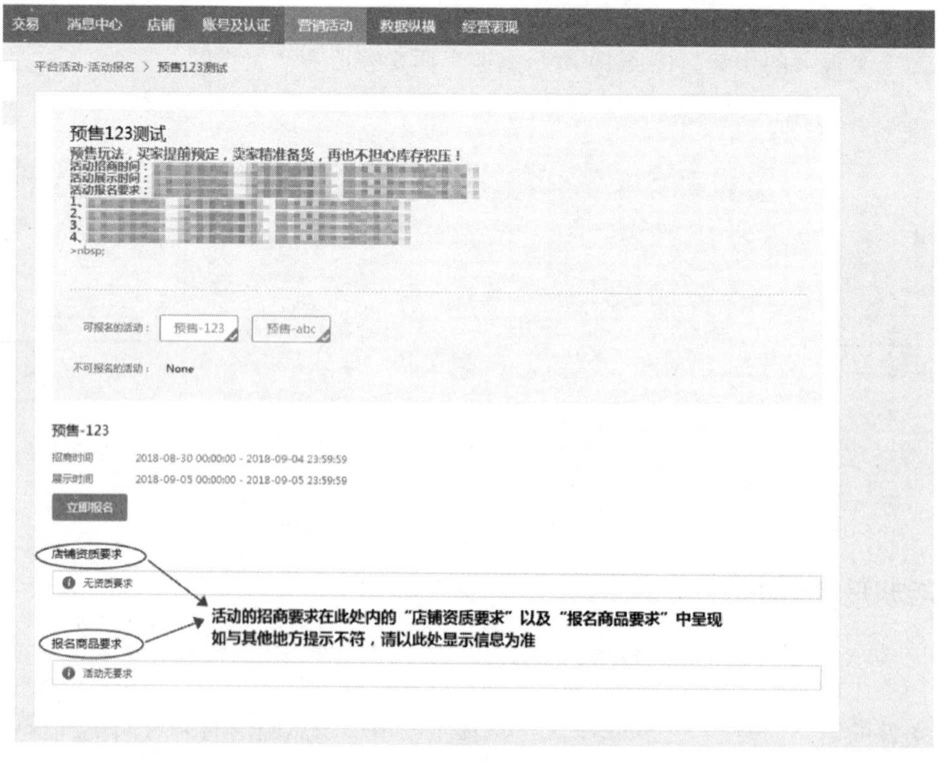

图 4-21　立即报名

单击"立即报名"按钮后,在出现的页面中单击"添加商品"按钮(见图4-22)。勾选要报名的商品,单击"确定"按钮后,进入商品库存及折扣率设置页面(见图4-23)。

注意:单击"添加商品"按钮后,不同场次的活动及不同的行业所对应的可报名商品数要求不同,请以系统提示的可报名的商品数为准。

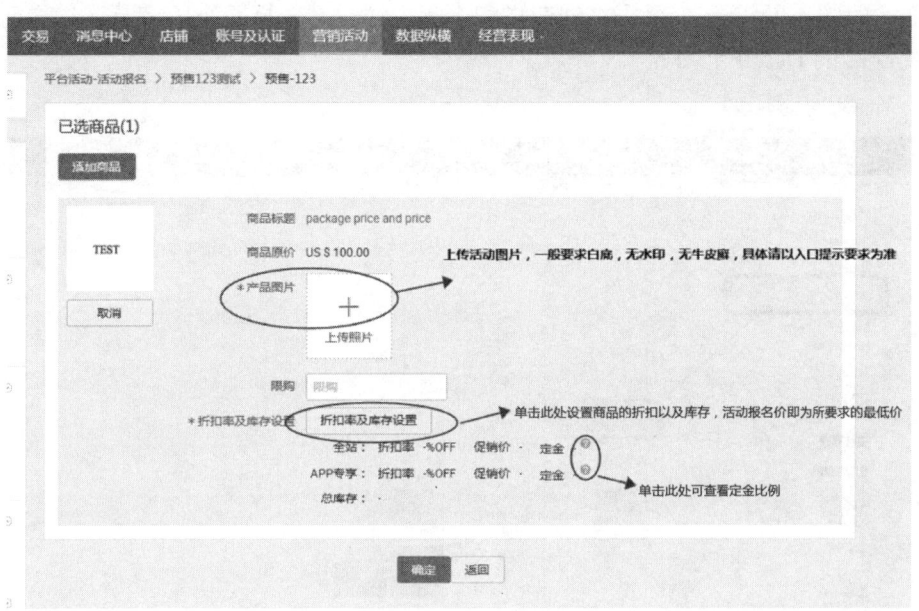

图4-22 添加商品

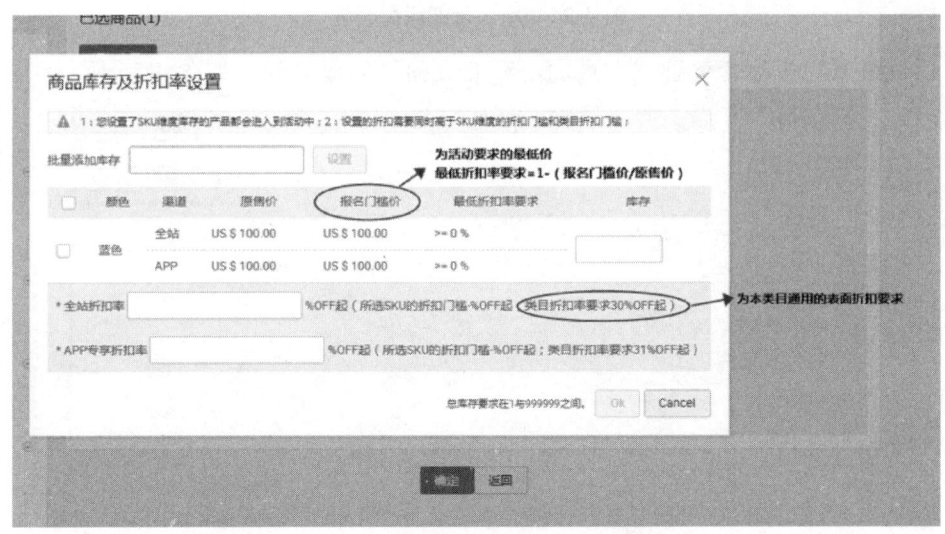

图4-23 商品库存及折扣率设置页面

根据页面提示设置完符合要求的商品库存及折扣率后,单击"OK"按钮后再单击"确定"按钮,则报名成功。完成报名以后,可以在"待确认"中查看报名的活动。有些平台活动报名以后,在商品锁定之前是允许修改库存和折扣率等数据的,有些平台则不行,具体要看活动的类型和要求。

4.2.4 搭配套餐

搭配套餐的作用,主要是帮助速卖通的卖家通过自行选择商品,设置不同商品间搭配优惠促销价格，提高商品推广内容的丰富性及专业性，在拥有更多的自主推荐和推广的营销机会的同时，提高商品成交量。

创建一个搭配套餐，仅需以下三步。

第一步，在速卖通卖家后台选择"产品管理"→"管理搭配套餐"选项，进入"管理搭配套餐"页面，如图 4-24 所示。单击"创建搭配套餐"按钮，选择一个主商品（该搭配套餐会展示在这个主商品的 Detail 页面）。

图 4-24　增加管理搭配套餐

单击后，进入"搭配套餐管理"页面，在此页面可创建套餐，如图 4-25 所示。

图 4-25　搭配套餐管理页面

第二步，选择 1~4 个同店的搭配商品。

第三步，可以选择是否要对搭配套餐设置一个优惠价，或者什么也不做直接单击"保存"按钮，即创建完成一个搭配套餐。

但是"其他特殊类"和非"销售中"的商品不支持创建搭配套餐，目前"尖货计划"也暂不支持搭配套餐；每个商品最多可创建 3 个套餐。每个套餐包含一个主商品和最多 4 个搭配商品；对套餐内商品可以选择指定"搭配价格"，搭配价格必须小于等于商品 SKU 原价，大于等于商品 SKU 原价的 70%；目前搭配套餐，仅支持移动端展示。在成功创建搭配套餐后，可以在移动端最新版商品详情页看到所创建的搭配套餐。有以下三点需要注意。

1）如商品 SKU 设置了国家差异化报价，则取国家差异化报价作为基准价，否则取商品 SKU 零售价作为该商品 SKU 基准价。

2）在搭配套餐中，取 SKU 基准价和搭配套餐里 SKU 搭配价格中较低者，作为这个 SKU 在套餐中的 SKU 套餐价。

3）以 SKU 套餐价参与商品的店铺营销活动、平台营销活动的价格计算。

例如，某商品的红色 SKU，该 SKU 零售价为 15.00 美元，创建的某搭配套餐中 SKU 搭配价格为 14.00 美元，则取 14.00 美元作为 SKU 套餐价去参与店铺营销活动、平台营销活动的价格计算。

假设过了几天后，卖家将商品红色 SKU 零售价修改为 13.00 美元，搭配套餐里 SKU 搭配价格不变，则取 13.00 美元作为 SKU 套餐价去参与店铺营销活动、平台营销活动的价格计算。

4.3 直通车

在推广产品的时候除了以上常规的活动，还可以通过直通车和站外引流的方式让店铺得到大量额外的曝光。卖家合理配合其他运营手段，可让店铺快速进入良性循环状态，进而得到长远、持续的收益。

4.3.1 什么是直通车

直通车是阿里巴巴企业会员通过自主设置多维度关键词，并对关键词进行出价竞争，从而获得免费展示产品信息的机会，吸引买家点击产品信息，并且按照点击进行付费的全新网络推广方式。其实直通车就是通过出价竞争产品排名获得免费曝光，点击付费的一种推广方式，直通车价值如图 4-26 所示（补充说明：中国地区和尼日利亚点击不扣费）。

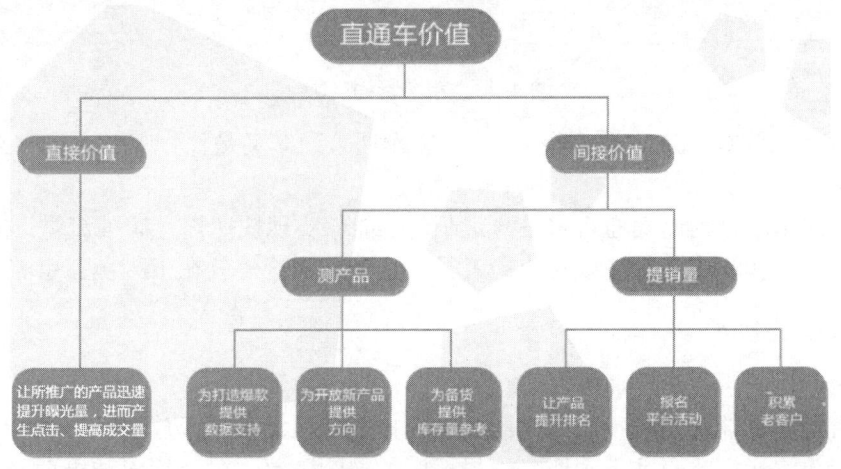

图 4-26 直通车价值

直通车可以让广告主在推广与成交之间畅通无阻,迅速获得切实的推广效果,比如淘宝直通车、外贸直通车等已经成为互联网上广泛应用的推广工具了。

直通车是帮助卖家进行精准营销的重要途径。卖家在运营直通车的时候,强调的是精准度、时间成本、投入产出效益的问题,更加追求精准营销,如图4-27、图4-28所示。

图4-27 精准营销(a)

图4-28 精准营销(b)

那么,作为直通车广告模式的典型代表,速卖通直通车又是什么呢?对卖家来说它的价值又在哪里呢?

速卖通直通车就是为速卖通卖家量身定制的,能够实现快速提升店铺流量,按点击付费的全新网络推广方式和快速提升流量的营销工具。它最大的价值就在于为卖家引流。

4.3.2 直通车的优势

(1)第一大优势:黄金"地段",海量展现

速卖通直通车目前有两种投放方式:关键词投放和商品推荐投放。

关键词投放将卖家的商品带到搜索结果页面的左侧位置,以及搜索结果页面下方的位置;同时,商品推荐投放功能,也会将卖家的商品带到行业首页的商品推荐位置,以及商品详情页

面下方的推荐位置。这些位置都是平台上最能吸引买家眼球的位置,而且这些位置在每一页都有。关键词投放位置展现如图4-29所示。

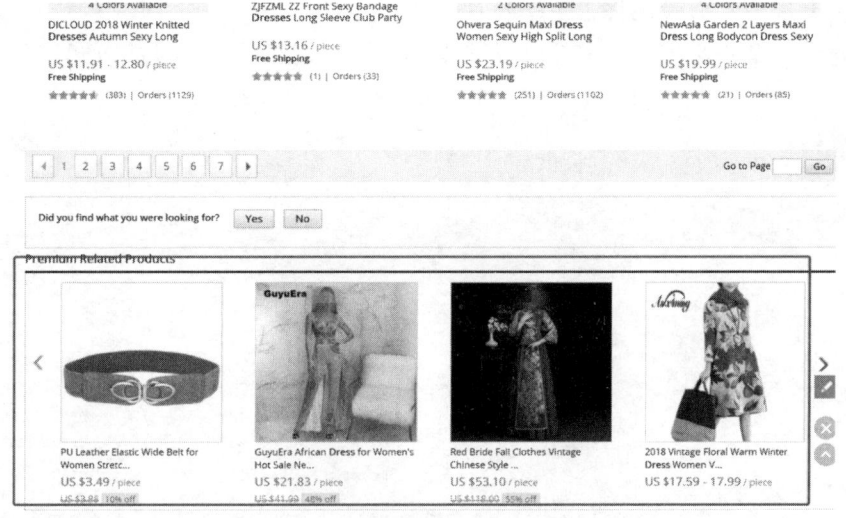

图 4-29　关键词投放位置展现

从上图可以看出,直通车可以通过多元化的方式展示所投放的商品,商品可以展现在能够吸引买家眼球的黄金位置。如果下个月要推新品或爆品,只要让商品排在页面的靠前位置,就可以快速吸引买家的眼球。让商品占领所有相关关键词靠前的位置,这是最直接的引流方式,与此同时在商品排名靠前及海量曝光的过程中,也间接地帮助卖家实现了整个店铺的曝光和品牌知名度的快速提升。这是其他广告营销手段无法超越的,也是直通车最核心的价值体现。

(2)第二大优势:精准点击,扣费合理

首先,刚才讲到的那些海量的引流,曝光是绝对免费的,点击才会产生扣费。

其次,平台会屏蔽所有无效点击。比如,国内地区点击、重复性的人工点击等。所以,平台收到的必然是具有买家购买意愿的精准点击。

最后,针对性扣费。关键词出价会在一定程度上影响点击花费,但是这个价格只是为一次点击支付的最高金额,实际扣费小于或等于出价金额。针对性扣费如图4-30所示。

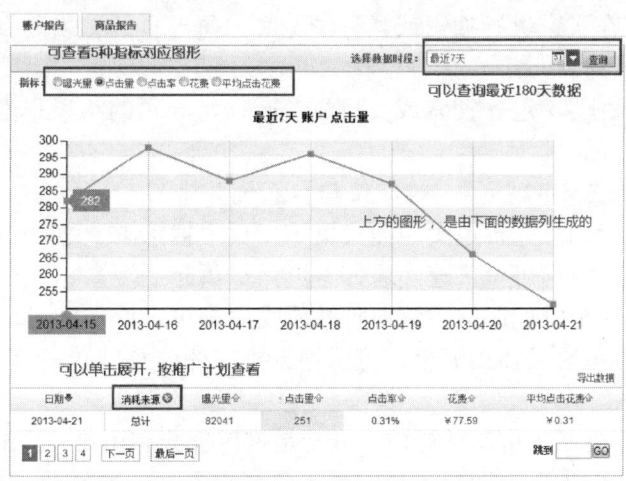

图 4-30　针对性扣费

很多卖家都知道速卖通直通车目前在各行业中的平均点击花费的性价比非常高,直通车在获得精准点击的同时,最大限度地在提高成本投入的性价比。

(3) 第三大优势:自主选择,灵活投放

无论是商品还是关键词,卖家都可以按照自己的需求选择推广投放方式,自主投放方式如图 4-31 所示。

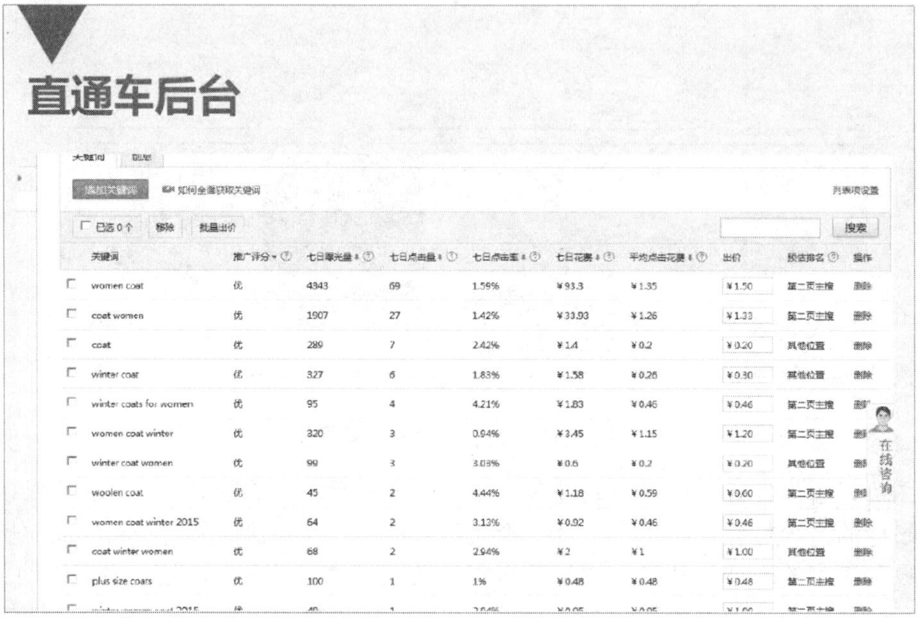

图 4-31 自主投放方式

可以根据不同的推广目的选择不同的单品、新品和爆品进行区别性投放,也可以对店铺中的商品进行整合,利用大量的关键词去测试和筛选热销商品。

4.3.3 直通车的规则

(1) 展示规则

通过直通车推广,商品主要展示在以下两个地方。

1) 右侧推广区:在买家进行搜索或类目浏览时,每一页的结果列表的右侧区域可供同时展示最多 5 条直通车商品。

2) 底部推广区:在买家进行搜索或类目浏览时,每一页的结果列表的底部区域可供同时展示最多 4 条直通车商品。

直通车的展示位如图 4-32 所示(推广位与自然位并排)。

1) 中国好卖家:优词可竞价速卖通搜索页第一页主搜第 12、20、28、36 位。

2) 其他竞价卖家:优词可竞价速卖通搜索页第二页起主搜第 8、16、24、32、40 位。

3) 每一页底部的 4 个推广区,不管何种性质卖家都可竞价(良词)。

直通车的商品展示位置具体在哪里,可以根据推广评分及排名提示去前台搜索。

(2) 排序规则

直通车的排名主要受两大因素的影响,分别是推广评分和出价。其中推广评分在整体排名中起着关键性的作用,它主要有四个考量因素,分别是商品信息质量、商品与关键词匹配性、商品评分和店铺评分。直通车排名的影响因素如图 4-33 所示。

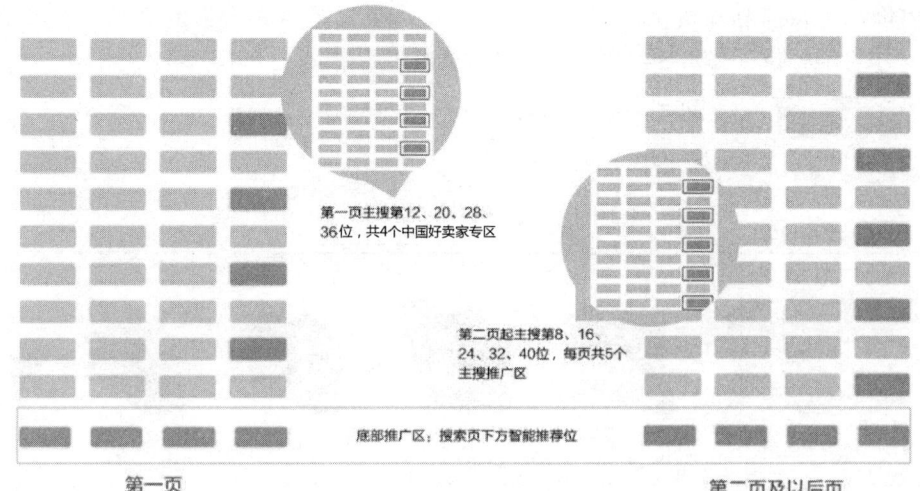

图 4-32　直通车的展示位

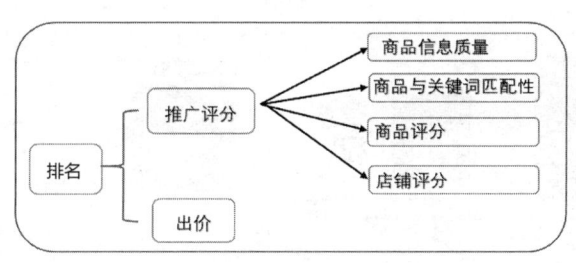

图 4-33　直通车排名的影响因素

注意：商品评分指的是买家对商品的认可度及对商品的评分和评价；店铺评分指的是买家对店铺的 DSR 评分及卖家商品描述、卖家服务和物流服务。

现在展示的推广评分一共分为两种情况：优和良。如果卖家展示的商品要排在首页右侧，那么推广评分必须为优，再加上具有竞争力的出价，才有可能排在首页的右侧。若推广评分为良，那么出价再高也没有办法排在首页的右侧。一个商品的属性和关键词量是有限的，无法让很多关键词成为优词，所以速卖通推出了"创意"功能，这样卖家可以轻而易举地让更多关键词成为优词，具体操作后面的章节会详细介绍。

（3）扣费原则

直通车商品的展示、曝光不扣费，只有当国外消费者点击才会扣费（国内地区点击不扣费，重复点击也不扣费）。扣费与推广评分和出价相关（但实际扣费肯定不会超过出价）。每个关键词商业价值不同，因而各自的底价也会存在差异。因此，主要根据以下三点进行扣费。

1）每次点击花费不会超过卖家为关键词所设定的出价，根据当前基于推广评分的扣费规则，实际点击花费往往会低于出价。

2）点击花费受其他卖家影响。即使出价不变，同一关键词在不同时刻的实际点击花费也可能是不同的。

3）点击花费受推广评分的影响。推广商品与关键词的推广评分越高，所需要付出的每次点击花费越低。

（4）商品推荐投放

除了关键词的投放，速卖通直通车还提供"商品推荐投放"功能。该功能通过对卖家计划内的商品出价,以及商品与买家需求匹配度的考察,决定是否将卖家的商品推荐给买家关注。详情页面下方的推荐位如图 4-34 所示。行业首页的商品推荐位如图 4-35 所示。

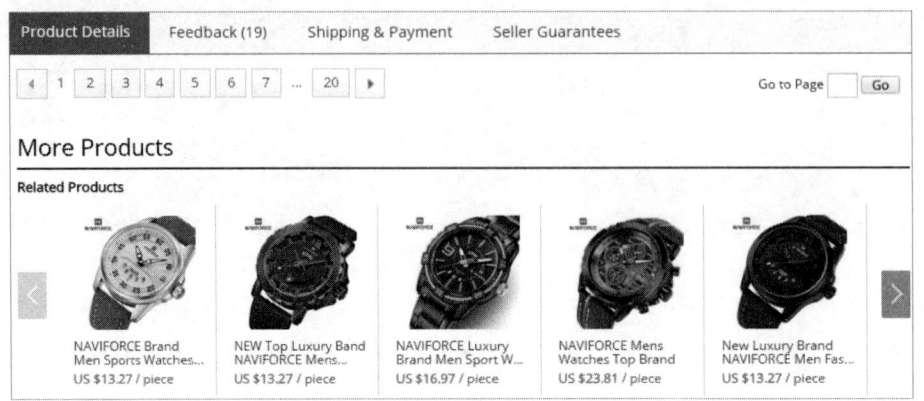

图 4-34　详情页面下方的推荐位

图 4-35　行业首页的商品推荐位

影响推广商品在推荐位排序的主要因素有三个:商品信息质量、商品出价和商品是否满足浏览买家的潜在需求。商品信息质量越高,商品被推荐时的出价就越高;商品与买家的潜在需求越匹配,在相关推荐时被展示的机会也就越大。

商品推荐投放扣费标准:

1) 商品展示且被买家点击后,才会产生扣费;

2) 扣取的费用不会高于卖家的出价。

所以卖家的商品被买家点击后,系统会根据对应展示区域所监控到的出价人数等情况,自动计算出卖家维持所处排名所需的最低价格,扣除的费用将不高于出价。

卖家只需要在推广计划"参与'商品推荐投放'"中的"设置单词点击最高"前打钩,最后设置相应的价格就可以。

4.3.4　直通车的推广方法

速卖通售后规则中最重要的规则是限时达和商品保障服务。

目前,直通车有两种推广方式:一种是专门为打造爆款而设计的重点推广计划,另一种是为方便测品而设计的快捷推广计划。两种方式各有特点并且都带有自动选品的功能,系统会根据近期数据向买家展示不错的商品,如图 4-36 所示。

图 4-36 选择推广方式

（1）直通车重点推广计划

重点推广计划最多允许创建 10 个，每个计划建议推广同类目的商品以便后期统一管理，并且卖家要选择自己想要重点推广的商品。建议优先选择市场热销或自身有销量、价格有优势的商品来进行推广（比如参考商品分析中的成交转化率、添加购物车次数、搜索点击率等数据）。

除此之外，直通车重点推广计划还独有"创意"推广功能，可帮助卖家更好地打造爆款，如图 4-37 所示。

图 4-37 "创意"推广功能

那么，如何新建重点推广计划呢？

第一步，单击"新建计划"按钮后，选择"重点推广计划"选项，填写推广计划的名称，设置计划每日消耗上限，单击"开始新建"按钮。

第二步，添加推广商品。在选择商品页面中，系统会按照卖家的商品组，列出所有可以推广的商品。卖家选择自己想要推广的商品（重点推广计划中每个计划只允许添加一个商品推广），单击"下一步"按钮完成添加推广商品。

第三步，添加关键词。选择与商品相匹配的优质关键词，使用系统推荐词。根据在第二步选择商品页面中所添加的商品，系统会在第三步选择关键词页面中，自动为卖家推荐出一批适合他们推广的关键词，请卖家根据关键词的推广评分、搜索热度、竞争度三个指标作为选择关键词的依据进行选择。目前，系统主要是通过商品信息来判断并推荐关键词的，因此为了获得更丰富的推荐关键词，卖家需要尽量将商品信息填写完整，使商品信息所包含的内容更全面、更细致。

此外，也可以使用手动添加关键词或批量添加关键词。手动添加关键词需要卖家先输入某一个关键词并单击"查询"按钮，系统会自动根据商家所输入的关键词列出与之相关的关键词及搜索热度、竞争度等信息。批量添加关键词可以帮助将已经整理好的关于商品的关键词快速添加，只需要输入要添加的关键词，关键词之间用回车分隔，添加成功以后，单击"下一步"按钮即可出价。选择关键词页面如图4-38所示。

图4-38 选择关键词

第四步，卖家为选择的关键词设定点击最高扣费上限价格。关键词选定后在关键词列表的下方可批量为这些关键词出价，出价方式有按市场平均价加价和以底价为基础加价两种，可以在推广管理中对每一个关键词的价格做出修改。出价后单击"下一步"按钮，新建推广成功。

（2）直通车快捷推广计划

直通车快捷推广计划适用于普通商品的批量推广。卖家最多可以创建30个快捷推广计划，每个计划最多容纳100个商品、20 000个关键词。卖家可以用更少的时间和精力，更快地选出值得集中推广的商品。以下是建立直通车快捷推广计划的几个步骤。

第一步，单击"新建计划"按钮后，选择"快捷推广计划"选项，填写推广计划的名称，单击"开始新建"按钮。

第二步，添加推广商品。在选择商品页面中，系统会按照卖家的商品组，列出所有可以推广的商品。卖家选择自己想要推广的商品（快捷推广计划中每个计划可以选择100个商品推广），单击"下一步"按钮完成添加推广商品。

第三步，添加关键词。选择与商品相匹配的优质关键词，使用系统推荐词，根据在第二步选择商品页面中所添加的商品，系统会在第三步选择关键词页面中，自动为卖家推荐出一批适合他们推广的关键词，请卖家根据关键词的推广评分、搜索热度、竞争度三个指标作为选择关键词的依据进行选择。目前，系统主要是通过卖家的商品信息来判断并推荐关键词的，因此为了获得更丰富的推荐关键词，卖家需要尽量将商品信息填写完整，使商品信息所包含的信息更全面、更细致。

第四步，卖家为选择的关键词设定点击最高扣费上限价格。关键词选定后在关键词列表的下方可批量为这些关键词出价，出价方式有按市场平均价加价和以底价为基础加价两种，可以在推广管理中对每一个关键词的价格做出修改。出价后单击"下一步"按钮，新建推广成功。

速卖通直通车分两种。一种是引流操作，适合交易额在 10 000 美元/月以下的卖家。店铺运营初期，以极其低廉的价格吸引客户进店为目的，增加曝光量和浏览量，点击成本较低。另外一种是爆款操作，适合 10 000 美元/月以上的卖家，旨在推动单款产品的曝光量和点击量，海量曝光店内爆款，适合有 100 条以上评价和 1000 条以上销量的客户操作，此类操作主要围绕热词、行业竞争词，点击单价较高，小卖家谨慎考虑。

4.3.5 直通车的优化工具

速卖通直通车中有优化中心、选品工具、关键词工具、商品质量诊断和抢位助手五种优化工具，如图 4-39 所示。可以在优化中心中判断各个指标并以此做出全面诊断，可在选品、选词和信息优化的问题上提供突破性的解决方案。

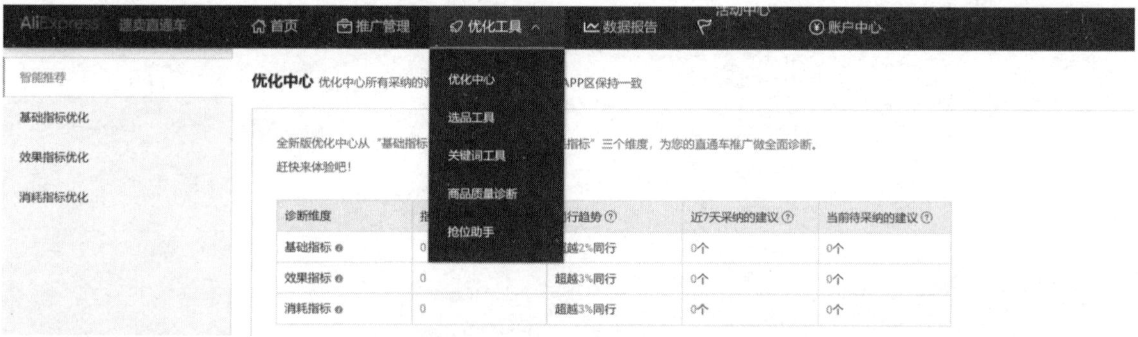

图 4-39 优化工具

其中系统会有三个推荐依据来帮助卖家推荐值得推广的产品，分别是热搜、热销和潜力。随着数据越来越全面，这个功能被使用的次数也越来越多，此外也可以同时针对商品分组、发布的相应账户及数据维度对分析结果进行相应的筛选。图 4-40 所示，是系统推荐值得推广的首页。

可以非常直观地对全店的所有商品从多种数据维度进行筛选和排序，让卖家对店铺商品数据一目了然。主要有同行对比数据下的类目供需指数和竞争力数据，以及商品每个筛选主页可以呈现 30 个商品，比数据纵横中的商品分析多出 20 个，同时也可以下载商品列表，用 Excel 分析数据结果。

速卖通直通车的关键词工具的功能主要体现在以下五个方面。

1）可以用任意关键词搜索出更多的相关关键词。
2）可以针对现有的推广计划或任意行业搜索推荐关键词。
3）系统会自动推荐一些近期其他行业卖家的搜索词。
4）可以根据四种标签筛选被推荐的关键词：高流量词、高转化词、高订单词、小二推荐词。
5）当选择好关键词后，可以对所选择的关键词批量出价。

全新版优化中心从"基础指标""效果指标""消耗指标"三个维度，为您（商家）的直通车推广做全面诊断，如图 4-41 所示。

图 4-40　系统推荐值得推广的首页

图 4-41　优化中心

基础指标优化主要从以下几点对基础速卖通直通车推广情况进行检测并给出建议。

1）预算检测：当账户和全店预算达到上限时，系统会给出调整预算提醒，避免流量的损失。

2）账户余额检测：当账户余额小于预估可推广天数时，系统会提示及时充值。

3）工具推荐：直通车上新工具时，系统会给出提示以防卖家错过这些工具。

4）速卖通直通车推广关键词检测：依据成长等级"日均推广关键词数"满分的要求，当未达标时，系统会给出相应的加词建议。

5）速卖通直通车推广商品检测：依据成长等级"日均推广商品数"满分的要求，当未达标时，系统会给出相应的加商品建议。

效果指标优化主要对做速卖通直通车推广后的效果进行检测并给出建议，如图 4-42 所示。

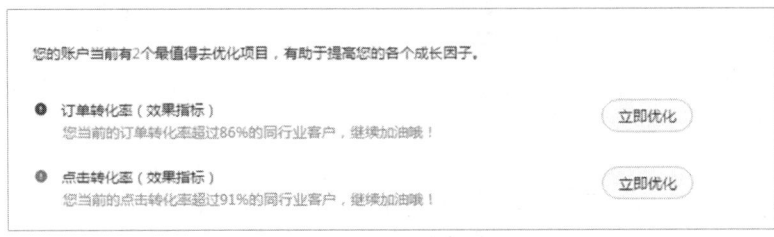

图 4-42　效果指标优化

4.3.6 直通车的数据分析

（1）直通车首页

1）投放状态。

推广中：当账户为正常状态、账户余额大于 0 且至少有 1 条处于激活状态的推广信息时，系统显示推广状态为"推广中"。该状态下，卖家在前台直通车展示位能够看到店铺推广的商品。需要注意的是，仅在国外有效的 IP 用户点击后，才会产生相应的扣费。

未推广：该状态下，直通车的展示位无法展示卖家的商品。

当出现以下情况时，系统会出现"未推广"状态。

① 账户冻结：当账户为冻结状态时，系统显示推广状态为"未推广"，账户处于冻结状态，已停止了所有的推广。

② 无推广信息：当账户为正常状态、账户余额大于 0 且没有创建完成的推广信息时，系统显示推广状态为"未推广"，此时只需要新建推广信息即可。

③ 推广信息全部暂停：当账户为正常状态、账户余额大于 0 且有创建完成的推广信息，但是全都设置为"暂停"状态时，系统显示推广状态为"未推广"，此时只需要重新激活就可以继续推广商品了。

④ 账户欠费：当账户为正常状态、账户余额小于等于 0 时，因为账户欠费，所以停止了所有推广，此时单击"充值"按钮进行在线充值后就可以继续推广商品了。

⑤ 达到每日预算限额：当账户为正常状态时，在每天的消耗总额达到设定的日广告预算的时候就会自动暂停推广，此时只需要根据自己的需求提高每日预算或延长投放时间后就可以继续推广商品了；另外也可以选择等待，次日系统会自动继续进行推广。

2）我的账户。

某个卖家的速卖通直通车账户如图 4-43 所示。

图 4-43　速卖通直通车账户

① 账户余额：指现金账户与红包账户的实时总余额。如果账户余额不足，推广服务将被停止使用。

② 账户预计可消费天数：根据最近 7 天卖家的账户日均推广花费金额和当前的账户余额，推算未来可以持续推广的大概天数。

③ 今日消耗：实时显示账户今日已经产生的费用（产生的现金+红包），系统会根据现金账户和红包账户的余额等比例扣除。例如，卖家的现金账户有 8000 元，红包账户有 2000 元，每消耗 100 元，系统会从现金账户中扣除 80 元、从红包账户中扣除 20 元。

④ 账户每日消耗上限：显示当前设定的日最高推广消耗上限额。

（2）推广信息概括

1）某个卖家的推广信息概况，如图 4-44 所示。

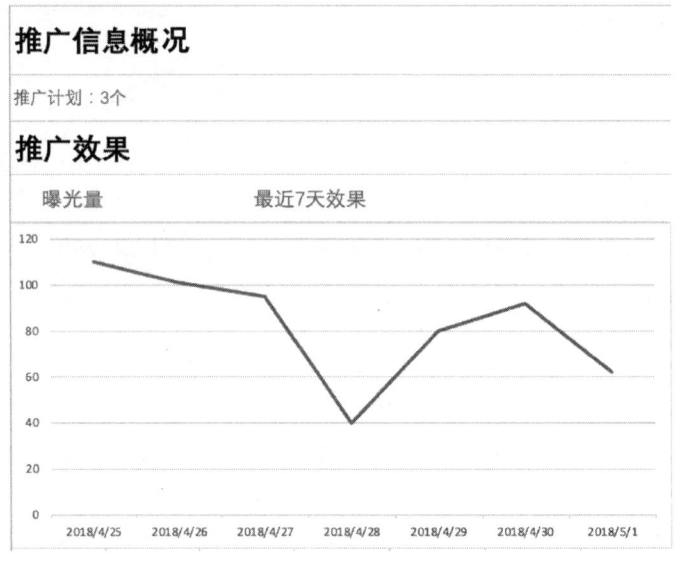

图 4-44 推广信息概况

① 所有计划：显示当前包括重点推广计划及快捷计划的推广计划名。推广计划后面带橙色标识的是重点推广计划，无橙色标识的为快捷推广计划，如图 4-45 所示。

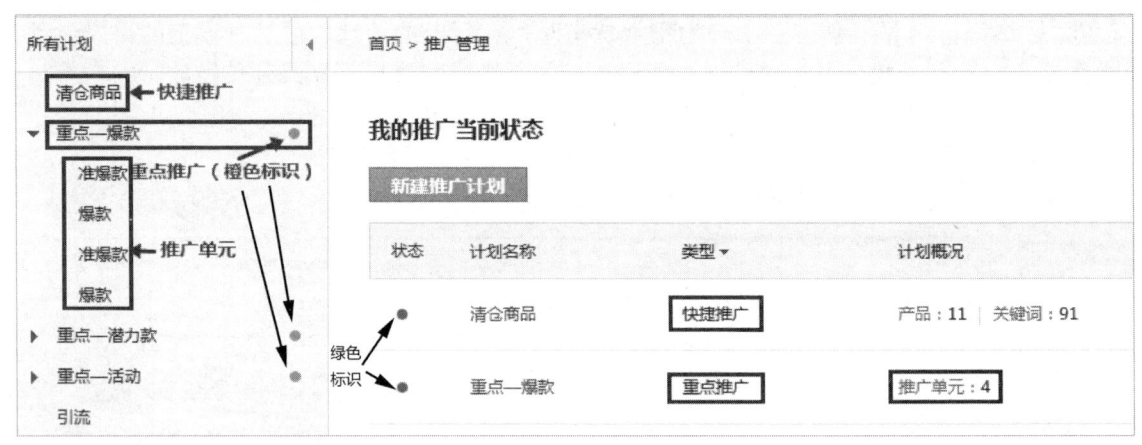

图 4-45 推广管理页面

② 状态：绿点表示正在推广中的计划，暂停标志表示暂停推广的计划。

③ 类型：推广计划分为重点推广计划和快捷推广计划。

④ 计划概括：分别显示重点推广计划中包含的推广单元数、快捷推广计划中包含的产品数量和关键词总数量。

2）某个卖家推广效果监控，如图 4-46 所示。

① 七日曝光量：指的是最近 7 天，所有推广中的商品在海外买家的搜索过程中获得的展现流量。

② 七日点击量：指的是最近 7 天，所有推广中的商品在海外买家的搜索过程中获得的买家点击查看商品的次数。

③ 七日点击率：七日点击率=七日点击量÷七日曝光量。如果点击率较高，那说明买家对推广中的商品更感兴趣，愿意通过点击进一步查看并了解卖家的商品详情。点击率是反映卖家

的商品是否符合买家的采购需求的重要指标。

④ 七日总花费：指的是最近 7 天整个账户的财务消耗情况，具体数值精确到小数点后两位，单位是"元"。

⑤ 七日平均点击花费：指的是在最近 7 天，所有推广中的商品点击花费的平均数，它代表引入一个潜在客户的成本。

计算公式为：七日平均点击花费=七日总花费÷七日总点击量。

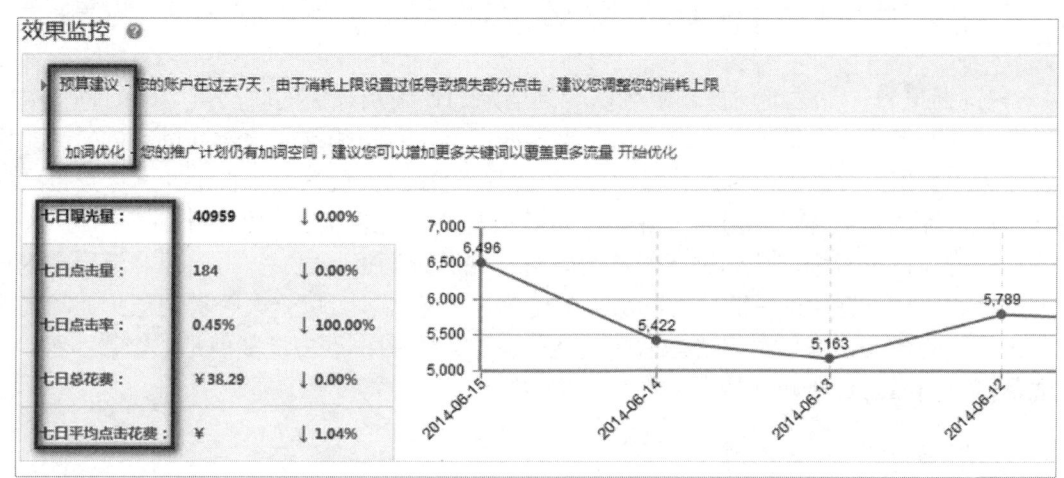

图 4-46　推广效果监控

3）自定义监控，如图 4-47 所示。

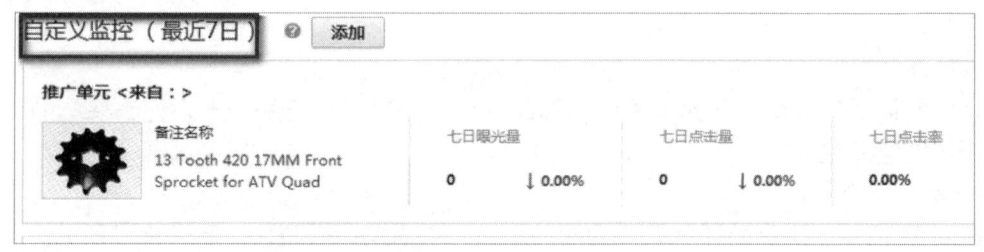

图 4-47　自定义监控

自定义监控：在直通车推广中，可以自主选择其中的一个推广计划或推广单元，监控其曝光量、点击量、点击率、总花费、平均点击花费等数据，同时通过 7 天的数据维度进行前后对比，比较该推广计划或推广单元的数据是上升了还是下降了。目前，自定义监控最多监控 10 个推广计划或推广单元。

因为效果监控中的数据来自所有正在推广中的商品，在这种情况下，卖家无法看到真正想关注的商品趋势，所以速卖通直通车又推出了自定义监控，使得卖家可以轻松查看各个推广计划中各个商品的推广效果。

（3）查看账户数据报告

1）账户报告：分析账户近一个月的点击量和总花费，以时间为维度导出数据。账户报告是按天统计的，每一天的账户效果都可以展开查看，可按照推广计划的维度查看每天的数据。账户报告分为图形和报表两个部分内容，反映了曝光量、点击量、总花费等多项数据指标，可以通过最低定义类型、时间段、指标进行查看，同时支持在线下载。

2）商品报告：推广商品的横向比较，观察商品的点击量、总花费情况等，导出数据以商品为维度。推广商品后，需要了解商品的数据效果，包括曝光量、点击量、总花费等核心指标，用来确认下一步的优化方向。

3）推广方式：可以按照各个计划内所有商品近五个月的数据，包括曝光量、点击率、总花费及平均点击花费等数据。根据以上数据维度，对推广计划进行整体排序，选择需要重点关注的推广计划，比如可以根据不同计划的推广数据，对一些计划增加或更改推广商品，同时也可以根据计划的推广效果继续添加更多的长尾关键词，以此增加点击率、降低平均点击费用。

4）关键词报告：在关键词报告中可以看到选定的计划及选定的时间范围内的每个关键词的曝光量、点击率、点击量、平均点击花费等数据。可以对相关维度的数据进行排序，比如选择最近7天的数据，根据点击量进行排序后，找到第一排的关键词，与自己计划重点推广的商品进行对比，确认是否是最贴切的关键词，如果不是则需要继续完善推广计划。

如何结合关键词对推广计划进行优化呢？查看完关键词报告之后，需要针对问题关键词进行细节排查和优化。例如，关键词与商品匹配但是曝光量少，可以修改关键词出价；曝光量多但是点击量少的商品，可以利用"创意"功能优化推广主图；点击量多但是成交量少的商品，可以适量修改商品的折扣和详情页来进行优化。

4.3.7 利用直通车获取流量

卖家使用直通车时通常会遇到几类问题：使用了直通车但还是没有曝光量；商品推出去后有了曝光量，但没有人点击查看该商品；曝光量、点击量都有了但转化率还是不够。

所以，要了解影响直通车转化率的因素都有哪些，再做重点优化。影响直通车转化率的因素有以下几个。

（1）选品

有优势的商品才能受到买家的青睐。选品内容一般来说分三块——为什么要选品、如何选品和新店铺的选品建议。

1）为什么要选品？

如图 4-48 所示，要获得订单就要为商品引流，再通过层层转化，最终获得订单。直通车的作用在于放大效果、在基础的流量上获得较大的提升。如果转化率不高，那最终获得的效果也不会好。所以在直通车放大效果、获得更多流量之前，要选择一些转化率高、有潜力、有优势的商品。

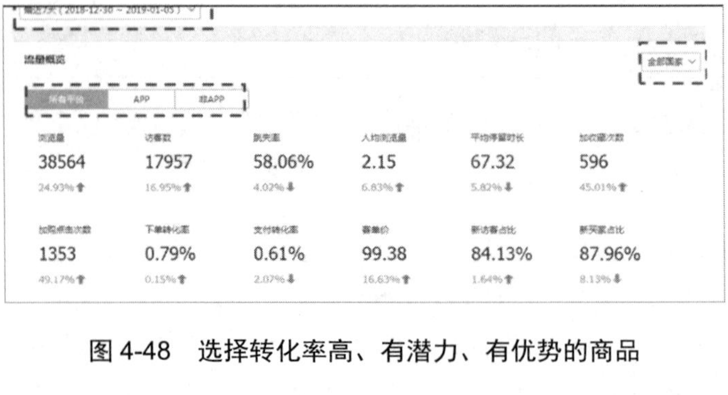

图 4-48 选择转化率高、有潜力、有优势的商品

2）如何选品？

在选品上卖家可以通过品类确定、店铺商品确定及商品的基础条件来选择要推广的商品。

按照国际知名的 AC 尼尔森公司调查的定义可知，品类即确定小组和类别中有什么商品，与消费者的感知有关，应基于对消费者需求驱动和购买行为的理解，即从买家需求的角度选择商品。

可以通过几个方面确定大的品类。根据平台热销商品选品，比如类目的设置其实就代表了热销的商品类目；另外根据各种平台活动中的商品选品，平台的活动通常会选择近期受买家喜爱及热销的商品；还可以通过“数据纵横”中的搜索词选品，近期的热门词或飙升词都代表了最近的流行趋势。

接下来就是在自己的店铺中选择商品了，主要可以选择曝光量、访客数、点击率、平均停留时长、添加购物车次数等这几个数据较好的商品，如图 4-49 所示。

最近7天商铺订单排名前10的商品

B	C	D	E	F	G	H	I	J	K
曝光量	访客数	点击率	平均停留时长	添加购物车次数	成交买家数	成交转化率	No-Pay比例	核心词排名	备注
58,462	757	1.10%	355	174	53	7.00%	18.18%	3,2	纽扣5% off
108,613	482	0.28%	408	84	37	7.68%	26.67%	2,16	8,19主会场项链产品
13,323	394	1.82%	414	102	34	8.63%	17.95%	1,1	8,19主会场珠子产品
7,045	430	1.64%	365	114	33	7.67%	25.58%	2,1	8,19主会场珠子产品
11,078	395	2.27%	470	90	32	8.10%	3.23%	2,5	圈圈
57,416	271	0.42%	425	51	30	11.07%	17.14%	4, 2	竹针
21,092	429	0.71%	259	94	30	6.99%	20.59%	1,6	老虎钳
55,535	321	0.42%	384	78	27	8.41%	20.69%	2,5	别针
59,894	272	1.41%	323	109	25	9.19%	42.86%	1,6	耳堵
35,348	518	0.73%	314	102	24	4.63%	29.03%	1,18	圣诞吊坠，优化主图

图 4-49　最近 7 天商铺订单排名前 10 的商品

曝光量、访客数、点击率等以上图中显示的数据在“数据纵横”的“商品分析”下可以获得。商品报告如图 4-50 所示。

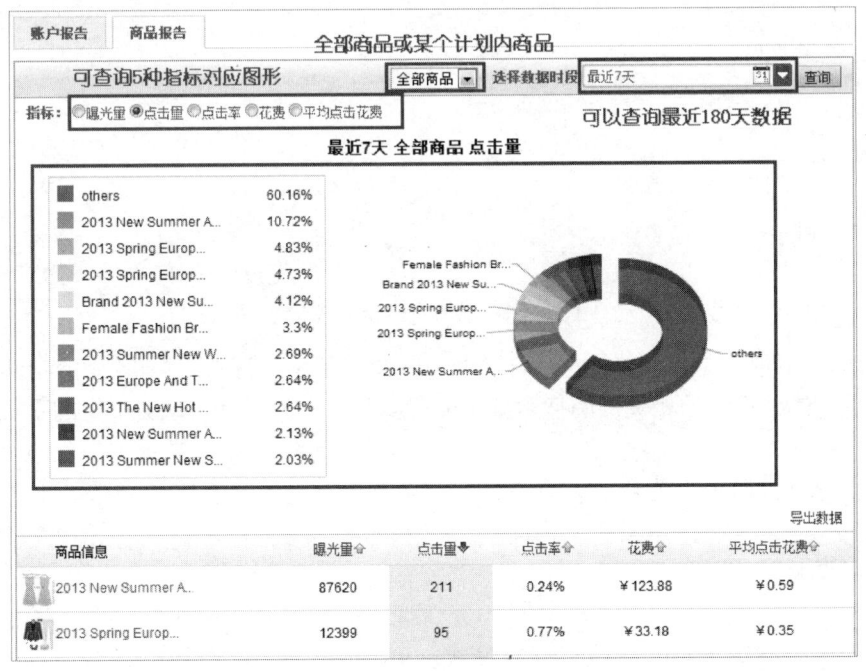

图 4-50　商品报告

3）新店铺的选品建议。

怎样判断商品的各种转化率是好还是坏呢？可以参考店铺的转化率数据。若商品转化率远高于店铺平均水平，则可以说明这个商品在店铺中的转化率是好的。

商品的基础信息，最重要的就是两个词：完整和正确。

完整度不得小于70%，重点属性必须填写。例如，鞋子类，目前买家比较关注鞋子的季节性、帮高、跟高、尺码、跟的形状等几个属性，必须填写正确，避免信息冲突。

例如，有些商品的标题中写着"Free Shipping"，但是运费模板上只对部分地区、部分运输方式包邮。标题与属性的冲突等，会影响推广商品与推广关键词的匹配，同时也会影响商品的自然排名。

对于一些新店铺，在后台没有数据做支撑，这时可以根据平台的热销品来参考，比如Super Deals、Weekly Bestselling等商品。这些销量好的商品可代表一种流行趋势，代表买家比较关注的商品类型，商家可参考这些卖得好的商品，来看看自己是否有此类商品。

另外，也可以通过关键词中的热搜词、飙升词等来做选品的参考。选定后，还可以下载原始数据，分析哪些商品是最近热搜的，哪些商品最近搜索量有明显提升，同时也可以关注这些关键词的点击率、成交转化率。可以选择一些有一定搜索热度，并且竞争相对少的商品来进行推广，如图4-51所示。

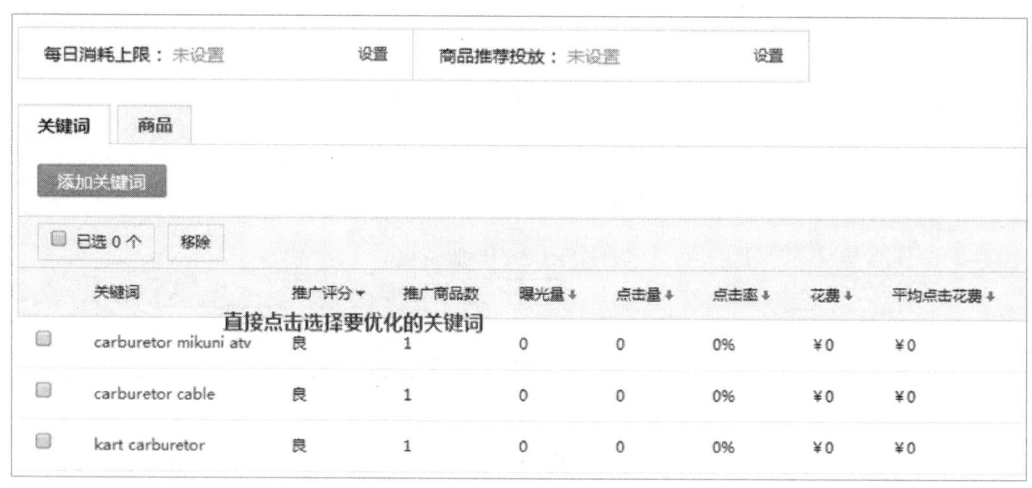

图4-51　关键词的推广评分

对于最近飙升词来说，可以通过它们发现一些流行趋势。例如，苹果公司推出一款新手机，适合这款新手机的手机壳的相关词的搜索量可能就飙升了。如果有这款新手机的手机壳，就可以拿来做主推。

总之，卖家选品时要多看数据，多看网站，多与同行对比。卖家要用数据来选品，而不是用感觉。

（2）产品图片

有人说网络销售就是靠图片，这句话不无道理。在电子商务网站上，要想在茫茫的同行产品堆里脱颖而出，并第一时间抓住买家的眼球，那么向买家展示产品的详细信息、产品图片，这样才能对销量起到作用。

下面围绕着产品主图的设计优化，来详细讲解图片的优化，产品图片如图4-52所示。

图 4-52　产品图片

常见的图片问题有以下几种。

1）构图。构图不专业，无重点，会影响买家对产品的判断。例如，图 4-53 比图 4-54 更专业，其突出了产品主体，使产品细节得以展示。

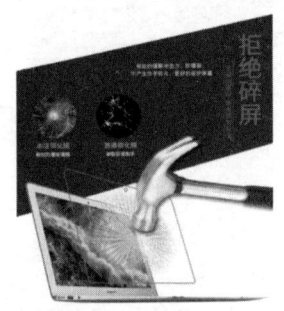

图 4-53　产品图（a）

图 4-54　产品图（b）

2）背景。背景色跟主图接近，背景杂乱，整图未突出重点。

① 图片使用了同色系背景，整体图片质量较差。

② 图片本身产品花样杂乱，又加上使用了复杂背景，没有突出产品本身。

③ 图片背景色和产品色区分不明显，且水印使原本并不清晰的主图显得更加模糊。

3）文字。排版格式乱，使用中文并含有促销信息。

很多速卖通卖家因使用淘代销产品而直接使用淘宝展示图，未对图片做修改，中间夹杂中文并含有很多促销信息。这对速卖通网站的买家来说是一种干扰，严重影响买家的点击欲望。

（3）案例赏析，优化模板

1）背景。时尚产品背景多为生活场景或街拍图。背景颜色和主题不能过于接近，否则会影响视觉效果。产品图片背景要干净，尽量选择单一色，生活化背景要尽量虚化。

2）主体。产品占总主图面积 30% 及以上、80% 以下，避免过于空荡或过于饱满的情况。最好是纯产品图，这样才能使主体突出、卖点明确。

3）构图。商家在产品的构图方式上可多做创新，适当的拼接容易受到买家的关注，在大量的单图中差异化构图也会有脱颖而出的效果。

① 在产品或颜色较多的情况下，重点突出一个单品，其他均做小图展示。

② 单品+多图不同角度展示，可展示更多的产品细节。

③ 单品+特写图，可展示产品卖点。

④ 单品+效果图。用模特效果图，可更好地展示产品用途和使用效果。

做拼接构图时,要考虑图片的大小,拼接图片最好不要超过 4 张,不然图片会显得杂乱。

4)文字。文字方面要求无中文、无淘宝色彩,文字叙述少于三句话可含有少量促销信息或产品卖点。

如果卖家有美工功底,可以对文案做设计;若没有可以一切从简,这样并不会拉低图片档次。图片中绝对不能出现中文,淘代销产品在推广前一定要对主图做优化,去除中文。

(4)标题描述

1)标题的重要性。

标题影响匹配关系,特别是准确、优质的标题,能提高关键词的推广评分,如图 4-55 所示。推广评分为"优"的产品才有机会出现在第一页。

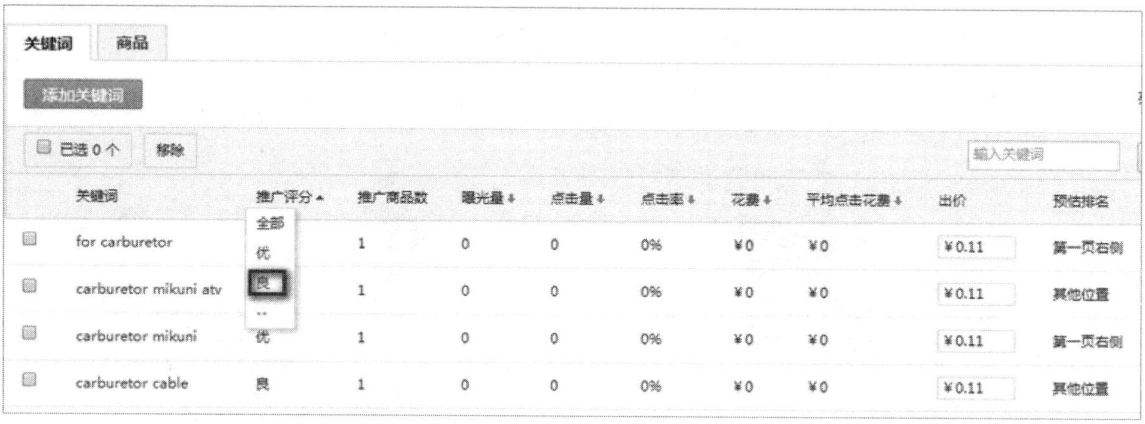

图 4-55 推广评分

符合买家搜索点击需求的标题能提升点击率。例如,下面这款产品的标题,Multilayer(多层次)、Gold(金)和 Tassel(流苏)把产品的外形特征准确地描述了出来,能最大限度地吸引有相关需求的买家,如图 4-56 所示。

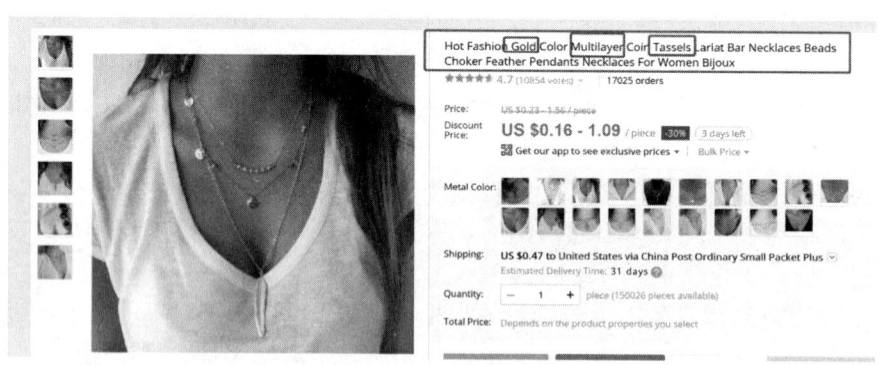

图 4-56 符合买家搜索点击需求的标题能提升点击率

2)标题填写指南。

① 语法尽量简单,符合英文语法,减少系统理解的难度(淘代销产品尤其需要注意)。

例如,Wallet Case For iPhone 5 with 8 Card Holders Stand Design Leather Case with Anti Cratch Screen Protecter。

这个标题中同时出现了两个 with 引导的短语,这是不符合英语语法的。描述性的词语应放在核心词的前面,功能性特征词语放在 with 的后面。

优化后，Wallet Bracket Design PU Leather Lychee Business Men's Mobile Phone Cover with 8 Card Holders and Scratch Proof Screen Protector。

② 长度适宜。重要的属性、买家关注点和卖点前置的原因是考虑到直通车展示位无法把标题展示完整，比如右侧展示位最多可以展示 35 个字符（一个字母、空格、标点均为一个字符），页面下方展示位可以展示 45 个字符。一般建议让产品的材质特点、销售方式（Min order/Wholesale）、产品名称靠前展示，物流、运费、服务则放在后面展示。

③ 标题慎用"Free Shipping"。当店铺设置全球免邮费时，标题中可以出现"Free Shipping"字样，如图 4-57 所示。如果店铺只是设置对部分国家免邮费，则不建议在标题中出现"Free Shipping"字样，否则会被判定"运费作弊"，作弊的结果是在直通车推广中，这个产品匹配不到任何一个关键词。

图 4-57　店铺设置全球免邮费时的商品展示

（5）定价诀窍

众所周知，直通车是引流工具，引流效果好不好在一定程度上与产品的定价有关。

当直通车将产品展现在买家面前的时候，买家是否有兴趣点击、最终能否下单跟产品售卖价格的设定有很大关系。

下面从三个方面讲一下应该如何去设置产品的售卖价格：产品成本核算、同类产品价格及如何定价。

1）产品成本核算。

直通车的推广成本应该如何加入整体的成本核算呢？直通车的成本是一次性充值，按点击付费，收益却是长期的。因此，对直通车的成本核算应该按照推广时间、推广产品进行分摊，不能一次性计入某个产品的成本上。

2）同类产品价格。

买家浏览产品时往往会货比三家，当然也会对价格进行比较。作为卖家需要充分了解买家浏览产品时的比较内容，通过设定合理的定价来迎合买家的心理。

① 了解同行定价。举个例子，当买家搜索"假发"这个关键词的时候搜索出来的页面如图 4-58 所示，这说明在"假发"这个关键词下同行的最低定价在 20～40 美元的较多。如果商家设置了"假发"这个关键词，那么最低定价最好也在 20～40 美元之间。当然，如果成本并不在这个范围内，建议商家选择其他关键词进行推广。

图 4-58 "假发"关键词搜索结果

② 真实搜索举例。图 4-59 所示,在"手提包"的搜索中,如果买家发现网页右侧的商品比左侧的贵很多,那么选择右侧商品的概率会降低。"男士背包"搜索下来也是类似的展示情况,如图 4-60 所示。

  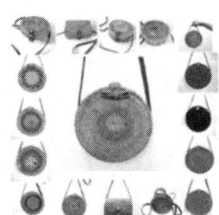

图 4-59 "手提包"关键词搜索

这样的例子还有很多,就不一一举例了,希望卖家设置好了定价之后去实际搜索一下,看看真实的展示情况,否则即使推广了可能也没有特别理想的效果。

第4章 店铺营销

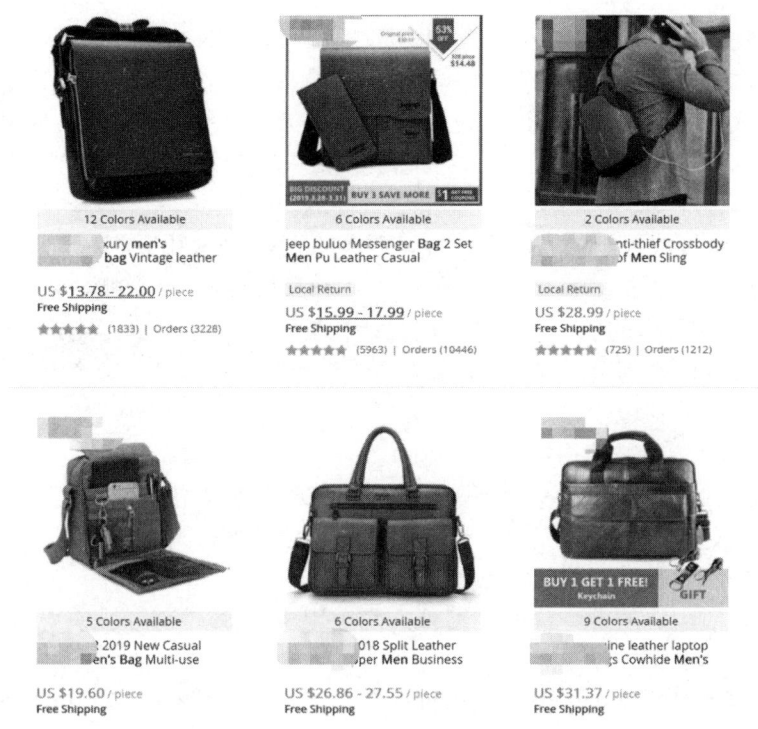

图4-60 "男士背包"关键词搜索

3）如何定价？

卖家用自己产品的成本与同行的做比较后，就可以大致确定自己产品的价格范围了，但是具体定价为多少比较合适呢？

首先，从买家的心理角度出发去考虑。定价多一元或少一元对卖家最终的利润没有太大的影响，但是对买家的购买行为有很大的影响，比如大家都知道的"0.9元效应"，人们会觉得0.9元比1元钱要便宜很多，购买该产品的欲望也会增强很多。其次，产品发布时的定价要有一些利润空间，可以长期按照此价格或低于此价格出售产品。卖家还可以通过打折促销的形式去销售产品，买家对于店铺折扣的产品是非常青睐的。

 SNS 营销

SNS，一般解释为 Social Networking Services，即社交网络服务，旨在帮助人们建立社会性网络的互联网应用服务，也指社会现有已成熟普及的信息载体，如短信 SMS 服务。SNS 的另一种常用解释是 Social Network Site，即社交网站，是指基于社会网络关系的网站。此外，SNS 也指 Social Network Software，即社交网络软件，是一种采用分布式技术（通俗地说是采用 P2P 技术）构建的下一代基于个人的网络基础软件。

（1）SNS 就在大家的身边

大家回想一下，我们每天早上醒来做的第一件事情是什么呢？很多朋友会回答，每天早上

醒来后做的第一件事情就是打开手机看微信朋友圈。现在 SNS 已经融入了人们的生活，时刻都在人们的身边。举个例子，2013 年湖南卫视综艺节目《爸爸去哪儿》曾经非常火爆，这档综艺节目的推广方式就很简单：该节目只是在节目开始前一个月通过微信公众号编辑了一条即将播出《爸爸去哪儿》的节目预告信息，该信息被很多人在朋友圈转发。这就形成了一种饥饿营销的效应，大家都很想知道这档节目到底是什么样的。

另外，现在看电视或报纸的人越来越少，更多的人在 SNS 中获得新闻信息。通过微信，我们第一时间就可以知道朋友在哪儿，或者朋友即将去哪儿旅游。因为哪怕我们不和朋友通电话，也能通过 SNS 中朋友发布的动态，知道他现在所在的位置。还有很多朋友，购买了漂亮了衣服或去了不错的咖啡厅，也都会通过 SNS 来分享给自己的朋友。总之，SNS 已经进入了人们的生活，而且就在大家的身边。

（2）SNS 在世界各国的使用情况

目前，荷兰的社交媒体渗透率最高，达到了 63.5%；挪威排在第二名，约为 63.3%；美国则屈居第六位。社交媒体发展速度最快的地方不是发达国家，因为发达国家使用社交媒体的人数较多，增速放慢，增长比例降低。

速卖通卖家目前主要的客户群体在国外，卖家用 SNS 营销可以带来更多的站外流量。

（3）SNS 的六度分隔理论

SNS 的理论模型是哈佛大学的著名心理学教授 Stanley Milgram 于 1967 年创立的六度分隔理论。该理论的核心思想为：你和任何一个陌生人之间所间隔的人数不会超过五个，也就是说最多通过六个人你就能够认识任何一个陌生人。按照六度分隔理论，每个个体的社交圈都在不断被扩大，最后成为一个大型网络。后来有人根据这种理论，创立了面向社会性网络的互联网服务，通过熟人的熟人来进行网络社交拓展。所以，如果速卖通卖家利用 SNS 来进行营销，会随着客户的社交圈扩大产品的营销范围，增加受众人数，从而增加销量。另外，卖家也可以通过 SNS 网站找到和陌生人之间的人脉线，利用朋友之间的信任来成交订单。

4.4.1 速卖通卖家可以利用 SNS 做些什么

（1）建立专业的口碑

SNS 中有众多的客户，假设一个客户的 SNS 账户里有 1000 个好友，那么当他发布一条他喜欢的产品信息的时候，该信息就会被 1000 个人同时接收到，如果这 1000 个朋友当中有 20% 的人去转发这条产品信息的话，该产品的受众将是 1000+200+n（之所以加 n，是因为这 200 个朋友的转发，又会吸引一批受众），这就是 SNS 中的阶梯效应。如果速卖通卖家利用好 SNS 平台，那么有利于打造优质的口碑和获得良好的传播效果，吸引更多的客户进入速卖通店铺，迅速提升店铺的销量。

（2）研究客户

SNS 网站有很多类型，有单纯的文字分享型、有视频分享型、有图片分享型……很多网站里的信息中增加了"分享到"按钮，单击"分享到"按钮可以把相关内容分享到 SNS 上。卖家可以通过 SNS 提供的搜索框，搜索到客户分享了什么内容，客户之所以会分享这些内容，是因为他们喜欢这样的内容。同理可知，被客户分享的产品一定有它的亮点，吸引到了客户。结合自己销售的产品，卖家可以在 SNS 平台上，搜索客户喜欢什么样的产品、关注什么样的产品，了解客户的喜好。并且，可以了解他们对新产品的反馈和喜爱程度。同时，还可以通过社交网络了解客户加入了怎样的群组，客户售前、售中、售后会关注哪些群组，对于产品的售前、售中、售后客户都有着怎样的诉求。

(3) 提升品牌影响力

在上文中提到了 SNS 的传播是阶梯式的，是以一层拓展到多层、多层继续往下拓展的方式传播的。所以，SNS 可以让产品有机会被更广大的客户群体所了解。

(4) 向别人学习

SNS 是一个非常好的营销平台，是可以让品牌拥护者进行反馈的一个地方。SNS 中不乏一些国际大品牌，比如可口可乐、星巴克等，它们的专页中有几千万人点赞或发表评论。可以在 SNS 中找出行业先行者，学习他们对产品的研发思路、定位和服务及营销思维。

(5) 策划营销活动

SNS 中有广大的群体和潜在消费者，如果策划一些免费送礼品或抽奖等活动，那么就会吸引大量的人群进行转发，从而让更多的客户了解卖家的速卖通店铺。

下面介绍几个经典的利用 SNS 做营销的案例。

第一个案例是关于雀巢咖啡的。

雀巢的工作人员准备了很多咖啡豆，并准备了一个很大的长方形鱼缸，然后将新包装的咖啡罐放在鱼缸的底部，慢慢地一层一层铺上咖啡豆，直到把鱼缸填满。在这个过程中拍摄了不同进度的照片，并将拍摄的照片展示在 Facebook 专页的封面上。工作人员会随着专页点赞人数的不断增多而替换展示的照片。最开始展示的照片上，整个鱼缸里的咖啡豆是满的，随着点赞人数的增加，咖啡豆越来越少。24 小时后，这款新包装的咖啡罐显现了出来。

这个营销活动是利用了"粉丝"想和品牌互动的心理，让粉丝参与揭晓新包装咖啡的过程，整个活动充满了乐趣。对于雀巢咖啡来说最大的收获是，点赞的"粉丝"都是收到了该专页的消息的客户，这个活动不仅在很大程度上提高了客户对品牌的关注度，同时也让这款新包装的咖啡在市场上获得了热卖。

另一个案例是关于巴西的一个房地产公司的。

他们把样板房做了一些特殊的改造，在入户的玄关墙上放置了一些 iPad，并且给这些 iPad 定制了外框，使它们看着感觉像画框。然后把电话、电视、音响设备等都做了特殊的改造。接下来他们要做的就是邀请客户看房了。每一个参与看房的客户，在进门的时候都被工作人员邀请登录自己的 Facebook 账户。接下来有意思的事情出现了：画框里的画全部变成了看房者和家人的照片，电视里放映的是看房者喜欢的电影和电视节目，音响设备播放的是看房者喜欢的歌曲。每一位看房者都很喜欢这个定制化的看房经历，而且深感意外。其中，有 70%的看房者在 Facebook 或其他 SNS 上分享了自己的看房经历，有 50%的看房者最后购买了此项目的房产。

这是利用 SNS 营销的非常成功的一个案例，不仅带来很高的成交量，而且吸引了无数人在 SNS 上传播这个地产项目。

卖家同样也可以结合自己的产品，利用类似的 SNS 渠道来进行营销策划活动。

例如，卖女装的速卖通卖家可以制作一个视频放在 Facebook 上面，视频的标题是"白色裙子的二十种搭配方法"，如白色裙子和帽子的搭配、白色裙子和披肩的搭配、白色裙子和腰带的搭配等。在拍摄视频时所用的衣服全部选择自己店铺的产品，在视频播放的过程中买家可以在观看某个产品搭配方法的介绍时，通过视频中设置好的超链接进入速卖通店铺购买该产品。

卖户外用品的卖家可以在速卖通上发起最牛户外装备评选活动，通过此活动能了解国外客户对户外产品的需求和关注点，从而后期能在自己的速卖通店铺推出更适合国外客户需求的户外用品。

（6）推广品牌

品牌是每一个企业的灵魂。借助 SNS 平台，企业通过品牌可以体现自己的专业性，展示研发实力、生产实力、产品综合实力及品牌实力。SNS 是一种非常好的免费推广品牌的方式。

（7）了解国外客户对产品的需求

每个国家的客户对于产品的外观、使用、性能的要求都有差异。卖家如果不了解国外客户的喜好，所销售的产品不会是国外客户喜欢的。SNS 有着广大的客户群体，所以它也是用来做产品调研的一种非常好的渠道。卖家可以通过搜索框来了解客户对产品的喜好程度，也可以在自己的 SNS 页面中发布即将开发的新品信息来征求客户的意见。例如，国外品牌 Zara 会提前在 SNS 中公布它下一季的产品开发思路和方向，让客户来参与讨论和投票，从而开发出受客户喜欢的、热门的畅销产品。

社会化元素已经成为影响产品在搜索引擎上排名的不可忽视的要素之一。为了提升产品在搜索引擎上的排名，给速卖通卖家带来更多的流量，速卖通平台在产品详情页面上展示产品在主流 SNS 网站被分享次数的数据，并且将产品的分享度纳入网站产品排序因子。客户喜欢的产品让更多人看到，也是市场的需要。在速卖通平台产品详情页中，从左到右依次有 Facebook、Twitter、Google+、VK 和 Pinterest 五大社会化分享网站，客户可以通过单击这 5 个按钮中的任意按钮即时分享内容。卖家可以多鼓励客户分享，或者自己创建社会化分享账户来维系在 SNS 的客户群体。这些做法可增加卖家自己产品的分享次数，使其有更好的排名。

4.4.2　SNS 社交营销类型

接下来就介绍一下速卖通卖家如何做好在速卖通平台分享到社交软件的营销。上文提到速卖通在产品详情页面上的"分享到"的平台有 5 个：Facebook、Twitter、Google+、VK 和 Pinterest，如图 4-61 所示。

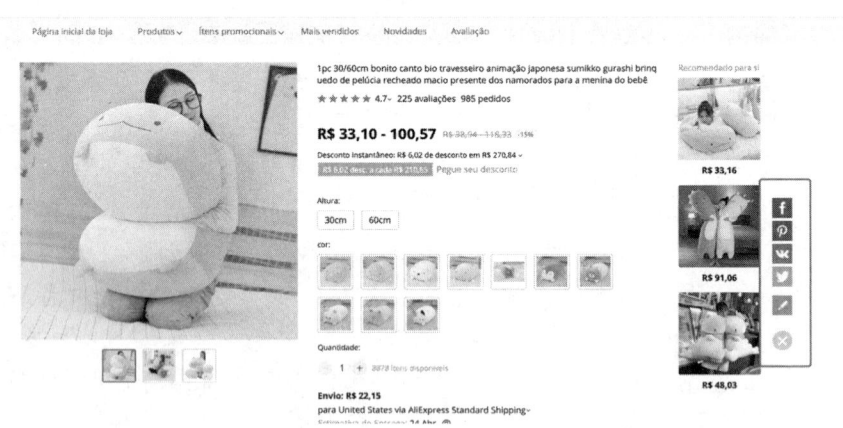

图 4-61　产品详情页面上的"分享到"按钮

下面为大家介绍一下这几个 SNS 网站。

（1）Facebook

上线于 2004 年 2 月 4 日的 Facebook 是一个社交网站，从用户量和 Facebook 网站流量来看，Facebook 是目前全球最大的实名制社交网站。

Facebook 由哈佛大学的学生马克·扎克伯格在大学宿舍里发布上线。当时网站针对的用户是美国一些名校的在校生，Facebook 以很好的社交用户体验形成了口碑效应。目前，Facebook 在全球拥有超过 10 亿个注册用户，在很多国家 Facebook 已经成了访问流量最高的网站。

如果把一个网站的用户比作一个国家的人口，Facebook 在互联网这个虚拟的"世界"里，已经是全球仅次于中国和印度人口的第三大国了。社交网站有两种不同的类型，一种是以建立人和人之间的连接关系为导向的社交网站，另一种是以人群感兴趣的主题内容为导向的社交网站。Facebook 网站的定位更多的是以帮助人们通过社交网站更好地联系其亲戚、朋友、同学和同事为目的的，是以用真实身份注册的人们之间的关系为基础的社交网站。

Facebook 的用户通常喜欢运用 Facebook 做些什么呢？用户喜欢观看其他网友影视剪辑、分享文章链接、关注某品牌的页面、单击文章或页面等的"喜欢"按钮、和朋友一对一对话、评论我的每日状态、评论朋友发表的状态、上传和分享照片。卖家要从用户喜欢做的事情上，展开速卖通卖家的营销行为。

Facebook 同样也是国外很多企业喜欢使用的社会化媒体工具。下面以艾瑞咨询的一个调查报告来展示美国中小型企业使用社会化媒体的情况：美国中小型企业主要使用的社会化媒体，排名前五的是 Facebook、电子邮件、其他社会网络、博客和 Twitter。其中，有 48%的美国中小型企业倾向于使用 Facebook，有 90%以上的知名品牌在 Facebook 上有自己的主页。Facebook 的主页是企业展示企业产品、企业文化、公司 Logo 及发起活动进行品牌推广的非常有效的一个途径。

1）Facebook 的主要功能。

Facebook 的主要功能有主页、小组、广告定制和活动。怎样用 Facebook 做营销呢？先登录 Facebook 注册一个账号，如图 4-62 所示。

图 4-62　创建主页

2）创建企业主页。

单击右上角的锁形图案，创建主页，主页类型包括地方性商家或地点、公司与组织或机构、品牌或产品、艺人与乐队或公众人物、娱乐、理念倡议或社区小组。

创建主页时必须要注意的是，主页名称第一个字母需要大写。填写完相关信息后，接下来要做的是设置主页的相关信息，如图 4-63 所示。

图 4-63　添加商家或品牌

继续为主页上传头像、上传封面照片，如图 4-64 和图 4-65 所示。一个创建好的主页包含如下信息：封面、企业 Logo、简介、图片、内容、照片、"赞"和活动，主页能非常全面地展示企业的形象和产品。国外用户会在自己感兴趣的主页中进行点评或点"赞"，只要是被点评或被点"赞"过的主页，以后发任何新的信息，这些用户都能在自己的后台看到。

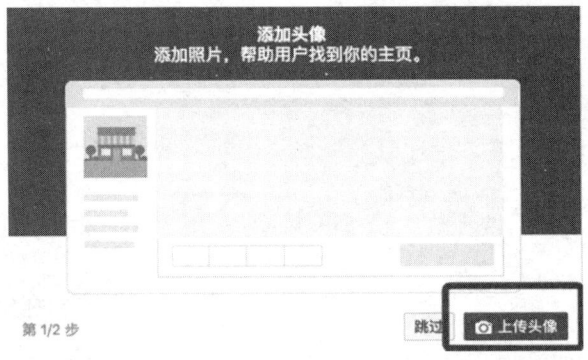

图 4-64　上传头像

图 4-65　上传封面照片

3）Facebook 企业账号运营步骤及技巧。

① 完善公司 Facebook 主页结构。

单击公司 Facebook 主页右上方的"设置"按钮后，在页面左侧选择"编辑主页"选项后，在页面中部出现"模板"版块，如图 4-66 所示。企业可根据运营需求选择主页模板，再通过添加版块选项卡添加自己需要的选项卡，另外可以进行拖动选项卡调整其顺序。

图 4-66　编辑主页

② 完善公司 Facebook 主页信息。

主页模板选择好之后，就要开始丰富主页信息了。一个布局合理、内容丰富的主页无形中会给卖家的品牌和产品加分。所以，文字内容和图片的选择要特别谨慎，一定要符合产品和行业特征。

主页信息主要包含"简介"及"CTA"（即行动号召按钮，根据公司需求选择按钮类型，后期可以进行更换）。公司"简介"中所有可以编辑的选项都尽量填写完整，填写过程中一定不要敷衍了事，要慎重填写每一项。主页模板选择好后，就要开始丰富主页内容了，如图 4-67 和图 4-68 所示。

主页管理的大致步骤是先设置账号，再设置角色和权限。首先进入需要管理的主页中，然后单击"创建管理员"按钮。管理员可以设置为某名称，也可以设置为电子邮件地址，只能添加如下人员为各专业角色人员：你的朋友、"赞"过此主页的人，而且不能重复添加一人为多个角色。可使用电子邮箱查找某人的权限。

添加完管理员之后，接下来要做的是设置管理员的角色和权限。管理员按权限分为管理员、内容创建者、版主、广告商和洞察报告分析员，各角色的责任和权限如下。

管理员：可以管理各管理员角色，可以发送消息、创建帖子、创建广告、查看"洞察报告"。

内容创建者：可以编辑主页、发送消息、创建帖子、创建广告、查看"洞察报告"。

版主：可以回复和删除主页上的评论、将消息作为主页发送、创建广告和查看"洞察报告"。

广告商：可以创建广告并查看"洞察报告"。

洞察报告分析员：可以查看"洞察报告"。

创建好主页，并且设置好管理员的各个角色后，接下来要做的是推广主页，单击主页右上角的"建立广告受众"按钮，推广主页。

图 4-67　填写"简介"

图 4-68　为主页添加按钮

设置付费推广主页时，卖家可以按照受众国家，以及客户兴趣点的不同来定义受众人群，还可以设置年龄段、性别。根据等级的不同，每天所需的推广费用从 31 元到 123 元不等。每天新增"赞"的个数也分为如下四个等级：推广费用为 31 元，预计每天新增 12～48 个"赞"；推广费用为 62 元，预计每天新增 24～97 个"赞"；推广费用为 92 元，预计每天新增 36～44 个"赞"；推广费用为 123 元，预计每天新增 48～192 个"赞"。如果选用了此种付费推广主页的方式，卖家每天仅需花费 123 元，就可以让 48 到 192 个来自不同国家、有不同爱好、不同消费年龄及不同性别的人看到自己的主页。

卖家若想知道自己的 Facebook 主页的运行效果如何，可以通过 Facebook 主页"成效分析"功能来分析，如图 4-69 所示。通过成效分析，卖家可以了解每天的粉丝增长状况、主页浏览量、帖文互动情况等信息。每天关注这些信息有利于观察营销活动的表现情况，并实时进行调整，从而将主页优化到最佳状态。

图 4-69　成效分析

4）Facebook 二次营销广告介绍。

对于零售行业来说，老客户的重复购买率、老客户的留存率是很重要的。在社交平台的广告中，针对老客户的二次营销的投入回报比率是相对比较理想的。Facebook 广告后台也推出了针对老客户的二次营销广告。

Facebook 平台的二次营销广告，可以针对已有的邮件列表、手机号码、客户访问网站的行为，还有 Facebook ID 四个数据进行匹配，针对这些人群进行有针对性的广告投放。

Facebook 的广告要想有效果，其核心在于要与受众在他们感兴趣的内容上进行互动。Facebook 广告的投入花费，需要参考 Facebook 平台上活跃用户的身份、兴趣爱好、国家区域和社交互动行为等方面的数据。要做好这块，需要卖家对目标客户的以上信息有较为深入的了解。

① 小组。小组是 Facebook 的重要功能之一，也是卖家跟潜在客户交流的主要平台。速卖通卖家登录自己的账号后，可在搜索框搜索"小组"。主要搜索潜在客户可能存在的小组，例

如，销售女装的速卖通卖家可以搜索"How to Choose A Dress""Dress Outlet"等名称的小组并加入。因为此类型小组中，聚集了大量喜欢女装、讨论女装的潜在客户，卖家一旦在小组里进行评论，或者参与小组讨论，会吸引这些小组中的人访问主页。小组分为三种类型：公开、封闭和私人。其中，公开小组中任何人都可以查看小组成员及群组内的帖子；封闭小组中任何人都可以查看小组成员，但只有小组成员可以查看群组内的帖子；私人小组中，只有小组成员可以查看小组成员及群组内的帖子。

在搜索框中搜索小组后显示的页面中，没有"加入小组"按钮的为私人小组，有"加入小组"按钮的又分为两种：开放小组和不开放小组。开放小组中任何人都可以查看小组成员及群组内的帖子，不开放小组中只有小组成员才能查看小组成员及群组内的帖子。

② 创建小组。除了加入小组，Facebook 的用户也可以自己创建小组，如图 4-70。在进入 Facebook 后台后，在左下角有一个"小组"按钮，单击该按钮后可以进行一些小组的相关操作，比如"推荐小组""查看好友加入的小组""IP 所在地为本地的小组""你的小组""你管理的小组"等，另外还可以创建小组。当进入"创建小组"页面后，就可以把好友添加到小组中。创建小组时也可以选择小组的类型为公开、封闭或私人。在设置群名称、成员和状态之后，单击"创建"按钮，小组创建成功。

图 4-70　创建小组

③ 广告定制。广告定制是 Facebook 广告区别于其他的 SNS 广告的一个方面，其他的 SNS 广告主要是通过显目位置来推送广告，而 Facebook 广告是可以让潜在客户人群看到的广告。速卖通卖家分别可以从以下几个角度设置不同的广告受众人群：受众所在的国家和受众的年龄区间、性别、爱好、婚姻状况、语言及教育水平，并且可以灵活设置每天的预算和总预算，可以自由设置广告宣传的活动时间。相对于其他 SNS 广告来说，Facebook 广告能在花费更少金钱的情况下，实现广告价值的最大化。建议速卖通卖家根据自己的企业产品来选择合适的广告类型。

④ Facebook 广告的工作原理。Facebook 广告会显示在以下几个地方：桌面版动态信息栏、流动版动态信息栏、页面右栏、搜寻结果右栏和流动广告联盟的应用程序。在广告设置的过程中，Facebook 系统会直接让卖家选择版位。系统一般会自动勾选前三个选项（桌面版动态信息栏、流动版动态信息栏和页面右栏），卖家也可以根据自己的广告目标而改变选项，如图 4-71 所示。

图 4-71　选择版位

举一个例子，小明开了一家健身房，他发布了一则广告邀请人们免费去健身。他付费给 Facebook，让 Facebook 将这个广告展示给潜在人群，并且设置好了什么样的人才能看到他的广告，如住在附近、年龄在 20 到 45 岁之间，并且喜欢跑步的人。这时候，住在健身房附近、年龄符合小明的规划范围，并且也爱好跑步的人，当登录自己的 Facebook 的时候，都会看到这则广告。

在 Facebook 后台，单击"创建广告"按钮，就会出现一个页面，页面中包括主页帖子参与度、主页赞、网站点击量、网站转换、应用安装、应用参与度等。针对不同的产品需要设置不同的广告类型。

⑤ 个性化定制。个性化定制可以从以下几个方面来设定：受众国家、年龄、性别、兴趣、婚姻状况、语言、教育、类别。设置每天预算或总预算，设置广告宣传活动时间，设置出价及定价。

⑥ 活动。可以在 Facebook 搜索框中搜索相关活动，也可以在登录 Facebook 用户页面后，在后台页面的左下方活动栏内看到已经参与的活动，同时也可以创建新活动。

创建新活动时，首先写上一个吸引人的名称。活动名称要和产品相关，目的是吸引更多的潜在客户加入。其次在详细信息栏写上活动的详情，如折扣、促销细则等，另外还可以增加活动地点和活动时间，并且设置活动参与者的范围。最后单击"创建"按钮，即可成功创建某个活动，如图 4-72 所示。

图 4-72　成功创建某个活动

（2）Twitter

Twitter 是一个提供移动社交网络服务及微博客服务的网站，是全球互联网访问量最大的十个网站之一。它利用无线网络、有线网络和通信技术进行即时通信，是微博客的典型应用平台。它允许用户将自己的最新动态和想法以短信形式发送给手机和个性化网站群，而不仅仅是发送给个人，图 4-73 所示为 Twitter 的 Logo。

图 4-73　Twitter 的 Logo

以下是关于 Twitter 营销的五大建议。

1）图片很重要。

俗话说"一图抵千言"，确实如此。图片、图形、图表能很简单地传递出复杂的思想、创意。同时，它比文字更容易让人记住。

有时候，用图片展示某件物品比用语言形容更加简单，特别是当描述这件物品是为了激发情绪反应和作为沟通媒介的时候。Twitter 将图片的语言描述限制在 140 个字符以内。

以美国服装零售商 Abercrombie & Fitch 为例。该公司在 2018 年 8 月 21 日（周日）至 27 日（周六）的 7 天时间内，发布了 14 个公共推文，其中包含 16 张生活图片。这些图片展示了 Abercrombie & Fitch 的产品及消费者渴望的生活方式，如图 4-74 所示。

图 4-74　Abercrombie & Fitch 的推文示例

在同一时期，The Home Depot 也发布了 8 条推文，其中 3 条在转推的时候提到了 The Home Depot，剩下的 5 条包括图片和 3 段视频。

建议卖家在 Twitter 上使用图片和视频发布动态，如图 4-75 所示。

图 4-75　在 Twitter 上使用视频发布动态

2）在合理的时间段发布推文。

合理安排推文发布时间来提高互动率。2012 年，Salesforce 发表了一本关于 Twitter 营销的 PDF 白皮书。Salesforce 发现，在服饰行业，大约 12%的品牌推文发布在周末，但是互动率比工作日高出了 30%。商家如果合理安排推文发布时间，将更容易吸引潜在客户。

一天内不同时间段的推文效果也不同。一些店铺的购物者喜欢早上浏览推文，而另一些店铺的购物者可能晚上更活跃。比如，最近 Target 在周五上午 11 点发布了一条推文，获得了 770 多个点"赞"和近 300 次转推，这对 Target 来说是一次效果非常好的互动，如图 4-76 所示。

图 4-76　Target 发布的推文

3）内容重于销量。

几年前，集客营销公司 HubSpot 发布了一份关于电商进行 Twitter 营销的建议清单。清单第一条就是"推销之前先引起兴趣"。

"不管你是刚开始 Twitter 营销，还是想提高品牌影响力，必须先为潜在追随者们提供一些与他们相关的价值。" HubSpot 在文内写道，"转发一些有趣的推文是一个很好的开始，浏览热门话题标签也能帮助你更快融入，并通过间接互动吸引潜在追随者。"

这是一个不错的建议，在 Twitter 上推销的前提是制定一个好的内容策略。

多渠道零售商 CVS Pharmacy 是一个不错的例子。该公司通过问题的形式来激发互动，提供多种促销优惠信息。

4）发推文的主要方式。

① 直接在 Twitter 页面输入文字或添加图片和位置。

② 通过其他网站分享到 Twitter 中，比如卖家可以将自己速卖通店铺的产品分享到 Twitter 中来，也可以在 YouTube 上分享相关视频然后转发到 Twitter 中来，还可以进入国外的一些新闻网站后用产品关键词来搜索产品相关新闻并进行分享。除了以上列举的分享方式外，其他的 SNS 信息也都可以分享到 Twitter 中。每一个 SNS 都不是孤立的，很多 SNS 之间都可以相互转发，所以能带来最大化的客户流量引入。同理，卖家也可以自己制作产品视频，制作动态的或是图片形式的产品视频，还可以将软营销视频嵌入，先上传到 YouTube，再转发到 Twitter 中。能否保持 Twitter 的活跃度及发布信息的质量，决定了 Twitter 营销的效果。

Twitter 和其他的 SNS 最大的不同是：它是开放的，所有人发的推文都可以被搜索到，例如有人刚刚转发了视频，其他人就可以通过在 Twitter 搜索框中输入关键词搜索到这个视频。所以，利用 Twitter 可以很方便地做 SNS 营销。

5）速卖通卖家操作指南。

首先注册 Twitter 账户，然后完善自己的账号信息，接下来可以从速卖通店铺中选择一些优势产品转发到 Twitter 中。查看"发现"中的推文流行趋势，思考一下有哪些关键词可以和自己的产品结合到一起来发布推文，从而带来大量的客户流量。以速卖通服装店铺的卖家为例，若当前热门趋势中含有如下词语：Sunday，Photography，Wedding，其中可以和自己产品结合的关键词有 Wedding。如果发布的推文带有热门趋势中的关键词，会吸引很多的客户查看，那卖家就可以发这样一条推文："Ready for the wedding no liner or shadow will bring the focus up and open your eyes check this"并在后面附上产品链接。

另外也可以搜索推文，如用关键词"dress"搜索到推文"I just love my dress"，可以在后面评论"Check more this style of dress at our shop"，并附上产品链接。

Twitter 的使用比其他 SNS 更公开，Twitter 用户可以使用关键词查到任何人发布的推文，也可以评论任意推文。多进行评论是吸引更多客户进入卖家的速卖通店铺的一个很好的方法。

（3）Google+

1）Google+概况。

Google+是 Google 推出的社交产品，该产品主要定位于抢夺 Facebook 在社交领域的份额。从用户性别来看，目前活跃在 Google+这个平台上的主要是男性，尤其是对于网络技术比较感兴趣的 IT 男。

Google 有巨大的搜索流量，Google+有不少的流量是通过 Google 引过来的，如果卖家的品牌词的搜索量比较大，那么 Google+是一个很不错的搜索"着陆"平台。

与其他 SNS 相比，Google +最大的特色功能是"圈子""灵感话题"和"碰头群聊"。其中，Google+和其他 SNS 最大的不同是：其他的 SNS 只能将好友分到某一个组，而不能把一个人同时放入两个组。而在 Google+中，如果卖家不想让自己分享的内容被某些人看到，可以根据圈子来选择能看到该消息的群体。同时，一个人可以被拉进多个圈子，这也符合人们真实的社交情况。Google+的视频群聊，可以让用户最多同时和 25 个人进行免费视频聊天。如果愿意的话，该视频聊天还可以在 YouTube 上进行现场直播。Google+的"灵感话题"则能让用户按照不同的兴趣爱好找到自己喜欢的内容，并且可以很方便地将内容分享给指定圈子里的好友。

2）速卖通卖家操作指南。

速卖通卖家首先要做的是注册 Google+账户并完善自己的信息，然后搜索和自己产品相关的人和信息页（有相关性，但是不属于直接竞争对手的信息页）评论，并在评论中巧妙自然地附上自己的产品信息，注意不要用生硬的推广方式以免让人反感。比如服装类速卖通卖家，可以使用关键词"Diamond Necklace"进入信息页"Surat Diamond Jewelry Pvt.Ltd."，在他们发布的一条公开信息中评论一款项链适合配搭的黑色鱼尾裙，后面附上自己店铺黑色鱼尾裙产品的链接。

搜索和加入相关群。可以创建"Korean Style Women Dress"群，也可以加入"Party Dress"群参加讨论，除此之外还可以加入和创建活动。

Google+和其他 SNS 有很多相似的地方，比如社群相当于 Facebook 中的小组，信息页相当于 Facebook 的主页。Google+也有自己独有的一些功能，可以让速卖通卖家全方位打造 SNS 营销活动，比如视频功能可以进行视频直播，视频直播会在 YouTube 上向全世界展示。卖家可以利用视频让潜在客户讨论在服装购买前后所遇到的一些问题，以及需要考虑的因素，把它当成市场调查的一种方式。另外，卖家可以用视频直播来做一些服装搭配、洗涤的英文讲座，还可以策划一场自己店铺服装的"走秀"活动，然后用环聊来直播，也能达到非常好的效果。

（4）VK

VK 目前是俄语系国家最受欢迎的社交网站之一。其主要面向俄语人群，但对全球开放，支持 80 多种语言，俄罗斯的年轻人经常活跃在这个社交平台上。

VK 称其月访客数有 9700 万人次，其中大约有 200 万个账户的位置显示是在美国。图 4-77 所示为某用户的 VK 主页图。速卖通也在这个平台投入了大量的精力去做推广。

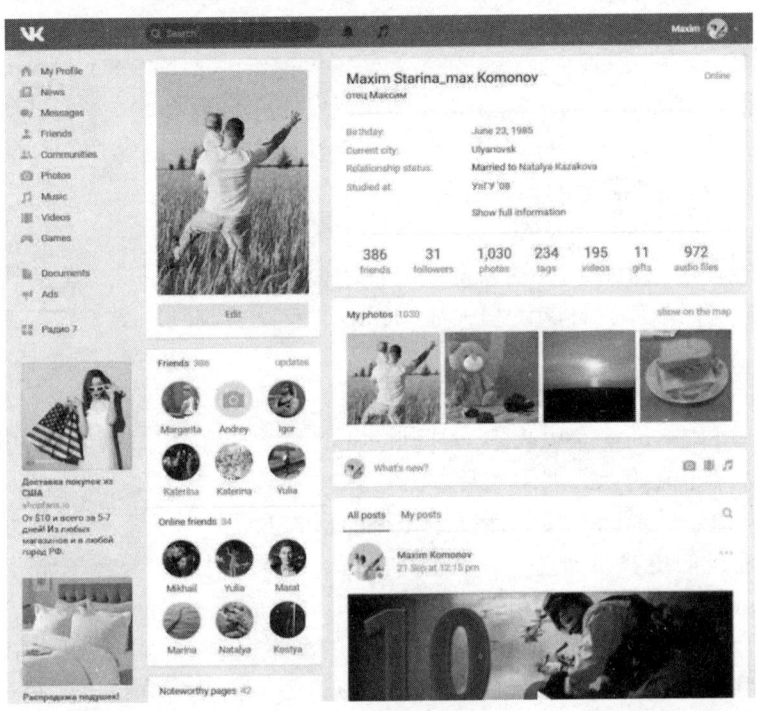

图 4-77　某用户的 VK 主页图

VK 被大量用于促销产品和服务，但用户对此并没有感到厌烦，俄罗斯人似乎并不觉得促销活动烦人。80%的 VK 用户会关注他们喜爱的品牌，了解最新产品信息和特别优惠信息。

VK 上关于时尚、福利、保健、活动、科技配件和旅行的广告最受关注。关于时尚的广告转化率最高，约为 40%；其次是关于福利和保健类的，转化率约为 32%。

VK 上的广告主必须先创建一个账户，创建账户前需提供电子邮件地址和手机号码。手机号码用于发送激活码，以及通知与账户有关的重要信息。因为 VK 账户与用户手机相连，所以黑客很难入侵。

如果使用过 Facebook，那么使用 VK 时就不会感觉有困难。VK 平台上有很多广告选项。最常用的是社区广告、页面广告、新闻信息流广告、故事和视频直播，所有广告都有很多定位选项。

1）社区广告。

社区广告的第一步是创建社区，然后用令人信服的内容，如文本、图片、视频、音频、可下载文件等吸引访客。创建社区后，就能访问广告工具了。

VK 拥有自己的内部展示平台，可以给卖家现有的帖子找到合适的社区，也会向其他广告主提供卖家的社区受众。

一个时尚和美容类的帖子要获得 100 万个印象（Impression），大约需要花费 70 美元。

总的来说，广告价格差异很大，主要取决于广告的类别和受众质量。

2）页面广告。

这类广告只出现在 VK 电脑页面的左侧。广告主按印象数（Impression）或点击次数付费；一千个阅读量需要花费 0.25～25 美分，一次点击约需要 1 美元。

3）新闻信息流广告。

商家可以在 VK 用户的新闻信息流中宣传自己的帖子。VK 用户在滚动信息流时，会看到卖家的广告帖。1000 个印象（Impression）约花费 4 美元。

4）故事。

故事是分享照片和短视频的一种方式，不需要发布在网页上。

卖家可以在故事中添加一些标志或贴纸来丰富其内容。卖家的客户和订阅者将在故事发布后的 24 小时内，在新闻信息流的顶部看到。

5）视频直播。

视频直播只能在手机上使用。视频直播与普通视频一样，在用户浏览新闻时视频会自动播放。只要卖家开启实时视频，订阅者和关注卖家的朋友就会收到通知，只需点击一下即可加入观看。

（5）Pinterest

Pinterest 是国外知名的一家以兴趣为基础的社交网络平台。用户可以通过图片墙发布图片，Pinterest 会以图片瀑布流的形式展示图片。

Pinterest 吸引流量的原因不仅包括以瀑布流的形式展现图片内容且无须翻页，其大量的优质图片也是吸引流量的重要原因之一。无论是摄影、设计、时装、美食、音乐、建筑还是游戏，商家都可以在 Pinterest 中找到适合自己的内容。

Pinterest 除了是一个社交平台，还是一个强大的搜索引擎，它可以为网站带来巨大的流量。

那么，如何利用 Pinterest 为自己的网站带来流量呢？需要先为自己的公司申请一个账户。可是如何申请企业 Pinterest 账户呢？具体步骤如下。

1）打开 Pinterest 官网，选择以企业身份注册，如图 4-78 所示。

2）在网页右侧填写注册账户所需的企业信息，如图 4-79 所示。

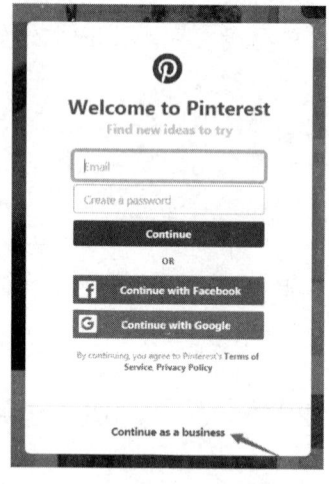

图 4-78　以企业身份注册 Pinterest

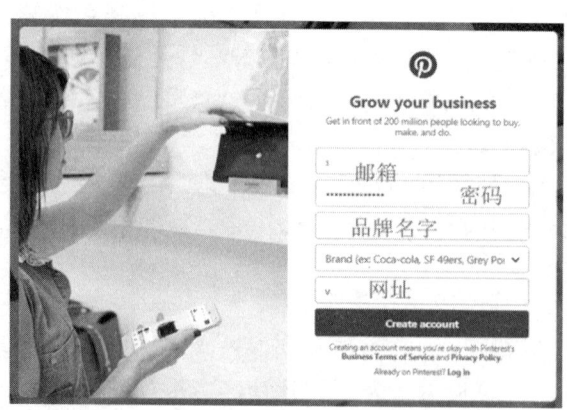

图 4-79　填写注册账户所需的企业信息

3）注册账户时注意选择对应的分类，如图 4-80 所示。

4）完善 Pinterest 企业账户信息，刚刚注册完成的账户各项信息都不完善，所以需要完善信息让账户活跃起来。单击页面右上角的设置图标下的"Settings"按钮，完善账户信息，如图 4-81 所示。

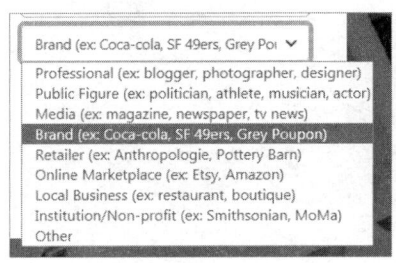

图 4-80　选择对应的分类

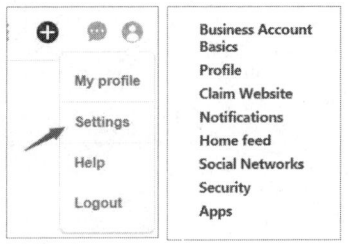

图 4-81　完善账户信息

5）可以设置企业名称、企业头像、企业介绍等，来增添账户的"活跃度"，如图 4-82 所示。

图 4-82　设置企业名称、企业头像、企业介绍等

6）填写企业官网链接。企业官网链接将显示在卖家主页的最上方，点击链接后会直接跳转至卖家的企业官网，所以请务必将链接填写准确，如图 4-83 所示。

图 4-83　填写企业官网链接

7）进入自己公司的 Pinterest 主页，单击"Create Pin"图片中的"+"按钮，如图 4-84 和图 4-85 所示。

119

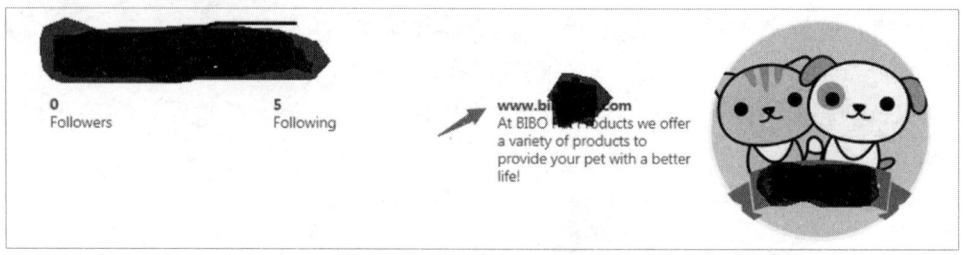

图 4-84　进入自己的主页

图 4-85　单击"Create Pin"图片中的"+"按钮

8）可以添加自己公司的产品作为 Pin，选择一张合适的图片，并附上产品链接，再填写 500 字以内的描述，描述可以添加一些关键词、短语、热门话题等，如图 4-86 所示。

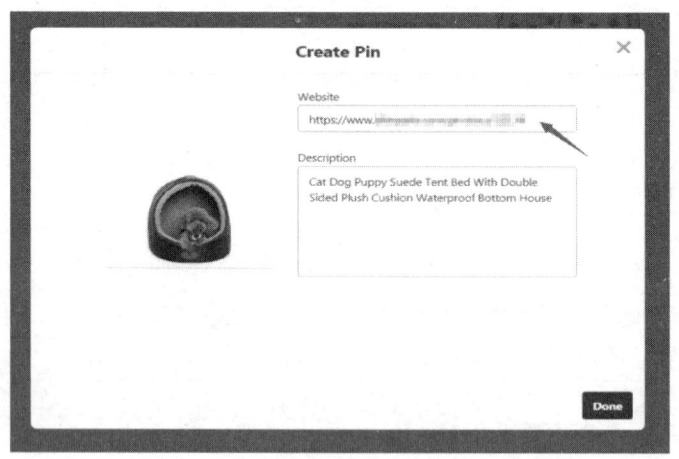

图 4-86　添加自己公司的产品作为 Pin

请务必附上这个产品的跳转链接，如果用户看到了卖家的产品也对卖家的产品感兴趣但是没有办法购买，这就是最可惜的事情了。其实大多数用户都是很懒的，他不可能根据卖家的产品名称或品牌去每个购物网站搜索。直接提供给用户一个链接，这是一举两得的事情。

（6）其他的站外引流营销方法

开网店和开实体店类似，要想让自己的产品卖出去，首先要保证产品品质，其次就是要让更多用户看到卖家的产品。即使卖家的产品很好，若用户看不到，则无法完成转化。因此要想让自己的产品被更多的国外用户看到，就要想方设法去做大量的推广。下面给速卖通卖家介绍几种其他的站外引流营销方法。

1）可以在论坛上发一些产品发布、促销活动的公告，发起新品开发方向的投票等。国外比较热门的论坛有俄罗斯综合论坛、墨西哥社会论坛、马来西亚英文论坛、摩洛哥美容论坛和西班牙论坛。

墨西哥社会论坛是墨西哥的一个门户性论坛，用户可以在论坛上谈论墨西哥的生活话题，包括酒店、公寓、电话、天气、旅游、日常食品等，另外还有法律、经济、社会等话题。

摩洛哥美容论坛是摩洛哥的女性论坛。其用户主要谈论女性关心的内容，包括美容打扮、生活休闲、怀孕分娩、婚姻家庭等。

西班牙论坛是西班牙的一个年轻人交友论坛，用户可以在论坛上讨论青年杂项、游戏、动画、汽车、体育、电影、文学、音乐等年轻人喜爱的事物及日常休闲活动。

大家可以针对自己产品的目标国家来找其他的一些论坛来开展站外营销活动。

2）杂志。

在热门杂志上刊登自己公司的产品和速卖通店铺的广告，如时尚杂志《Vogue》《Instyle》、家居类杂志《Better Homes and Gardens》、妇女杂志《Woman's Day》等。

3）视频口碑效应营销。

卖家可以制作一些关于产品如何使用、如何挑选、如何搭配的视频并上传到 YouTube，然后配合一些营销活动，让人们在社交网站不断传播自己制作的产品视频，吸引大量客户进入自己的速卖通店铺进行购买，如图 4-87 所示。

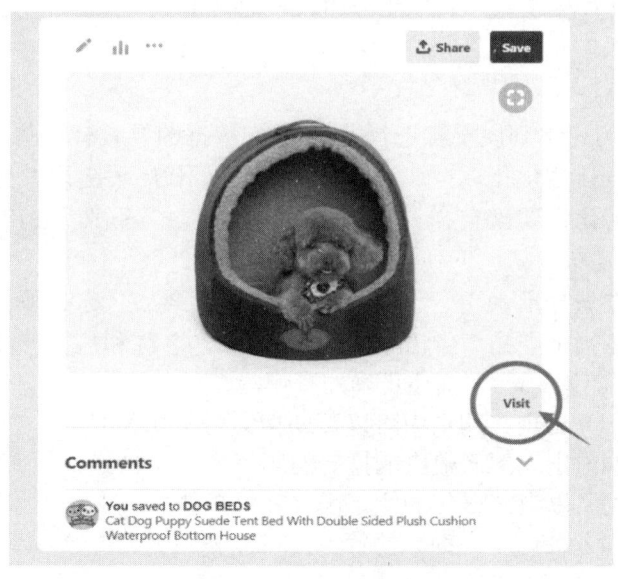

图 4-87　制作产品视频

在 Pinterest 中，卖家可以将自己的贴图分类放置在不同的贴图板上。

假设卖家创建了一个贴图板叫作"针对电子游戏博客搜索引擎优化贴图"。当游戏博主在 Google 上搜索"电子游戏博客搜索引擎优化"时，卖家的贴图板就会在搜索结果中出现。如果他们喜欢卖家的贴图，就会保存卖家的图片将卖家的贴图贴到他们的 Pinterest 贴图板上。

每当有用户 Repin 卖家的贴图时，就会有更多的用户看到它们，从而卖家的"粉丝"也就越来越多。这就像一个指数效应，卖家的潜在客户人数在第一次被分享时就大大扩张了。另外，在 Pinterest 中，卖家可以为每张照片添加跳转链接。

课后习题

一、单选题

1. 效果最好的营销工具是（　　）。
   A．限时限量折扣　　B．全店铺打折　　C．店铺优惠券　　D．全店铺满立减
2. 付费的营销是（　　）。
   A．平台活动　　B．店铺优惠券　　C．自主营销　　D．联盟营销
3. 按点击关键词付费的是（　　）。
   A．直通车　　B．联盟营销　　C．限时打折　　D．关联营销
4. 当有 1000 元让步空间时，下列让步策略描述正确的是（　　）。
   A．可以使用 250,250,250,250 平均幅度的让步策略
   B．可以使用 500,200,100,50 均匀的让步策略
   C．可以使用 600,400,0,0 大跨度的让步策略
   D．以上都不对
5. 退出联盟营销后，（　　）天不能再加入联盟营销。
   A．5　　B．10　　C．15　　D．20

二、多选题

1. 通过本章的学习，下列属于打造行业 TOP10 数据的要素有哪些？（　　）
   A．主打关键词排名优化　　B．长尾关键词大量覆盖
   C．流量有效转化为询盘　　D．加入联盟营销
2. 关于速卖通上发布产品，下列描述正确的有哪些？（　　）
   A．产品类目要选择准确　　B．产品名称必须包含买家搜索词
   C．简要描述相当于产品广告语　　D．名称和热销产品一样
3. 下列关于"关键字（词）"描述正确的有哪些？（　　）
   A．关键字（词）出现在网页中可以帮助搜索引擎找到网页
   B．关键字（词）出现的次数影响排名的顺序
   C．关键字（词）以自然语句的频率出现效果最佳
   D．过度人为插入关键字（词）的行为，可能被归类为作弊
4. 下列描述正确的有哪些？（　　）
   A．通常来说，B2C 以成交为第一目标
   B．通常来说，B2B 以成交为第一目标
   C．通常来说，B2B 以准客户数为第一目标
   D．以上都不对
5. 直通车关键词为什么无法出价？（　　）
   A．该关键词没有匹配的商品
   B．与该关键词匹配的商品失效或是受到处罚
   C．商品因综合质量不佳导致推广受限，即商品的推广评分过低
   D．该词为长尾词

6. 关于满立减的设置时间下面说法正确的有哪些？（　　）
   A．可以跨月设置 　　　　　　　　　B．总时长 720 个小时
   C．没有时间限制 　　　　　　　　　D．每个月有 3 个活动
7. 关于店铺优惠券哪些描述是正确的？（　　）
   A．活动开始后可告知老客户 　　　　B．分为领取型和定向发放型
   C．一旦创建无法更改 　　　　　　　D．与店铺满立减可以叠加
8. 平台活动包括以下哪几种？（　　）
   A．Hot&New 各行业活动 　　　　　　B．平台大促
   C．Super Deals 　　　　　　　　　　D．行业主题活动
9. 关于限时限量活动的设置哪些是建议操作的？（　　）
   A．提价后打折
   B．活动开始后可告知老客户
   C．设置时间不宜过长，一般一周为宜
   D．结合满立减和优惠券等其他活动，效果更好
10. 关于全店铺打折下面说法正确的是（　　）。
    A．活动开始后可告知老买家
    B．活动在创建后 24 小时开始
    C．结合满立减和优惠券等其他活动，效果更好
    D．可以用营销分组对店铺产品进行分组

三、判断题

1. 限时限量折扣是速卖通的唯一营销工具。（　　）
2. 图片创意的好坏能直接影响广告受众或普通受众对广告的点击。（　　）
3. 图片广告设计单一对网络营销有负面的影响。（　　）
4. 关联营销商品的选择可以是任意的。（　　）
5. 在直通车中，星级评定的"相关性"可以理解为关键词与推广的产品关联度高不高。（　　）
6. 在阿里巴巴后台查看热门搜索词的相关信息可以到"数据管家"→"知行情"下面进行操作。（　　）

四、简答题

1. 如何全方位获取关键词是很多卖家操作直通车时容易碰到的问题，那目前通过速卖通直通车获取关键词的来源有哪些呢？
2. 马上就要到"双十一"了，请你为自己的店铺设计一个"双十一"的营销策略。

第 5 章 数据分析

在如今这个大数据广泛应用的时代,如果还不会利用大数据,那就有些落伍了!利用数据分析不仅有利于店铺运营优化,还能知道自己处在一个什么样的行业环境里,有利于抓住更多赚钱的机会。

5.1 数据分析与定位

5.1.1 数据分析的目标

速卖通平台适合不同类型、不同等级、不同规模的店铺。对于速卖通卖家而言,制定合适的目标和做好定位很重要。平台的基础的卖家,可通过数据分析来选定要销售的商品、编辑商品页面、采购货物、正常发货等;平台的核心卖家(也称之为进阶卖家),除了以上的任务,还需要把客户服务做好,做好直通车推广及其他店铺营销活动——店铺销售平稳增长是重点;平台的明星卖家、超级卖家,要提高库存周转率、提升议价能力、建立品牌意识,做行业的 TOP10 店铺。

数据分析给不同的卖家带来了不同的参考内容,例如,行业对比、选品开发、商品分析、打造爆款、店铺监控等。

数据分析是拨开迷雾看本质,进而找到操作方法的一个过程。通过数据分析,能看出商品有没有流量、有没有成交量、有没有合适的分类等。

5.1.2 数据分析的方法

速卖通平台提供了"数据纵横"工具,如图 5-1 所示。"数据纵横"中有庞大的行业数据和卖家自己店铺的所有数据,可以通过图表、数值观察分析,也可以通过利用 Excel 的公式及数据透视表功能进行统计运算,最后快速得出答案,为公司的成长提供助力。

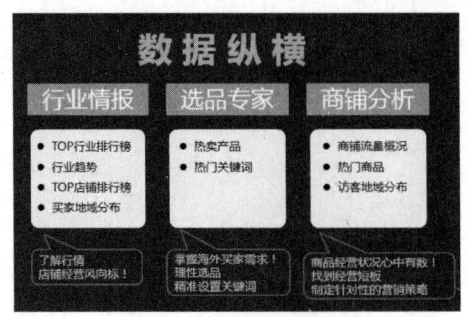

图 5-1 数据纵横

第 5 章　数据分析

速卖通数据分析分为两大部分：行业数据分析和店铺数据分析。第一部分是选好行业和产品，使店铺能够快速发展起来；第二部分是根据繁多的数据指标，针对店铺和产品进行优化营销活动，为店铺成长提供动力。

5.2　行业数据分析

5.2.1　行业情报

行业指标说明如下所示。
- 访客数占比：指统计时间段内行业访客数占上级行业访客数比例。
- 浏览量占比：指统计时间段内行业浏览量占上级行业浏览量比例。
- 成交额占比：指统计时间段内行业支付成功金额（排风控）占上级行业支付成功金额（排风控）比例。
- 成交订单数占比：指统计时间段内行业支付成功订单数（排风控）占上级行业支付成功订单数（排风控）比例。
- 供需指数：指在统计时间段内，该行业中的商品指数/流量指数。供需指数越小，竞争越小。

行业对比指的是跟行业相关数据趋势的对比，可以分别从访客数占比、浏览量占比、成交额占比、成交订单数占比和供需指数等方面进行对比分析。从对比中可以看出，随着季节的变化，平台发展品类方向也会变化，从而可以加强对某个行业的投入或避开一些竞争过于激烈的红海市场。图 5-2 所示为同级行业对比分析图。

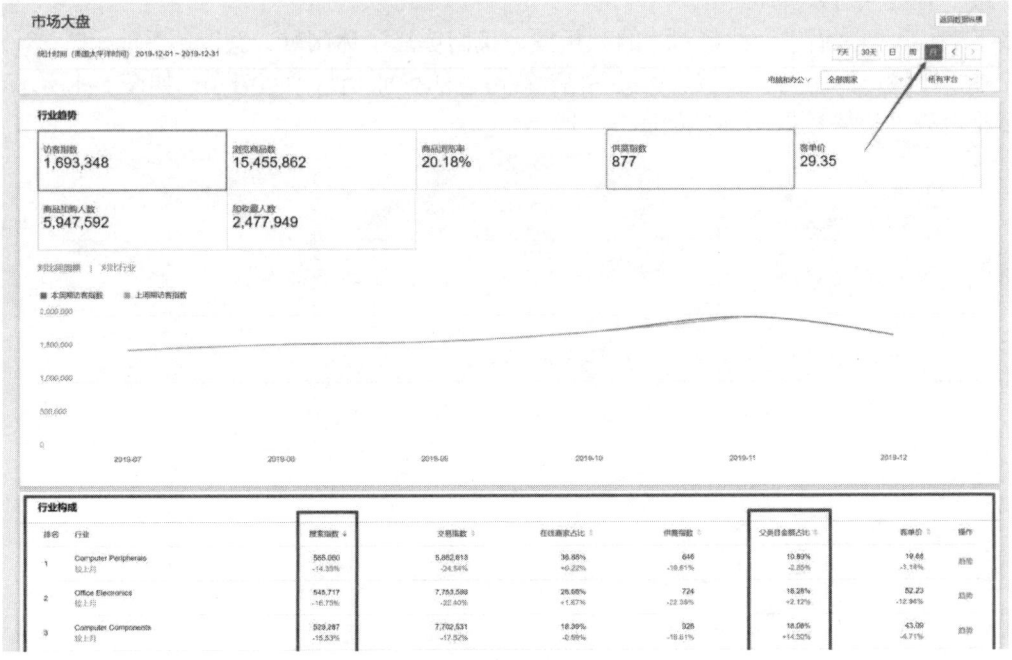

图 5-2　同级行业对比分析图

125

通过同级行业对比分析图，可以知道访客数、成交额、客单价、订单数、供需指数等数据，从而得知竞争小的行业。

新店铺可以选择供需指数小、竞争小的行业作为突破口。

当店铺销售量达到瓶颈期的时候，可以增加客单价高的商品来提升客单价。例如，在行业中选择"鞋子"→"休闲鞋"，"请选择时间"→"最近 7 天"选项，休闲鞋行业概况如图 5-3 所示。

图 5-3　休闲鞋行业概况

流量分析：最近一周休闲鞋的访客量和浏览量均在上涨，应该是冬去春来季节变化的原因，使得休闲鞋的需求量上涨。

成交转化分析：支付订单数占比 42.72%，而支付金额占比 50.89%，说明休闲鞋在整个上一级类目鞋子中售价较高。

供需指数：支付订单数占比 40.06%，所占比例比较低，竞争不激烈。

结论：有较大进步空间。

接下来，我们来看"行业趋势"的分析图。我们选择了休闲鞋、女装、手提/单肩/斜挎包三个行业进行比较，休闲鞋、女装、手提/单肩/斜挎包的行业趋势"趋势图"如图 5-4 所示，休闲鞋的行业趋势"趋势数据明细"如图 5-5 所示。

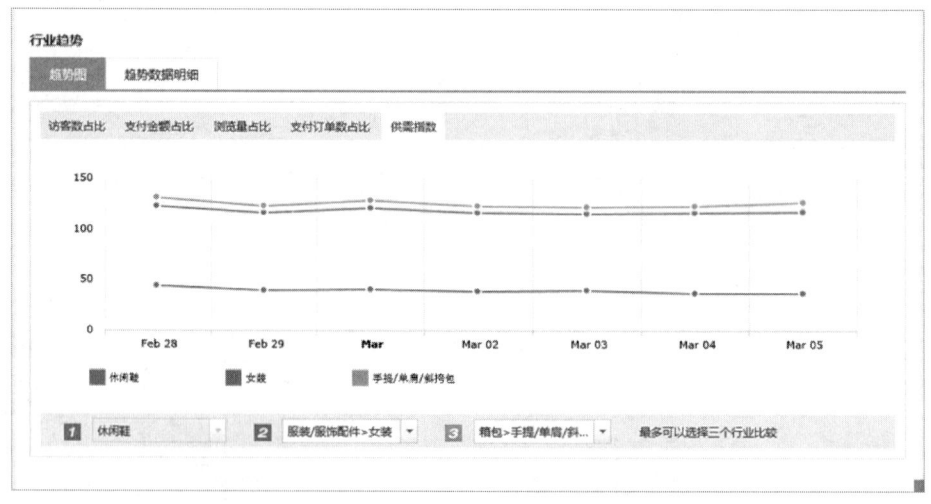

图 5-4　休闲鞋、女装、手提/单肩/斜挎包的行业趋势图

第5章 数据分析

	流量分析		成交转化分析		市场规模分析
	访客数占比	浏览量占比	支付金额占比	支付订单占比	供需指数
2016-02-28	49.95%	38.99%	48.56%	41.13%	44.92%
2016-02-29	49.71%	38.82%	51.47%	43.16%	39.79%
2016-03-01	49.78%	38.47%	50.2%	40.14%	41.4%
2016-03-02	50.94%	38.53%	52.77%	41.76%	39.35%
2016-03-03	50.2%	38.28%	49.78%	42.89%	40.52%
2016-03-04	54.39%	40.12%	50.82%	43.65%	37.33%
2016-03-05	54.94%	40.8%	51.78%	45.05%	37.1%

图 5-5　休闲鞋的行业趋势"趋势数据明细"

趋势图：分别单击趋势图的几个指标进行对比后，发现休闲鞋的供需指数最低，且支付订单数较高；女装和手提/单肩/斜挎包不仅浏览量很高，而且供需指数也非常高。

趋势数据明细：从趋势数据明细中可以看出，休闲鞋的浏览量和支付订单数占比都在上升，供需指数在下降。

支付金额占比（见图 5-6）：从行业国家分布可以看出支付金额占比美国第一，法国第二。

访客数占比（见图 5-7）：从行业国家分布可以看出访客数占比俄罗斯第一，美国第二。

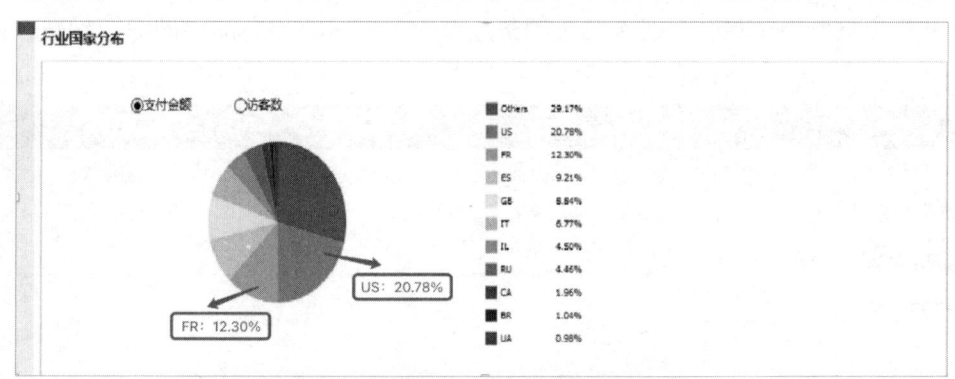

图 5-6　行业国家分布支付金额占比

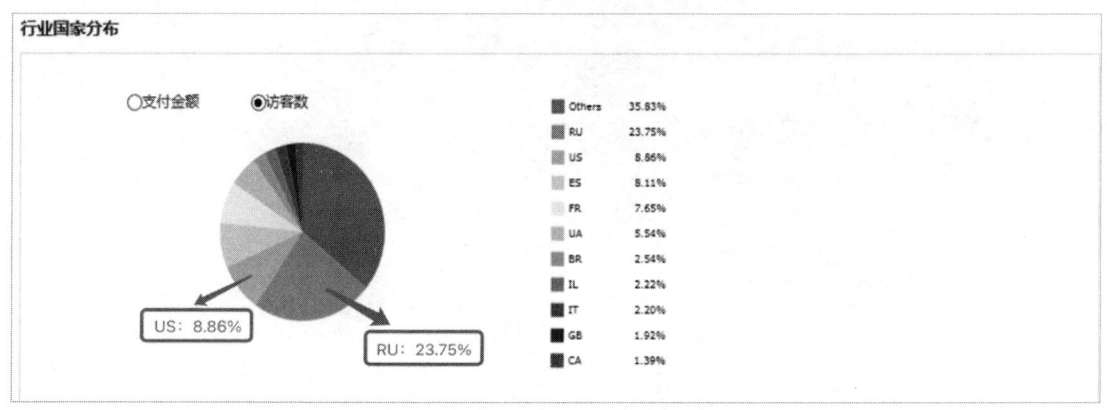

图 5-7　行业国家分布访客数占比

解读：通过行业国家分布可以看出俄罗斯访客数虽然较多，但是在支付金额占比这一指标中远远低于其他国家，说明其客单价很低。

结论：市场主要在欧美地区，但与俄罗斯买家成交时需多加注意。

5.2.2 选品专家

很多做速卖通的朋友都知道速卖通以价格为王，久而久之会形成一个比较不利于卖家的价格竞争氛围，从而大大缩减产品的利润。大部分速卖通卖家都比较头疼的一个问题，就是速卖通如何选品。今天给大家支一招，教大家找到质量好又便宜的产品。

（1）使用"数据纵横"→"选品专家"→"热销"

数据纵横是速卖通卖家选品的好助手，其功能非常强大，可以通过数据分析的形式帮助速卖通卖家进行选品。

打开速卖通，进入"数据纵横"，选择"选品专家"选项，单击"热销"按钮，选择店铺的主营行业、国家和时间，分析当前行业哪些品类更有市场优势。

分析：了解页面中圆圈面积的大小和颜色的含义。圆圈面积的大小代表该品类产品的销量，圆圈面积越大，代表该品类产品的销售量越大，反之则越小；颜色代表产品的竞争度，颜色越红代表该品类产品的市场竞争度越大，灰色代表竞争度适中，颜色越蓝则代表该品类产品的竞争度越小。

为了更好地分析这些数据，可以单击页面中的"下载数据"按钮。

例如，选择汽车、摩托车这个类目下的二级类目汽车电子，下载该类目的 30 天原始数据。通过数据分析出汽车电子这个二级类目下的热销品类，并核算出各品类的综合指数，如图 5-8 所示。

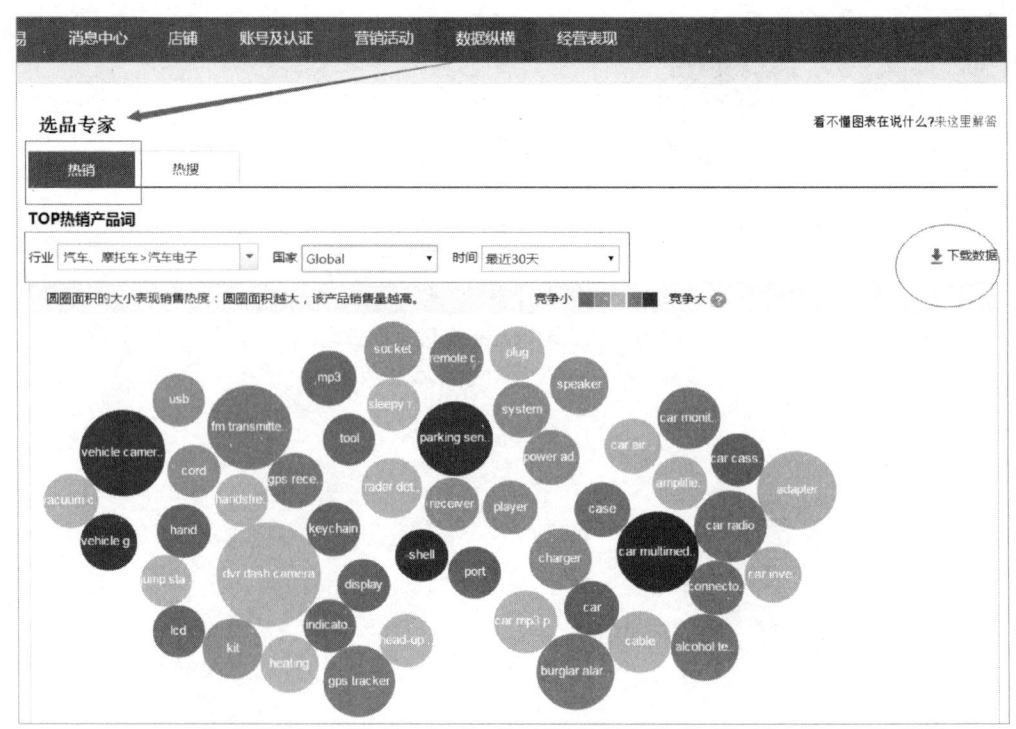

图 5-8　汽车、摩托车类目下的二级类目汽车电子各品类综合指数

注：由于本书是黑白印刷，涉及的颜色无法在书中表示出来，请读者结合内容进行辨识，下同。

综合指数计算公式：综合指数成交指数÷支付转化指数÷竞争指数

对计算出来的综合指数进行降序排序，排名靠前的这些产品关键词的品类是要找的产品，这些产品相对来说更具市场优势。

成交指数：在所选行业、所选时间范围内，累计成交订单数经过数据处理后得到的对应指数。成交指数不等于成交量，指数越大，成交量越大。

购买率排名：在所选行业、所选时间范围内，购买率的排名。

竞争指数：在所选行业、所选时间范围内，产品词所对应的竞争指数。指数越大，竞争越激烈。

（2）使用"数据纵横"→"选品专家"→"热搜"

"选品专家"下"热搜"的入口和"热销"的入口基本一致，选择自己的行业、国家和时间，即可抓取到 TOP 热搜产品词，如图 5-9 所示。

图 5-9　TOP 热搜产品词

分析：圈的大小代表该品类产品的销售热度，圈越大代表该品类的销售量越高。

（3）行业 TOP 关联产品

买家同时浏览、点击、购买的产品，连线越粗，代表产品与产品间的关联性越强，即买家同时浏览、点击、购买的人越多，反之则越小；圆圈面积越大，代表该品类产品的销售量越大，反之则越小；颜色代表产品的竞争度，颜色越红代表该品类产品的市场竞争度越大，颜色越蓝则代表该品类产品的竞争度越小（见图 5-10）。

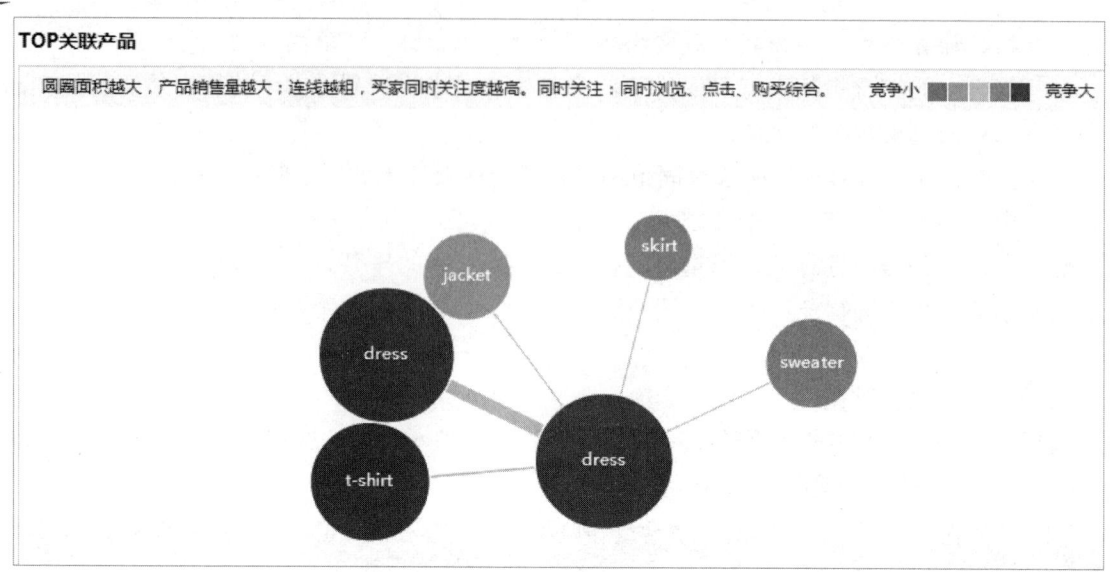

图 5-10 行业 TOP 关联产品

(4) 行业 TOP 热销属性

某个品类下 TOP 热销属性：点击"+"可以展开 TOP 热销的属性值；点击"-"可以收起属性值。点开"+"后属性值的圆圈面积越大，表示该产品的销售量越大；同一类颜色在此图中只作为属性分类用，如图 5-11 和图 5-12 所示。

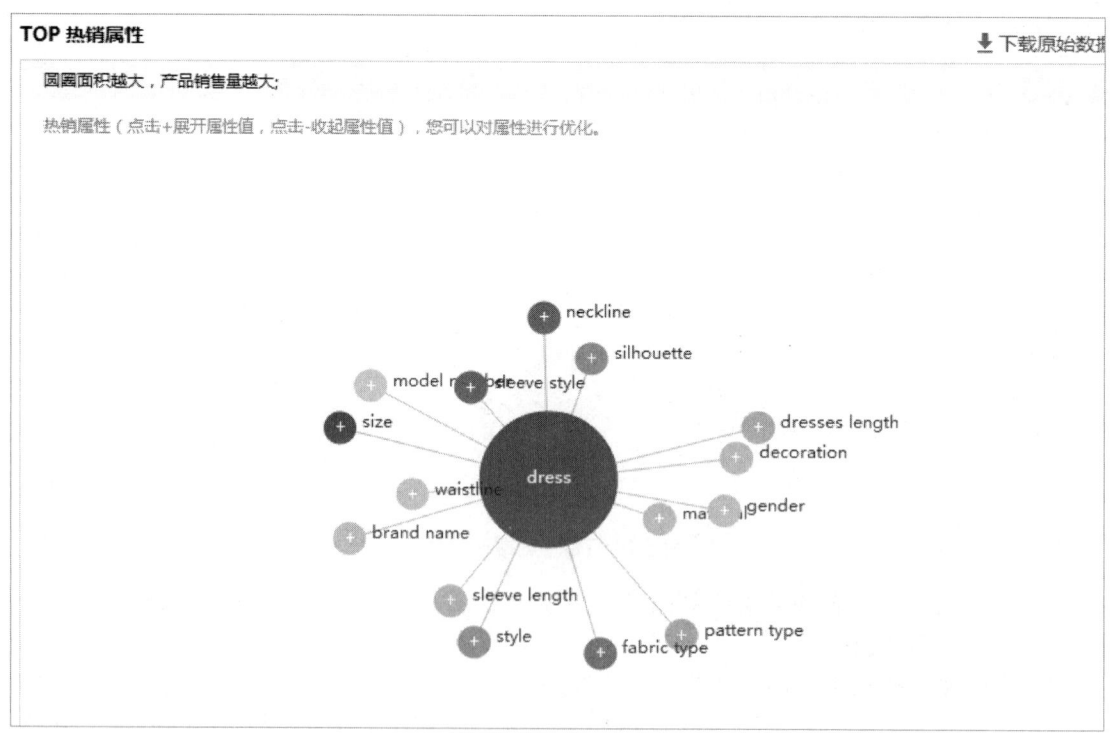

图 5-11 TOP 热销属性（a）

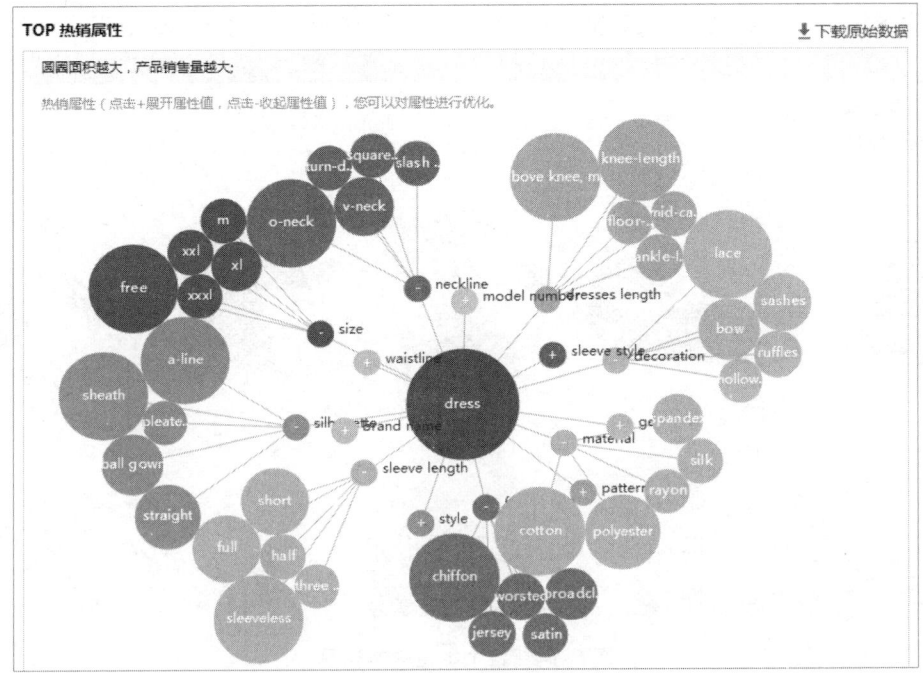

图 5-12　TOP 热销属性（b）

除此之外，还有一些其他的选品方法。

（1）站内选品——利用平台寻找产品

在众多的选品方式中，常见的是利用平台来寻找产品，通过这种方式可以快速找到合适的目标。进入速卖通首页，在速卖通首页中单击"Bestselling"按钮可看到下面的页面（见图5-13），选择"Hot Products"或"Weekly Bestselling"选项卡可查看平台里卖得比较好的产品。

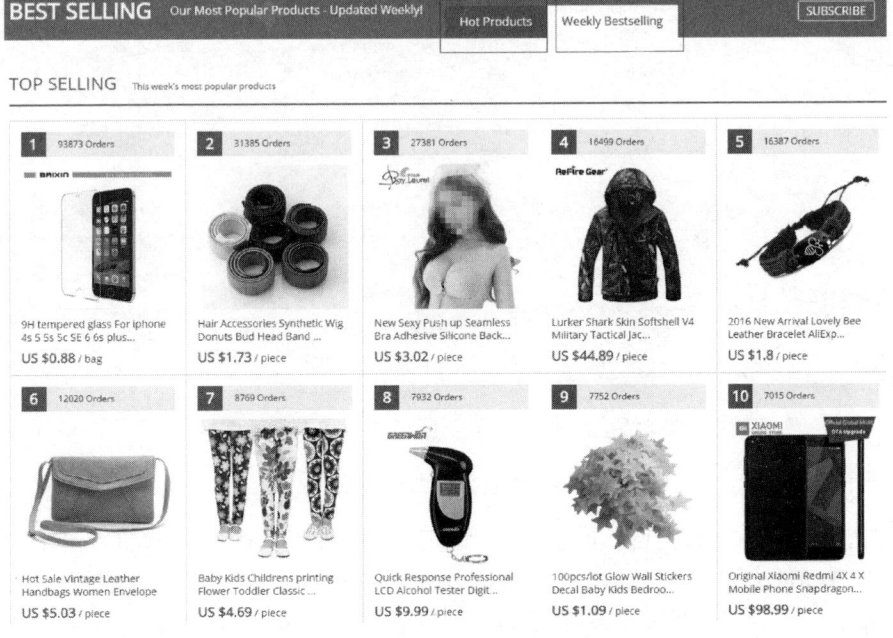

图 5-13　Hot Products 或 Weekly Bestselling

继续往下拉,可以在选择类目后查看各个类目的热销品,如图 5-14 所示。

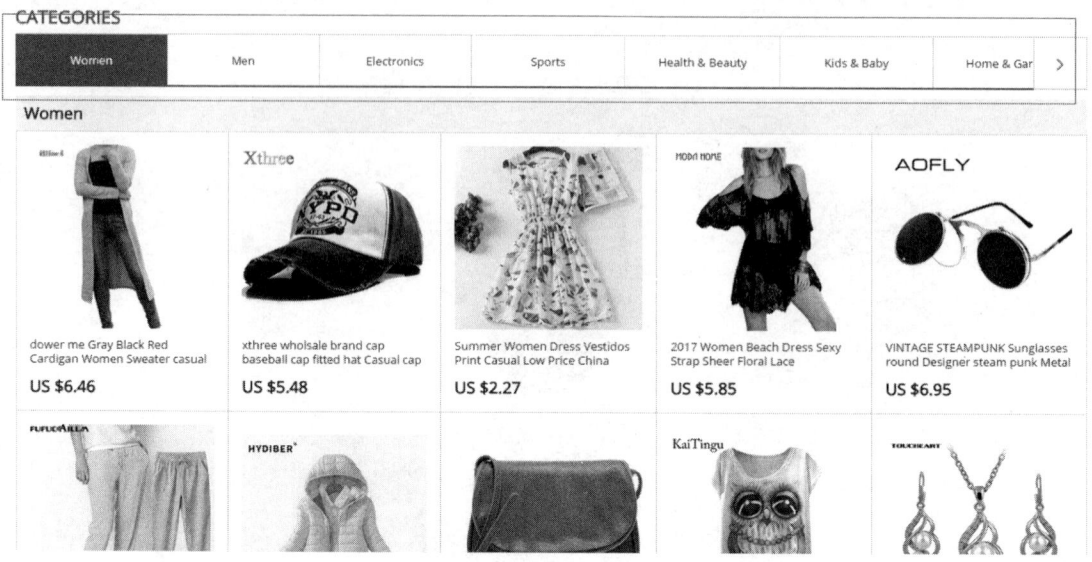

图 5-14 各个类目的热销品

(2) 站内选品——按类目查找热销品

打开速卖通平台首页,在"CATEGORIES"中找到店铺的类目,把鼠标放在所选的类目处查看各个二级类目的产品,如图 5-15 所示。

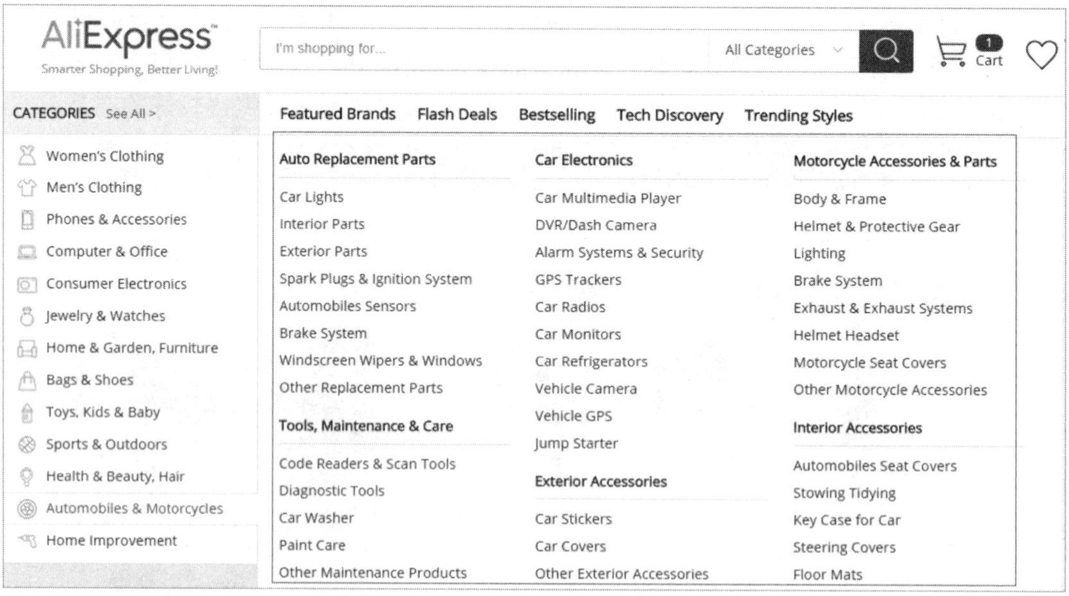

图 5-15 查看各个二级类目的产品

选择其中一个感兴趣的类目,就会出现很多这个类目下卖得好的产品。单击"Orders"按钮后可查看该产品的交易记录,单击"Sort by latest"按钮更新到最新,查看近 3 天该产品的销售总量,计算出日均销量,用日均销量乘以一个月的天数(30 天),从而预估出一个月的销量,如图 5-16 所示。用预估的月销量和该产品的售价相乘可以得出该产品的预估月销售额,以此来判断要不要开发此类产品来售卖,如果开发的话价格要比此产品有优势或产品有微差异化。

图 5-16　查看某产品的交易记录

5.2.3　关键词分析

关键词对于速卖通店铺的重要性不言而喻，优质的关键词能给店铺带来更好的曝光，引来更多的流量，从而产生更多的转化。许多新手卖家甚至一些老卖家，还是不知道关键词应该怎么用，下面我们介绍几种速卖通关键词优化的方法。

（1）买家模块类目

打开速卖通买家模块首页，找到产品类目。比如"Jewelry & Watches"—"Necklaces & Pendants"类目下有很多关于项链的搜索词，这些都是买家热搜的，在设置关键词的时候可以参考这些。打开速卖通后台，选择"数据纵横"→"搜索词分析"选项后，选择"热搜词"选项卡，选择店铺主营行业，分析当前行业中哪些热搜词品类是买家大量搜索且竞争小的品类，如图 5-17 所示。

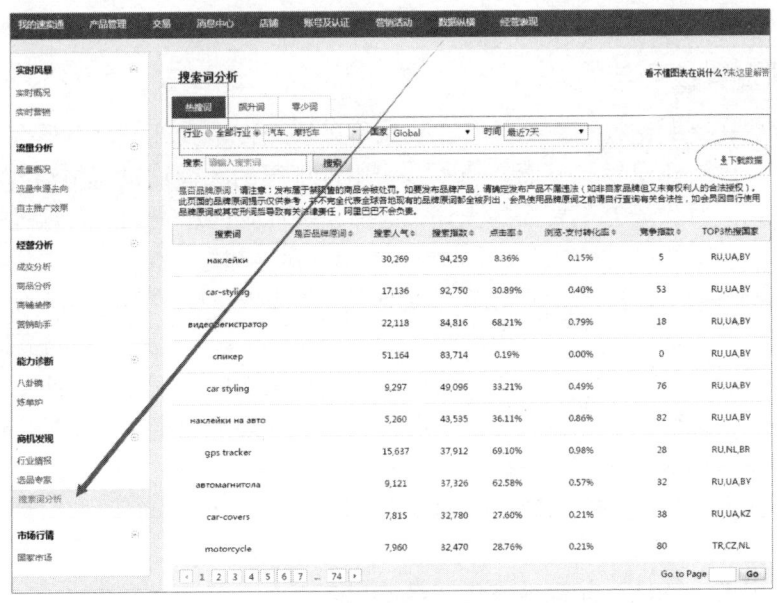

图 5-17　热搜词分析

（2）买家模块搜索框

打开速卖通买家模块的搜索框，比如搜索"Glove"时下面弹出"Leather Gloves"等词，这些词就是近一段时间内的热搜词。

（3）竞争对手设置的关键词

假如要设置"Leather Gloves"为关键词，可以去搜索框搜索一下，如果搜索到这个关键词的产品的浏览量还不错，那说明此关键词设置得不错。

另外，也可以去速卖通后台"数据纵横"→"搜索词分析"中寻找关键词。

选择想要搜索的行业，找到其近 7 天或近 30 天的关键词，然后根据其搜索人气、搜索指数、点击率、成交转化率及竞争指数来选择最合适的关键词。

找到的关键词其搜索的人数越多，越不要用，因为竞争太激烈了。假设"Necklaces for Women"这个关键词很热门，在速卖通中有 100 万个产品都在使用这个关键词，那么除非卖家的产品有明显的优势，否则不要使用此关键词。

速卖通关键词优化。首先要了解买家的搜索习惯，根据买家的习惯设置关键词。在选择关键词时需要选择热门词汇，但是有成千上万个卖家也使用这些热门关键词，那就要根据自己的店铺实力来选择用还是不用这样的关键词了。

标题中的关键词要符合以下两个方面的要求。

1）搜索引擎能够抓取到含有关键词的页面。

2）客户在浏览页面时可以准确理解该 Listing 是什么产品。

设置标题时，关键词的选择一定要精准。会使用数据分析的卖家不妨借助数据分析进行更多维度的参考，以此选择合适的关键词；如果不懂数据分析，那么不妨将多个竞争对手的标题作为参考，逐层过滤筛选出合适的关键词。除了精准关键词，为了涵盖更多的搜索，不妨在标题中加入相关度较高的宽泛关键词和长尾关键词。

关键词确定后，接着要考虑的是产品的适用范围和特性（颜色、材质、尺码等），前面提到过好的标题可以引导买家做出正确的购买行为。产品适用范围和特性正是对购买行为的一个准确引导，适用范围既不能夸大也不能太窄，夸大容易导致买家购买后对产品不满意，太窄则会导致流失潜在的交易。

5.2.4 关键词设置技巧与方法

无论设置标题还是关键词，都是为了让买家可以快速搜索到某产品。那么，在选择关键词的时候，就可以从这一点出发。下面介绍一些实用性很强的关键词设置技巧与方法。

在设置关键词的时候千万不要漏掉大词，选择相关性强的精准词，同时对长尾词也要恰当运用。

1）大词涵盖了最大的搜索量，所以在速卖通的标题设置中，要尽可能多使用大词，尽可能做到相关产品都用到大词。

2）一般搜索精准词的买家其目的性都十分明确，就是冲着某类产品甚至某个产品来的，所以在进行关键词搭配时要注意相关性，否则会发生这样的情况：有了流量，但买家只是看一看而已，并不会下单购买。

3）搭配长尾词。并不是每个产品都有长尾词，所以在长尾词使用方面有则用，没有也无妨。

怎样设置关键词才能使产品被搜索到的概率更大呢？

关键词设置得越多越好。关键词多了，说不准哪一个和买家用来搜索产品的关键词一样，这样卖家的产品曝光概率就大了。当然，前提是设置的这些关键词必须是有效的关键词，什么是有效的关键词呢？那就看对买家的搜索习惯的了解了。

关键词排序组合有以下几种。

1）精准匹配：含有核心关键词，买家搜索的关键词和卖家标题里的关键词是一模一样的，单词顺序没有被打乱，单词之间没有被隔开。

2）中心匹配：含有核心关键词，核心关键词被一两个其他单词隔开但是离得很近，能够和核心关键词组成长尾关键词。

3）广泛匹配：有和产品相关性较低的其他热搜词，和核心关键词组不成长尾关键词。需要注意的是重点的关键词一定要靠前以免造成浪费，但也不要造成关键词堆砌。

自然搜索也是可以值得挖掘好好提升的，因为它成本低且精准。了解了以上这么多方法，那么应该如何做好标题来引入更多自然搜索曝光呢？

以一款刚上架的女性卫衣为例进行一次标题的制作，如图 5-18 所示。

图 5-18　一款刚上架的女性卫衣

在速卖通卖家后台，选择"数据纵横"→"搜索词分析"选项，选择产品所在类目，如图 5-19 所示，单击"下载最近 30 天原始数据"按钮。

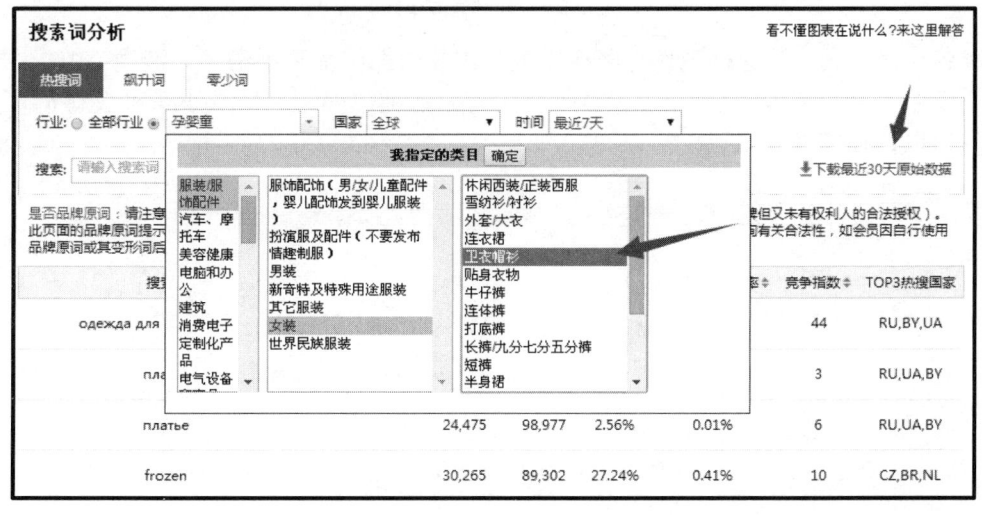

图 5-19　搜索词分析

打开表格，用鼠标单击任意一个（数据名称）的单元格，在表格左上方选择"开始"→"排序和筛选"→"筛选"选项，如图5-20所示。

图 5-20　筛选

如单击"是否品牌原词"这一个单元格，在筛选中勾选"N"，如图5-21所示。去掉品牌原词，保留可以使用的自然搜索词，需要注意的是有些词是伪品牌词或相近词，像这种词也不能用。另外，如果不确定某词是不是品牌词，那么可以在搜索引擎中进行搜索。若在某网站上出现了该词的相关产品信息，则可以果断舍弃这个词了。

图 5-21　是否品牌原词

又如针对"搜索词"这一列进行降序排列，排在前面的都是小语种关键词。由于在英文编辑版本下不能使用非英文词，所以需要把这些词先单独放一边。这些小语种关键词可以用上吗？当然可以，如图5-22所示。

图 5-22　小语种关键词

剩下的词如图 5-23 所示，可以利用谷歌翻译工具再配合速卖通主搜结果合理取舍关键词，把下图方框圈住的关键词全部复制到谷歌翻译工具中。

NO	搜索词	是否品牌原	搜索人	搜索指	点击率	浏览-支付转化	竞争指	TOP3热搜
663	women's winter suit	N	2	2	0.00%	0.00%	0.00	RU,MK,LV
703	women's winter jackets	N	2	2	0.00%	0.00%	0.00	RU,UA,BT
191	women's tracksuits	N	420	2,668	27.39%	0.14%	77.00	RU,NL,BY
223	women's tracksuits	N	402	2,242	45.41%	0.67%	110.00	GB,RU,IE
49	women's tracksuit set	N	2,328	13,817	55.68%	0.55%	117.00	GB,US,CZ
387	women's tracksuit	N	110	1,264	36.58%	0.00%	272.00	PL,GB,LV
145	women's tracksuit	N	767	3,772	36.35%	0.10%	91.00	ES,RU,GB
667	women's sweatshirts	N	2	2	0.00%	0.00%	0.00	US,GB,CA
198	women's sweat suit set	N	640	2,589	61.51%	0.58%	49.00	US,FR,GB
709	women's sportswear set	N	2	2	0.00%	0.00%	0.00	DE,CZ,US
591	women's lulu hoodies	N	306	591	37.74%	0.00%	17.00	CA,US
362	women's hoodies pullover	N	198	1,358	41.21%	0.27%	188.00	US,GB,HU
298	women's hoodies	N	294	1,639	56.95%	0.23%	154.00	US,NZ,CA
658	women's clothing	N	2	2	0.00%	0.00%	0.00	US,BR,YE
276	women's winter clothing	N	272	1,752	14.93%	0.43%	47.00	US,IT,NL
40	women's tracksuits sport suits	N	2,717	16,278	54.79%	0.49%	135.00	GB,US,LT
146	women's tracksuits	N	651	3,765	48.50%	0.50%	136.00	LT,GB,PL

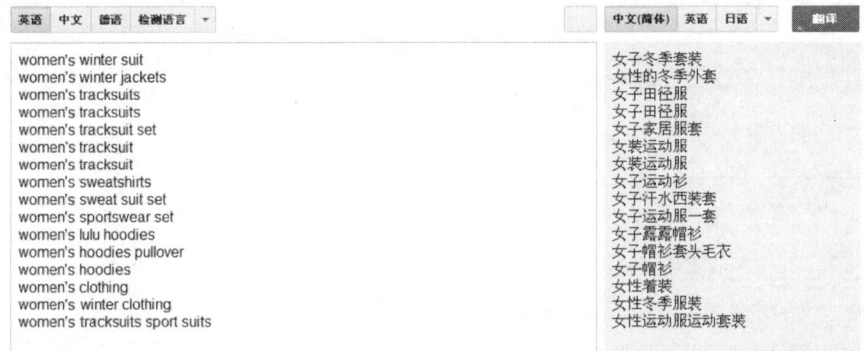

图 5-23 取舍关键词

注：截图中的英文单词首字母均应为大写（连词和介词除外），全书同

关键词翻译后的结果，如图 5-24 所示。

图 5-24 翻译关键词

- 首先，单击下载表格，筛选出品牌原词为“Y”的词从表格中删除，这样能把一些品牌词先排除以免侵权。
- 其次，把“浏览-支付转化率”为 0 的词也删除，没有转化率的词不是所找的目标，所以在这里先删除。
- 最后，通过剩下的这些词算出它们的综合指数，对每一个搜索词的综合指数做降序排序，选择综合指数排名靠前、有好的搜索指数但竞争指数偏低的品类。

综合指数计算公式为：综合指数=搜索指数×点击率×支付转化指数÷竞争指数

举个例子，“Women's Winter Suit”这个词对于卫衣产品而言能不能用呢？可能大家认为能用但说不出理由，或者大家认为不能用，因为卫衣是单件的不是套装。

其实，可以先把这个词放到速卖通主搜框里进行搜索，搜索结果如图 5-25 所示。

从搜索结果可以看出该词下共有 88 408 个搜索结果，左侧显示了不同类目下该词的产品数量，其中女装卫衣数量最多，这说明该词与卫衣有相关性。通过第一页、第二页的产品主图可以看到大部分产品是在羽绒服旗下，因此这个词优先匹配的类目不是卫衣类。所以，整体上这个词与卫衣有相关性，但不是十分精准，那这个词还可不可以用呢？这个词可以作为标题关键词的备选使用。仅通过关键词分析表得到的标题关键词数量不多，这也是为什么很多人在埋怨关键词少、标题难做的原因，如图 5-26 所示。

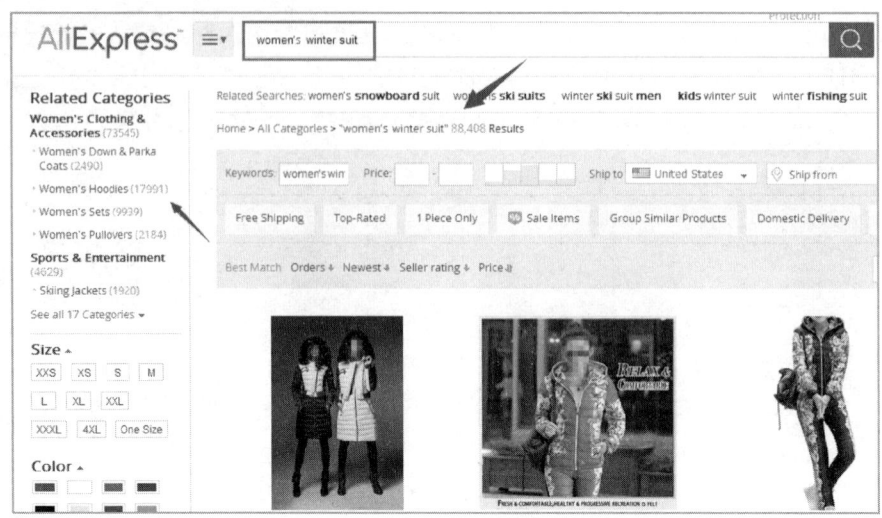

图 5-25　搜索"Women's Winter Suit"结果

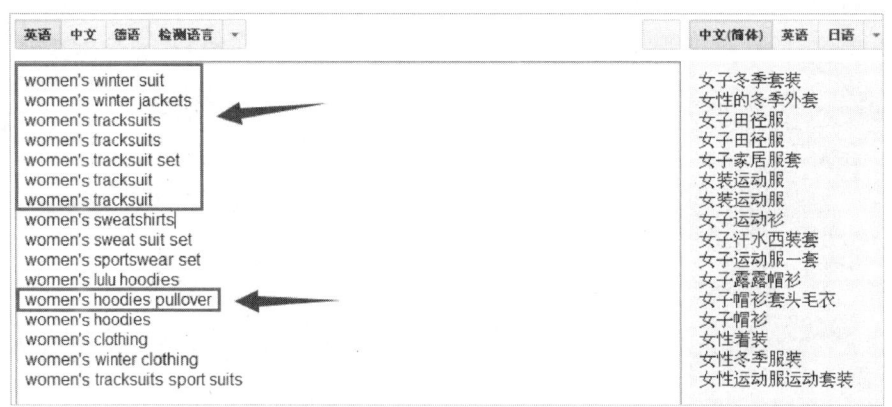

图 5-26　仅通过关键词分析表得到的标题关键词数量不多

其他关键词也是这样分析与选择的,再来看看"Women's Hoodies Pullover"一词,如图 5-27 所示。这个词的中文意思是"女子连帽衫套头毛衣",那这个词能不能用呢?当看到这个词里有毛衣时,大家心里本能地认为跟卫衣有出入故不能使用。在决定要不要用它之前,还是应该先求助于速卖通。

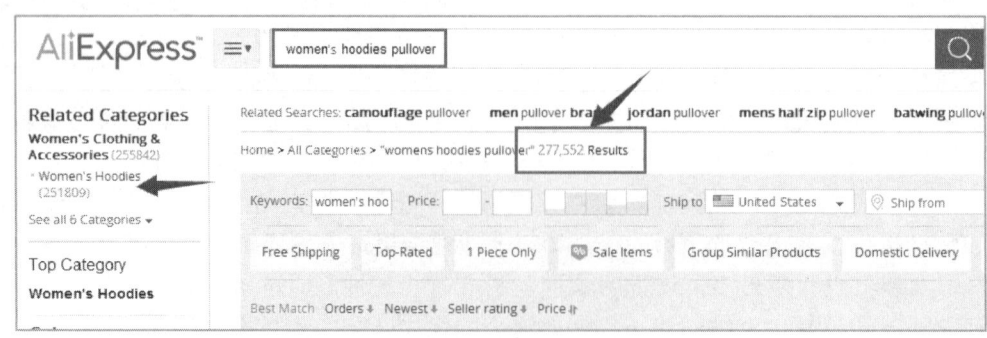

图 5-27　搜索"Women's Hoodies Pullover"的结果

从图 5-27 中可以看到,该词搜索显示共有"277 552"个搜索结果,左侧类目中女性卫衣所占数量最多,所以该词与女性卫衣有相关性。再看看第一页、第二页的产品,可以发现大部分也是卫衣产品,所以从这点来看该词与女性卫衣有相关性,且优先匹配的类目就是卫衣类目。

接下来,讲解一些关于关键词的筛选步骤与取舍的方法和技巧,包括一些标题组合的方法和技巧。其大致可以分为两大部分,分词篇与组合篇。

(1)分词篇

当经过筛选利用谷歌翻译工具与平台搜索结果确定关键词的取舍后,就会出现可用的关键词,如图 5-28 所示。此时,需要利用某些组合方法去制作标题,让标题能有更多的曝光机会。

	A	B	C	D	E	F	G	H	I
1	NC	搜索词	是否品牌原创	搜索人气	搜索指数	点击率	浏览-支付转化率	竞争指数	TOP3热搜国家
17	40	women tracksuits sport suits	N	2,717	16,278	54.79%		0.49%	135.00 GB,US,LT
18	146	women tracksuits	N	651	3,765	48.50%		0.50%	136.00 LT,GB,PL
19	100	women tracksuit	N	968	6,428	48.21%		1.06%	158.00 FR,CZ,GB
20	122	women track suit	N	965	4,941	42.30%		0.30%	105.00 GB,US,HU
21	301	women sweatsuit	N	472	1,628	62.16%		0.46%	45.00 US,FR,CA
22	116	women sweatshirt	N	755	5,366	51.47%		1.76%	219.00 FR,US,CZ
23	332	women suits	N	213	1,444	30.23%		0.00%	137.00 LT,US,SK
24	454	women suit	N	165	1,073	24.65%		0.00%	139.00 LT,US,IL
25	406	women sportswear	N	187	1,189	35.74%		0.31%	153.00 CZ,LT,GE
26	46	women sport suit set	N	2,585	14,158	49.17%		0.24%	121.00 LT,CZ,US
27	270	women sport suit	N	213	1,812	35.26%		0.21%	215.00 LV,EE,LT
28	465	women set sport	N	54	1,058	47.18%		0.00%	469.00 GB,LV,AZ
29	321	women jogging suit	N	232	1,497	60.85%		0.00%	131.00 US,SK,DE
30	532	women jacket	N	306	849	17.98%		0.00%	37.00 CZ,US,SK
31	113	women hoodies sweatshirts	N	837	5,511	52.39%		0.62%	156.00 US,FR,CA
32	201	women hoodies	N	383	2,536	58.49%		0.44%	180.00 US,CA,PL

图 5-28 筛选可用关键词

注:图中的"women"应为"women's",下同。

要把关键词组合成标题,这里要先引入几个词组概念:精准词组、近义词组、产品词组、流量词组和属性词组。

• 精准词组:由众多精准词构成。精准词=属性词(一个或多个)+类目词。

精准词,顾名思义,就是词语跟产品最相关、最精准,比如"Women's Hoodies Sweatshirts"和"Women's Hoodies",前一个表示女卫衣帽衫,后一个表示女卫衣,这两个词相关性强、精准度高,所以它俩就是该案例产品的精准词。

• 近义词组:由众多近义词组成。在不同国家、不同地区,其语言和搜索习惯不同,对某个事物的表述也有所不同。举个简单的例子,有的地区把"云吞"叫作"馄饨",有的地区叫作"扁肉"。不管叫什么,它指的都是同一种食物。这里如果以"云吞"作为关键词的话,它的近义词就是"馄饨""扁肉"。

近义词数量不多,相对全网数据其搜索数据不大,但这类词因为有区域性,所以使用后在某些区域转化率会很高。使用这种词可以避开其他竞争激烈词,同时增加更多精准流量。但是需要注意的是,系统默认编辑的是英文版,所以英化的近义词要果断留下。

• 产品词组:产品词就是类目词,如图 5-29 所示。

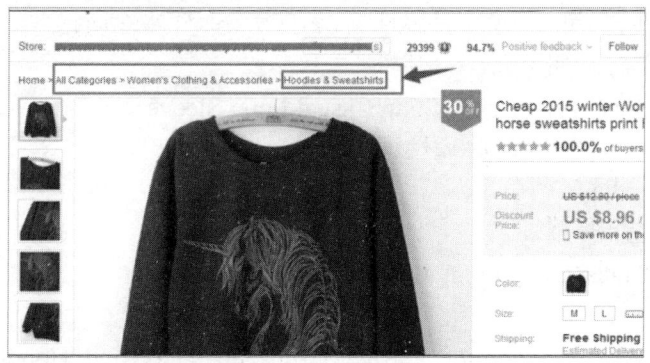

图 5-29 产品词组

为什么这样说呢？

可以想象一下，正在做电商的卖家对基础知识的了解参差不齐，为了能最大限度地保证所有卖家在发布产品时都能正确地选择合适的类目，就要求对类目词一目了然、紧扣产品，卖家一看就清楚，只有这样才不会因为误解导致大量卖家错放类目。因此，产品词就是类目词。在图5-29中的方框处，卫衣的类目词是女装下的"Hoodies""Sweatshirts"。

- 流量词组：除其他词组外的词都是流量词。

其实从本质上来说所有的词都是流量词，只不过为了制作出更好的标题所以把经过筛选和取舍之后留下的关键词进行分组，这跟国家为了方便管理把偌大地区分成不同的省份是一样的道理。需要注意的是，热门和冷门对于流量词的使用有差别，这方面后续再单独向大家介绍。

- 属性词组：由众多与产品相关的属性词组成。

比如，产品使用群体——男或女，使用季节——春或夏或秋或冬，使用材料——棉或绒或涤纶，产品风格——休闲、正装等。

产品在编辑属性词时要填写完整，而且为了获得更多的曝光也可以借鉴同类热卖款产品，看其属性词中有没有是自己没有的，如果说他有我无且这个属性词跟自己的产品描述一致，那么可以果断拿过来使用。

对筛选和取舍后留下的关键词进行分组，可以得到以下分组（展示部分）。

精准词组：

Women's Sweat Shirt，Women's Hoodies Sweatshirts，Women's Hoodies，Women's Hoodie，Winter Hoody Women's Clothing Casual，Sweatshirt Women，Sweatshirt Women，Hoodie Women，Women's Hoodies。

产品词组：

Sweatshirts，Sweatshirt，Hoodie，Hoodies，Hoody。

流量词组：

Women's Sweatsuit，Women's Clothing，Women's Winter Clothing，Women's Tracksuits，Women's Tracksuit，Women's Track Suit，Women's Sweatsuit，Women's Tracksuit Clothing，Sportwear Women，Sport Women，Sport Wear Women。

属性词组：

Women，Long Sleeve，Winter，O-Neck，Letter，Casual，Cotton，Fashion，Female。

（2）组合篇

标题组合最基本的方法如下。

第一关键词+属性词+第二关键词+属性词+第三关键词+属性词+第一关键词。

第一关键词：精准词+属性词。

例如：Winter Hoody Women's Clothing Casual Long Sleeve。

第二关键词：近义词或产品词+属性词。

例如：Casual Hoodie。

第三关键词：流量词+属性。

例如：Women's Tracksuit Clothing Cotton。

组合后标题为：

Winter Hoody Women's Clothing Casual Long Sleeve Casual Hoodie Women's Tracksuit Clothing Cotton Winter Hoody Women's Clothing Casual

重复是为了突出重要性，组合完成后要再审核一遍，切忌关键词堆砌，需要记住两点：①关键词搜索与主搜结果的匹配是不是精准匹配；②要充分利用标题的 128 个字符，若组合后字符数不够则需要再添词，如果产品是热门类目可以多补精准词与属性词，如果是冷门类产品则可以多补流量词。

总之，标题找词的渠道有很多种，标题组合方式也有很多种，不管哪种都要记住，词能不能用要考虑与产品的相关性和类目匹配性问题。至于小语种词，浏览到成交转化率为 0 的词利用好的话可以为卖家带来更多精准曝光，当卖家的卖点营销做到位了、首图差异性做到位了，其实转化真的非常简单。

5.3 店铺数据分析

速卖通数据分析有利于优化店铺多项指标，同时对店铺的流量及转化率都有所帮助。但数据分析对于许多新手卖家来说相当困难，我们可以在速卖通后台看出数据对店铺的影响。

5.3.1 店铺实时风暴

通过店铺实时风暴，可以及时了解店铺流量的变化，判断商品信息优化、营销活动等调整带来的直接效果；还可以在流量集中的时段调整客服工作时间及直通车投放时间。图 5-30 所示为某店铺实时风暴数据，此店铺的实时成交额打败了 99% 的同行卖家，并且店铺在当日 0 时～13 时为交易的高峰期。

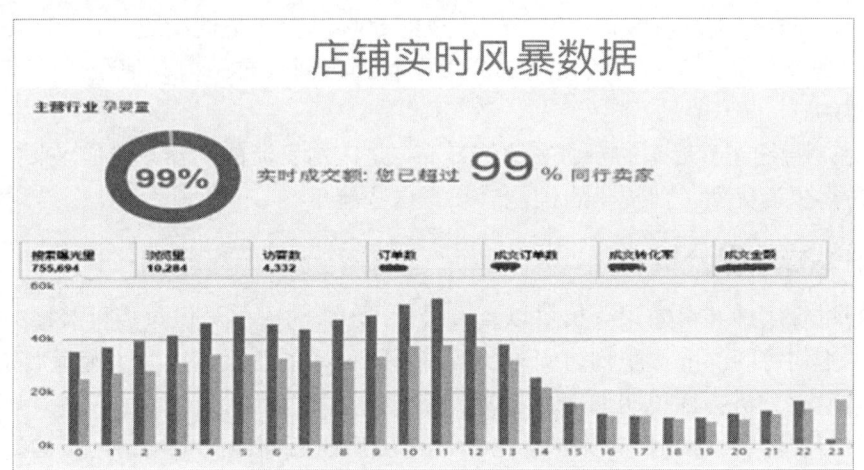

图 5-30　店铺实时风暴数据

5.3.2 店铺概况分析

对自己店铺概况的分析是每一位卖家的必修课，特别是查询流量和转化数据，及时了解店铺概况才能应对市场形势变化。

观察最近 7 天店铺概况，若某店铺的转化率低于网店平均值（网店平均值是指在主营行业下同类买家的各个指标的平均情况），通过简单分析得知此店铺商品价格不"给力"，买家购买欲望不强。

5.3.3 流量来源分析

要进行店铺流量来源分析，可以查看店铺内流量构成，分析不同渠道流量占比和走势，从而帮助卖家了解及优化店铺流量来源并提升店铺流量，如表 5-1 所示。

表 5-1　店铺流量来源分析

来源小类		详　细　说　明	特别说明
站内	站内搜索	通过搜索框搜索后单击本店铺产品	仅限主站来源
	类目浏览	浏览类目页面后单击本店铺产品	仅限英文主站来源
	活动	报名参加平台活动；非报名的活动，如 Fashion 频道	详细内容见下文
	直通车	直通车流量	付费流量
	购物车	—	—
	收藏夹	收藏的商品链接	—
	直接访问	直接输入链接	不含直接访问店铺首页
	站内其他	包含店铺主页、分组页、买家后台订单历史页（Snapshot）	非英文主站的大多数流量来源
站外	站外合计	非速卖通网站链接带来的流量	—

（1）"站内其他"和"活动"流量来源详解

"站内其他"流量不能简单理解为关联促销带来的流量，"站内其他"流量包含了俄语站点和葡萄牙语（简称"葡语"）站点（二级域名）的站内搜索、类目浏览、店铺首页访问等。

"活动"是店铺流量来源的大户，其包含需要报名的活动和系统自动推荐的活动，另外还有一些各类目频道推荐的活动。

（2）各流量来源渠道对店铺的贡献

通常来讲，搜索和类目流量占店铺所有流量的 60%以上才是健康的，由于现在没有区分各小语种分站的搜索和类目流量，所以大部分卖家看到店铺来自站内其他渠道的流量比例都很高，这是正常的。

"活动"和"直通车"带来的新访客比例最高，是店铺引流的利器。但是，来自自然搜索和类目浏览的访客更为优质，前提是店铺能够获得这些流量。

5.3.4 店铺装修效果分析

卖家要想进行店铺装修效果分析可以查看最近 30 天内哪些天做过店铺装修，通过装修后店铺的流量、平均访问深度、平均访问时长及首页跳失率的变化，以此来衡量店铺装修效果。

店铺装修效果分析指标说明如下。

1）平均访问深度：该来源带来的访客每次进店后在店铺内的平均访问页面数，即人均访问页面数。一段时间内访问深度=每天访问深度日均值，即每天访问深度平均值。

2）平均访问时长：访问时长指用户在一次访问内访问店铺页面的时长，平均访问时长即所有用户每次访问时长的平均值。

3）首页跳失率：首页跳失率=跳失人次÷登录首页的访问人次。首页跳失率，指用户访问首页后，有多少比例的用户直接跳出了店铺。跳失人次是访问该首页的用户数，登录首页的访问人次是访问过该首页的用户直接跳出店铺的次数。

4）店铺跳失率：统计日期内，店铺跳失率=商品详情页跳出访客数÷商品访客数，商品访客数是访问店铺的所有用户数，商品详情页跳出访客数是在店铺中只访问了一个页面就离开的用户数。

5）购买率：指在访问该页面的用户中当天下单的用户数占该页面的总访客数的比例。

6）装修事件：指当日发生的装修事件总数。

5.3.5 店铺商品分析

（1）自有商品分析指标
- 曝光量：指搜索曝光量，即商品在搜索或类目浏览下的曝光次数。
- 浏览量：指该商品被买家浏览的次数。
- 搜索点击率：商品在搜索或类目曝光后被点击的比例，搜索点击率=浏览量÷曝光量。
- 访客数：访问该商品的买家总数。
- 成交订单数：指该商品在选定时间范围内，支付成功的订单数与风控关闭的订单数的差值。
- 成交买家数：指在选定时间范围内成功购买该商品的买家数。
- 成交金额：指该商品在选定时间范围内产生的交易额。
- 询盘次数：指买家通过该商品点击旺旺与站内信的次数。
- 成交转化率：指成功购买该商品的买家数占访问买家总数的比值，成交转化率=成交买家数÷访客数。
- 平均停留时间：指买家访问该产品所有详情页面的平均停留时间。
- 添加购物车次数：指该商品被买家添加到购物车的次数。
- 添加收藏次数：指该商品被买家收藏的次数。
- No-pay 比率：指该商品在选定时间范围内未成功支付的订单与创建成功的订单的比值。

（2）商品分析要点

商品分析是指根据店铺各项指标找出店铺商品的缺陷，并给出解决方案。表 5-2 所示为商品分析的过程。

表 5-2 商品分析的过程

关键指标	因素	解决方案
曝光量	Listing（搜索，类目）	优化标题，优化结构化描述（属性）
点击率	主图	优化主图
转化率	价格	优化供应链
停留时间	宝贝详情页	丰富详情页，主要是图片

自有店铺商品分析主要分为两个方向：爆款分析和长尾商品分析。爆款分析是以打造爆款为目的的全方位细致分析商品的方法，长尾商品分析是运用 Excel 功能分析除爆款以外的所有商品的方法。

打造店铺爆款是每一位卖家的必修课，作为平台销售商要能做到不断优化影响销售的各项基本因素来吸引消费者购买。如果店铺商品价格无法降低、图片又舍不得重拍、标题描述也懒得优化，那么爆款也只是"浮云"而已。

课后习题

一、多选题

1. 选品专家中的数据可以选择哪些时间段？（　　）
   A．14 天　　　　B．7 天　　　　C．1 天　　　　D．30 天
2. 热搜词中可以通过哪几个维度来进行排序？（　　）
   A．成交转化率　　B．搜索人气　　C．搜索指数　　D．点击率
3. 选品专家中选择单个关键词后可以看到以下哪些数据？（　　）
   A．热销属性组合　B．TOP 热销关键词　C．TOP 热销属性　D．TOP 关联产品
4. 行业情报通过哪些数据维度分析行业？（　　）
   A．访客数占比　　B．在售商品数　　C．供需指数　　D．成交额占比
5. 单个商品可以从哪几个维度来进行数据分析？（　　）
   A．成交分析　　B．访客行为分析　　C．转化分析　　D．流量来源
6. 数据纵横中哪些内容属于经营分析？（　　）
   A．商铺概况　　B．搜索词分析　　C．实时风暴　　D．商品分析

二、判断题

1. 提升店铺商品主打关键词的排名能够有效带动长尾关键词的排名。（　　）
2. 算出店铺商品搜索词的综合指数，对每一个搜索词的综合指数做降序排序，选择综合指数排名靠前、有好的搜索指数但竞争指数偏低的品类。

   公式为：综合指数=搜索指数×点击率×支付转化指数÷竞争指数　　　　（　　）
3. 数据纵横只能看有多少客户访问了店铺。（　　）
4. 选择关键词进行海量推广，产品标题应覆盖 60% 以上的关键词。（　　）

第 6 章 视觉美工策略

6.1 视觉营销的重要性

网店视觉营销是营销里必不可少的营销手段之一，是利用色彩、图像、文字等造成冲击力吸引潜在客户的关注，由此增加产品和店铺的吸引力，从而达到营销制胜的效果。视觉营销的作用是为了吸引客户关注从而提升网店的流量，并且刺激其购物欲望从而使目标流量转变为有效流量。尤其是对于速卖通等跨境电商平台来说，要根据外国客户的眼光来进行市场营销。由于各国文化的差异，要用合适的美工效果给外国客户带来视觉的冲击。当然在吸引别人眼球的同时也要注意塑造自己的店铺形象，这样能够使有效流量再次转变为忠实流量。

下面就从更实际的角度——数据，来看一下视觉营销对速卖通店铺的影响。

我们先来看看商铺来源排行中的"站内其他"的情况，如图 6-1 所示。

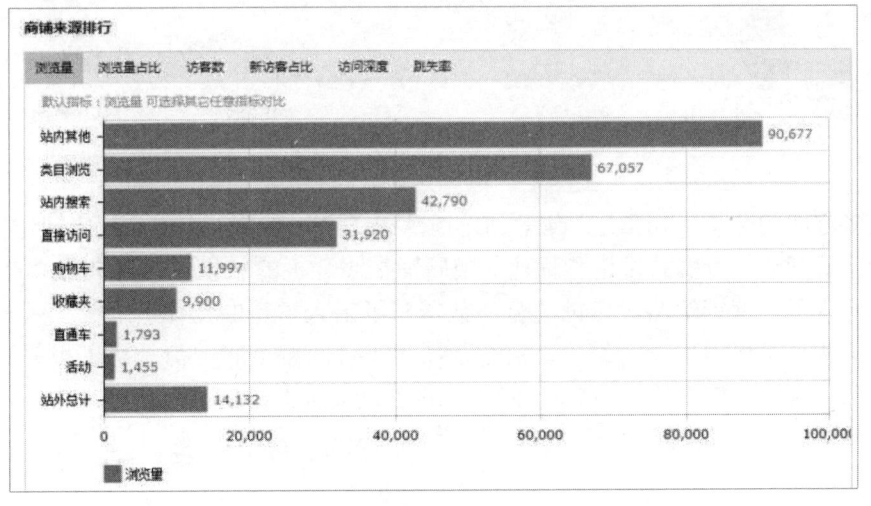

图 6-1　商铺来源排行中的"站内其他"情况

"站内其他"往往浏览量最大、访问深度最深，但是跳失率最低。那么，这么重要的部分，到底跟店铺中的什么有关系呢？也许给卖家一个最合理的解释就是这些与店铺装修和关联营销有关。

想经营好一个店铺，不仅需要专业的运营团队，还需要一个充满格调、品牌感的风格化店铺。这如同一台电脑，运营好比是硬件，而一个主旨清晰、条理清楚、充满品牌感的风格化装修就好比是软件,带给人们更好的感官体验。店铺运营方式是一个需要长期积累并不断摸索的过程,但是店铺的形象和品牌感,卖家是可以一步做到位的。

一个完整的店铺装修大体分为店铺首页、产品详情页、App端首页三大部分,且不说卖家店铺的产品怎么样,如果这三个方面都不能给买家一个好的感官体验,那么买家怎么去信任卖家的产品呢?例如,某个顾客要买一部苹果手机,在一个商场有两家卖苹果手机的门店且相邻,其中一家卖的是货真价实的苹果手机,但是由于某些原因店面没有装修,另外一家装修得跟苹果体验店似的,其实卖的是A货(仿冒产品),在不知情的情况下顾客究竟会选择哪家门店呢?结果显而易见,顾客很有可能选择店面装修好的那家。现在,人们生活水平不断提高,大家的眼光也越来越挑剔。视觉在人的五官感觉中排名第一,而且电商平台的买家只能通过视觉来判定产品的好坏,若视觉上不能接受那基本上就不会进行点击,没有点击就没有转化,没有转化就没有销量,这是一个恶性循环。

首先,要给店铺装修描绘一个"骨架"。其次,就要进行分区设计了,先是详情页,完整的详情页应该包括首图海报、产品信息、尺码表、产品展示、颜色展示、细节展示、售后模块;首页应该包括店招、导航、海报、优惠券、语言栏、橱窗产品、页脚信息等。

再看下面一家新店铺的实际情况。在店铺刚刚开始运营的阶段,许多卖家都有一种无从下手的感觉。卖家试着进行直通车推广,虽然流量提高了,却没有转化成订单;卖家停止直通车推广,结果连流量都没有了。在店铺开通的前几个月,该卖家做了大量的工作——上传产品、优化信息,虽然店铺流量有小幅提升,但实际效果并不尽如人意,如图6-2所示。

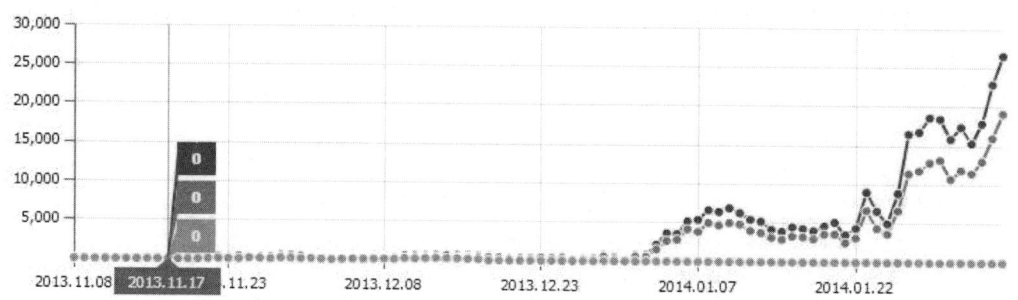

图6-2 新店铺的实际情况

在经过多方面的分析后,该卖家注意到之前从未关心过的视觉优化。从店铺详情页到首页,卖家全部进行了细致、谨慎的讨论和优化。当店铺按照分析的结果进行了装修和产品详情优化之后,再次配合平台营销策略,店铺的整体数据有了出人意料的变化。

由上述案例也可以得出一个结论,视觉营销与平台同每个店铺都是息息相关的。因此,卖家应该重视视觉营销。做好视觉营销,能够大量增加店铺流量和曝光量。

6.2 文案策划

在视觉营销中,文案对图片起到一个辅助的作用,这也正是大家经常所说的图文并茂。

无论从产品详情的角度还是从店铺设计的角度来看，在一个成功的案例中文案都是必不可少的部分，某商品文案如图6-3所示。

图6-3　某商品文案

6.2.1　店招文案

店招最常见的文案方式一般都是采用团队名称或店铺名称，当然也可以用一段口号、服务理念等。

改版之后的店招，添加了关键词搜索等功能，在这里可以添加一些热门的关键词作为营销型文案，如图6-4所示。

图6-4　店招文案

6.2.2　海报文案

一张标准的海报文案一般包含一个主标题和一个副标题，如图6-5所示。

图6-5　海报文案

另外，卖家有时还会使用含有重要参数的文案或营销性文案等，如图6-6所示。

图 6-6 含有重要参数的文案或营销性文案

6.2.3 详情页文案

详情页文案有许多选择,卖家可以按部就班地做一份从产品实际属性角度出发的文案,也可以使用更加灵活、富有创意、有略微故事情节的文案,或选择其他更好的。详情页文案直接关系到店铺内的成交转化,因此卖家需要在此处多费些工夫去完善。

一个好的详情页文案,不仅能更好地体现产品卖点、打动客户的心,而且也能提高客户访问深度,甚至还能起到引导购买并提高转化率的作用。

除此之外,店铺促销信息的文案、参加平台活动的文案,以及店铺内一些特殊优势介绍的文案等都可以使用。

6.3 美工图片的规范化

在视觉效果的提高过程中,规范化美工有助于平台整体水平的提升,也能提高自己店铺的美观性。这是一个长期而艰巨的任务,需要大家共同努力。

举一个通俗易懂的例子,如果自己开一个实体店,卖家可以按照自己的喜好或商品的种类去装修店铺。无论是红色的热情风格,还是蓝色的清新风格,都会使店铺给客户一种整齐划一和专业的感觉。但是,如果商场里的所有店铺都按照大家各自的风格去装修,那么对于商场整体来说,会给人一种杂乱的感觉。因此,统一规则图片环境、购买环境等,就能提升买家的视觉效果,同时对平台的整体感观也可带来巨大的提升。

对于一些基本的信息要注意一定的规则,如主图通常情况下采用正方形、店招采用长方形等。速卖通平台有"主图牛皮癣"工具,如图 6-7 所示。

主图牛皮癣是指商品主图中含有文字块,覆盖或干扰了商品主体的正常展示,影响了买家的购物体验。主图牛皮癣会影响商品的搜索表现,影响排名。速卖通平台对于视觉规范化已开始行动,因此卖家应该跟随平台的步调及时做出相应的调整。

第 6 章 视觉美工策略

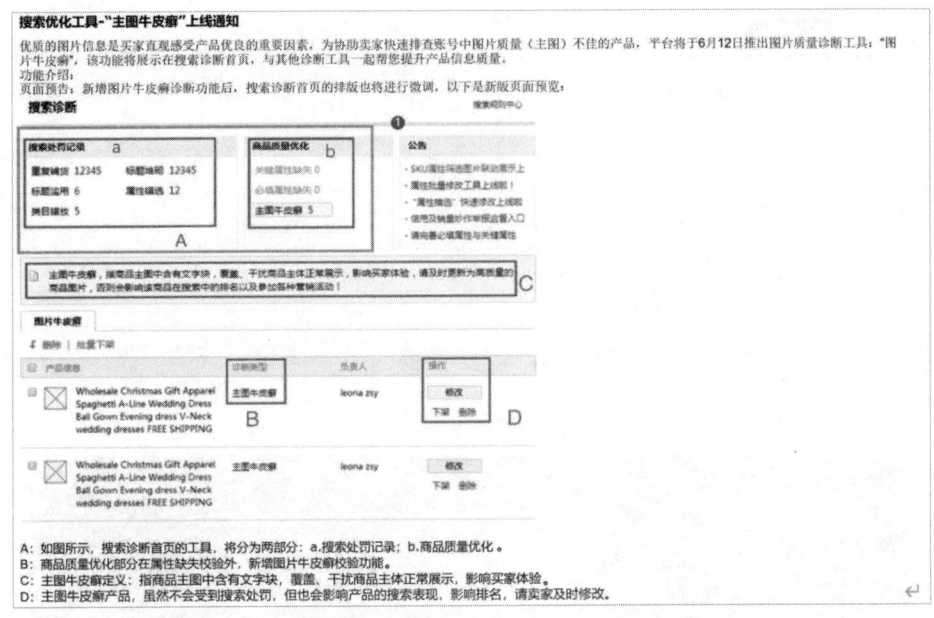

图 6-7 "主图牛皮癣"工具

6.3.1 图片尺寸

系统基础模块如图 6-8 所示。

模块名称	建议尺寸（宽×高）单位：px
店招	1200×500
轮播海报	960×400（100～600）
自定义板块	920×n （保证字符够用的情况下，不限）
侧边栏	180×n （保证字符够用的情况下，不限）
主图	750×750、800×800、960×960（建议 800×800 以上）
详情	750×n （n≤1500）

图 6-8 系统基础模块

系统的基础板块，与目前更新的第三方板块又有所区别，下面来看一下有哪些不同。店招，如图 6-9 所示。

图 6-9 店招

轮播海报，如图 6-10 所示。

图 6-10 轮播海报

149

第三方板块要求，如图 6-11 所示。

模块名称	建议尺寸（宽×高）单位：px
全屏店招	1290×150
全屏轮播海报	1920×n（n≤600）
轮播海报	1200×400
自定义板块	1200×n（保证字符够用的情况下，不限）
侧边栏	180×n（保证字符够用的情况下，不限）
主图	750×750、800×800、960×960（建议 800×800 以上）
详情	750×n（n≤1500）

图 6-11　第三方版块要求

全屏轮播海报，如图 6-12 所示。

图 6-12　全屏轮播海报

6.3.2　图片品质

前面已经了解了图片的大小，接着来看一下图片品质。关于图片品质，速卖通平台与国内电商平台有稍许差别，因为其面对的客户来自世界各地，因此打开速卖通店铺的速度也是千差万别的。但无论怎样，打开速度是一个不容忽视的因素。

那么，如何在打开速度与保证产品清晰度上取舍呢？建议选择产品图 80% 的品质，这样一方面会降低产品图的大小，另一方面也完全可以应对客户的购物体验。

6.3.3　其他

在其他方面需要注意视觉规范化的要求，如 Logo 的使用、团队名称的使用、规范化的命名等，这些要求有利于对产品图片的使用和再次寻找。

规范化的命名，便于对产品图片的使用和再次寻找。但是由于图片量大，一般很少有卖家去操作，这里介绍一个简单的方法可以快速修改大量图片的名称。

首先，利用 "Ctrl+A" 组合键选中所有的图片，如图 6-13 所示。

然后，按 F2 键对图片重命名，直接回车即可实现对所有产品图片的统一命名，如图 6-14 所示。

第 6 章 视觉美工策略

图 6-13 选中所有图片

图 6-14 对图片重命名

6.4 点爆广告图

无论是轮播海报、产品主图,还是直通车图,它们都是很重要的广告图,如图 6-15 所示,它们设计得好与坏甚至可以直接影响转化率。

图 6-15　广告图

6.4.1　主图设计

当客户在平台上进行搜索的时候,出现在他们眼前的就是产品主图。主图直接影响点击转化率。

目前,在速卖通平台上,主图可以大致分为 3 类。

1)白底主图,如图 6-16 所示。

白底主图的优势在于干净大气、简洁明了、主体突出,还有一点就是,便于卖家报名平台活动及参加大促等。

2)边框主图,如图 6-17 所示。

图 6-16　白底主图　　　　　　　图 6-17　边框主图

速卖通整个平台的底色都是白色的,边框主图刚好能利用这一点,在众多产品中起到聚焦的作用,便于客户发现,增加点击量。

3)背景主图,如图 6-18 所示。

背景主图作为一个色块,吸引力还是非常大的。但往往很多卖家在使用的时候,不容易准确把握尺度从而使其成了主图牛皮癣,进而影响产品的排名,如图 6-19 所示。

综上所述,卖家就应该明白自己的店铺大致应该用何种主图了,如果是报名活动款,则尽量用干净大气的白底主图,平时可以用一些简单的背景主图和边框主图以增加点击转化率。

同时,卖家也应当注意避免首图容易出现的一些误区。

- 主体很多,没有重点,画面杂乱,主体不突出。

- 图片很暗，导致主体不突出。
- 图片比例不一致，非正方形。
- 文字过多，遮盖主体。

图 6-18　背景主图

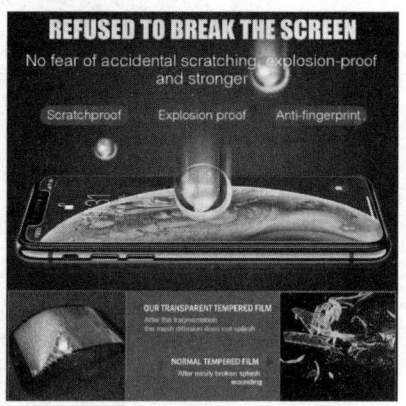

图 6-19　主图存在牛皮癣情况

6.4.2　海报设计

海报设计需要先根据大小来定义内容，如最新版的海报可以实现全屏轮播的效果，在设计的时候通常使用宽度为 1920px 的图片。但在这个时候就会出现一个问题，一些小的屏幕无法展示如此大的画面，产品主图会被切割甚至跑到屏幕之外，所以首先需要确定主图的位置。

全屏轮播海报主图一般控制在 1200px 以内，除此之外，其他的海报都可以按照标准海报的要求来设计。

对于一张标准海报来说，首先需要一个主标题，如图 6-20 所示。显而易见，该海报主要推的是 Wireless Charger 这款产品。

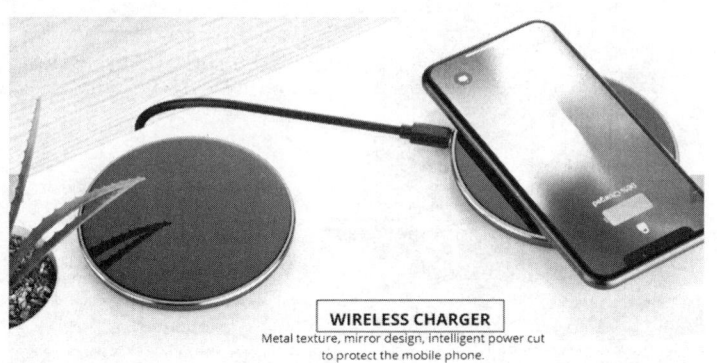

图 6-20　海报上含有主标题

此外，一张标准的海报还需要一个副标题和其他参数，如图 6-21 所示。副标题和其他参数主要是以打折促销为宣传手段，同时增加了假发的材质等，让客户能够直接通过海报了解产品的基本信息。

还有一点容易被卖家所忽略，就是客户在看到一个海报的时候，可能已经产生了购买的欲望，并且想要了解更多。但事实上，往往没有一个点去触发他们继续深入了解自身的需求，也就是缺少一个类似于"BUY NOW"或"SHOP NOW"等类似的"按钮"来触发客户继续了解，如图 6-22 所示。

图 6-21　海报上含有一个副标题和其他参数

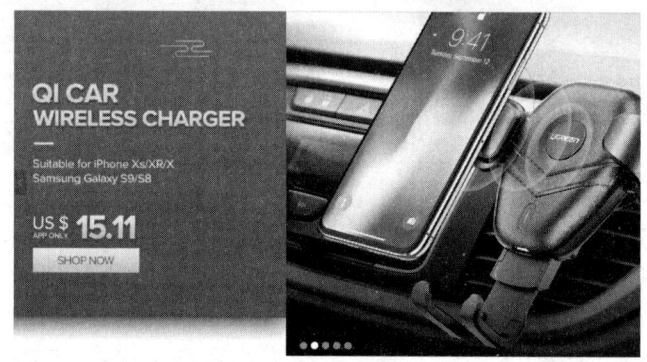

图 6-22　海报上含有触发客户继续了解的"按钮"

因此,在设计一款标准海报的时候,卖家还需要在海报上加一个能够吸引客户单击的"按钮"。

对于产品图摆放的位置,一般来说都会放在接近黄金分割线的地方,大约就是海报的 1/3 处,如图 6-23 所示。

图 6-23　产品图摆放位置

6.5　速卖通店铺装修基础操作

根据前面的内容,大家了解了视觉营销对于各个部分的重要性,接下来我们介绍如何将这些重要部分组合起来，并运用到速卖通店铺的装修中。

6.5.1 AliExpress 旺铺首页设计

每个平台在首页里都会有针对性的设计，速卖通也不例外。目前，速卖通平台在视觉营销方面，增加了更加开放式的功能板块。

基础模块包含店招板块、图片轮播板块、联系信息、收藏店铺、商品推荐区、自定义内容区等部分。第三方模块相对于系统模块更加丰富一些，包含新品上市、限时导购、自定义模块、全屏轮播、优惠券、分类导航等。

进入店铺中心，选择"商铺管理"→"旺铺装修"选项，然后单击"马上装修"按钮，如图 6-24 所示。

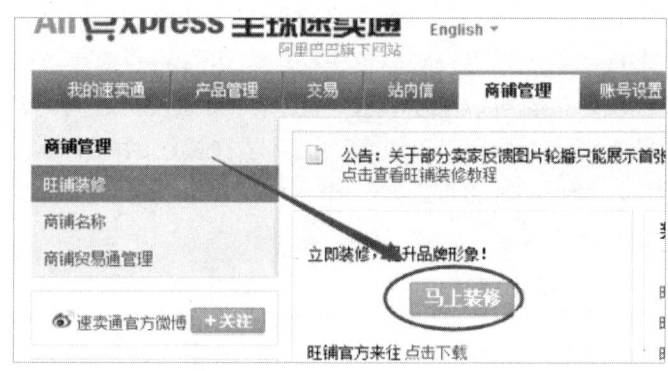

图 6-24　旺铺装修

进入装修页面后将鼠标移动到左上角的"装修"按钮，选择"样式编辑"选项。在装修旺铺之前，先要从整体上设定一个主色调。在基础模块中，只有 4 种色调样式可供选择，分别是湖蓝、蓝色、红色和棕色，卖家可以选择其中任意一种色调，选好后单击"保存"按钮。

在选取主色调的同时，应当考虑色彩是否符合产品或主要销售市场。几种常用的选色方式：第一，基于产品选色；第二，基于产品定位人群选色；第三，基于概念性选色。下面举几个例子讲解一下。

- 当产品有一定的统一度，颜色也大致相近时，可以选中产品中的色彩来做首页。
- 当产品有一定的统一度，颜色也大致相近时，可以选其为主色调。
- 当产品颜色很多，比较杂乱的时候，可以用概念取色。比如，节日期间发布的海报应该如何取色呢？如果这款产品是在节日中使用的，而节日一般是比较温馨、浪漫的，则可以用温馨的粉色。在确定了粉色后，再从速卖通后台样式中选取一个较接近粉色的颜色——红色来呼应主题。

6.5.2 店招设计

店招位于首页装修页面的上面。店招是一个店铺的招牌，也是展示店铺形象的一个模块，它的重要性不言而喻。

将鼠标放在"店招模块"，右上角就会出现"编辑"按钮，单击"编辑"按钮可以看到关于店招模块的规格参数。店招模块的高度为 100～150px，宽度为 1200px，图片大小不能超过 2MB。店招允许加入一个链接，可以是首页、产品组或其他任何单一产品。卖家可以根据店铺的需要，交替使用首页链接、活动链接、产品链接等，以此达到高效利用店招的目的。

从店招整体设计角度来考虑，店招更适合使用 150px 高度的图片。从感官上来说，店招使用高度为 150px 的图片会使店铺显得略为大气，高度为 100px 的图片会使店铺显得有些局促。

在店招中可以放上店铺名称、公司名称和产品信息等内容，如图 6-25 所示。

图 6-25　店招设计

6.5.3　图片轮播模块

图片轮播模块位于首页主区内，是一个非常重要的产品展示模块，它将多张广告图片以滚动轮播的方式进行动态展示，可以更直观、更生动地表达商品的特点。在首页主区可以重复添加最多六个图片轮播模块，位置可以上下调整，方便与其他模块之间的互相搭配。

单击模块右上角的"编辑"按钮，可以看到图片轮播模块的规格参数。一个图片轮播模块最多可以添加 5 张图片，每张图片可以添加一个相应的产品链接，如图 6-26 所示。

图 6-26　添加图片轮播模块

在不同图片轮播模块中，可以灵活设置图片的高度，而在同一个图片轮播模块里的图片大小一定要统一。例如，上面的图片尺寸是 960px × 400px，那么在这个轮播模块中其他 4 张海报图片也应当设置成同样的大小。在首页下面还可以添加另外的图片轮播模块，而这个就可以用 5 张尺寸为 960px×150px 的图片。这样排列会使页面更具灵活性，也能更好地展示卖家不同的产品。

6.5.4　商品推荐模块

商品推荐模块使用起来效率比较高，缺点是结构相对单一。但是，如果能配合图片轮播和自定义内容区的应用，就可以很好地展示店铺中的商品。一个店铺最多可以添加 5 个商品推荐。

单击商品推荐模块右上角的"编辑"按钮，可以看到更多的参数。

商品推荐模块直接使用商品首图，因此所选择的商品首图一定要整洁，尽量和店铺整体装修风格一致，不要破坏店铺的整体性。商品推荐模块可以选择一行 4 个或 5 个商品的排列方式，如图 6-27 所示。

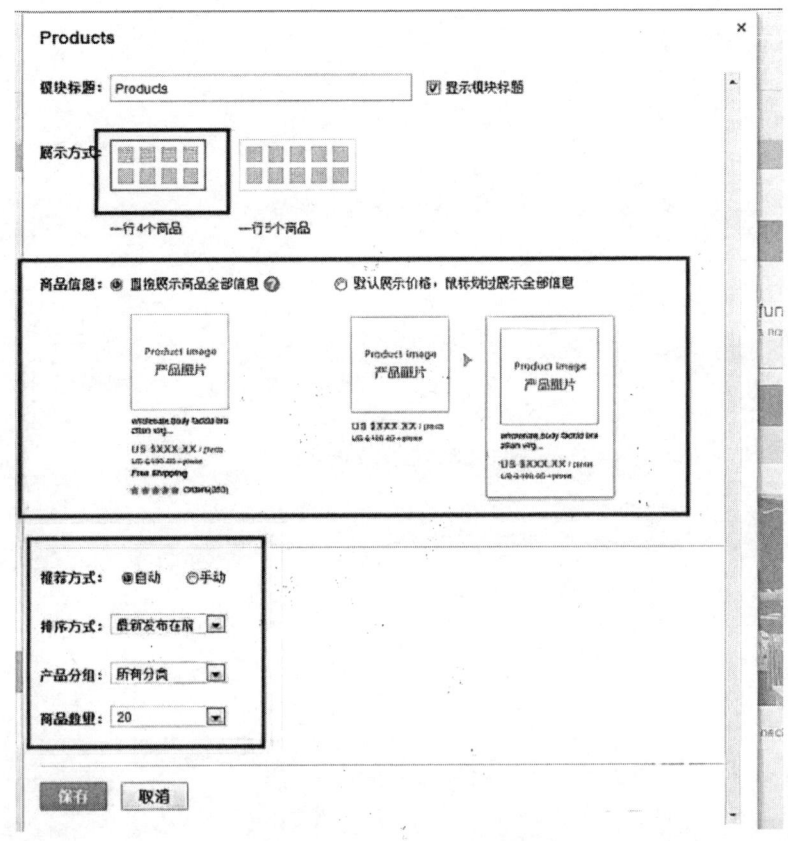

图 6-27　添加商品推荐模块模板

有很多卖家在平台系统装修的时候，发现系统默认的侧边栏的 Top Selling 不见了，我们可以在商品推荐模块中重新将其调出来。

在侧边栏中添加一个商品推荐模块，其中推荐方式选择"自动"选项，在排序方式那里选"按销量降序排列"选项，便会重新调出 Top Selling 模块。同样，还可以按照产品分组添加分类产品的 TOP 排行榜。

6.5.5　自定义内容区

如果把旺铺装修看作一个王冠，那自定义内容区就是这个王冠上的宝石。自定义内容区排版灵活，可以更好地实现卖家的运营思维、生动地展示产品和店铺，甚至能使店铺上升到艺术的层次，提升买家的购物欲望。

自定义内容区中的内容并不局限于产品，还可以添加产品分组，从而引导买家进行下单，做一个良好的"导购员"，如图 6-28 所示。

同一个店铺最多可以添加 5 个自定义内容区，同一个自定义内容区内的字符不能超过 5000 个。

自定义内容区的应用非常广泛，语言栏也属于自定义区中的内容，如图 6-29 所示。

图 6-28　自定义内容区

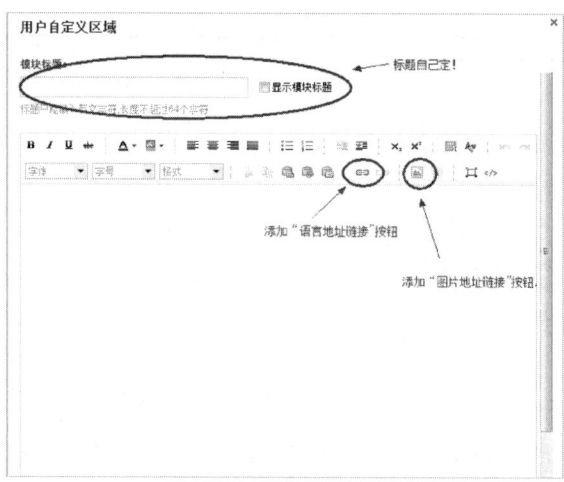

图 6-29　自定义标题、语言、图片

基于语言或国家链接代码如下所示：

意大利：http://it.aliexpress.com/store/123456（用自己的店铺编号替换，下同）

韩国：http://ko.aliexpress.com/store/123456

阿拉伯：http://ar.aliexpress.com/store/123456

德国：http://de.aliexpress.com/store/123456

西班牙：http://es.aliexpress.com/store/123456

荷兰语：http://nl.aliexpress.com/store/123456

日语：http://ja.aliexpress.com/store/123456

法语：http://fr.aliexpress.com/store/123456

葡萄牙语：http://pt.aliexpress.com/store/123456

俄语：http://ru.aliexpress.com/store/123456

泰语：http://th.aliexpress.com/store/123456

越南语：http://vi.aliexpress.com/store/123456

（1）自定义内容区的规格

自定义内容区中的图片宽度最大为 920px，高度不限，但建议不要超过 30px，一是因为图片太高会影响网页的打开速度，二是因为字符数太多容易超出规定限制，模块管理如图 6-30 所示。

图 6-30　模块管理

（2）自定义导航

登录卖家后台，选择"店铺"→"店铺装修及管理"→"进入装修"选项，打开"进入装修"页面，在当前"页面编辑"页找到"页面导航"字样，单击"编辑"按钮，卖家便可开始自定义导航了，如图 6-31 所示。

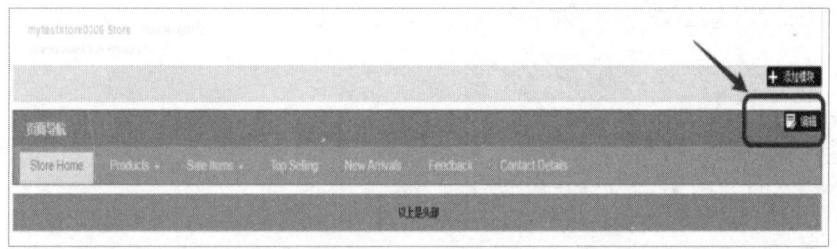

图 6-31　自定义导航

在进入编辑页面时，除系统固定导航文案[如 Store Home、Products、Sale Items、Top Selling、Feedback、Brand Story（官方店）]不支持编辑及删除外，其他内容项均可支持自由删除、展示位置调整等自定义操作，如图 6-32 所示。

图 6-32　编辑页面导航

系统分组设置说明：卖家可以选择添加一个产品分组，或者一个产品分组的部分子分组加入导航菜单里，最多可以添加两个自定义导航栏目，如图6-33所示。添加完成后单击"确认"按钮。

图 6-33　添加产品分组

自定义模块是高级旺铺在装修中比较常用的，使用起来非常灵活，可以放图片，也可以放文字，但比较难上手，需要配合Photoshop的切片工具和Dreamweaver编写代码工具共同来实现。

6.6　速卖通店铺装修第三方模块

第三方模块的出现，为整个速卖通平台在视觉营销方面带来了巨大的提升。它的灵活性、开放性非常好。下面介绍第三方模块的使用方法。

6.6.1　全屏海报

全屏海报使得店铺整体视觉效果提升了一个档次，能清晰、大气地展示自己店铺所出售的产品。

打开全屏海报的编辑页面，将图片的URL地址赋值粘贴在"图片地址"框，赋值产品链接地址粘贴在"链接地址"框，操作简单明了，在"页面背景"一栏中，还可以制作一个宽度为1920px的全屏背景。

6.6.2　广告墙

广告墙是一个已经确定了大小的板块，只需要按照板块的要求，制作出相应大小的图片即可。一般来说，卖家会选择两张不同角度的图片，当鼠标滑过的时候第二张图片会替换第一张。

6.6.3　分类导航

分类导航便于及时对关键词做出调整，提高工作效率的同时还能方便客户查找，因此如何利用好分类导航是需要关注的一个重点。

把关键词列为1、2、3……的顺序，用符号"|"隔开，如此完成子类名的填写，再来加入子类链接……依次类推，就可以达到最终的效果。

6.6.4 自定义模块

自定义模块可以放入自主设计的切片内容,前面的基础板块自定义部分,图片宽度为 960px。第三方板块提供的是自定义模板,可以将图片宽度设计为 1200px。

从后台的编辑中可以看出,之前基础板块中的工具没有了,所以只能借助 Dreamweaver 等软件将编辑好的代码全部复制,再进行粘贴。

首页出现的功能板块有很多,如能充分利用就可以为自己的店铺增加多彩的元素。

6.6.5 产品信息模块

产品信息模块是一种新的管理产品信息的方式,可以为产品信息中的公共信息(如售后物流政策、活动信息、关联营销等)单独创建一个模块,并在产品中引用。如果需要修改这些信息只需要修改相应的模块,所有使用这个模块的产品中的信息全部会自动更新。

模块除了可以放置公共信息,还可以放置关联产品、限时打折产品等。

速卖通产品信息模块分为两种:一种是自定义模块,另一种是关联产品模块。

关联产品模块就是平台提供给卖家的关联营销模板,其操作非常简单,只要选择添加产品即可,但缺点是模块限定最多只能放 8 个产品,分两行,每行 4 个,样式也是比较单一的。

而自定义模块一般用来放一些重复的信息内容,如卖家关于支付、物流、售后服务的一些信息,这样的信息在每个产品详情页都会重复添加,所以放在自定义信息模块中,只要在描述中插入模块即可实现统一管理。但是,自定义模块的更高级用法就是可以用来制作关联营销模板,起到和关联产品模块一样的作用,模块化的设置也方便实现统一管理。此外,更重要的是可以设计自己想要的样式,添加更多的产品。

速卖通如何利用产品信息模块制作关联营销模板呢?下面具体介绍制作过程。

1)首先,设计要做的关联营销模板框架,每个人可以根据自己的实际情况去设计。这里推荐的是 8+1 模式,即 8 款产品图加一个海报图,如图 6-34 所示。图片宽度建议为 960px,高度自定,具体形式可以按照自己的店铺风格设计。

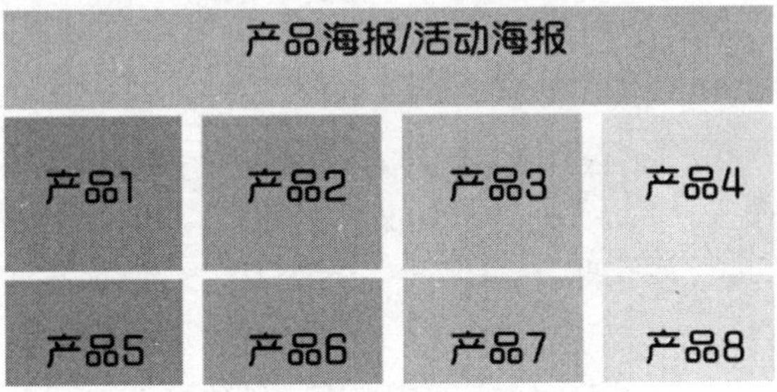

图 6-34 设计关联营销模板框架

2)设计好框架,就在 Photoshop 中将做好的产品图和海报图排列好,再进行切片。需要将每一个要加链接的图片切片出来,并保存成 web 要求使用的格式,如图 6-35 所示。

3)图片做好后,在产品信息模块中新建一个自定义模块,并将切片图片导入,调整图片位置,如图 6-36 所示。

4)单击选中图片,再单击编辑器工具栏上的"超链接"图标,为每个图片添加对应的链接即可,如图 6-37 所示。

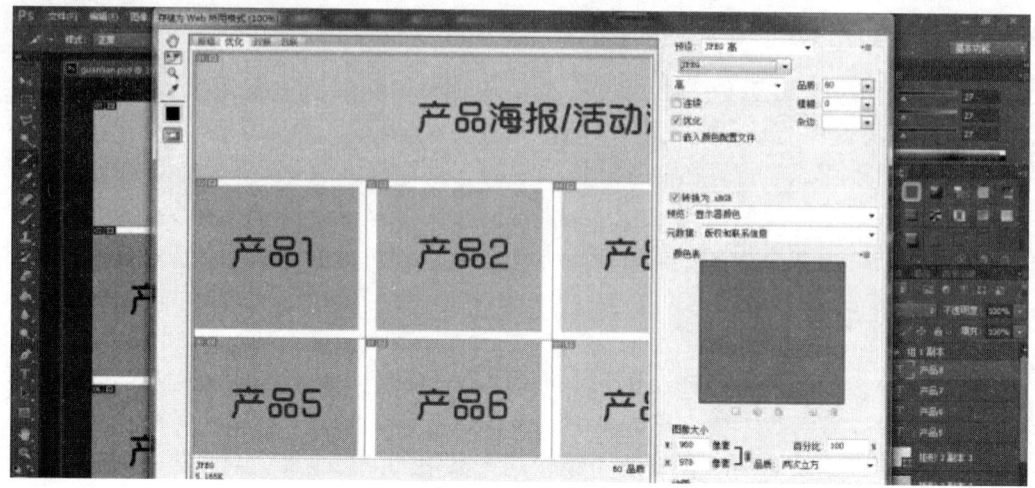

图 6-35 使用 Photoshop 对图片进行加工

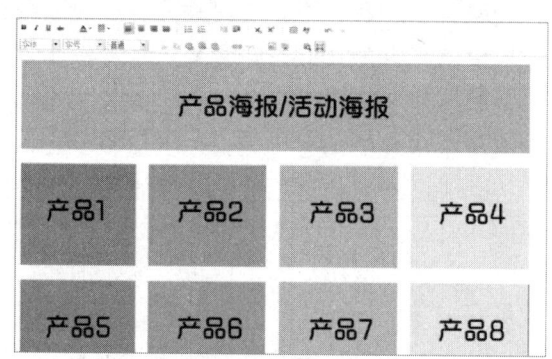

图 6-36 调整图片位置

图 6-37 为每个图片添加链接

自定义模块限制最多 5000 个字符，添加产品链接时尽量缩减链接长度，不要使用带产品标题的链接，这样才能添加更多的关联产品。例如，某产品品牌是 A-B，店铺 ID 是 12345，产品 ID 是 54321，那么可以访问的产品链接为：https://www.aliexpress.com/store/product/A-B/12345_54321.html。

输入完毕单击"确定"按钮即可，这样一个速卖通关联营销模板就做好了，发布产品的时候直接将这个模块插入描述中即可。如果需要修改可直接在模块中修改，即可同步到所有添加了这个模块的产品详情中。

细心的卖家会发现，在这个自定义模板中没有展开代码的按钮，那如何将自定义的模板添加进去呢？可以将做好的切片代码上传到发布产品页面——产品详情的内部，等转换成图片之后，再将整体图片复制过来，如此就可以实现前面的要求了。

课后习题

一、多选题

1. 全屏店招建议的尺寸为（　　）。
   A．1920px×150px　　B．1200px×400px　　C．800px×800px　　D．1200px×800px
2. 图片轮播模块的高度是 100～600px，宽度是（　　）px。
   A．100　　　　　　B．520　　　　　　C．960　　　　　　D．760px
3. 关于旺铺主图，以下描述正确的是（　　）
   A．主图是客户在列表页看到我们产品的第一张图
   B．主图就是一张图片，不需要在意
   C．制作主图时要重点突出主产品
   D．产品大小比例按照 61.8%黄金分割点来占比和布局
4. 在发布产品时，通过哪些模块的描述可以提高产品专业度？（　　）
   A．结构化文字，可以便于买家阅读
   B．参数表格，可以体现产品重要的参数细节
   C．细节图片，可以把产品重要的细节展现出来
   D．以上都不对

二、判断题

1. 网店视觉营销是营销里面必不可少的营销手段之一，是利用色彩、图像、文字等造成冲击力以吸引潜在客户的关注，由此增加产品和店铺的吸引力，从而达到营销制胜的效果。
（　　）
2. 在视觉营销中，文案对图片起到一个辅助的作用。我们经常所说的图文并茂，也正是这个意思，其中最快的方法就是直接使用其他店铺的图片。（　　）
3. 主图牛皮癣是指商品主图中含有文字块，覆盖或干扰了商品主体的正常展示，影响了买家的购物体验。（　　）
4. 主图的好坏会影响搜索表现，但是不会影响排名。（　　）
5. 店招模块的高度为 100～150px，宽度为 1200px，图片大小不能超过 5MB。（　　）

三、简答题

1. 做视觉营销的好处是什么？
2. 如何进行视觉营销设计？

第 7 章 客服服务

与客户沟通不畅是在线访客流量不能转化为订单的关键因素,这是大多数做电商的商家最直接的体会。作为电商企业营销的"临门一脚",沟通环节在交易达成之前发挥着重要的作用——前面的工作做得再好,流量和线索再多,在与客户沟通不畅的情况下也很难将其转化为订单。速卖通平台的优势决定了商家在交易中要采用与以往不同的沟通方式。

7.1 跨境电商的沟通技巧

像速卖通这样的 B2C 零售平台针对的主要是一些终端消费者,其次是一些小型的零售商。在众多终端消费者中以年轻人为主,当然,也不乏一些愿意尝试跨境网购的中老年人。那么,我们就会面临一个问题:怎样才能了解客户在使用速卖通平台中遇到的困难呢?帮助他们去了解、熟悉这个平台,也体现了良好的客户服务态度,同时也是和客户建立起信任关系的重要阶段。

7.1.1 了解海外客户的沟通习惯

有的人说,国外的 B2C 网站比国内的成熟很多,大部分客户都有网购经历,卖家还要跟客户讨论和研究操作平台吗?为了解答这个疑问,先来看一个对话,图 7-1 所示为客户与卖家之间的对话。

friend, could you use your computer,could you see the canclation button?

hello u there

I just miss you call, how can I cancel it?

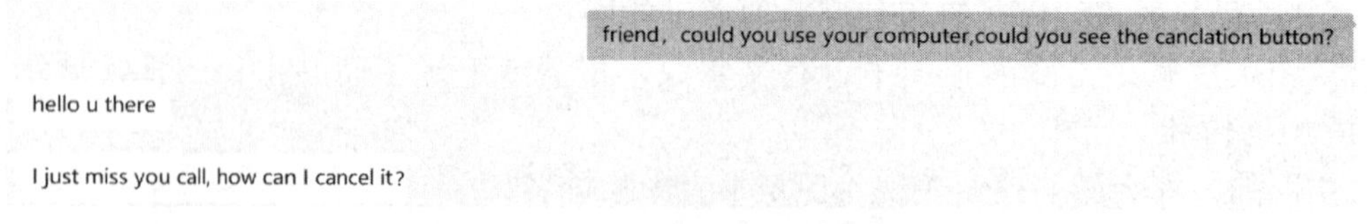

图 7-1 客户与卖家之间的对话

从下往上看,客户提了一个问题:"how can I cancel it?"

这个客户重复下单,想要取消一个,但是他又不知道该如何取消。卖家在邮件里详细地介绍了取消订单的步骤,又打电话询问客户是否操作成功。经过卖家贴心完整的服务之后,客户给了卖家五星的好评。

看到这里,可能大家会有这样的感触:原来顺畅的沟通、贴心的服务能够避免很多的纠纷和差评。最重要的是,原来很多客户是不了解平台的操作的,用英文向他们解释如何解决这些问题就显得非常重要了。

首先,看看买家的账户页面都有什么内容,如图 7-2 所示。

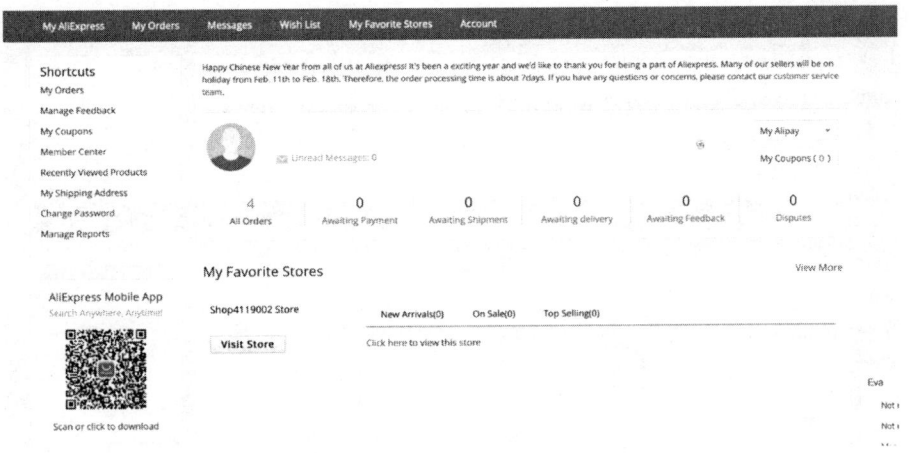

图 7-2 买家的账户页面

客户进入自己的账户之后会看到以下六个部分的内容。

第一个部分是 My AliExpress。

在这个部分，客户可能遇到以下问题。

问题 1：I have placed my order, but I was out of the payment page, what should I do now? I can not find my order, do I need to replace a new one?

问题 2：How to confirm the delivery?

问题 3：Where is my order? I had paid already.

下面给出问题 1 的回答，那么，大家对于类似问题就知道该如何回答了。

回复：Don't need, my friend. You had placed your order，please go back to your account, and find the button "My AliExpress", then click it, you will see the button "payment required", your unpaid order is in it.

了解了客户的账户操作平台，我们才能用流畅的沟通去解决客户的问题。

第二个部分是 My Oders，图 7-3 所示为客户订单页面。

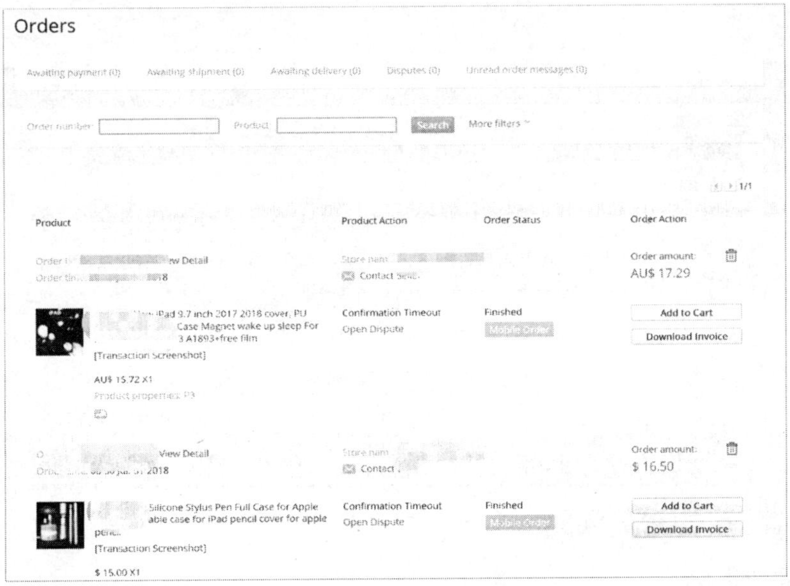

图 7-3 客户订单页面

第三个部分是 Messages，这个部分其实就是客户的站内信版块。在这里需要注意的是，对于商家无法解决的问题，推荐客户去使用海外的客服中心 Eva。

第四个部分是 Wish List，图 7-4 所示为客户心愿清单页面。

图 7-4　客户心愿清单页面

在这个部分，商家可以提醒客户其心愿清单里面的一些商品可能要到支付期了。

如果客户把商品放入购物车是因为当时有折扣，那么可以添加邮件提醒，提醒客户回头购买。

第五个部分是 My Favorite Stores，我最喜欢的店铺。

第六个部分是 Account，图 7-5 所示为账户设置页面。

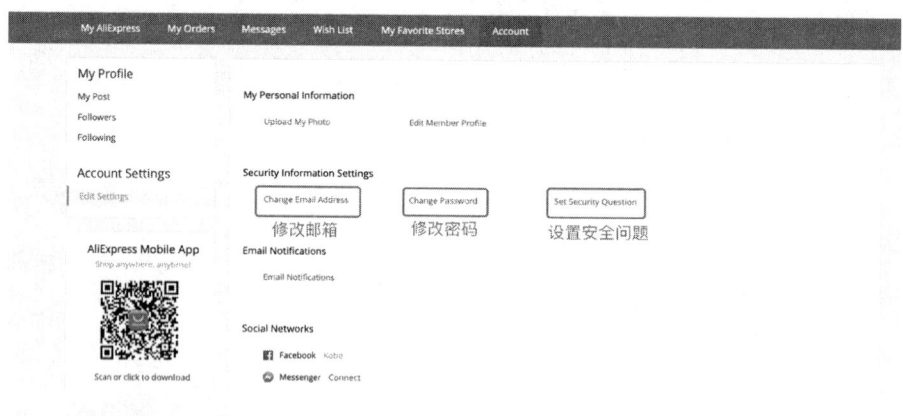

图 7-5　账户设置页面

以上就是客户操作页面的全部内容了，通过了解客户的账户操作平台，我们应该有两点认识：第一，应该在培训客服的时候，让所有售前、售后人员全面了解速卖通海外客户的账户操作平台；第二，要重视语言使用的准确性和指引性，在第一时间给客户留下一个好的印象。

7.1.2　售前、售后的常见问题

（1）无法完成下单

例如，客户进入图 7-6 所示的页面，但是无法完成单击"Buy Now"按钮和"Add to Cart"按钮。

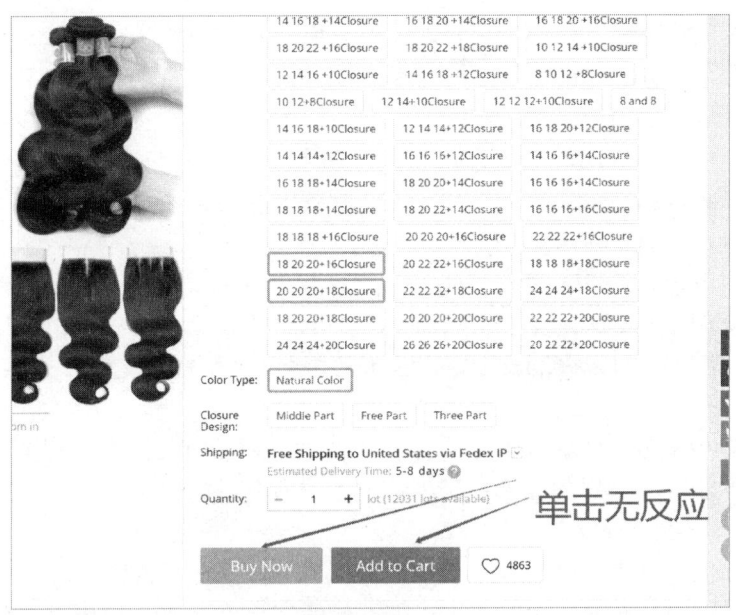

图 7-6　单击"Buy Now"按钮和"Add to Cart"按钮无反应

部分客户登录手机客户端选购产品，所以有些提示是看不到的，这个时候就应该想到是否是因为这个原因导致无法完成下单的，如图 7-7 所示。

图 7-7　无法完成下单的原因

（2）没有需要的尺寸或颜色，如何下单

有的客户会问这样的问题："I want right color, but there is no on there, what should I do？"

对客户的这种需求，商家通常会说："Dear customer, you can place your order first, and leave us the message like: I want _____ color. We will customize the color for you. But the price of customized products is different. We will adjust the price. After we change the price, you can make the payment."

大部分人认为买家会明白该如何操作了，但实际上还有买家会问："Sorry, I am confused, what should I do？"这个时候商家要进一步解释说明："Place the order but stay at the payment page, after I tell you pay it and you see the price has changed to the price I told, then put your bank information on the payment."

这样说明后，买家就知道该如何操作了，也不会对修改价格有任何疑问了。这里需要提醒的是，在修改价格之前，商家一定要和买家沟通好，否则会有变价销售的嫌疑，买家不理解你的行为，后期可能去平台上投诉。

（3）付款问题

① 速卖通的付款方式。

目前，平台支持买家通过信用卡（分人民币通道和美元通道）、WebMoney（简称"WM"）、T/T 汇款、西联汇款、Qiwi wallet 等几种方式进行付款。

2）买家付款不成功，该如何解决？

先要询问一下付款不成功的原因，常见情况如下。

一是买家用 Business card（商务卡）支付。商务卡目前在速卖通是无法支付成功的，所以可以建议买家换卡。

二是买家信用卡未开通 3D 密码。此时，建议买家联系发卡行开通 3D 密码。偶尔碰到发卡行不支持 3D 密码服务或没听说过 3D 密码的（Visa 的 3D 密码叫 Verified by Visa，即 VBV；MasterCard 的 3D 密码叫 MasterCard SecureCode），建议买家更换支付方式。

3）关于线下交易。

在上述问题解决之后，如果还是无法成功付款，有些买家可能就想使用 PayPal 进行线下交易，但平台规定不能进行这样的操作，请勿引导客户使用。

4）为什么订单会被关闭？

为了保证交易的安全性，同时为了保障卖家的利益，降低后期因为盗卡等原因引起的买家拒付风险，平台会在 24 小时内对每一笔买家支付的订单（尤其是信用卡支付的订单）进行风险审核。如果监测到买家的资金来源有风险（如存在盗卡支付），支付信息将无法通过审核，订单就会被关闭。

若订单资金审核不通过，那么不会影响卖家的账户。订单被关闭后，无法重新开启。平台会通知买家申诉，如果买家提供的证明审核通过，就可以让他重新下单付款了。

下面是关于无法完成付款的原因解答（英文版）。

Why did my payment fail?

If your payment for an order has failed, please check it is not due to the following situations.

Card security code failed.

Please note that an incorrect card security code could cause payment failure. Card security code is the three numeric codes on the back of your credit card. Please verity that you have entered the correct card security code and try again.

Insufficient fund.

If you meet the insufficient fund error log when you make payment by credit card, please make sure that you have sufficient funds in your account and that payment for your order does not exceed your credit limit.

Please also make sure you have used a Visa or MasterCard personal credit card finish payment, because at present debit card or business card is unable to be supported.

The credit card type that accepted.

When you choose Visa and MasterCard payment methods, please make sure your Visa or MasterCard is a personal credit card. The following types of credit cards are currently unable to be accepted: charge cards, business commercial cards, Visa and MasterCard debit card.

Exceed limit.

Please make sure the order amount does not exceed your credit card limit or the payment is unable to go through smoothly.

The 3-D security code failed.

Please make sure that:

Your credit card should be authorized by your credit card issuer to make an online payment by activating 3-D Security Code.

Your credit card has activated 3-D Security Code. If you have not activated 3-D Security Code, please contact your card issuer with this issue.

The 3-D Security Code for Visa is called Verified by Visa(VBV) and for MasterCard is called MasterCard SecureCode.

站内信模板：

（1）已妥投，希望卖家留好评

Dear friend, thanks for your order, we checked your package that has been delivered, hope you like it and had a good shopping experience in our store, suggest you can add our store to your favorite stores, it's easy to find us next time.

If you are satisfied with our products and service, would you please give us 5 star positive feedbacks better with your comments? Next time when you order please leave us "last order number is ×××× and send extra gift", then we will send you extra gift.

Also it's a good way to share and click "B+1 in VK website" and "Pin It by Pinterest" under the products link main picture.

If you are not satisfied please contact us, we would like to solve the problem with you.

Your supporting is our motivation to do better, thanks very much! Welcome shopping again next time ^_^.

（2）买家主动告知已收到货物

Dear valued customer, thank you for shopping in our store, we hope you are enjoying your purchase! Your shopping experience is very important to us and our business. We would like to invite you to leave positive feedback on our products and service. It only takes a moment, but it's a great way to help others make purchases like you! If you are unsatisfied with any aspect of our service, please contact us first so we can try to resolve your problem. Thank you for your custom, and we look forward to providing you with the best buying experience again on AliExpress!

Yours sincerely,

××××

7.1.3 提高客户体验

跨境电商如何为客户创建绝佳的购物体验，同时又能保持销量和利润同增长呢？以下这7个细节，别忽略。

1）整理商品页面。每周更新商品展示区，突出显示促销商品，而不只是用一颗星或闪光广告字体标识。

2）每天浏览销量、价格和买家数据。根据这些数据，每周调整一下网站或店铺。

3）每周进行一次促销，安排在周四最好。"天天低价"这种活动对于网店来说效果不好，客户在网上更容易被特价和促销吸引。

4）调查新客户和回头客对于每周促销活动的反应。每周进行调整，以此来吸引新客户，或激励回头客下单。

5）大幅折扣清仓活动要清楚而且有针对性，每年最多两次。如果一些商品需要通过大幅折扣来清仓，那么以后就不要再卖这类商品了。

6）针对高价值的商品订单，可提供一些额外优惠，例如，赠送一个小礼物或相关配件打折。

7）物流方面尽量与竞争对手"保持一致"。如果你所在的行业大部分商家都提供免运费服务，你最好也提供。将运费折算到商品的价格中，然后努力提供优质商品和服务来留住客户。

7.2 信用评价

对于电子商务平台来说，与客户建立信任关系是很重要的。大多数电子商务平台的信用评价体系都很严格、很完善，只有更多的客户及时给予好的评价，卖家店铺的转化率才能更高。

7.2.1 速卖通信用评价的规则

速卖通平台的评价分为信用评价及卖家分项评分两类，如图7-8所示。

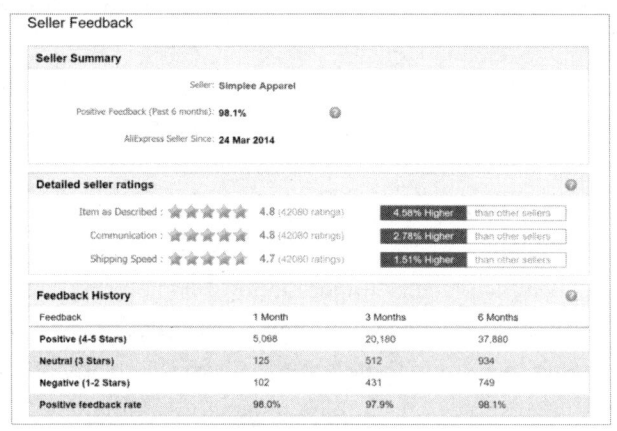

图7-8 信用评价及卖家分项评分

信用评价是指交易的双方在订单交易结束后对对方信用状况做出的评价。信用评价包括五分制评分和评论两部分。

卖家分项评分是指买家在订单交易结束后以匿名的方式对卖家在交易中提供的产品描述的准确性、沟通质量及回应速度、物品运送时间的合理性三个方面服务做出的评价，是买家对卖家的单向评分。

对于信用评价，买卖双方可以进行互评，但卖家分项评分只能由买家对卖家做出。

1）所有支付成功的订单，在订单成功或关闭后30天内买卖双方均可评价。以下两种订单除外：买家选择T/T付款，但最终未获卖家确认的订单；因风险原因自动关闭或速卖通人工关闭的订单。

对于信用评价，如果双方都未做出评价，那么该订单就不会有任何评价记录；如果一方在评价期间内做出评价，而另一方在评价期间内未做出评价，那么系统也不会给评价方默认评价。对于卖家分项评分，如果买家在订单评价期间内未对卖家进行分项评分，那么该订单就不会有卖家分项评分记录；卖家分项评分无默认评价的情形。

2）以下三种情况不论买家留好评或差评，都不计算好评率、差评率及评价积分。

① 因未收到货而产生纠纷，买家提起退款后，卖家同意退款协议，不管后续款项如何分

配,买家如何评价,都不计算好评率、差评率及评价积分。

② 纠纷订单将未收到货原因提交至平台仲裁后,可能出现的各类情况有买家撤诉、卖家与买家仲裁再协商结案、平台判决卖家责任(全额退款)、平台判决买家原因(部分或全部放款给卖家)。

③ 买家提交纠纷后(原因为货物在途的除外),卖家5天内未响应的订单,不管后续款项如何分配,买家如何评价,都不计算好评率、差评率及评价积分。

评价档案包括近期评价摘要(会员公司名、近6个月好评率、近6个月评价数量、信用度和会员起始日期)、评价历史(过去1个月、3个月、6个月、12个月及历史累计的时间跨度内的好评率、中评率、差评率、评价数量和平均星级等指标)和评价记录(会员得到的所有评价记录、给出的所有评价记录及在指定时间段内的指定评价记录)。

好评率=6个月内好评数量÷(6个月内好评数量+6个月内差评数量)

差评率=6个月内差评数量÷(6个月内好评数量+6个月内差评数量)

平均星级=所有评价的星级总分÷评价数量

卖家分项评分中各单项平均评分=买家对该分项评分总和÷评价次数(计算结果四舍五入)

3)对于信用评价,卖家对买家给予的中差评有异议的,可在评价生效后30日内联系买家,由买家对其评价进行修改;买家可在评价生效后30日内对自己做出的该次评价进行修改,但修改仅限于中差评改为好评,且修改次数仅限1次。

4)对于信用评价,买家对卖家给予的中差评有异议的,可在评价生效后30日内联系卖家,由卖家对其评价进行修改;卖家可在评价生效后30日内对自己做出的该次评价进行修改,但修改仅限于中差评改为好评,且修改次数仅限1次。

买卖双方也可以针对自己收到的差评进行解释。

5)对于卖家分项评分,一旦买家提交,评分即时生效且不得修改。若买家信用评价被删除,则对应的卖家分项评分也随之被删除。速卖通有权删除评价内容中包括人身攻击或其他不当言论的评价。速卖通有保留变更信用评价体系(包括评价方法、评价率计算方法、各种评价率等)的权利。

以上所有关于速卖通的评价积分规则都是和店铺经营指标密切相关的,我们结合一些实例来看看,图7-9所示为等待买家评价的订单页面。

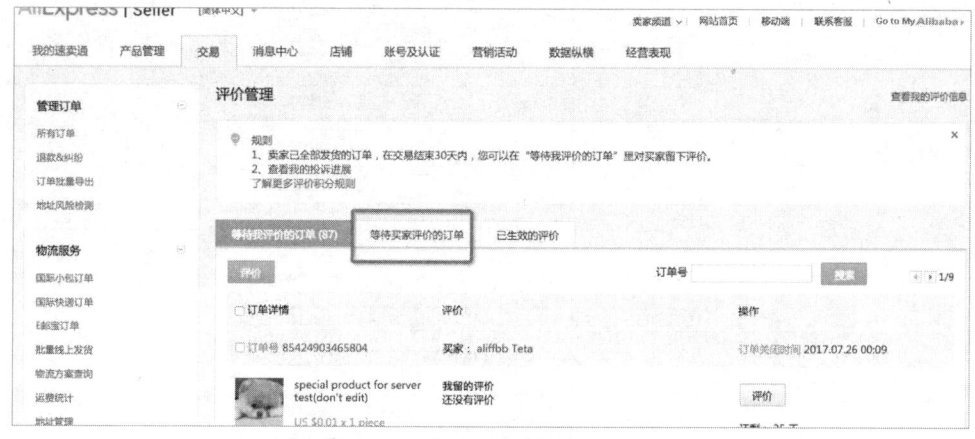

图7-9 等待买家评价的订单页面

一般来讲,卖家进入"评价管理"后台之后会看到"等待我评价的订单""等待买家评价的订单""已生效的评价"的页面。单击"已生效的评价"按钮之后,会看到最近所有的订单的评价。也可以根据需要去寻找中评和差评的订单。速卖通的规则是卖家在收到买家进行评价的邮件之后，先对买家评价，然后才能看到买家给予自己的反馈。

卖家如果收到差评，应该及时联系买家，看看是否有回转的余地，平台支持卖家去自行解决差评问题。

卖家如果收到的是中评或好评，就采用 Feedback 营销策略，回复买家的评价。卖家这样做的好处显而易见：首先，能够让给予好评的买家有再次购买的欲望，因为卖家有贴心完整的服务；其次，能够让新客户放心下单购买。那么，对于实在清除不了的差评，卖家该怎么办呢？是放任不管吗？当然不是，卖家应该有理有据地说明原因，还要在回复中表明自己接受买家的意见，并承诺在将来做得更好。

在这个环节卖家往往会忽略一些功能，例如"等待买家评价的订单"里的"催评"功能。如何使用这个功能，以及如何在详情页里面加入让买家有评价欲望的内容？单击"催评"按钮之后，我们会直接进入该订单的留言板。

可以留下这样一段话：

Dear friend, thank you very much for your order! We are looking forward to do more business with you, if you have any question, please feel free to contact us directly, our telephone number is ××××××××, we will give you the best service. We would be appreciated if you can leave positive feedback. Have a great day!

有人会问，为什么还要去催买家给予评价呢？这是因为在信用评价中，买家给卖家不同星级的评价，同时根据订单的金额大小，卖家能得到不同的积分。

除以上情况之外的评价，都会正常计算商品/卖家好评率和卖家信用积分。不论订单金额，都统一为：好评+1，中评 0，差评-1。

速卖通卖家所得到的信用评价积分决定了卖家店铺的信用等级标志，具体标志及对应的信用评价积分如图 7-10 所示。

Level	Seller	Buyer	Score
L1.1.	🛎	🛎	3-9
L1.2.	🛎🛎	🛎🛎	10-29
L1.3.	🛎🛎🛎	🛎🛎🛎	30-99
L1.4.	🛎🛎🛎🛎	🛎🛎🛎🛎	100-199
L1.5.	🛎🛎🛎🛎🛎	🛎🛎🛎🛎🛎	200-499
L2.1.	♦	♦	500-999
L2.2.	♦♦	♦♦	1000-1999
L2.3.	♦♦♦	♦♦♦	2000-4999
L2.4.	♦♦♦♦	♦♦♦♦	5000-9999
L2.5.	♦♦♦♦♦	♦♦♦♦♦	10000-19999
L3.1.	♛	♛	20000-49999
L3.2.	♛♛	♛♛	50000-99999
L3.3.	♛♛♛	♛♛♛	100000-199999
L3.4.	♛♛♛♛	♛♛♛♛	200000-399999
L3.5.	♛♛♛♛♛	♛♛♛♛♛	400000 分以上

图 7-10　信用等级标志对应的信用评价积分

因此，评价的订单越多，卖家累积的信用积分就越高。如果一个月有 100 个订单，只要有 60%的客户能够给予评价，卖家就能收获更多的信用积分，以此来提升店铺的信誉等级，使店铺赢得更多的曝光和获得更高的转化率。

7.2.2 导致中差评的原因

（1）商品图片与实物的差异

有时候为了使自己的商品看起来比较吸引眼球，卖家会在图片处理上或多或少地添加一些商品本身没有的效果。这样就会给客户一个美好的心里预期，让他们满怀期待地等待。然而，一旦收到实物后感觉与图片的差别过大，买家就会非常失望，他们通常会在第一时间询问卖家，为什么在颜色或形状上有差别。

此时必须警惕，因为收到货物的 30 天内，买家可以进行评价，并且在未确认收货之前，买家还可以对自己不满意的订单提起纠纷退款。对于这类投诉，卖家要更加主动地去解释，可以提供原有的图片，如果只有因小部分的修图处理造成的色差，合理的解释就可以赢得客户的信任，而且在这个过程中要多表现自己对买家的重视，适当给予下次订单的优惠和折扣。真诚的道歉可以大事化小，小事化了，然后再向买家争取好评。

商家在上传商品图的时候可以上传一些不同角度的细节图，或者可以放一张没有修过图的商品照片上去，尽量让客户对商品有全面的视觉印象，避免产生不必要的投诉和差评。

（2）标题写了"Free Shipping"，为什么收到货物之后还要收费

我们知道大部分卖家为了吸引买家下单，都会写上"Free Shipping"，实际上大部分卖家也提供了免运费服务，但是有时会忽略一些国家的进口政策。例如，在美国高于 500 美元申报价值的货物，就要按照重量收取进口关税了；在加拿大和澳大利亚则是高于 20 美元的货物要收取关税；在英国、德国等欧洲国家货物的申报价值必须是在 20~25 美元，一旦超出将会产生更多的关税。这样一来，客户提出的问题就有了答案，一旦有关税产生，其必须支付关税后才能拿到货物。

因此，你会遇到这样的问题："Why should I pay 25 pounds for the package? You told me that was free to ship, how could you lie to me？I am very disappointed."

还有一些比较极端的客户会因为需要支付额外的费用而拒绝签收。这些都是潜在的纠纷和差评，因此在发商业快递的时候，要注意填写的申报价值，对于货值很高的快件，提前和客户沟通好。

（3）信用卡账户有额外的扣款显示：AliExpress Charge

速卖通平台针对买家的支付不收取费用，但建议买家联系其开户行，询问是否需要支付手续费。如果买家通过 T/T 转账，那么银行端一般需要收取一定的手续费。

7.2.3 完善服务，解决差评

上述的问题或投诉虽不常见但偶尔会发生，因此，为了让买家获得更好的购物体验，卖家必须对各方面的细节做好准备。下面是总结的一些模板，大家可以参考一下。

（1）当买家光顾店铺，询问产品信息时

跟买家初次打招呼要亲切、自然，并表达出你的热情，尽量在初步沟通时就把产品情况介绍清楚。

Hello, my dear friend. Thank you for your visiting to my store, you can find the products you need from my store. If there is no what you need, you can tell us, and we can help you to find the source, please feel free to buy anything! Thanks again.

(2) 鼓励买家提高订单金额和订单数量，提醒买家尽快确认订单时

Thank you for your patronage, if you confirm the order as soon as possible, I will send some gifts.

A good news: Recently there are a lot of activities in our store. If the value of goods you buy count to a certain amount, we will give you a satisfied discount.

(3) 发货之后提醒买家已经发货时

模板 1：Dear friend, your package has been send out, the tracking NO. is ××××××× via DHL, please keep an eye on it, hope you love our product and wish to do more business with you in the future. Good luck!

模板 2：Dear customer, we have sent the goods out today, and we can receive the tracking number after 12 hours later, we'll send you the message when we receive it.

模板 3：The goods you need had been sent to you. It's on the way now, Please pay attention to the delivery and sign as soon as possible. If you have any questions, please feel free to contact me.

(4) 当交易完成，卖家表示感谢，并希望买家能够再次光顾时

Thank you for your purchase, I have prepared you some gifts, which will be sent to you along with the goods. Sincerely hope you like it, I'll give you a discount if you like to purchase other products.

(5) 推广新产品，采购季期间根据自己的经验，给买家推荐自己店铺中热销的产品时

Hi friend, Christmas is coming! And Christmas gifts have a large potential market. Many buyers bought them for resale in their own store. It's high profit margin product, here is our Christmas gift link, please click to check them. If you want to buy more than 10 pieces, we also can help you get a wholesale price. Thanks！

以下为此邮件的中文含义：

朋友您好，圣诞节就要到了！圣诞礼品将是一个热销产品。很多买家从我们这进货，然后在他们自己的商店里出售。这个产品的利润不错，以下是我们圣诞礼品的介绍链接，请单击了解。如果您想购买 10 件以上，我们将给您批发的价格。谢谢！

(6) 已经下单却还未支付的情况时

模板 1：Dear, thank you for your support! We will send out the package as soon as possible after your payment.

模板 2：Hello, we have already arranged the delivery, see that your order has not been paid, here to remind you that we will give priority to payment, you can receive the package soon!

(7) 订单被 AliExpress 关闭时

Dear, your order has been closed because your credit card has not been approved by the Alibaba, if you want the goods now, we have prepared for you and you can put a new order. Besides, you can pay through western Union, T/T payment or money bookers payment, too. Also, please contact Alibaba initiatively! Good luck!

(8) 大量订购询问价格，大量订单询盘时

若是赶上采购旺季，我们一定要抓住机会，对买家的回复一定要详尽，内容一般包括样品的价格、样式、采购量和相应的价格，这个报价建议包括运费，而且价格要相对有优势，让买家感觉给了他优惠价。

Hi friends,

Thank you for your inquiry. We hope to complete the order with you. Here is the products link you need. If you buy 100 pieces, we can give you a wholesale price, ＄25/piece. If you have any idea, please let us know, and we will try our best to help you. Looking forward your reply.

以下为此邮件的中文含义：

朋友您好，谢谢您的询盘。我们非常希望能够与您完成这笔订单交易。下面是您所需要的产品的链接。如果一次购买 100 件，我们可以给您一个批发价格，即每件 25 美元。如果有任何想法，请告诉我们，我们会竭尽所能地来帮助您。期待您的答复。

（9）海关问题

如果由于某些国家海关的严格检查造成货物寄送延误，建议及时通知买家，及时的沟通会让买家知道你一直在跟踪货物的状态，是一位负责的卖家，更可避免误会。

Dear friends,

We have received notice from logistics company, now your customs for large parcel periodically inspected strictly, in order to make goods sent to you safely, we suggest that the delay in shipment. Wish you to agree. Please let us know as soon as possible. Thanks.

以下为此邮件的中文含义：

亲爱的朋友，我们接到物流公司的通知，现在贵国的海关对大量邮包定期进行严格的检查，为了使货物安全送达贵处，我们建议延迟几天发货。希望征得您的同意。希望尽快得到您的回复。

（10）退换货问题

Dear friend,

I'm sorry for the inconvenience. If you are not satisfied with the products, you can return them to us. When we receive the goods, we will give you a replacement or give you a full refund. We hope to do business with you for a long time.

We will give you a big discount for your next order.

Best regards.

以下为此邮件的中文含义：

亲爱的朋友，很抱歉给您带来了不便。如果您对产品不满意，可以把货物退还给我们。收到货物后，我们将为您换货或全额退款。希望能和您建立长期的贸易关系。您下次光顾本店时，我们将给您最大的优惠。最好的祝福。

（11）差评问题

① 由于产品质量问题产生的差评。

对于单纯由于产品质量问题产生的差评是比较好解决的。首先，卖家在收到差评之后及时和买家联系，询问一下其对产品不满意的具体原因。在此基础上，让买家提供相应的照片。此外，卖家要去自己的出货记录中查找相同时间段内这个产品的反馈信息，查看一下库存中的货物的质量，如果确实存在买家反映的问题，就应及时积极解决。通过退款或换货的方式，让买家满意并且修改评价。

② 那么对于因买家个人使用不当导致的差评问题，又该如何解决呢？

如果在沟通调查中发现是由于买家个人使用不当而给予的差评，那么有两种解决方案：如果以消除差评为主要目的，就应该和买家仔细解释为什么会出现这样的问题，买家在使用操作过程中存在哪些不规范的行为，最后和买家商量以何种方式可以使其满意并修改差评；如果是由于买家个人原因导致的问题，商家就可以选择差评回复，并附上产品的使用说明及注意事项，也是一种中差评营销方法。这种方法可能是大多数卖家在无法消除差评时不得不采取的方法。

以下附上一些与假发行业相关的 WarmTips 作为示例。

- Co-washing: Upon receipt of your new hair we highly recommend that you co-wash! To properly co-wash, use a Moroccan or Organ based CONDITIONER. Wash the hair in a downward motion using cool water.
- DO NOT scrub the hair or shampoo it!
- When washing the hair, keep it in the rubber band and only squeeze water from hair in a downward motion.
- Use a wide tooth comb and gently comb from the tips of the hair up to the wefts while still.
- NEVER comb or brush dry curly wavy hair!
- You should wash your hair every 2 weeks using the same downward motion as you did with the co-washing.
- We experience shedding with our natural hair so of course you should expect the same thing with your virgin extension!
- To minimize shedding, please have seal your wefts before your order is shipped or feel free to order a bottle of Weft sealant with your purchase!
- We recommend that you allow your hair to air dry! This process extends the longevity of your extensions.
- To control frizz, please use a pea sized amount of a frizz control product.
- When curling or flat ironing your virgin hair, ensure that your stylist only uses Ceramic heating tools! This is a must!
- Excessive heat on virgin hair will cause dryness, heat damage or breakage.
- For beautiful curls or waves without applying excessive heat, use flexi rods or hair rollers.
- Curly and wavy hair can be straightened! It is recommended that you have a licensed stylist to help you achieve these styles.
- To maintain your hair while sleeping, it is recommended that you wrap it for straight styles at night and place a satin bonnet to cover it. For curls and waves, twist or braid the hair and also apply a satin bonnet to cover it.
- DO NOT use products that contain sulfate or alcohol.
- DO NOT use oily product on the hair, they tend to weigh the hair down.
- DO NOT sleep on wet hair!!!

建议卖家根据各自的行业准则、从业经验总结出各自产品的配套小贴士，可以打印出来随包裹一起送出，凸显人性化服务。搞清楚差评出现的原因，迎合买家的心理去处理。

很多买家在下单之初，会在订单下面留言，例如有的买家会说："这是为了我的婚礼准备的，请你不要让我失望。"遇到这样的订单，首先要交代出货的人员，要特别注意订单的质量和包装。其次，如果某个买家想买一个价格相对便宜的产品，从询盘的态度上就可以看出他很期待，在这种情况下为了达成交易，可以考虑亏一些成本去满足这个买家的心里预期。

如果在发货之前稍微揣摩一下买家的心理，满足了买家的某些细节要求，就可以避免一些不必要的差评了。

7.3 纠纷

在跨境电商行业中会遇到各式各样的问题,其中最让人头疼的就是纠纷问题。一旦纠纷过多,就会影响产品的曝光,使客源流失,影响店铺的正常运营,卖家的利益也将受到影响。因此,处理好纠纷在跨境电商运营里是重要的一个环节。

为了缩短买卖双方的纠纷处理时间,提升双方在纠纷过程中的体验,速卖通有一系列的纠纷流程规则。

1)卖家响应时间限制。

买家提交或修改纠纷后,卖家必须在5天内做出响应操作(拒绝或同意纠纷协议),否则订单将按照买家提出的退款金额执行。

2)买家仲裁流程。

卖家拒绝纠纷协议后,买家可立即主动升级仲裁。

注意:例如,在限时达时间内买家提出的纠纷原因是"货物在途",卖家拒绝后,买家不能立即升级仲裁,需要等到限时达时间到后才能升级。

3)在纠纷状态下,如果系统匹配到妥投则会通知买家。

处于纠纷中并且原因是"未收到货"的订单,如果系统匹配到妥投,则平台会发邮件通知买家,提醒买家取消纠纷。

4)纠纷订单列表新增响应倒计时功能。

为了方便卖家优先处理即将超时的纠纷订单,系统会在纠纷列表中新增纠纷超时响应剩余时间倒计时功能和升级仲裁剩余时间倒计时排序功能。

7.3.1 速卖通纠纷规则

速卖通平台对纠纷有详细的分类,共两类十四项。一方面,速卖通上的纠纷可以分为有关物流问题的纠纷,或者是有关产品问题的纠纷;另一方面,处于不同物流状况下的纠纷,可以标记为已收寄的纠纷、运输过程中的纠纷、已签收的纠纷。只有对问题进行正确的分类,才能"对症下药",对纠纷也是如此,图7-11所示为每日服务分页面。

指 标	考核点	处罚措施
纠纷率	卖家被提起纠纷的情况	影响卖家的产品曝光
裁决提起率	卖家未解决的纠纷提交到全球速卖通的情况	严重影响卖家的产品曝光,比率过高,会导致卖家的产品一段时期内无法被买家搜索到
卖家责任裁决率	速卖通裁决的卖家责任纠纷订单的情况	

图7-11 每日服务分页面

速卖通平台衡量纠纷考核主要是看裁决提起率和卖家责任裁决率。卖家责任考核率已经纳入分级考核指标,是影响店铺表现的关键指标,是值得重视的项目。另外,如果卖家提交至平台裁决的纠纷比率过高,处罚就会更严重。

速卖通平台处理纠纷的原则是交易双方先自主沟通解决，在双方无法继续协商的情况下，平台才会介入帮助交易双方协商解决。

速卖通平台处理纠纷的流程：自买家第一次提起退款申请开始第 4 天至第 15 天，若买卖双方无法协商一致，卖家或买家均可以提交至平台进行裁决；自买家第一次提起退款申请开始截至第 16 天，卖家未能与买家达成退款协议，买家未取消退款申请也未提交至平台进行裁决，系统会自动提交至平台；纠纷裁决产生的两个工作日内速卖通平台会介入处理，判责期第一步需要卖家在 3 个自然日内提供邮局妥投证明。如果卖家不能提供，就会启动第二个判责期。在第二个判责期内，平台将给予卖家 3 天的时间来提供证明。这些时间节点对卖家来说是非常重要的。

7.3.2 如何处理纠纷

要妥善处理好纠纷问题，首先就要做到知己知彼。所谓知己，就是要了解店铺经营过程中自身的优势、劣势、威胁、机会。所谓优势，主要是指保证自身产品质量和店铺信誉，并且对客户所在国的国情、消费行为有所了解，从而确保产品在货仓发货阶段就保持低差错率和低失误率。而劣势，就包括目的国物流的延迟、我国节假日发货的延迟、目的国节假日的派件延迟等。而威胁，主要是客户对纠纷的升级、留差评、在社交网络发布对店铺不利的信息等。卖家抓住自己的优势，妥善处理纠纷，通过部分赔偿或以平邮方式补发损坏部件等方式处理纠纷，这就是机会。

如何做到知彼，就是了解买家。从买家性质方面进行分析，可以划分出真买家、出于某种目的的买家、同行、差评师。其中，真买家占 98%，出于某种目的的买家占 0.5%，同行占 0.5%，差评师占 1%，真买家中又有 98%是善意的买家。除了从买家性质方面分析买家，还要从信誉、年龄等方面对买家进行深入的了解。了解之后，预判买家提起纠纷的动机和真正目的，并站在买家的角度及立场看问题，找到合适的解决方案。

当然，拥有好的策略，并不代表一定能成功，如何执行策略也是至关重要的。在处理纠纷的过程中一定要注重细节，及时、礼貌、专业、热情、流程化处理纠纷。

卖家应该明白，处理纠纷最有效的办法不是处理纠纷，而是预防纠纷。预防纠纷贯穿整个电商运营管理环节，卖家可以将这个过程分为发货前、发货中、运输中、妥投后四个部分。

在处理纠纷的过程中有很多细节要注意，接下来介绍一些纠纷处理的小贴士。

1）当买家提起纠纷时卖家需要及时响应，用良好的态度来帮助买家解决问题，争取让对方早日关闭纠纷。

2）不同情况不同对待，如果是卖家的问题，如无跟踪号或产品质量问题（损坏或不能正常使用），就可以根据买家不同的态度进行不同的处理。

① 如果买家提了纠纷就没再露面，也没回复信息，可借助 Skype、WhatsApp 等软件来联系买家进行协商。如果买家还是没回复，可以在快到第 5 天的时候，先拒绝纠纷，再争取 3 天的时间来等待其回复。

② 如果在协商过程中卖家想尽一切办法无果，且买家态度很坚决，此时卖家如果拒绝纠纷，买家就会主动上升至平台要求裁决。这种情况建议卖家接受纠纷，息事宁人，毕竟责任在卖家，纠纷上升至平台对其没好处，除了得到纠纷提起率，很有可能还会增加仲裁卖家有责率。

如果遇到买家恶意骗钱骗货的情况，那么尽量用良好的沟通让他们关闭纠纷。当然，他们原本就是来骗钱骗货的，让他们主动关闭纠纷其可能性微乎其微。在自己理直气壮的前提下，纠纷上升至平台也有赢的概率时，卖家可以拒绝纠纷，让平台纠纷专员进行判决。如果是卖家赢，那么此纠纷将不计入纠纷提起率和仲裁卖家有责率。

3）在这里非常重要的一点是，纠纷提起的 5 天响应时间里卖家要有行动，不管是接受还是拒绝，都要进行操作，否则会判定卖家响应纠纷超时，这也是非常不利于其账号表现的。

对于普通纠纷阶段无法达到和解而上升至平台的订单，卖家还需要注意以下几个方面的内容。

1）关于产品与描述不符的投诉。

提交证据阶段侧重买家提供证据，卖家可以补充对自己有利的证据。

① 若买家投诉产品与描述不符（包括外观不符和质量不符），则卖家需要将买家反馈的问题、实际收到的产品图片与之前的产品描述进行比对，查看是否有误差或叙述不清楚的地方，沟通并提供解决方案的同时及时调整产品有歧义的内容。另外，如果卖家发货前有拍下产品状态的图片或有该货物的库存时，那么在规定时间内将图片上传到指定位置，方便平台纠纷专员参考并做出裁决。

② 若买家投诉的是产品功能与描述不符，则卖家可以根据产品以往集中的投诉点，积极反馈一些有效的解决方案，如手机、电脑类产品操作系统相关的投诉，可以提供适用于此类投诉的操作指南图片、视频或链接等。

③ 若买家投诉收到的货物少了或缺少配件，则卖家需要查看发货单据等信息，以核实是否误操作或判断其他可能的原因，并提供相应的底单信息给平台。

④ 关注平台的留言，及时说明订单的详情，便于顺利地处理纠纷。

2）关于未收到货的投诉。

这条投诉侧重卖家提供证据，在纠纷升级后的 5 天内提交证据，当然买家也可以补充证据。

① 若买家投诉虚假单号，则卖家需要查询并核实快递单号是否真实有效，并在纠纷升级后尽快提供发货单号、发货证明、查询网址给平台。若经平台纠纷专员判定单号为虚假单号，那么卖家会因此受到处罚。

② 若是买家未收到货的投诉，经核实后是货物在途，则卖家需要联系货运公司了解包裹的现状，并将详细信息和有效的物流官网信息反馈给平台纠纷专员。

③ 若买家投诉海关扣关，则卖家需要跟货运公司联系，查询扣关原因，并提供帮助买家清关的文件或授权。

④ 若涉及货运风险方面的问题，如买卖双方有前期的沟通，则双方均可以提供沟通的截屏，便于平台纠纷专员判定责任方。

7.3.3 服务等级

卖家的产品质量和服务能力对买家的购买决策力有至关重要的影响，为了能够让服务能力好的卖家及更多优质产品更好地被体现出来，并让卖家朋友更加清晰地理解卖家服务等级的计算逻辑，同时帮助大家做好等级提升，服务等级计算逻辑做了相应的调整。

卖家服务等级存在一些问题，比如卖家知道服务等级差，却不知道从何处下手进行整改，而七个子项没有权重，不能凸显平台的重点，包括子项考核中没有线性，考核结果没有意义。

1）考核项，如图 7-12 所示。

其中的改变包括两个方面：一是减少物流仲裁问题对卖家服务分的影响；二是 DSR 从考核中低分到考核平均分，更公平公正，对卖家有利。

2）考核方式。

新的服务等级将采用百分制的方式进行考核展现，且服务分会每日更新。

速卖通会从六个方面去考核卖家服务分，采用百分制的考核方式，即卖家的每日服务分

（100分）=成交不卖得分（10分）+未收到货物纠纷提起率得分（15分）+货不对版提起率得分（15分）+DSR商品描述得分（30分）+DSR卖家服务得分（15分）+DSR物流服务得分（15分），还有一个是4个工作日上网率，这个暂时不考核。

考核项	考核项解释
成交不卖率	"每日服务分的考核期"内卖家未全部发货或卖家发货超时或买家选择卖家原因并成功取消的订单数除以（考核期内卖家未全部发货或卖家发货超时或买家选择卖家原因并成功取消的订单数+全部发货的订单数）
纠纷提起率	"每日服务分的考核期内"（买家提起退款的订单数－买家主动撤销退款的订单数）除以（考核期内买家确认收货的订单数+确认收货超时的订单数+买家提起退款的订单数）
DSR商品描述平均分	"每日服务分的考核期"内DSR商品描述的准确性的平均分，成交金额低于5美元的订单不计入（不包括售后退款），但在后台会全部展示出来
DSR卖家服务平均分	"每日服务分的考核期"内DSR沟通质量及回应速度的平均分，成交金额低于5美元的订单不计入（不包括售后退款），但在后台会全部展示出来
DSR物流服务平均分	"每日服务分的考核期"内DSR物品运送时间合理性的平均分，不包含采用线上发货或4PL及物品运送时间合理性=1、2、3分的订单，成交金额低于5美元的订单不计入（不包括售后退款），但在后台会全部展示出来

图7-12 考核项

每个单项最高分为单项满分，单项做得特别差时，会得到负分。
搜索应用指标（代替原服务等级）分数越高，排名越靠前。
每日更新，生效及时，分数较低时，做好服务后，可以更快看到效果。
单项得分由该项指标计算得来，图7-13所示为成交不卖的单项得分。

- 以成交不卖为例，该项得分是根据成交不卖率计算得来的。成交不卖率越低，成交不卖率单项得分就越高。
- 成交不卖率≤0.08%，可得到该项的满分，即5分。
- 成交不卖率=11%，该项得0分。
- 成交不卖率>11%，该项会被额外扣分，即得到负分。若成交不卖率≥31%，则该项得分-100分。

图7-13 成交不卖的单项得分

各考核项的考核阈值，是参考平台所有卖家的该考核项指标分布来计算确定的，0分的指标值，即平台认为该考核项是可以接受的最差水平临界点，低于该值，该考核项即得负分，最低得分为-100分，如图7-14所示。

指标		成交不卖	纠纷提起	货不对版仲裁提起	货不对版仲裁有责	好评率	DSR商品描述平均分	DSR卖家服务平均分	DSR物流服务平均分
权重		5	5	10	15	10	30	15	10
得分/阈值	单项满分	0.08%	0.5%	0%	0%	100%	5	5	5
	0	11%	21%	6.7%	3.4%	84%	3.9	3.9	3.9
	-100	31%	41%	16.7%	13.4%	64%	1.9	1.9	1.9

图7-14 各考核项的考核阈值

3）每月服务等级。
每月服务等级是根据每个月底倒推30天的每日服务分均值计算得来的，用以给予每日服务分一直做得比较好的卖家更多的奖励,如图 7-15 所示。

	优秀	良好	及格	不及格
标准	90≤上月最后一天之前 30 天服务分均值	80≤上月最后一天之前 30 天服务分均值<90	60≤上月最后一天之前 30 天服务分均值<80	上月最后一天之前 30 服务分均值<60
橱窗推荐数	3	1	0	0
Top Rated 特殊标识	有	无	无	无
平台活动	优先参加	正常参加	正常参加	不允许参加
营销邮件数	2000	1000	500	0

图 7-15 每月服务等级资源

服务等级解读:搜索排序与每日服务分挂钩,特殊放款不再与每日服务分、每月服务等级挂钩,其他不变。

总结最后调整之后的价值点,如图 7-16 所示。

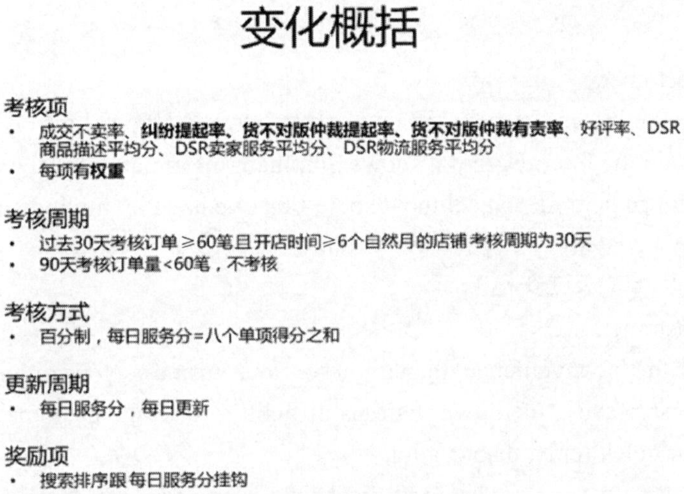

变化概括

考核项
- 成交不卖率、**纠纷提起率、货不对版仲裁提起率、货不对版仲裁有责率**、好评率、DSR 商品描述平均分、DSR 卖家服务平均分、DSR 物流服务平均分
- 每项有**权重**

考核周期
- 过去30天考核订单≥60笔且开店时间≥6个自然月的店铺 考核周期为30天
- 90天考核订单量<60笔,不考核

考核方式
- 百分制,每日服务分=八个单项得分之和

更新周期
- 每日服务分,每日更新

奖励项
- 搜索排序跟 每日服务分挂钩

图 7-16 变化概括

7.3.4 客服处理纠纷技巧

(1)速卖通纠纷处理的基本原则
- 每日查看,及时响应。
- 一切以店铺安全为前提,理智处理。
- 客服有义务将纠纷损失降到最低。

(2)速卖通纠纷类型及处理技巧

纠纷类型总体来讲分为三类:物流纠纷、质量纠纷、恶意纠纷。

第一类:物流纠纷。

① 无物流信息。

思路:很简单,ERP 查询是否发货,若已发货是不是未上网进行更新。

- 缺货未发。

Dear Valued Customer,

Really sorry for the inconvenience, just because the item you buy is out of stock. New stock maybe need 2-3 weeks to arrive. We need refund you the full money soon. Usually AliExpress will deal with it with 3-5 working days.

Once you receive the money, hope you can give me 5 star good feedbacks. Next time when you buy something from my store, we will give you VIP Price, and do better after-sale for you.

If you have any problem, leave me message here, we will reply you within 24 hours. Best wish.

- 发货了未上网进行更新。

Dear Valued Customer,

Really sorry for the inconvenience, just because we ship the package to AliExpress Warehouse yesterday, so they need some time to deal with it, and will update the tracking info on website soon. We send you the tracking website, you can track it by yourself.

Really hope you can help me cancel the dispute first, if you still not see the tracking info updated, you can open the dispute again.

Waiting your kindly reply. Best wish.

② 有物流信息。

- 货物在途中。

Dear Valued Customer,

Really sorry for the inconvenience, in fact we have already shipped it to AliExpress Warehouse. Also you can track it on the Internet, and it shows Shipment information received.

Really hope you can help me cancel the dispute first, we have let my logistics company to check it for you. If have any updated, we will leave you message ASAP. Best wish.

- 没出国显示退回（未过安检）。

Dear Valued Customer,

Really sorry for the inconvenience, thank you for your business, your order has been returned to us by the customs, just because the power bank is difficult to pass the customs. We need refund you full money. Wait your quick reply, thanks a lot.

Also hope you can give me 5 star good feedbacks. Hope you can forgive me can't control the shipping problem. Next time we can apply the VIP Price and better after-sale for you from my company. Best wish.

- 海关扣关。

Dear Valued Customer,

Really sorry for the inconvenience, I just received an email from our logistics company, and I track the package on the website, your parcel arrived at your country custom. Wait you to finish the custom clearance.

Really hope you can help me cancel the dispute first, if you have any problem, leave me message here, we will reply you within 24 hours. Best wish.

- 货物目的国 1~2 个月物流未更新。

Dear Valued Customer,

Sorry for the inconvenience, we just help you track the parcel, in fact the package already arrived at your country on May 5th.

And I have extended the delivery date by ××× days for you, so never worry about the protection time is running out. We hope you can try to give a call to your local post office, let them help you track whether it has arrived. Also China Post is really a little slow, hope you understand this situation .

If you still not receive it within ××× days, we can apply the refund from my company for you, don't worry that, we are the honest seller, so hope you can be a little patient, help me cancel the dispute first, just because nowadays the AliExpress Shopping Festival, so many parcels to be shipped.

Anyway if you have any problem, leave me message here, we will reply you within 24 hours. Best wish.

- 货物目的国显示退回或妥投不成功（妥投成功，买家说未收到）。

Dear Valued Customer,

Sorry for the inconvenience, in fact we just track the parcel, it shows delivered successfully. But you say you haven't received it yet, we hope you can contact with your local post office.

We can send you all the proof to show that we send the package according to your order address in my store, and we can give you the evidence of my logistics company.

Anyway if you have any problem, leave me message here, we will reply you within 24 hours. Best wish.

- 卖家私自更改物流方式。

Dear Valued Customer,

Sorry for the inconvenience, I just help you track the parcel, it shows delivered successfully, since you are already my VIP customer, hope you can help me cancel the dispute. Next time we need confirm with you carefully when we need change the shipping way. Sorry for that mistake.

And I just apply the best after-sale for you, we can give you discount $ ×× each time when you buy in my store next time. Anyway if you have any problem, leave me message here, we will reply you within 24 hours. Best wish.

第二类：质量纠纷。

① 描述不符（尺寸、颜色、质量等）。

Dear Valued Customer,

Sorry for the inconvenience, just because this product have updated nowadays, we only changed the package, in fact all the function is same as before, hope you can understand, and you can test it. Also I see you have bought it before in my store .

Thanks for your reminding, I just talk with my boss, we will give you VIP Price next time. Best wish.

② 不能工作（针对电子产品）。

思路：电子产品尽可能让客户提供照片和视频。

Dear Valued Customer,

Sorry for the inconvenience, if OK I hope you can shoot a very short video（send video link is well）or some picture to my email: ××××××. Remember write the title such as: Order NO. ××××××, so we can find it more easily in my store .

Once we receive your email, we will let my engineer to check it for you, and reply you soon. Best wish.

③ 销售假货。

思路：前提是你的商品确实是正品，直接提供品牌授权证书或查询网址。

Dear Valued Customer,

Sorry for the inconvenience, in fact all the ××× Brand product in my store is 100% original, we have been authorized by ×××× Company. Try to check the picture in the attachment.

As you can see that we are the Top Brand seller in AliExpress, so we can guarantee the product better quality for my customer, hope you can help me cancel the dispute. Best wish.

④ 货物短装。

Dear Valued Customer,

Sorry for the inconvenience, maybe my warehouse make mistake, but anyway hope you can send me some pictures for check. Once we confirm with my warehouse and logistics company, we will send you a new one.

After we give you a new tracking number, you can track it after 2-3 days, hope you can help me cancel the dispute if we send you a new one. Wait your kindly reply. Best wish.

⑤ 收到退货（7天无理由本地退货）。

Dear Valued Customer,

Sorry for the inconvenience, if you really do not like it, hope you can help me pack it well, and put all the accessories in the box, because my Russian Warehouse need check it carefully when they received it. Hope you can understand.

Once they received it, we need refund you full money, and hope you can give me 5 star good feedbacks. Thanks very much. Best wish.

⑥ 赠品纠纷（承诺有赠品没寄）。

Dear Valued Customer,

Sorry for the inconvenience, in fact we have told my Warehouse already, but they forgot to put the gift in the package, really sorry for that. If OK I hope you can help me cancel the dispute first, we will give you discount $ 3 next time when you buy in my store.

Or we can send you free gift in the next package, I will pack it by myself, so never worry about that. Wait your kindly reply. Best wish.

其实质量问题的纠纷是比较常见的。大部分的店铺因为货不对版纠纷率过高，导致整个店铺服务得分偏低。

第三类：恶意纠纷。

针对恶意纠纷绝不能容忍，后台直接举报即可。下面具体看看恶意纠纷的几种情况。

① 质量问题恶意纠纷（最常见的就是电子产品不工作）。

思路：只要涉及电子产品不工作，一定要买家先提供视频。

Dear Valued Friend,

Really sorry for that inconvenience, if OK I hope you can shoot a very short video (send video link is well）to my email:××××, remember write the title: Order NO. ××××××.

Once we receive your email, we will let my engineer to check it for you, and find the good solution for you, and reply you soon. Best wish.

② 邮局收费恶意纠纷（提供发票让国外朋友确认）。

思路：让客户提供照片确认。

Dear Valued Friend,

Really sorry for that inconvenience, in fact we send you by the China Post shipping way. As I know usually this way never need charge the extra fee, maybe it is your local post office policy, because we have already paid the shipping fee for you, hope you can send me a picture of the bill.

Once we received the picture, we will reply you soon, and help you solve the problem ASAP. Best wish.

③ 海关收税恶意纠纷（提供海关收据）。

思路：只要你提前与买家协商好物流渠道，申报价值，支付关税是买家自己的义务。

Dear Valued Friend,

Really sorry for that inconvenience, in fact we send you by DHL as you choose in my store, and before shipping, we have talked with you about the value, each we declare $ ××× on the package as we talked, and you need pay the tax for your custom, it is your obligation.

Or you can send the tax picture, we need check it first, and help you solve the problem ASAP. Best wish.

7.3.5 如何有效处理纠纷

在其他方面，卖家需要注意一些视觉规范化的要求。例如，Logo 的使用、团队名称的使用、规范化的命名等，有利于对商品图片的查找。

从买家提起纠纷，到平台纠纷专员介入前为自主协商期。当买家提交或修改纠纷后，所有类型的纠纷订单，卖家必须在 5 天内做出响应（同意或拒绝纠纷协议），否则订单将按照买家提出的退款金额执行退款并结束订单。

若买家因为各种原因提起纠纷，则会带来更大的不良影响，买家可能对供应商、产品、速卖通平台产生疑惑，甚至是质疑，而最终的结果是订单的回款周期变长，潜在的买家客源会流失，或者失去再次交易的机会。

在交易的过程中要尽量避免产生纠纷，如果真的产生了纠纷，卖家就要积极地解决，让买家感到满意，这样能产生口碑效应，赢得更多的客户。

（1）买家未收到货物

1）物流状态显示货物还在途中，还未到达。

卖家要跟买家沟通，让其关闭纠纷。卖家可以帮助买家延长收货时间，因为很大一部分买家是怕自己的利益不能得到保障而提起纠纷的，只要买家的货物还未确认收到，都有机会确认收货。

2）海关扣关。

交易订单的货物由于海关要求所涉及的原因而被进口国海关扣留，导致买家未收到货物。海关要求所涉及的原因包括但不限于以下几点。

① 进口国限制订单货物的进口。

② 关税过高，买家不愿清关。

③ 订单货物属假货、仿货、违禁品，直接被进口国海关销毁。

④ 货物申报价值与实际价值不符导致买家须在进口国支付罚金。

⑤ 买家无法出具进口国需要的买家应提供的相关文件。

货物被进口国海关扣留时，常见物流状态如下。

- Handed over to customs（EMS）

- Clearance delay（DHL）
- Dougne（物流显示妥投，但是签收人是 Dougne）

速卖通在接到纠纷裁决之日起两个工作日内，会提醒买家或卖家 7 天内提供海关扣关原因的信息和证据，据此确定责任并进行裁决。卖家在货物发出之后应及时关注物流信息，出现异常情况时及时与买家和物流公司联系，了解扣关原因，并尽可能提供相关信息和证据。

3）包裹原件退回。

交易订单的货物因为买家收货地址有误或不完整而导致无法妥投，或因买家原因无法清关，导致包裹被直接退回给卖家。

从速卖通通知卖家举证开始，3 天内卖家须提供因买家原因导致包裹不能正常妥投的证明，证明的形式可以是物流公司的查单、物流公司内部发出的邮件证明、与买家的聊天记录等。

4）包裹被寄往或妥投到非买家地址。

由于卖家填写错了买家的收货地址，或邮局误将包裹寄往了非买家地址，导致买家无法正常签收包裹。

从速卖通通知卖家举证开始，3 天内提供发货底单及买家要求修改收货地址的沟通记录。若底单上的地址与买家收货地址不一致，且卖家无法提供证据证明买家要求修改收货地址，则可判定卖家发错地址。

若最终判定为卖家发错地址，则建议卖家先尝试与物流公司联系，更改买家收货地址。若更改后买家收到货物，则全额放款。若无法更改或更改后买家还是未收到货物，则建议卖家联系物流公司取回包裹。

5）物流信息显示货物已经妥投。

物流信息显示货物已经妥投，但是买家以未收到货为由提起了退款申请，并且未与卖家达成一致意见，提交至平台进行裁决。

从速卖通通知卖家举证开始，3 天内卖家须提供货物已经妥投的证明（物流公司的物流信息截图、妥投证明等）。

6）买家拒签。

买家拒签包括有理由拒签和无理由拒签。有理由拒签，即当货物递送至买家（包括买家代表）时，买家发现货物存在肉眼可见的损坏或与订单不符的情况，如破损、短装、严重货不对版等情况，买家当场拒绝签收；无理由拒签，即货物递送到买家（包括买家代表）时，买家无任何理由拒绝签收。

卖家可提供相应的聊天记录和发货物流底单。

7）货物途中丢失。

如果证实货物确已丢失，那么卖家需要重新发货，并及时给买家新的运单号码。

（2）买家收到的货物与约定不符

1）存在质量问题。

买家收到的货物如果存在质量问题，那么卖家可以让买家选择是退货退款还是保留货物并退部分货款。只要买家接受任何一个方案，就可以处理纠纷。

2）与描述不符。

买家收到的货物与卖家在网站商品详情页面的描述不符，在颜色、尺寸、包装、品牌、款式或型号等方面有差异，具体差异如下。

- 颜色不符是指所收到货物的颜色与产品描述（图片或文字描述）不符。
- 尺寸不符是指所收到货物的尺寸与商品描述不符。

- 包装不符是指所收到货物的内包装与产品描述不符（无包装、包装不符、包装破损或有污渍，产品包装是指产品本身所有的包装，邮局、卖家使用的外包装除外）。
- 品牌不符是指所收到货物的品牌与产品描述不符。
- 款式或型号不符是指所收到货物的款式或型号与产品描述（图片或文字描述）不符（款式或型号是指产品的性能、规格和大小）。

产品描述以卖家在速卖通平台上展示的为准。卖家需要保证产品的描述信息（包括产品名称、产品详细描述页面等）前后一致，如出现信息矛盾或有误导倾向，则平台保留最终的纠纷裁决权。如果在买家下订单之前卖家就已经明确提示买家，产品可能存在颜色的偏差或产品尺寸可能存在一定的误差，并明确说明了误差大小。若因此产生纠纷，从速卖通通知卖家举证开始，3天内卖家需要提供有关提示的沟通记录作为证明。

纠纷并不可怕，只要卖家做好充分的准备，一切以买家满意为目标，就一定会有好的结果。

电商平台竞争日益激烈，速卖通平台上的竞争也如火如荼，卖家要想让自己的店铺和产品在平台中脱颖而出并且找到一席之地，需要注重对客服人员的培训，提高品牌的影响力。

课后习题

一、单选题

1. 询盘的分析要素包括（   ）。
    A．询盘内容
    B．是否使用电子商务
    C．客户 IP 地址
    D．以上皆是
2. 一般来说，客户下单后多长时间发货？（   ）
    A．48 小时   B．24 小时
    C．72 小时   D．按照其他约定时间
3. 退货退款评价（   ）删除。
    A．不能   B．能   C．不确定能否   D．与买家协商后可
4. 买家每天关闭交易的操作次数会有（   ）次的限制，被限制后就只能由卖家操作关闭。
    A．5 次   B．10 次   C．15 次   D．20 次
5. A 卖家收到了来自买家的邮件，告知自己其无法正常下单，随后 A 卖家把自己的联系方式给了买家。之后有自称速卖通客服的人员通过旺旺、QQ 等方式联系了 A 卖家，告知 A 卖家买家不能支付的原因是需要 A 卖家缴纳 5000 元的保证金。A 卖家试图联系速卖通人工客服询问情况，可此时不是速卖通客服人员的工作时间。那么，A 卖家应该怎么做呢？（   ）
    A．等到客服工作时间通过官方网站联系速卖通人工客服核实情况
    B．为了使买家正常下单，立即按照联系人要求方式打款
    C．再次和买家确认是否无法正常下单，如果是，就直接打款
    D．着急促成交易，按照引导，扫描二维码打款给对方

二、多选题

1. 在处理询盘邮件的时候，我们通常会围绕哪些核心与客户进行沟通？（　　）
   A．Who are you?
   B．What do you have?
   C．What do customers want?
   D．What do you give?

2. 以下关于恢复询盘描述正确的有哪些？（　　）
   A．考虑时差因素，尽量在客户上班时间给客户回复邮件
   B．考虑便捷因素，尽量在发送附件时使用图片格式的文件
   C．考虑时差因素，尽量在客户下班时间给客户回复邮件
   D．考虑便捷因素，尽量在发送附件时使用 Word 文件

3. 在询盘过程中，关于报价后客户消失的理由描述正确的是（　　）
   A．客户是中间商，他在等他的客户或银行的回复
   B．客户是终端客人，在等银行的钱、融资、贷款、市场计划等
   C．客户觉得你的价格较高，对你也没什么好感
   D．你的报价单不够吸引人，他不想与你合作

4. 如何避免货物破损的纠纷？（　　）
   A．提醒买家收货前检查包裹
   B．发货前做好相关的防护措施，避免因包装不当造成物流途中商品破损
   C．积极与买家沟通，第一时间解决买家疑虑
   D．仔细检查商品情况，确保发货前商品完好无损

5. 对于物流显示包裹已妥投的纠纷，卖家应该注意什么？（　　）
   A．定期查看物流信息，跟踪实时物流，查看物流进展
   B．发货时确认订单相关信息：运输方式、地址
   C．根据物流信息积极与买家协商解决问题，达成一致的解决意见
   D．积极提供发货底单证明，以便平台纠纷专员核对相关地址信息

三、判断题

1. 在跨境电商中对于买家的询盘，卖家必须在 24 小时内予以回复。（　　）
2. 跨境电商平台上可以随便销售食品类的商品。（　　）
3. 跨境电商卖家只要看到后台的新订单，就要马上准备发货，填写发货通知。（　　）
4. 出口货物的报关时限为装货的 24 小时前。（　　）
5. 申请退关的货物，发货人应当在退关之日起 7 天内向海关申报退关，经海关核准后方能将货物运出海关监管场所。（　　）
6. 对于跨境电商后台中客户未付款的订单我们可以不予理睬。（　　）
7. 报关是指货物的出口需向海关申报、交验单据证件，并接受海关的监管和检查的一种行为。（　　）
8. 在处理询盘回复的过程中，有效的换位思考可以促使客户跟着我们的思路走。（　　）
9. 把客户变成朋友并以朋友的身份关心客户，是解决邮件发送后"石沉大海"的好方法。（　　）
10. 在询盘过程中，可以在发货前针对商品录制一段视频发给客户，以便于让客户了解更多的信息。（　　）

第 8 章 物流模板设置

在速卖通平台上,我们应该如何选择物流方式呢?

在选择物流方式之前,首先要知道影响运费的因素有哪些,常见的因素有产品重量、产品体积、产品类型、时效性、收货地址。

按照以上五点可以选出最合适的物流方式,进而可以确定出具体的运费价格。

选好了物流方式,就要开始计算运费了,物流运费的计算公式如下:

小包运费=重量×单位价格+挂号费

抛货运费=材积重×单位价格+挂号费

商业快递运费=阶梯运费×燃油费

有些卖家可能还不知道什么是抛货,抛货是指货物占据了较大的空间,但是重量很轻,物流公司会通过货物的体积,计算出一个材积重,将材积重当作实重来计算运费,即抛货运费。

以中国邮政小包为例:要求重量在 2 千克以下,外包装的长、宽、高之和不超过 90 厘米,且最长边的长度不超过 60 厘米,一般不能发送电池或带有电池的相关产品等,时效为 15~25 天。

8.1 认识新手运费模板

卖家在发布产品之前需要设置好产品运费模板,如果未自定义模板,那么只有选择"新手运费模板"才能进行发布。下面介绍新手运费模板并学习如何自定义模板,运费模板的设置位置在店铺后台中"模板管理"下面的"运费模板"选项里,如图 8-1 所示。

首先,介绍一下新手运费模板,在新增运费模板中单击模板名称"Shipping Cost Template for New Sellers"即可,单击模板名称后可以看到"运费组合"和"运达时间组合",如图 8-2 所示。

在"运费组合"下平台默认的新手模板包含了"AliExpress Saver Shipping""AliExpress Premium Shipping""AliExpress Standard Shipping""China Post Registered Air Mail""EMS""ePacket",系统提供的标准运费为各大快递运输公司在我国部分地区的公布价格,对应的减免折扣率则是参考当前平台与中国邮政洽谈的优惠折扣,而平台显示的"其余国家"不发货包含了两种意思:一种是部分国家不通邮或邮路不够理想,另一种是部分国家有更好的物流方式可选（如收件人在中邮小包不发货的国家中，则卖家可通过 EMS 向其发货）。

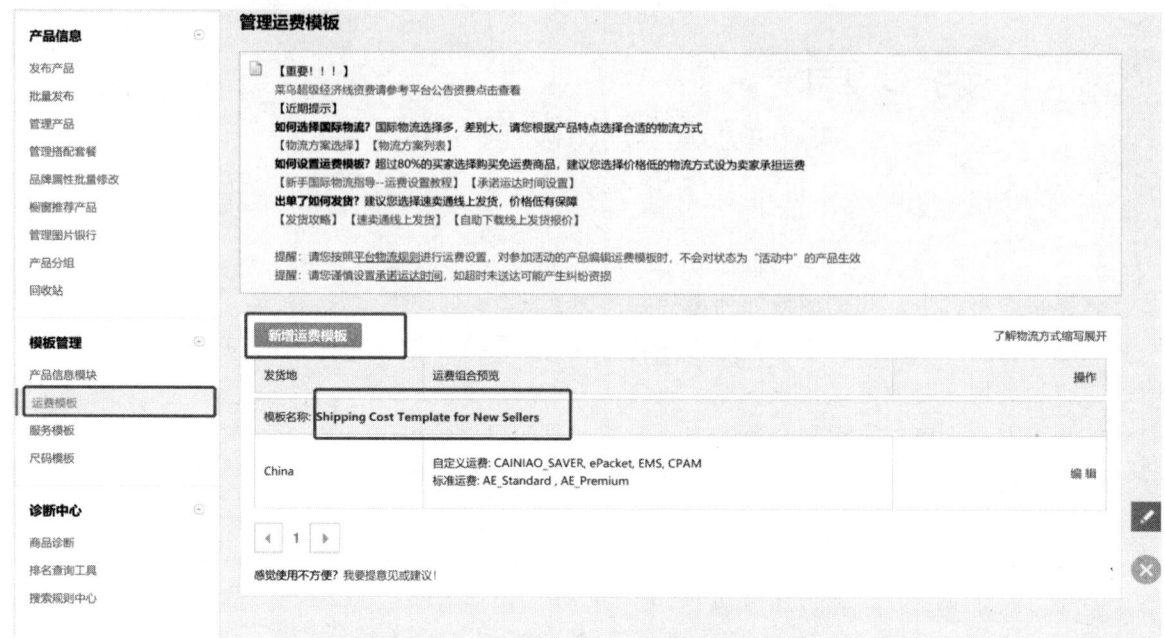

图 8-1　运费模板的设置位置

图 8-2　查看运费模板：新手运费模板

从"运达时间组合"上看，"承诺运达时间"为平台预估包裹寄达收件地址所需的时间。

8.2 设置运费模板

对于大部分卖家而言，新手模板并不能满足他们的需求，这种情况下就需要进行运费模板的自定义设置了。自定义设置入口有两种方式：一种方式是直接单击"新增运费模板"按钮，另一种方式是单击"编辑"按钮，如图8-3所示。

图8-3 运费模板的自定义设置页面

后者单击进去显示的页面不同，包含以下几个方面的内容：一是选择物流方式，二是设置运费折扣，三是个性化地选择寄达国家，四是个性化地设置承诺的运达时间，如图8-4和图8-5所示。

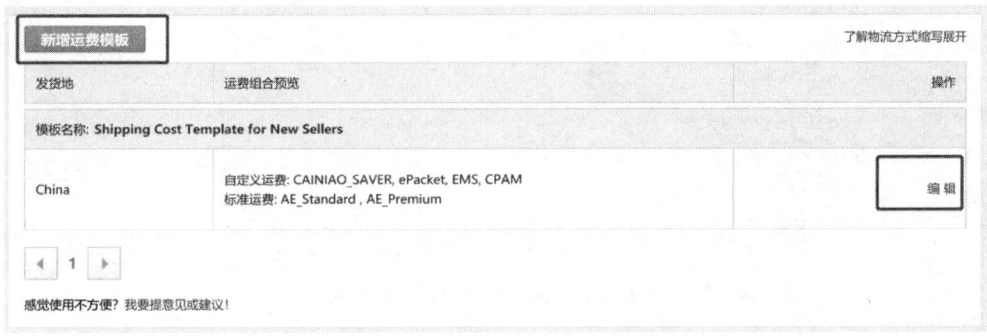

图8-4 编辑运费模板页面

图 8-5 选择运费组合页面

下面，以 China Post Registered Air Mail（中国邮政挂号小包）的设置为例进行操作说明。勾选该物流方式，设置标准运费意味着对所有的国家均执行此优惠标准，如图 8-6 所示。

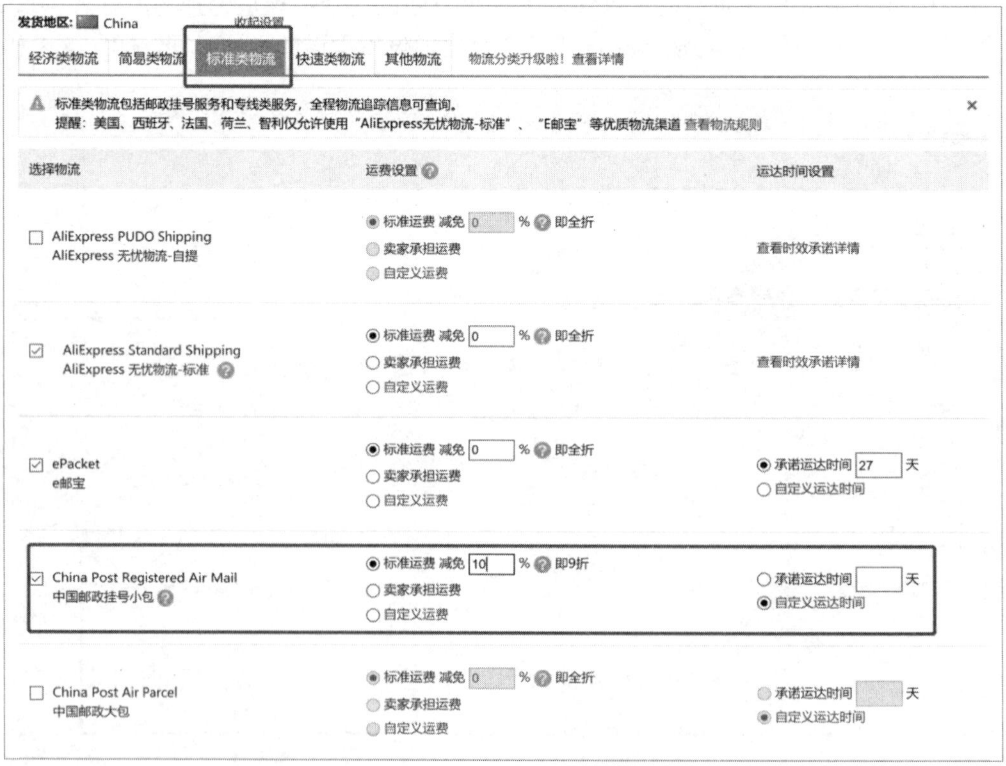

图 8-6 设置标准运费页面

如果需要对所有的国家均采取卖家承担邮费设置，即"包邮"处理，那么就选中"卖家承担运费 Free Shipping"选项，如图 8-7 所示。

图 8-7 选中"卖家承担运费 Free Shipping"选项

如果卖家希望对所有的买家均承诺同样的运达时间，那么需要选中"承诺运达时间"选项，并填写承诺天数，如图 8-8 所示。

图 8-8 选中"承诺运达时间"选项并填写承诺天数

但是大部分时候，卖家希望进行更细致的设置，这时可以通过自定义运费和自定义运达时间来实现。

卖家只需选择"自定义运费"选项即可对运费进行个性化设置，设置的第一步是选择国家或地区。此处有两种选择方法：一种是按照地区选择国家，另一种是按（照）区域选择国家，如图 8-9 所示。

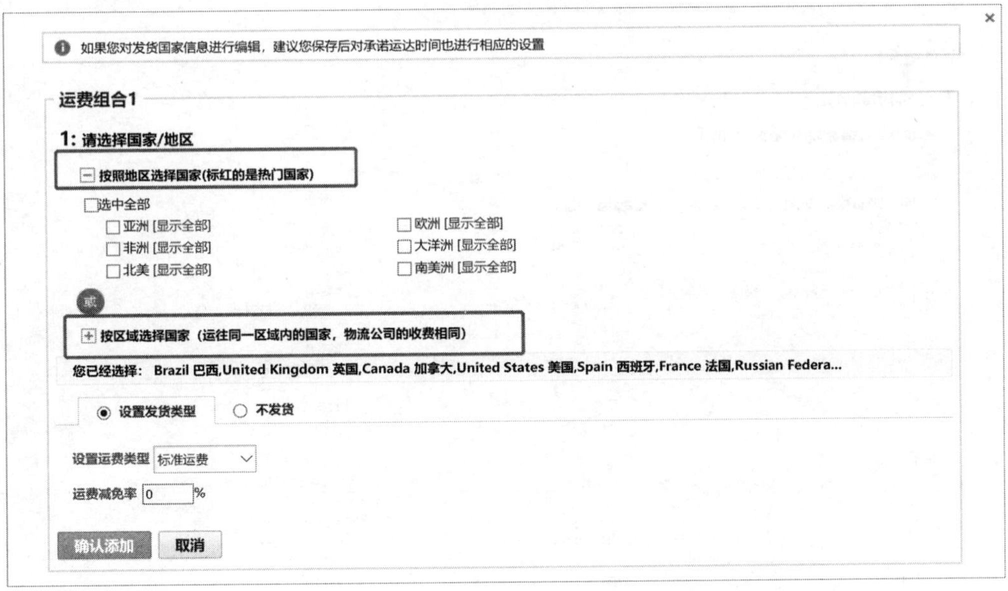

图 8-9 对运费进行个性化设置页面

为便于说明，下面以对黑山和阿根廷两个国家为例进行说明。卖家可根据自身实际情况进入"自定义运费设置"页面进行操作，操作步骤如下。

第一步，选择国家。该步骤有两种方法，方法一是按照地区选择国家，例如先展开欧洲的国家名，找到自己想要的国家选项，并勾选，如图 8-10 所示（其他国家以此类推）。

193

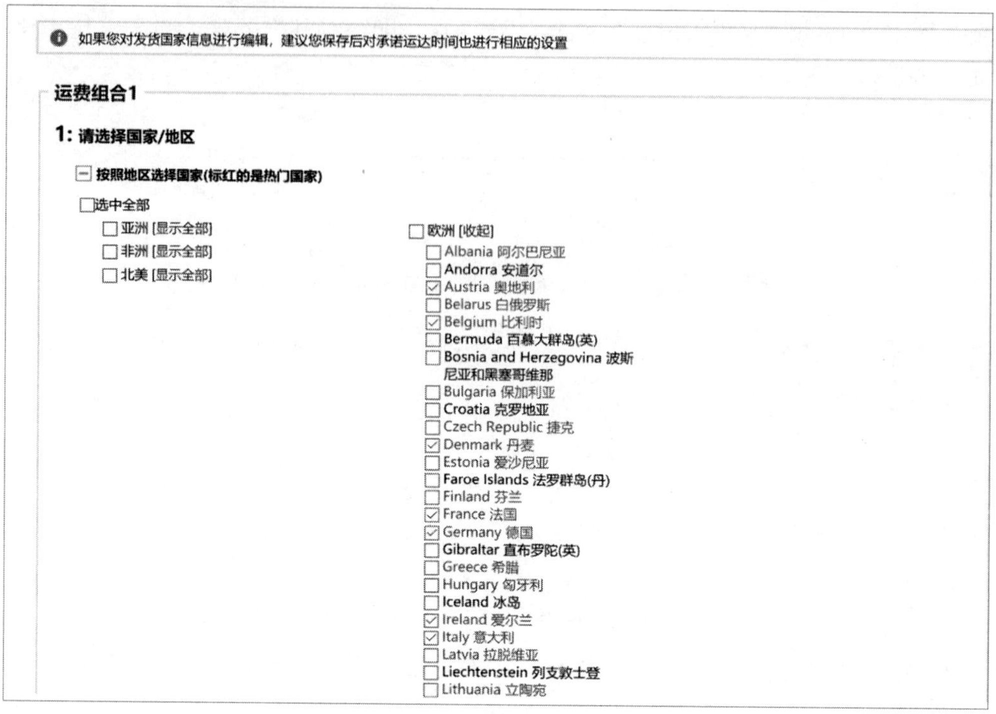

图 8-10 按照地区选择国家

方法二是按（照）区域选择国家，例如找到想要选择的国家——俄罗斯，如图 8-11 所示。

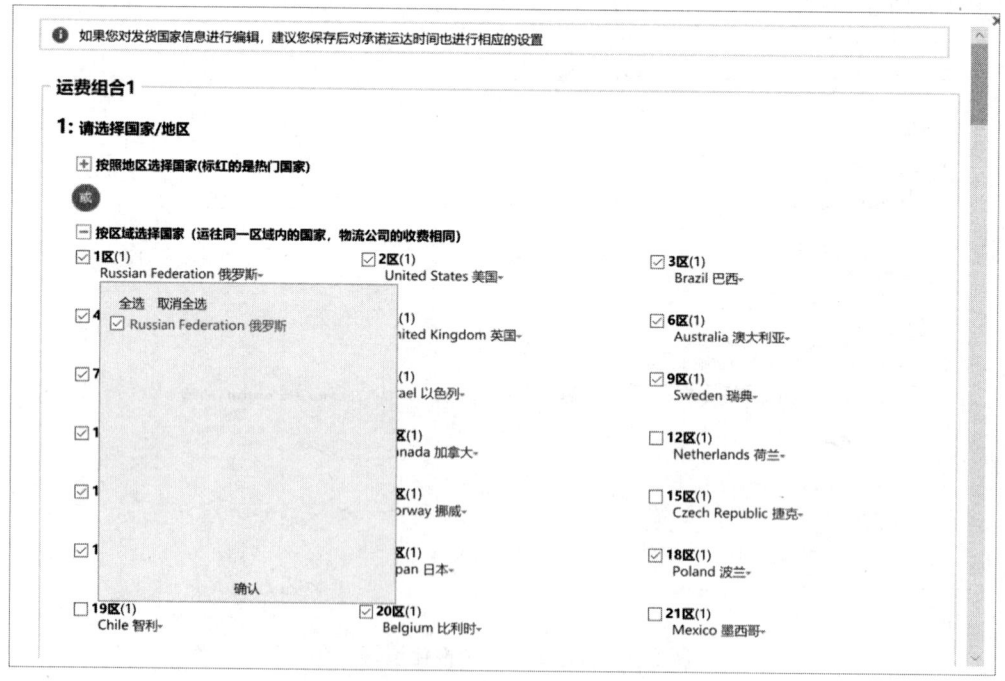

图 8-11 按（照）区域选择国家

第二步，对已选择的国家进行"设置发货类型"或"不发货"操作。以"不发货"操作为例，单击"确认添加"按钮，如图 8-12 所示。

图 8-12 "不发货"操作页面

第三步,如需对更多的国家进行个性化设置,则单击"添加一个运费组合"按钮,如图 8-13 所示。

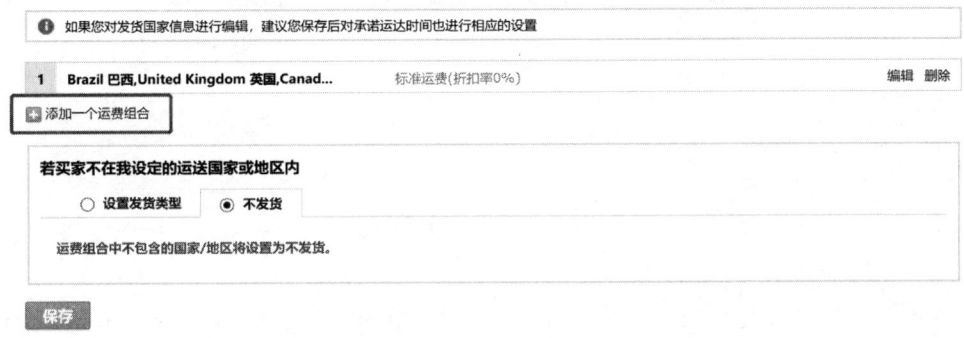

图 8-13 添加一个运费组合

然后选取相关的国家,再进行发货类型的设置。发货类型中除了对运费类型进行标准运费的设置,还可对标准运费进行一定程度的折扣减免,如图 8-14 所示。

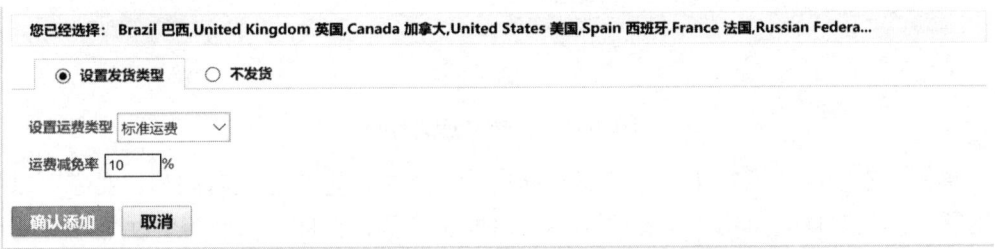

图 8-14 设置发货类型

也可采取包邮设置,即卖家承担运费,如图 8-15 所示。

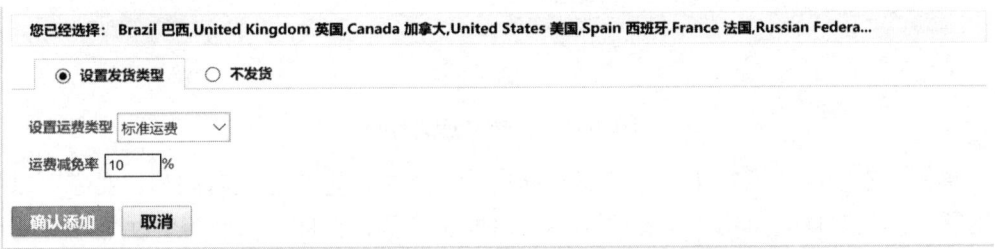

图 8-15 卖家承担运费

同时,还可对重量或数量进行自定义运费设置,如图 8-16 所示。

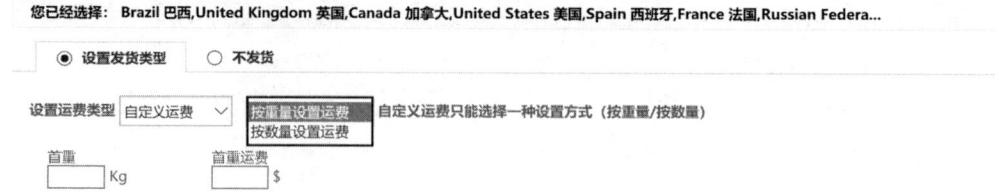

图 8-16　对重量或数量进行自定义运费设置

第四步，单击"确认添加"按钮，如图 8-17 所示。

图 8-17　确认添加

第五步，单击"保存"按钮进行保存。

以上是自定义运费的设置说明，下面是自定义运达时间的设置说明。以中国邮政挂号小包的设置为例，为便于理解，以设置中国邮政挂号小包"巴西 120 天，俄罗斯 90 天，其他国家 60 天"为例进行说明，此说明仅供学习操作步骤使用，请卖家根据自身实际情况进行设置。

第一步，勾选所需的物流方式后，选中"自定义运达时间"选项，如图 8-18 所示。

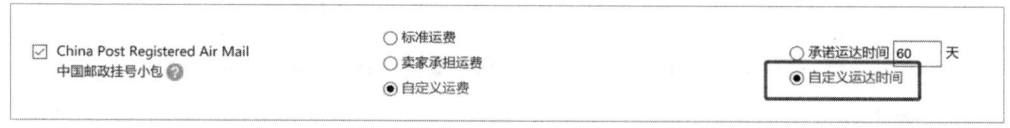

图 8-18　自定义运达时间

第二步，对不同国家设置不同的承诺运达时间，单击自定义运达时间后，卖家可以看到平台预设的承诺运达时间。单击"添加一个运达时间组合"按钮即可进行设置承诺运达时间，如图 8-19 所示。

图 8-19　预设承诺运达时间

第三步,单击"保存"按钮进行保存。

但是,承诺运达时间实际上并非是包裹从发出到买家签收的时间,为了更好地保障卖家和买家的权益,卖家应该在以下三个因素上寻求一个平衡点:第一是买家的购买感受;第二是邮路的实际情况;第三是卖家防止买家在承诺最后运达时间到期前提起纠纷。因此,卖家需要适当地修改承诺运达时间。

值得一提的是,卖家必须根据自身的实际情况进行自定义运费的设置,切忌盲目模仿。因为国际物流受国家政策、物流资费调整、极端天气、政治原因、邮路状况等多种因素的影响,所以卖家在不同的时期应该设置不同的运费模板。

8.3 速卖通线上发货

线上发货是由阿里巴巴全球速卖通、菜鸟网络联合多家优质第三方物流商打造的物流服务体系。

卖家使用线上发货可直接在速卖通后台在线选择物流方案,物流商上门揽收(或卖家自寄至物流商仓库),再发货到国外。卖家可在线支付运费并在线发起物流维权,阿里巴巴作为第三方将全程监督物流商的服务,保障卖家权益。

8.3.1 线上发货的优势

速卖通平台一直要求卖家使用稳定、且物流信息可跟踪的物流渠道。首先,线上发货接入的专线物流都是经过平台认可的优质物流渠道;其次,卖家使用线上发货,速卖通平台可全程跟踪物流信息。使用线上发货的专线物流主要有以下几点好处。

1)时效优。线上发货的专线物流普遍比线下的物流渠道时效更优,有些专线甚至可以承诺全境限时达、不到即赔的服务。

2)服务有保障力。使用线上发货的专线物流,一旦发生丢包、破损、费用争议等情况,可以通过在线投诉的方式投诉物流商,在无法与物流商达成一致意见的情况下菜鸟网络的投诉小二会介入,依据投诉赔付条款进行判罚和赔款退还处理。

3)价格有市场竞争力。接入线上发货的专线物流,价格普遍具有市场竞争力,有些专线的价格低于市面上中邮小包的折后价。

4)资金周转更灵活。运费可通过卖家的国际支付宝收款账户结算,卖家可以用收款账户中的美元支付运费,资金周转更灵活。

8.3.2 线上发货的操作流程

(1)等待发货

登录速卖通后台,单击"交易"按钮,选择"等待您发货"选项后即可看到所有等待发货的订单明细。选择需要发货的订单,单击"发货"按钮,如图8-20所示。之后将看到如图8-21所示的页面,请单击"线上发货"按钮。

图 8-20 发货

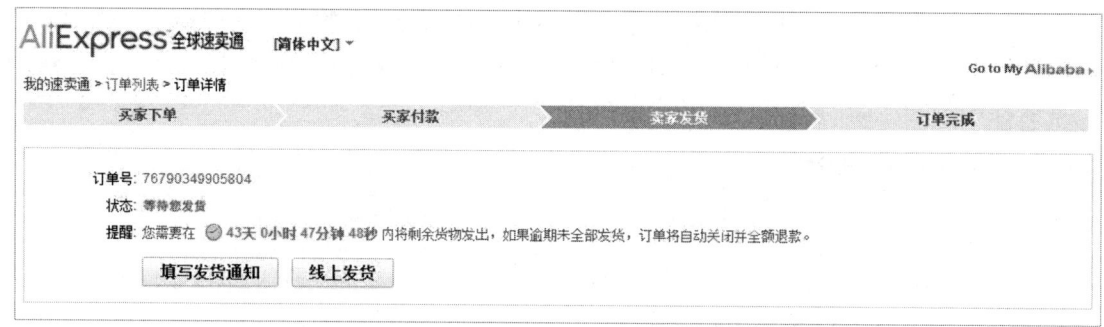

图 8-21 线上发货

对于已部分发货的商品，会看到"填写发货通知""发货完毕确认""线上发货"三个按钮，如图 8-22 所示。

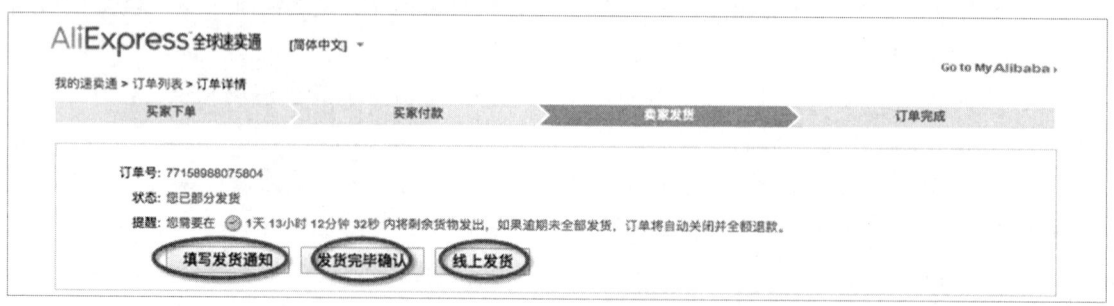

图 8-22 已部分发货页面

（2）选择物流方案

单击"线上发货"按钮即可进入选择物流方案的环节。在"选择物流方案"页面里，可以选择所需要的物流服务。当选择的物流服务与买家下单的服务不一致时，系统将提示确认。选择完毕后，单击"下一步，创建物流订单"按钮，如图 8-23 所示。

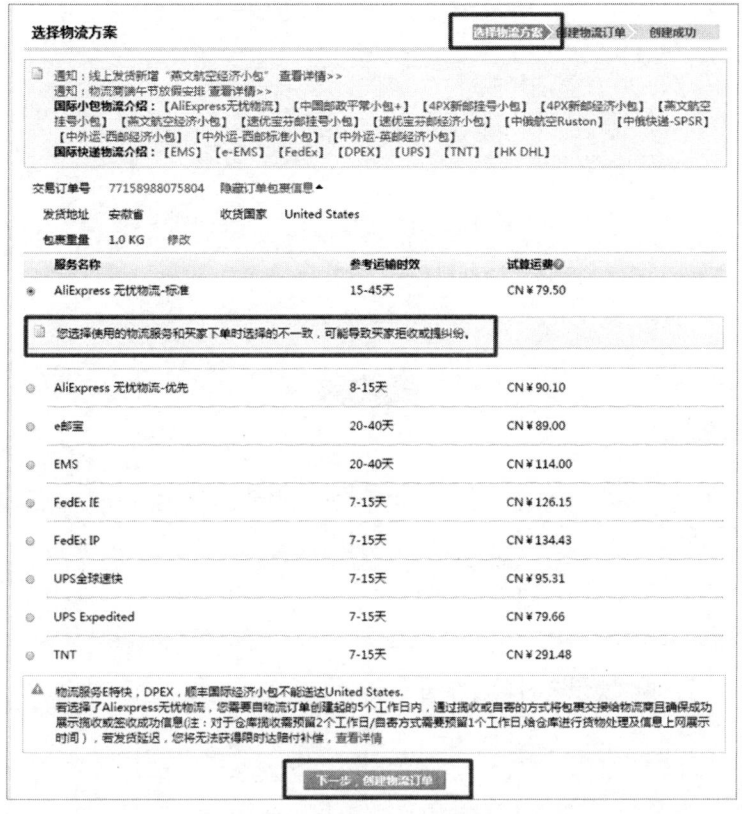

图 8-23　选择物流方案

（3）创建物流订单

单击"下一步，创建物流订单"按钮之后，会出现如图 8-24 所示的页面。

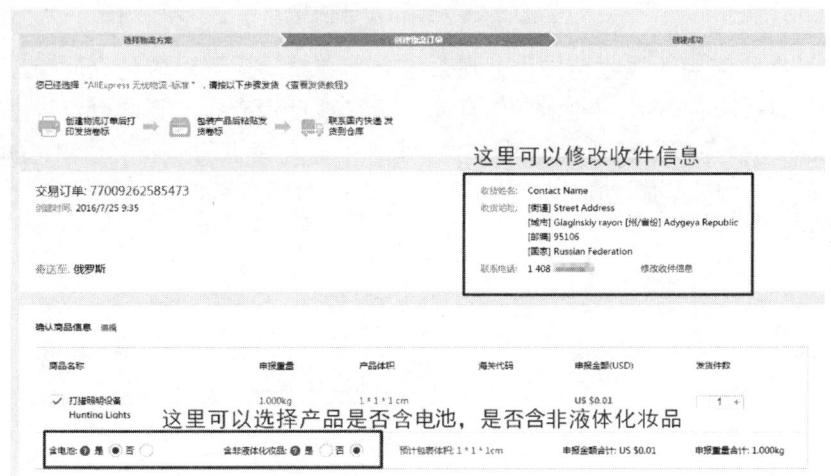

图 8-24　创建物流订单

如果卖家需要修改买家的收件信息，就可以单击"修改收件信息"按钮，会出现如图 8-25 所示的页面。卖家可以在此编辑发件信息，如图 8-26 所示。

图 8-25　修改收件信息

图 8-26　编辑发件信息

若发件地址在物流商的揽收范围内,则系统会为其自动配置对应的仓库。若发件地址没有推荐的揽收仓,则系统会提示:"抱歉,您仓库的所在地址没有推荐揽收仓,请自寄至指定中转仓库。"如果依旧选择免费上门揽收,就可以单击"申请仓库上门揽收"按钮,如图 8-27 所示。此时,系统会提示:"申请揽收仓库,请务必先与仓库沟通是否能上门揽收,以免仓库拒单。"图 8-28 所示为申请揽收仓库。

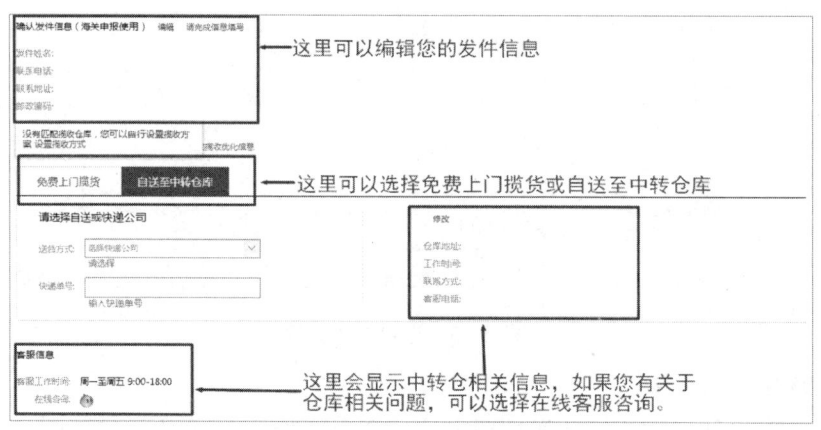

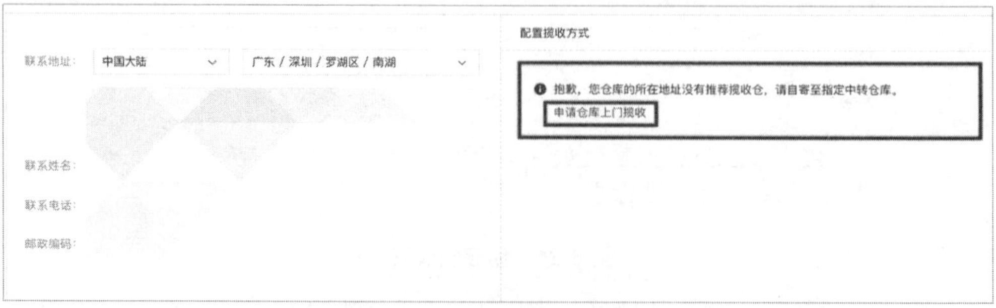

图 8-27　申请仓库上门揽收

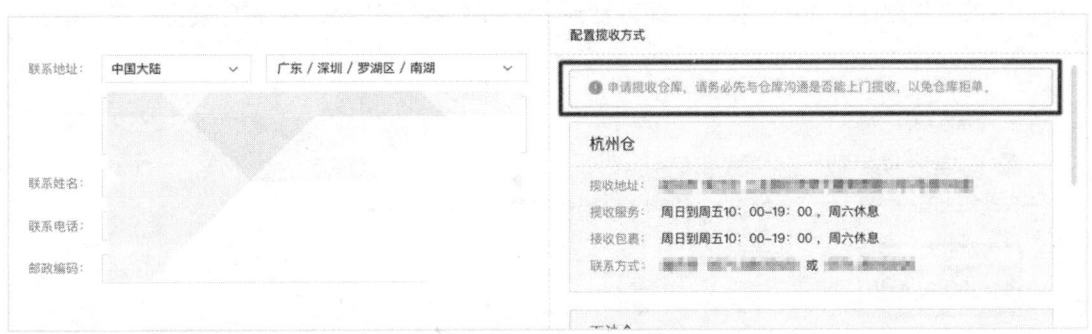

图 8-28　申请揽收仓库

在创建物流订单时，在页面底部有关于目的国无法投递的包裹的处理方案。卖家可以根据自己的需要，选择将包裹退回，或者直接销毁。当选中"退回"选项时，系统对每单会收取固定金额的退件服务费，对于选择退回的包裹，系统将不再收取退回运费。当选中"销毁"选项时，则不产生退件服务费，系统将会免费销毁包裹。图 8-29 所示为"退回或销毁包裹"示意图。

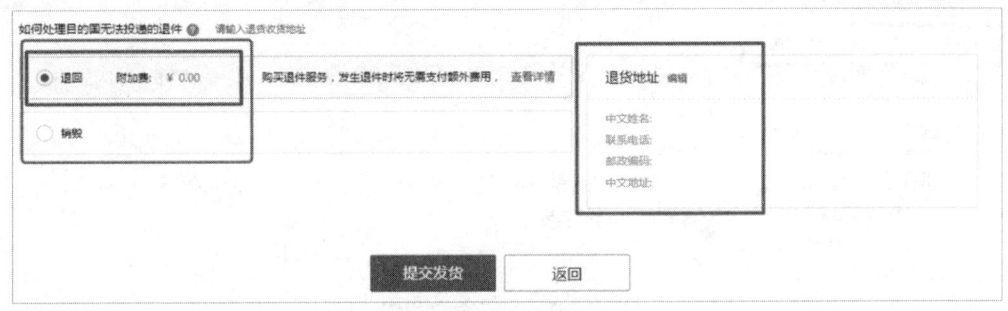

图 8-29　"退回或销毁包裹"示意图

以上选择全部完毕之后，需要勾选"我已阅读并同意《在线发货——阿里巴巴使用者协议》"，并单击"提交发货"按钮。至此，物流订单创建完毕。

（4）查看国际物流单号，打印发货标签

在物流订单创建完毕之后，会出现如图 8-30 所示的页面，系统会提示："成功创建物流订单：××××。"

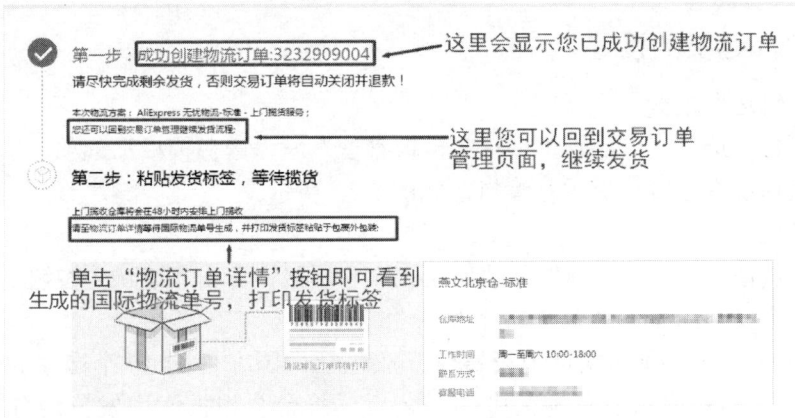

图 8-30　物流订单详情

可以单击"物流订单详情"按钮，即可看到生成的国际物流订单号。打印发货标签，如图 8-31 所示。

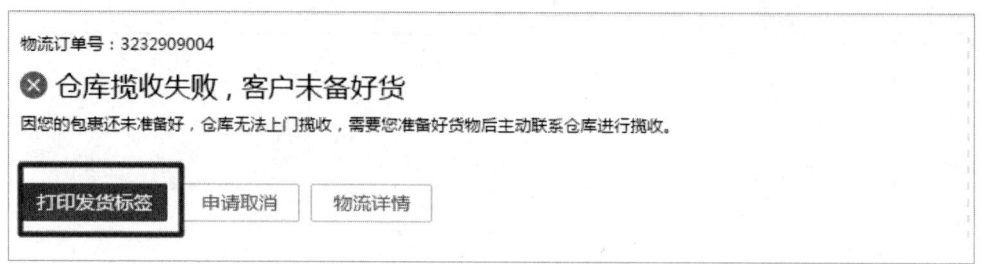

图 8-31　打印发货标签

（5）填写发货通知

物流订单创建成功后，系统会生成订单号。卖家在完成打包发货、交付物流商之后，即可填写发货通知，如图 8-32 所示。

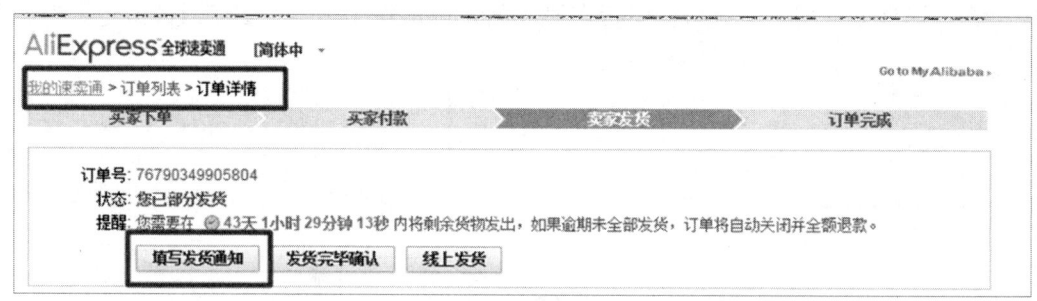

图 8-32　填写发货通知

8.4　海外仓

8.4.1　海外仓产品运费的设置

（1）新增或编辑运费模板

登录速卖通平台，选择"产品管理"→"模板管理"→"运费模板"选项，单击"新增运费模板"按钮或选择现有运费模板进行编辑，如图 8-33 所示。

（2）选择发货地

单击"新增发货地"按钮，选择发货地所在国家和地区，单击"确认"按钮，同一运费模板可以同时设置多个发货国家，如图 8-34 和图 8-35 所示。

目前，运费模板中可选择的发货地设置仅开放包括中国在内的 10 个国家和地区，如果商品发货地不在其中，就选择发货地为中国。之后，平台会根据卖家发货地分布新增支持的发货国家。

第 8 章 物流模板设置

图 8-33 新增运费模板

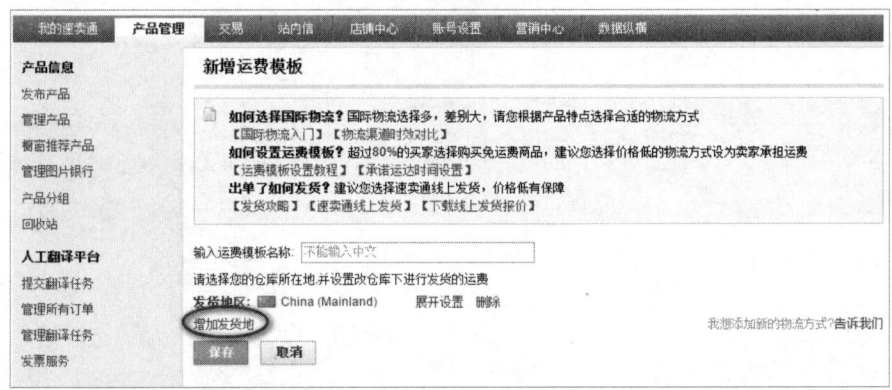

图 8-34 增加发货地

图 8-35 选择发货地所在国家和地区

（3）设置运费及限时达时间

单击发货地区后的"展开设置"按钮，可针对不同的发货地区及不同的物流方式分别设置不同的运费及承诺运达时间，如图 8-36 所示。

图 8-36　设置运费及承诺运达时间

可以选中"自定义运费"选项，选择物流方式所支持的国家和地区；也可以选中"自定义运达时间"选项，对不同国家和地区设置不同的承诺运达时间，如图 8-37 所示。

图 8-37　对不同国家和地区设置不同的承诺运达时间

例如，发货地在美国，则可以设置支持目的国为美国、加拿大、墨西哥、智利和巴西 5 国，并分别设置运费及承诺运达时间。如发货国与目的国一致（除俄罗斯外），承诺运达时间最长不能超过 15 天，而俄罗斯则可分区设置承诺运达时间。

特别需要提醒的是，商品发货地必须完全和运费模板设置的发货地一致，卖家需要根据海外仓所在地新增或编辑运费模板。

例如，卖家莎莎有 3 个商品，商品发货地如表 8-1 所示，她需要分别设置 3 个不同的运费模板。因为商品发货地必须完全和运费模板设置的发货地一致，所以 A 商品只能关联运费模板 1，而不能关联运费模板 2 或运费模板 3。

表 8-1 关联运费模板

商　品	发　货　地	商品可关联的运费模板
A	中国	运费模板 1：发货地只有中国
B	美国	运费模板 2：发货地只有美国
C	中国和美国	运费模板 3：有两个发货地即中国和美国

8.4.2 关于海外仓费用的计算

海外仓费用的计算公式如下：

海外仓费用=头程运费+处理费+仓储费+尾程运费+关税/增值税/杂费

- 头程运费：卖家将物品运送到海外仓的目的国，可采用空运、海运散货、海运整柜、当地拖车等物流方式。
- 处理费：入库费用、出库费用和订单处理费。
- 仓储费：分为淡季和旺季，一般下半年的仓储费会更高。
- 尾程运费：本地的配送运费，如 FedEx、DHL、UPS、当地邮政等。

在这里要提醒注意的是仓储费，对产品预估销量良好的把控能有效地节省仓储费用。另外，不同公司仓储收费方式不同，有的按体积算、有的按重量算。不同国家和地区的关税也不同，如美洲国家只算进口关税；欧洲国家税收是进口关税+增值税；澳大利亚是进口关税+增值税+附加税。图 8-38 所示为不同产品的费用计算。

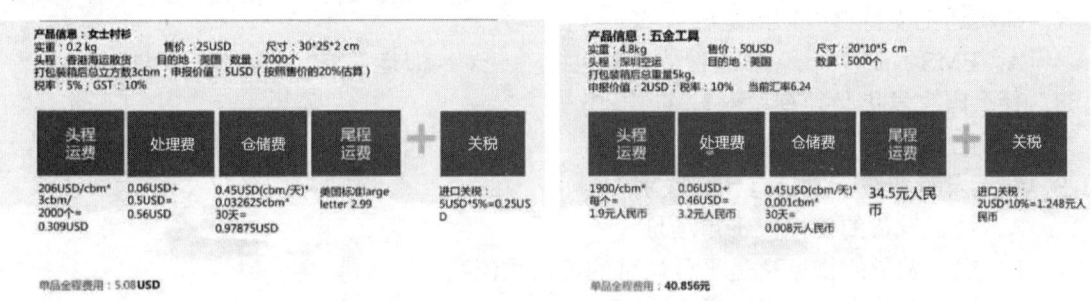

图 8-38　不同产品的费用计算

结合上述的费用涵盖内容，产品定价应该从产品成本着手，具体包括以下几项内容：

- 产品成本 1=产品的采购成本+产品的国内运费
- 产品成本 2=产品的到仓成本（头程运费+处理费+仓储费+尾程运费+关税等）
- 产品成本 3=平台扣点和计提损失
- 产品定价=（产品成本 1+产品成本 2+产品成本 3）+规划利润

课后习题

一、多选题

1. 新手运费模板中 EMS 的承诺运达时间是多少天？（　　）

   A．60 天　　　　B．39 天　　　　C．14 天　　　　D．27 天

2. 如果不做更改，平台默认的承诺到达时间有哪些？（   ）
   A. 商业快递（DHL，UPS，FEDEX，TNT）默认时间为 23 天
   B. EMS、e 邮宝默认时间为 27 天
   C. 中邮、香港航空大小包对于巴西默认时间为 39 天
   D. 中邮、香港航空大小包对于俄罗斯默认时间为 60 天
3. 新手运费模板中 e 邮宝的承诺运达时间是多少天？（   ）
   A. 60 天   B. 39 天   C. 14 天   D. 27 天
4. 关于线上发货的操作，描述正确的是（   ）。
   A. 卖家不需要支付运费
   B. 揽收区域外的卖家需要自行发货到国内集货仓
   C. 部分区域物流商可上门揽收
   D. 卖家需要交货给物流商
5. 怎样才能更好地操作承诺运达时间呢？避免因未送达引起退款，我们可以（   ）。
   A. 设置多套运费模板   B. 设置不发货国家
   C. 保持良好的买家沟通   D. 选择好货代
6. 平台认可正式有效的物流信息包含哪些？（   ）
   A. DHL 官网信息   B. 专线物流网站信息
   C. 各国邮政官网可查的信息   D. 线上发货物流信息
7. 速卖通上支持哪些物流运输方式？（   ）
   A. EMS   B. 香港大小包   C. 海运   D. 中邮大小包
8. 什么国家发货必须有税号？（   ）
   A. 巴西   B. 俄罗斯   C. 西班牙   D. 美国
9. 线上发货和线下发货有什么区别？（   ）
   A. 线上发货的价格低于市场价
   B. 线上发货的物流商是平台认可的优质物流商
   C. 线上发货支持在线投诉理赔，更有保障
   D. 线上发货运费是线上用支付宝支付的

二、简答题

为什么在速卖通后台设置的运费与前台展示的不一致？

第 9 章 跨境收款与支付

9.1 收款账户设置

9.1.1 收款账户的类型

国际支付宝目前支持买家使用美元、英镑、欧元、墨西哥比索、卢布等付款方式支付(之后币种会不断增加),卖家可以选择美元和人民币两种收款方式。根据付款方式的不同,卖家收到的币种会有差别,总体看来,人民币收款方式的比例略小。

卖家收到的人民币部分,国际支付宝会按照买家支付当天的汇率(汇率由收单银行确定,汇率是清算日的汇率,而非支付日,一般在支付后的两个工作日左右清算)将美元转换成人民币后打入卖家国内支付宝或银行账户中(特别提醒:速卖通普通会员的货款将直接打入国内支付宝账户中)。卖家收到的美元部分,国际支付宝则是将美元直接打入卖家的美元收款账户中(特别提醒:卖家只有设置了美元收款账户才能直接收取美元)。

阿里巴巴国际支付宝由阿里巴巴与支付宝联合开发,它是为了保证国际在线交易中买卖双方的交易安全所设计的一种第三方支付担保服务,全称为 Escrow Service。如果卖家已经拥有国内支付宝账户,只需将国际支付宝绑定国内支付宝账户即可,无须再申请国际支付宝账户。

国际支付宝的服务模式与国内支付宝类似:交易过程中先由买家将货款打到第三方担保平台的国际支付宝账户中;然后第三方担保平台通知卖家发货,买家收到商品后确认,货款打给卖家。至此,交易完成。

国际支付宝的交易流程:确认订单→买家付款→卖家发货→买家收货→卖家收款。

使用国际支付宝有以下四种优势。

1)多种支付方式:支持信用卡、银行汇款等多种支付方式。

目前,国际支付宝支持的支付方式有信用卡、借记卡、Qiwi Wallet、Yandex.Money、WebMoney、Boleto、TEF、Mercado Pago、DOKU、Western Union 和 T/T 银行汇款。更多符合各地买家习惯的支付方式还在不断地加入。

2)安全保障:先收款,后发货,全面保障卖家的权益。

国际支付宝是一种第三方支付担保服务,而不是支付工具。对于卖家而言,国际支付宝的风控体系可以保护其在交易中免受信用卡盗卡的欺骗,而且只有在国际支付宝收到货款的时候,才会通知卖家发货,这样可以避免买家在交易中使用其他支付方式而导致交易欺诈。

3)方便快捷:线上支付,直接到账,足不出户即可完成交易。

使用国际支付宝收款无须预存任何款项,速卖通会员只需绑定国内支付宝账户和美元银行账户就可以分别进行人民币和美元的收款。

国际支付宝提现无须申请，物流妥投且买家确认收货后，国际支付宝将直接把钱打入卖家的国内支付宝账户或其银行账户中。

4）品牌优势：依附阿里巴巴和支付宝两大品牌，在海外的发展潜力巨大。

买家通过信用卡支付时，国际支付宝会按照买家支付当天的汇率将美元转换成人民币后打入卖家的国内支付宝或其银行账户中（特别提醒：速卖通普通会员的货款将直接打入国内支付宝账户中）。

买家通过 T/T 银行汇款支付时，国际支付宝将买家支付的美元打入卖家的美元收款账户（特别提醒：卖家只有设置了美元收款账户才能直接收取美元）。

9.1.2 注册和绑定国际支付宝

如果以前没有设置支付宝账户，可以通过创建或登录支付宝的方式进行绑定，操作步骤如下。

1）登录速卖通平台，单击"交易"按钮进入"收款账户管理"页面，选择"人民币收款账户"选项。如果是已经注册过的支付宝账户，单击"登录支付宝账户"按钮，如图9-1所示。

图中"帐户"应为"账户"，下同

图 9-1　登录支付宝账户

2）单击"登录支付宝账户"按钮后，依次填写"账户名""登录密码""校验码"，填写完毕后单击"登录"按钮，如图9-2所示。登录成功后，即完成收款账户的绑定，同时也可以对收款账户进行编辑。

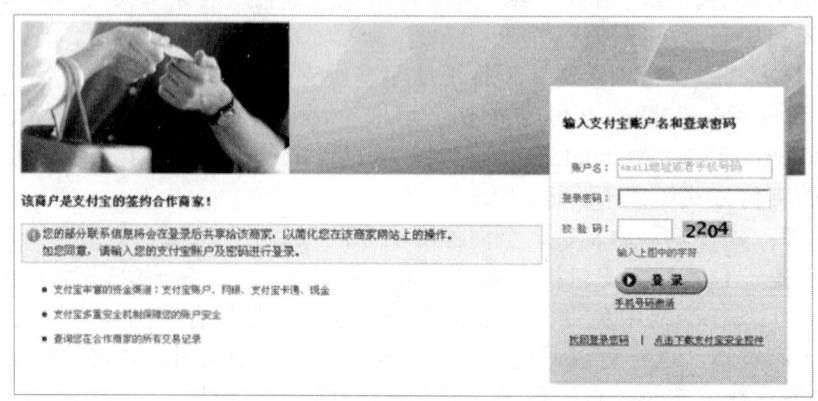

图 9-2　填写登录信息

3)如果还没有注册过支付宝账户,那么可以单击页面中的"创建支付宝账户"按钮,填写相应的信息,完成支付宝账户的注册。当然也可以使用手机号码或 E-mail 来注册支付宝账户,下面简单介绍两种注册方法。

① 使用手机号码注册时,首先要进入支付宝网站,单击"新用户注册"按钮就可以按提示进行注册了。

② 选择使用 E-mail 注册时,第一步:填写注册信息。第二步:进入邮箱查收邮件并激活邮件。输入注册信息时,请按照页面中的要求如实填写,否则会导致支付宝账户无法正常使用。单击"填写全部"按钮,即可补全信息。进入邮箱查收并激活邮件,激活成功后,补全支付宝账户的基本信息就可以进行付款、充值等操作了。

支付宝账户分为个人和公司两种类型,请根据自己的需要慎重选择账户类型。公司类型的支付宝账户一定要有公司银行账户与之匹配。

如果以前已经设置过支付宝账户,那么操作步骤如下。

1)登录速卖通平台,单击"交易"按钮进入"收款账户管理"页面,选择"人民币收款账户"选项。

2)因为前面已经设置过支付宝账户,这里可单击"确认为收款账户"按钮,将此支付宝账户作为人民币收款账户,如图 9-3 所示。

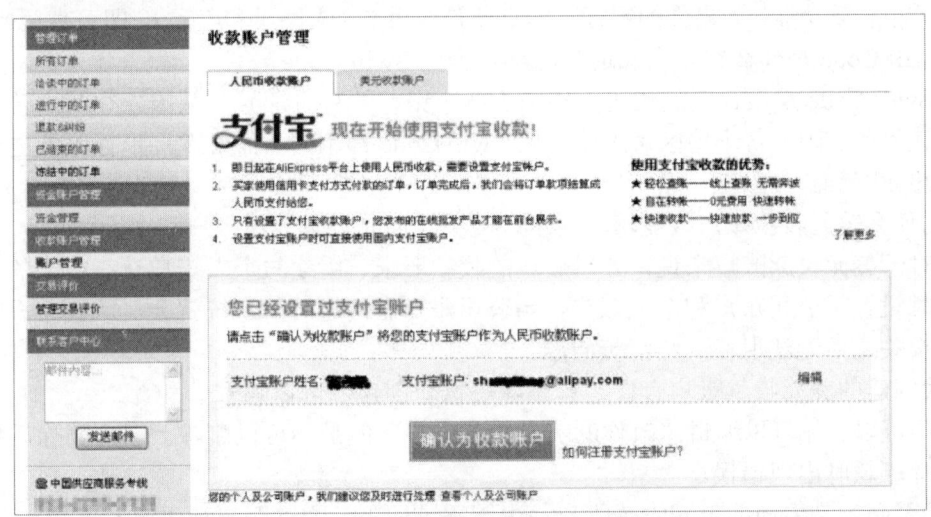

图 9-3 将支付宝账户作为收款账户

绑定国内支付宝账户后,即可通过支付宝账户收取人民币。国际支付宝会按照买家支付当天的汇率将美元转换成人民币后打入卖家的国内支付宝或其银行账户中。除此之外,卖家还可以通过设置美元收款账户的方式来直接收取美元。

9.1.3 注册和绑定美元收款账户

(1)新增收款账户

如果是中国供应商会员,那么请登录阿里巴巴后台管理页面,选择"交易"→"银行账户管理"选项后,进入"收款账户管理"页面,选择"创建美元收款账户"选项。

如果是普通会员,那么请登录速卖通后台,选择"交易"下面的"银行账户管理"选项后,进入"收款账户管理"页面,选择"创建美元收款账户"选项。进入"创建美元收款账户"页面之后，出现了可供选择的"公司账户"和"个人账户"两种账户类型。下面介绍这两种账户类型的创建方法。

① 公司账户。请不要使用中文填写信息，否则会导致放款失败，之后系统需要重复放款因而会产生手续费。设置的公司账户必须是美元账户或是能接收美元的外币账户。在中国地区开设的公司必须有进出口权才能接收美元并结汇，使用公司账户收款的订单，必须办理正式报关手续，这样才能顺利结汇。

② 个人账户。请不要使用中文填写信息，否则会导致放款失败，之后系统需要重复放款因而会产生手续费。客户创建的个人账户必须能接收海外银行（新加坡花旗银行）对个人的美元打款。收汇没有限制，个人账户年收款总额可以超过5万美元。注意结汇需符合外汇管制条例，即每人每年有5万美元结汇额度。选择"创建个人账户"选项后，依次填写"开户名（中文）""开户名（英文）""开户行""Swift Code""银行账号"等必填项。填写完毕后，单击"保存"按钮即可。

(2) 美元收款账户的相关问题

① 哪些银行卡可以接受美元？我没有能接受美元的外币账户，怎么办？普通银行卡可以接收外币吗？

答：国内的银行卡都有外币业务，可以接收外币，但是需要本人带上有效身份证件去银行开通个人外币收款功能。如果你的银行卡本身就是双币卡（人民币和美元），即可直接接收美元。

② Swift Code 是什么？怎么知道我的银行卡的 Swift Code？

答：Swift Code 是银行国际代码，相当于各个银行的身份证号。从国外往国内转账外汇时必须使用该号码。因为每个地区每家银行的 Swift Code 都不同，需要拨打银行服务电话或登录 Swift 国际网站查询。

③ 为什么美元收款账户只能填写一个，能不能同时设置公司账户和个人账户？

答：对于美元收款账户来说，公司账户的收款要求、用途与个人账户存在很大的区别。如果客户同时设置了公司账户和个人账户，当公司账户有问题时，系统就会打款到个人账户，这样会造成报关之后无法退税、结汇等问题。

④ 我创建的美元收款账户有误，想删除后重新创建，可以吗？

答：不可以。你可以编辑修改你的美元收款账户，但是不可以删除。因为删除后将导致买家使用银行汇款时出现错误。

⑤ 是否必须是内地的美元收款账户，中国香港的美元收款账户可以吗？

答：可以。

⑥ 我只设置了美元收款账户，没有设置人民币收款账户，能否做交易？

答：不可以。

⑦ 我刚刚注册且创建了一个收款账户，为什么无法创建美元收款账户？

答：这很可能是因为系统不同步的原因，你可以过几小时后再创建。

⑧ 我有一个中国银行的私人账户，既可以收人民币，也可以收美元，那我把银行卡号填写在人民币个人收款账户里面，同时又填在美元个人收款账户里面可以吗？

答：请向发卡银行确认该账户是否能接收国外的美元汇款，因为速卖通是通过新加坡花旗银行汇款到你的账户的。

⑨ 我设置了美元个人收款账户，收款提现超过5万美元的部分怎么办？

答：有两种解决方案，一种是如果一次提现已经达到5万美元，那么剩下的资金可以分年结汇；另一种是还可以在提现金额未超过5万美元时提现一次，下次提现时改为个人收款账户，分开提现。

⑩ 我设置了美元收款账户，提现要手续费吗？

答：美元提现手续费用按提取次数计算，每笔提现手续费固定为 15 美元，其中已包含所有中转银行的手续费。建议卖家减少提款次数，当可提现资金累积到一定金额时再进行提现操作。

9.1.4 查询银行的 Swift Code

Swift Code 其实就是 ISO 9362，也叫 SWIFT-BIC、BIC 代码或 SWIFT ID，由计算机可以识别的 8 位或 11 位数字或字母组成，用于在 Swift 电文中区分金融交易中的不同金融机构。

Swift Code 的 11 位数字或字母可以拆分为银行代码、国家代码、地区代码和分行代码四部分。以中国银行上海分行为例，其 Swift Code 为 BKCHCNBJ300，含义为：BKCH(银行代码)、CN（国家代码）、BJ（地区代码）、300（分行代码）。

银行代码：由 4 位英文字母组成，每家银行只有一个银行代码，由自己决定，通常是该行的名字或缩写，适用于其所有的分支机构。

国家代码：由两位英文字母组成，用于区分用户所在的国家和地理区域。

地区代码：由 0、1 以外的两位数字或字母组成，用于区分位于所在国家的地理位置，如时区、省、州、城市等。

分行代码：由 3 位数字或字母组成，用于区分一个国家里某一分行、组织或部门。如果银行的 Swift Code 只有 8 位而无分行代码时，其初始值为"×××"。

可以拨打各大银行的服务电话，询问该银行的 Swift Code。以下列举了一些常见银行的服务电话。

中国银行：95566

中国工商银行：95588

中国农业银行：95599

中国建设银行：95533

中国交通银行：95559

中国民生银行：95568

招商银行：95555

华夏银行：95577

也可以登录 Swift 国际网站查询页面来查询我国某个城市某家银行的 Swift Code。以下列举了一些常见银行的统一代码。

- 中国银行：BKCHCNBJ
- 中国工商银行：ICBKCNBJ
- 中国农业银行：ABOCCNBJ
- 中国建设银行：PCBCCNBJ
- 中国交通银行：COMMCN
- 中国民生银行：MSBCCNBJ
- 招商银行：CMBCCNBS
- 华夏银行：HXBKCN
- 中国工商银行国际借记卡：ICBKCNBJICC

以中国银行上海分行为例，登录 Swift 国际网站查询页面，根据提示填入要查询的银行信息，在"BIC or Institution name"一栏中填入中国银行的统一代码 BKCHCNBJ；在"City"一栏中填入需要查询的银行所在城市的拼音 SHANGHAI；在"Country"一栏里选择"CHINA"选项；最后在"Challenge response"一栏中填入验证码。填写完信息之后单击"Search"按钮即可完成操作。

9.1.5 支付宝账户的认证流程

（1）个人支付宝账户的认证流程

登录支付宝网站，选择"我是个人用户"选项，在"我的支付宝"页面，请单击"申请认证"按钮。进入支付宝实名认证的介绍页面后，输入校验码，单击"立即申请"按钮。仔细阅读支付宝实名认证服务协议后，勾选"我已经阅读并同意接受以上协议"，就可以完成支付宝实名认证了。有两种实名认证的方式可供选择，如选择通过"支付宝卡通"来进行实名认证，则需单击"立即申请"按钮，并按照提示步骤来申请开通。

（2）企业支付宝账户的认证流程

登录支付宝网站，找到认证入口，填写认证信息。请正确填写"公司名称""营业执照注册号""校验码"。公司名称需与营业执照上完全一致，如申请人不是公司法定代表人，则需下载委托书。"组织机构代码""企业经营范围""企业注册资金""营业执照有效期"等非必填项可以选择填写。最后请核对提交的信息是否正确，确认无误后，单击"下一步"按钮，进入审核页面，请等待客服工作人员对营业执照信息进行审核。

卖家信息审核成功后，支付宝将在 1～3 个工作日内给卖家的银行账户汇入一笔 1 元以下的确认金额。请确认支付宝给你的银行账户付款的金额，单击"确认汇款金额"按钮，填写你收到的金额，单击"确认"按钮，确认金额成功后，即完成了卖家实名认证的整个过程。

9.2 卖家提现与支付

9.2.1 速卖通收费标准

速卖通会在订单交易完成后对卖家收取手续费，而买家不需要支付任何费用。国际支付宝平台对卖家的每笔订单收取订单金额的 3%（中国供应商会员）或 5%（普通会员）的手续费，目前这是全球同类支付服务中费用较低的。

9.2.2 卖家提现

卖家提现采用余额提现的方式，分为美元提现与人民币提现。美元提现将提款到卖家的美元银行账户中，人民币提现将提款到卖家的支付宝国内账户中。

卖家可以先登录国际支付宝账户，到"我要提现"功能下的"提现银行账户设置"中确认是否已经设置了美元和人民币提现银行账户，如果没有的话需要先设置完成后才能操作提现。

提现具体操作步骤如下。

第一步，查看"我的账户"信息，可以看到可提现的人民币金额和美元金额及已冻结的人民币金额和美元金额，以及人民币收款账户总金额、美元收款账户总金额。

第二步，单击人民币或美元账户内对应的"提现"按钮，如图9-4所示。

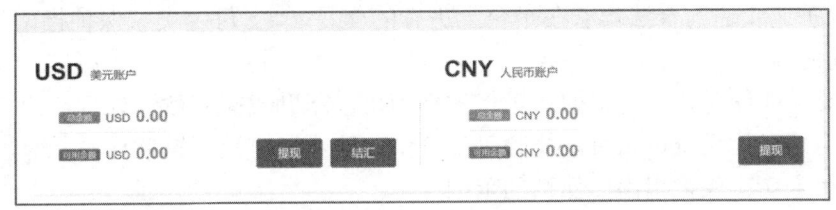

图 9-4 提现操作

第三步，输入你要提现的金额，单击"下一步"按钮，进入提现信息确认页面。

注意：美元提现金额不低于16美元，人民币提现金额不低于0.01元。美元提现每次收取15美元的手续费，人民币提现无须手续费。

目前，阿里巴巴速卖通平台支持 EMS、DHL、UPS、FedEx、TNT、SF Express、中国邮政航空包裹等多种物流运输方式。针对以上运输方式，平台设置了以下放款规则。

（1）总则

若买家确认收货或确认收货超时，则系统会自动核实订单中所填写的运单号。系统将核对运单号状态是否正常、妥投地址是否与订单中的收货地址一致等信息。

如运单号通过系统审核，则系统会自动将款项支付到卖家的收款账户中。

如运单号未通过系统审核，则订单会进入服务部人工审核流程。

（2）人工审核流程规则

所有进入服务部人工审核流程的订单，服务人员都会根据运单号的调查情况进行判断。目前，主要有以下几种情况。

1）地址不一致（运单号妥投地址与买家提供的收货地址不一致）时服务人员会联系卖家，请卖家提供发货底单。

2）未妥投（订单中部分或全部运单号的查询结果显示未妥投）时服务人员会联系买家，核实买家是否已经收到货物。如买家表示收到货物，则平台正常放款；如未收到，则请卖家配合平台向快递公司查询运单号信息。

3）运单号无效（运单号无法查询到任何信息）时服务人员会联系卖家提供发货底单。

4）货物被退回（运单号显示货物已经被退回）时服务人员会联系卖家核实是否已经收到货物，确认卖家收到货物后做退款处理。

（3）注意事项：为了保证卖家能够及时收到货款，请注意以下几点。

1）请尽量使用平台支持的物流运输方式，并在发货期内填写真实有效的运单号。

2）请及时更新运单号。如运单号在货运途中发生变更，则需及时更新。

3）请卖家配合服务人员提供相应的证明。

4）在买家确认收货或确认收货超时，且货运信息正常的情况下，卖家会在3～5个工作日内收到相应的订单款项。

9.2.3 "支付宝卖家保护指南"

为了保护速卖通平台买卖双方的合法权益，让卖家能够更加放心和顺利地在速卖通平台完成交易，避免不必要的纠纷，平台特别推出"支付宝卖家保护指南"，当买家投诉货物没有收到或收到的货物与产品描述不符时，"支付宝卖家保护指南"可以协助和保护卖家在最短时间内处理纠纷。

(1)什么是"支付宝卖家保护指南"

支付宝保护速卖通的合法卖家在平台上进行的交易,"支付宝卖家保护指南"主要包括以下几个方面的内容。

1)遭遇交易纠纷时,支付宝的卖家保护指南可以帮助卖家有效地处理纠纷。

2)支付宝的风控系统可以有效排除可疑订单,防止卖家被买家欺诈。

(2)"支付宝卖家保护指南"保护的范围

1)只保护速卖通的合法卖家在平台上使用支付宝进行的交易,若未使用支付宝则不能享受支付宝卖家保护政策。

2)只保护速卖通的合法卖家发布的不违反交易平台禁限售规则的交易产品。

(3)"支付宝卖家保护指南"是如何保护卖家的

1)当买家投诉没有收到货时。

如果卖家能够向平台提供货物已经妥投的证明,卖家将得到平台的保护。因为物流等原因、货物可能还在途中,因此当纠纷发生时,卖家需主动积极联系买家,同买家沟通。若双方达成一致,则买家确认收到货后,撤除纠纷,平台将全额放款给卖家。

若买家投诉没有收到货,而卖家能提供清楚的可以显示货物已经妥投的证明,包括但不仅限于货物的运单号、货物底单、物流妥投证明、货物的运送状态显示"已送达"、送达日期、收件人确认收货的签字回执等,则平台将会全额放款给卖家。

若买家投诉没有收到货,经平台查明货物被扣关,而卖家能够提供物流出具的买家不愿清关导致货物被扣关的证明,则平台会全额放款给卖家。

2)当买家投诉收到的货物与产品描述不符时。

如果卖家能够提供清楚的文件来证明货物的说明是恰当的,那么卖家可以得到平台的保护。例如,当卖家提供的文件能说明以下问题时,索赔则可能会按对卖家有利的原则解决。

① 买家投诉收到的货物为二手货,而卖家在产品描述中已经清楚说明该产品为二手货。

② 卖家产品描述正确,比如卖家在产品描述中已经清楚说明了该产品的实际功能及可能存在的缺陷,而买家因为期望值等问题不想要了。

③ 当买家投诉货物数量不对时,卖家能够提供证据证明是按照买家的订单要求全部发货的。

④ 因货物与产品描述不符的投诉,由于涉及买家期望值的问题,如果卖家能够提供证据来证明对于该买家购买产品的描述是清楚的,那么平台将根据货物的实际情况同买家协商,对卖家做出全额放款、退货+部分放款的处理。

(4)"支付宝卖家保护指南"的相关问题

1)在买家提交纠纷申请后,卖家该怎么办?

买家向平台提交纠纷申请后,平台会尽快联系卖家,卖家需要积极主动地提供相应的证据,包括但不限于货物运单号、货物底单、物流妥投证明、买卖双方交谈记录截屏等,提供详细的证据有助于平台站在利于卖家的立场上解决问题。

2)如果买家申诉成功,那么平台会怎么处理呢?

如果买家申诉成功,那么平台会针对货物的实际情况,协调卖家对买家进行全额退款或部分退款+退货的处理。

3)买家提出"未收到货物"纠纷申请时,如果货物仍然在途中,那么卖家该如何处理呢?

这时应该积极主动地同买家沟通,告诉他货物仍然在运输途中,希望他耐心等待并且向平台申请撤销投诉。平台上很多纠纷就是因为买卖双方沟通不畅导致的。如果买家撤销了投诉，等到物流妥投，买家确认收货后，平台就会全额放款给卖家。

4）货物在运输途中丢失了，卖家该如何处理呢？

卖家需要积极联系物流公司或货运公司，确认货物目前的状态，同时主动同买家沟通，让买家尽量耐心等待一段时间。若确认货物是物流公司在运输途中丢失的，平台会将货款退回给买家，同时卖家可以向物流公司提出索赔。

5）要确保买家满意，卖家应该做些什么呢？

发布详细的产品描述，在产品描述中讲清楚产品的状况，比如是否是二手产品，产品是否有瑕疵，不必夸大产品功效，需要提供清晰、丰富的产品图片。

发货后尽快向平台提交物流的运单号，确保买家能跟踪到物流信息。

积极主动地同买家沟通，让买家在整个交易过程中感觉到卖家的真诚和耐心，很多纠纷通过沟通都可以避免。

9.2.4 买家支付方式介绍

目前，国际支付宝支持多种支付方式：信用卡、借记卡、Qiwi Wallet、Yandex.Money、WebMoney、Boleto、TEF、Mercado Page、DOKU、Western Union 和 T/T 银行汇款。

（1）信用卡/借记卡支付

买家可以使用 Visa、MasterCard 对订单进行支付。订单完成之后，卖家收到的人民币部分，国际支付宝会按照买家支付当天的汇率（汇率由收单银行确定，汇率是清算日的汇率，而非支付日，一般在支付后两个工作日左右清算），将美元转换成人民币支付给卖家；卖家收到的美元部分将直接结算给卖家。

国际通行的借记卡外表与信用卡不一样，在其右下角会印有国际支付卡机构的标志。借记卡通行于所有接受信用卡的销售点，唯一的区别是它没有信用额度，只能通过账户余额进行支付。

（2）Qiwi Wallet 支付

Qiwi 是俄罗斯最大的支付服务商之一，它拥有俄罗斯最大规模的自助购物终端设备。Qiwi Wallet 提供在线支付和手机支付服务，其功能类似于支付宝。

使用 Qiwi Wallet 支付，通过资金审核（一般 24 小时内）即可到账。

（3）Yandex.Money 支付

Yandex.Money 作为俄罗斯领先的支付电子钱包，拥有近 1800 万名活跃用户，日交易处理能力达到 15 万笔，在俄罗斯的品牌认知度高达 85%。

目前，Yandex.Money 支持钱包支付和现金支付。钱包支付是指用户可以注册 Yandex.Money 的钱包账户，通过账户余额或账户绑定的银行卡进行支付。需要注意的是注册 Yandex.Money 的现金支付时，用户要通过网上下单、预留手机号码，Yandex.money 会生成一个支付密码，并且发送到用户手机上。用户可以凭借支付密码至最近的 Yandex.Money 的终端机或 Sberbank 的 ATM 机使用现金支付，或者登录 Sberbank 的网上银行，输入支付密码进行支付。

Yandex.Money 的支付额度为 0.01～5000 美元，需要同时满足速卖通网站和 Yandex.Money 的支付额度。

（4）WebMoney 支付

WebMoney 是由成立于 1998 年的 WebMoney Transfer Technology 公司开发的一种在线电子商务支付系统，其支付系统可以在全球 70 个国家使用，是俄罗斯三大主流支付机构之一。

在速卖通网站，WebMoney 这种支付方式的额度为 0.01～5000 美元。同时，不同买家在使用 WebMoney 的支付方式时其额度也不同，这种支付方式的额度是根据会员类型而设置的。

若买家使用 WebMoney 支付后发生退款，则退款被 WebMoney 受理后会立即到账。若买家提交的退款申请被支付宝受理，则支付宝会将退款申请提交给 WebMoney 处理。WebMoney 会即时退款到买家的 WebMoney 账户中。

（5）Boleto 支付

除了信用卡，巴西国内的在线支付方式还有 Boleto 支付。Boleto 是巴西多家银行共同支持的一种使用条形识别码的支付方式，客户可以到任何一家银行、ATM 机、指定的超市或彩票网点完成支付。目前，国际支付宝通过第三方 Ebanx 提供 Boleto 支付。

Boleto 的支付额度为 1～3000 美元，需要同时满足速卖通网站和 Boleto 的支付额度。Boleto 的退款是由 Ebanx 负责的，速卖通和对方的协议中要求 Ebanx 必须退款到买家。买家完成 Boleto 支付后一般 5 个工作日左右到账，请卖家联系买家确认是否已付款。如果已付款，那么请买家提供付款凭证，并联系支付宝客服人员进行查看。

注意：只要买家在下单页面单击了"Boleto"的付款方式，卖家页面上就会有提醒："买家单击了 Boleto 的付款方式。"订单最长需要 5 个工作日才能显示付款成功，在此期间请不要修改订单价格或联系买家催单。如果超过 5 个工作日没有显示支付成功，那么请联系买家确认是否已经付款。

如果买家只是单击了"Boleto"的付款方式，但实际并没有去银行汇款，那么超过 5 个工作日订单还会是等待买家付款的状态，卖家需要跟买家核实是否已经付款。

（6）TEF 支付

TEF 作为巴西的网银类支付平台，买家可以通过 TEF 选择当地五家银行进行网银支付。

TEF 的支付额度为 1～3000 美元，需要同时满足速卖通网站和 TEF 的支付额度。

若买家使用 TEF 支付后发生退款，则退款会由 Ebanx 负责，速卖通和对方的协议中要求 Ebanx 必须退款到买家。

（7）Mercado Page 支付

Mercado Page 是拉丁美洲最大的支付平台，覆盖的国家包括巴西、墨西哥、阿根廷、智利、哥伦比亚和委内瑞拉，向超过 9000 万名注册用户提供本地化支付服务。

国际支付宝通过 Mercado Page 提供本地信用卡、借记卡、网银或线下支付、OXXO 支付方式。OXXO 是一种线下支付方式，用户使用这种支付方式时需打印付款单后到 OXXO 的门店支付，需要注意的是 OXXO 必须有打印单据才能进行支付。使用这种支付方式时支付宝不会向用户收取手续费，对于 OXXO 来说，用户在其门店支付时，OXXO 会向用户收取手续费并且该费用退款时不退回。

买家使用 Mercado Page 支付时，可以在支付的时候兑换成墨西哥比索，支付额度根据不同的支付方式会有所不同，总体来说，支付额度为 5～65 000 比索。

（8）DOKU 支付

DOKU 是印度尼西亚在线支付公司，支持钱包、网银、ATM 和便利店支付，目前也仅限在印度尼西亚境内使用。

DOKU 总体来说支付额度为 1～2000 美元。

（9）Western Union 和 T/T 银行汇款支付

这是国际贸易的主流支付方式，大额交易更方便。如果买家使用此方式支付，那么订单完成之后，平台会直接将美元支付给卖家。不过其中会有转账手续费用，所以卖家收到的金额可能有一定的出入。此外，银行提现也会产生手续费。

课后习题

一、多选题

1. 在国际支付宝上，买家付款的方式有哪些？（　　）
   A．Boleto　　　　B．Visa　　　　C．MasterCard　　　　D．WebMoney
2. 速卖通支持哪些货币支付？（　　）
   A．美元（US）　　　　　　　　　B．巴西雷亚尔（BRL）
   C．俄罗斯卢布（RUB）　　　　　D．英镑（GBP）
3. 速卖通的哪些费用可以用支付宝支付？（　　）
   A．运费　　　　B．直通车　　　　C．佣金　　　　D．联盟营销

二、简答题

1. 使用国际支付宝有哪些优势？
2. 为了保证卖家能够及时收到货款，我们应该如何更好地进行操作呢？
3. 在买家提交纠纷申请后，卖家该怎么办？
4. Swift Code 是什么？怎么知道我的银行卡的 Swift Code？

拓 展 篇

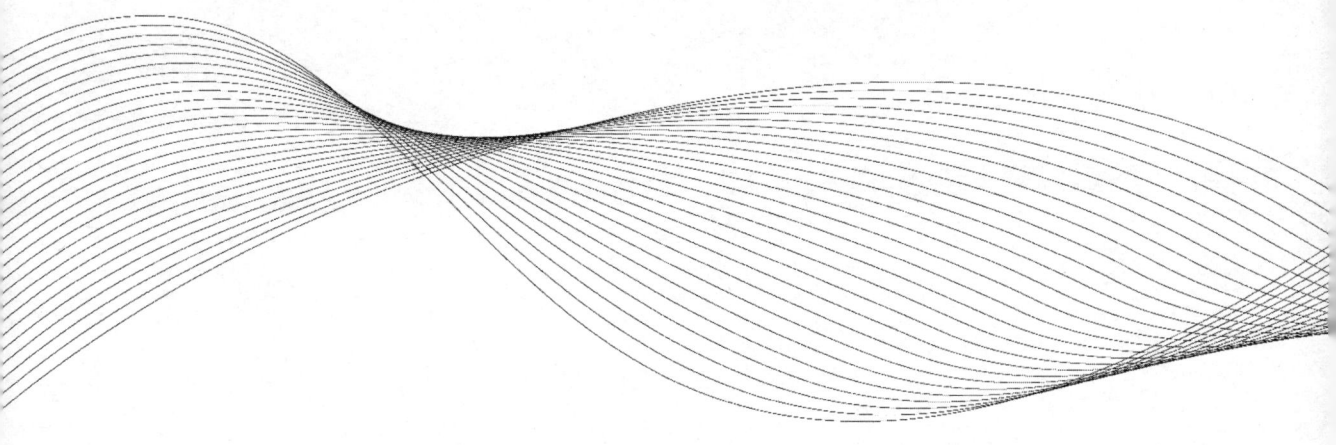

第 10 章 Amazon 平台

Amazon（美国亚马逊公司简称"亚马逊"），是美国较大的一家网络电子商务公司，位于华盛顿州的西雅图，是网络上较早开始经营电子商务的公司之一。亚马逊成立于 1995 年，一开始只经营网络的书籍销售业务，现在则扩及了范围相当广的其他商品，已成为全球商品品种最多的网上零售商和全球第二大互联网企业，公司名下包括 Alexa Internet、a9、lab126 和互联网电影数据库（Internet Movie Database，IMDB）等子公司。

亚马逊为用户提供了数百万种全新、翻新及二手商品，如图书、影视、音乐和游戏、数码下载、电脑、家居园艺用品、玩具、婴幼儿用品、食品、服饰、鞋类和珠宝、健康和个人护理用品、体育及户外用品、汽车及工业产品等。

2004 年 8 月亚马逊全资收购卓越网，使亚马逊全球领先的网上零售经验与卓越网深厚的中国市场经验相结合，进一步提升了客户体验，并促进了中国电子商务的发展。2016 年 10 月，亚马逊在 2016 年度全球 100 大最有价值品牌排行榜中排名第八。

作为全球第一大跨境电商平台，它的定位转变经历了三个阶段：第一个阶段是全球上最大的书店（1994—1997 年）；第二个阶段是最大的综合网络零售商（1997—2001 年）；第三个阶段是"企业以客户服务为原则"（2001 年至今）。面对国内 B2C 行业中各网络商家之间的竞争，亚马逊平台成功进入国内知名网络购物商城的前列。

目前，亚马逊已经成为北美、欧洲、日本等多个国家和地区排名第一的网上购物平台，其流量所带来的影响不容小觑。作为北美最大的电商平台，多年来亚马逊平台总销售额连续保持年均 20%以上的增长速度。

10.1 Amazon 平台注册

亚马逊平台作为当下比较火热的网络购物平台，为各类网店经营者提供了广阔的发展空间。那么，经营者该如何加入亚马逊呢？下面我们就来具体介绍亚马逊的注册流程。

首先，卖家需要准备的材料如下。

- 信用卡——必须是双币的才行，其作用是扣去店铺月租。
- 电脑及互联网——必须是没有注册过亚马逊卖家和买家的账号。
- 邮箱——建议使用唯一的邮箱，即不与 eBay 等其他平台混用。
- 企业营业执照。
- 个人账单——其中包括了银行账单等，必须有个人名字和地址而且是近三个月的。

- 企业账单——基本与个人账单相似，必须有企业名称和地址而且是近三个月的。
- 身份证或护照等其他相关的材料。

当准备好上述所有材料之后，下面我们就开始在亚马逊平台上进行注册。

（1）登录网站，创建账号

1）登录亚马逊网站，在页面的最底部导航栏找到"Sell on Amazon"按钮并单击，开始创建账户。

2）在Sell主页找到"Start selling"按钮，在按钮下方有一个关于租金的提示语："$39.99 a month + additional selling fees"。单击"Start selling"按钮进入下一步。

3）填写店铺账户名称、邮箱和密码。

（2）输入名称（要求纯英文）

如果是企业就输入企业的名称，如果是个人就输入自己的名字，然后勾选亚马逊的同意条款，如图10-1所示。

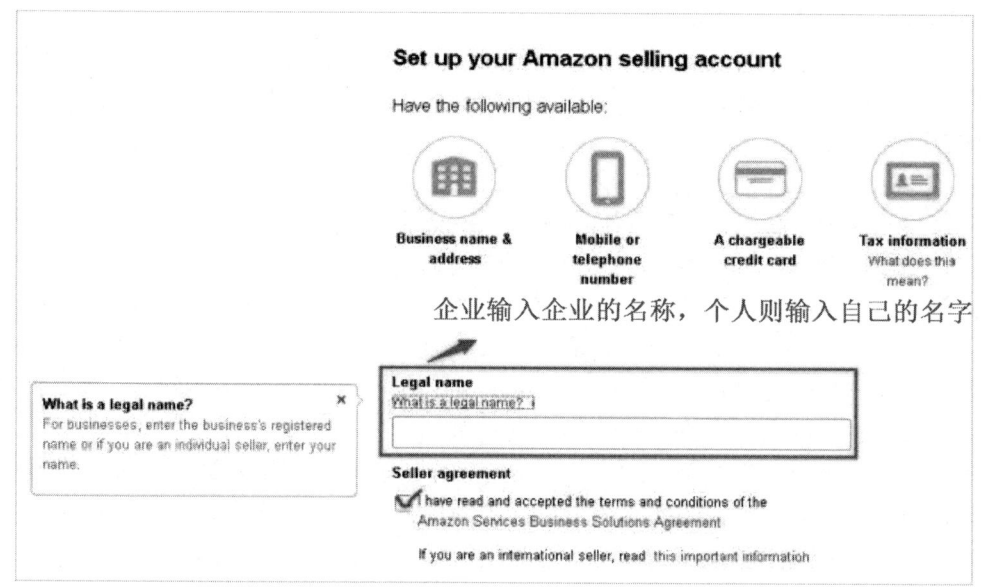

图10-1 输入名称

（3）输入地址（要求纯英文）

地址信息如果不懂得用英文怎么写，那么可以用拼音来代替。如果卖家在其他网站上有网店，那么也可以将那个店铺的URL直接复制再粘贴过来；若没有，则不需要填写，下一步就是认证环节。

1）一般有三次电话认证的机会，如果一直没有接到电话，就需要更换为短信验证。

2）要确认自己的电话号码在亚马逊系统中没有出现过，如果有出现过，那就必须更换一个电话号码，避免后续出现关联问题。

3）PIN码的获取方式：如果选择的是Call的验证方式，此时页面就会弹出一个显示PIN码及四位数字的对话框，等接到电话后，将其PIN码输入进去即可。如果选择的是SMS的验证方式，卖家就会收到一个四位数的PIN码，同样输入弹出来的对话框中即可。图10-2所示为PIN码的获取方式。

（4）信用卡绑定

在信用卡绑定页面，输入"卡号""卡主姓名"，如图10-3所示。

图 10-2　PIN 码的获取方式

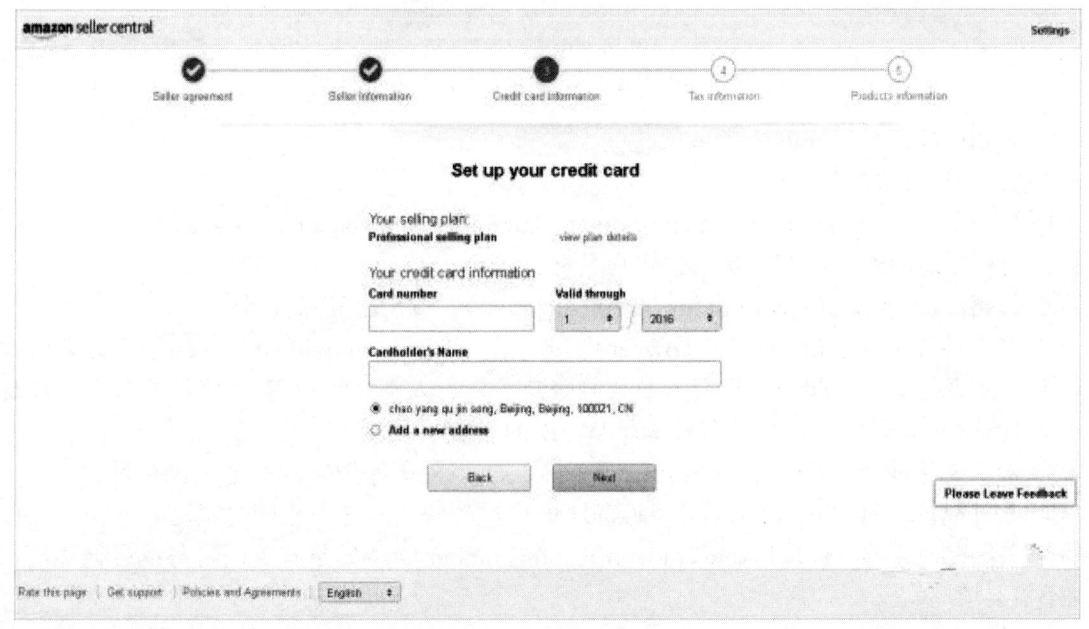

图 10-3　信用卡绑定

（5）身份证输入

如果卖家没有美国身份证，就勾选"No"选项，如图 10-4 所示。

（6）W-8BEN 表格填写

1）W-8BEN 表格介绍。

W-8BEN 表格，是美国税务局的表格，全称为 Certificate of Foreign Status of Beneficial Owner for U.S. Tax Withholding。由开户人填报声明其本人并非美国公民，要求免除美国的相关税项。申报后有效期为三年，到期前，需要重新填表，再申报。

本表格适用于非美国公民向美国国税局申报所得税减免时使用。如果卖家所居住的国家为美国的税务减免互惠国，那么卖家就可能符合减税或免税的条件。

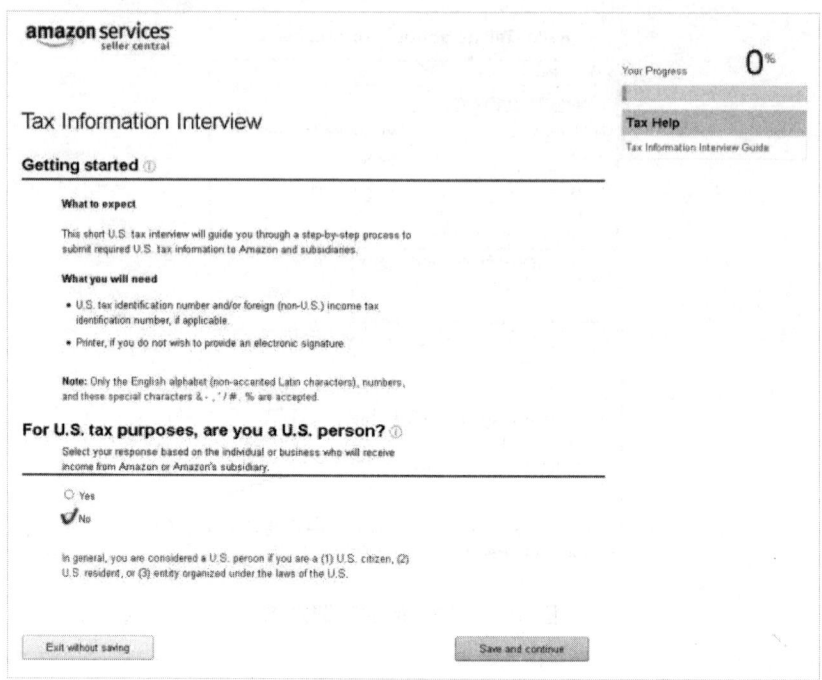

图 10-4　没有美国身份证时勾选 "No" 选项

2）W-8BEN 表格填写的注意事项。

注意：请用英文填写税表。

① 账户名称（Name of individual or organization that is the beneficial owner）
-> 请填写您的姓名或第一账户的账户名称。

② 国籍（Country of incorporation or organization）->请填写您的国籍。

③ 账户种类（Type of beneficial owner）->个人账户请选 Individual ->共同账户必须填写两份 W-8 BEN 表格，即共同账户持有人及共同账户子持有人都必须填写 ->监护人账户，被监护人必须有美国社会安全号码，其不需填写 W-8BEN 表格。

④ 永久居住地址（Permanent residence address）->外国账户需填写非美国住址。

⑤ 邮寄地址（Mailing address）->邮寄地址与永久居住地址不相同时填写。

⑥ 美国赋税编号（U.S.Taxpayer identification number ）->如果有美国税务编号请填写，没有则不需要填写。

⑦ 外国赋税编号（Foreign tax identifying number）->如果有外国税务编号请填写，没有则不需要填写。

⑧ 第一理财账户号码（Reference number）->请填写您的第一理财账户号码。

3）W-8BEN 表格填写说明。

第一部分：个人资料。

- 姓名。
- 国籍。
- 单位种类，个人请勾选 Individual；若为共同账户请分别填写两份 W-8BEN 表格。
- 永久居住地址（请勿使用邮政信箱或转寄地址，注意国家名称请勿简写）。
- 邮寄地址（如果不同于永久地址就填写，国家名称请勿简写）。
- 美国赋税编号 SSN，ITIN 或 EIN 号码（如果需要就填写）。

- 外国赋税编号（如果有就填写）。
- 扣缴单位使用的参照号码。

第二部分：税务减免申报（若适用）。
- 确认以下勾选的均使用。
- 勾选 a 项：所得期间，若申报人居住在美国的税务减免互惠国内，请勾选此方块并填写该国家名称。

第三部分：申明。
- 本人申明以上所填资料属实而且完整。
- 本人（或授权人）为本表格所提及的所得申报人。
- 所得个人不是美国税法规定的美国申报人。
- 本人的所得不属美国的贸易或商业行为。
- 本人确实符合美国的税务减免互惠的条件。

除此之外，预扣税款单位有权预扣我的税款。

签名栏（SIGN HERE）：所得个人或授权人签名/日期/授权代理。

注意：

① 在提交 W-8BEN 表格后，若您的身份有变更（变成美国公民或居民），请于 30 天内主动通知预扣税款单位。

② W-8BEN 表格的有效期为签署年起至第三年年底止。

③ W-8BEN 的中文简要说明仅为方便华人客户。

（7）选择使用电子签名

为了方便，这里建议大家选择使用电子签名而不使用 E-mail 来发送表格，因为电子签名效果突出而且简单。如果选择使用电子签名，页面就会弹出许多选项和输入框，只要将这些选项都选上，在输入框中输入自己的名字或公司名称等单击"确认"按钮即可。

（8）确认系统信息

如果卖家在上一步选择第二种方式，系统就会弹出一个提醒信息：如果同意选择使用电子签名，信息就会即刻生效；若不同意的话，那么在收到邮寄表格后的 7~20 个工作日，信息才会生效。所以再次提醒大家，如果非必须，那么不建议大家使用 E-mail 的方式发送表格。

（9）W-8BEN 表格生成及销售信息填写

系统确认后，即可生成 W-8BEN 表格，之后就可以根据自己的销售需求填写产品信息了，最后勾选销售分类，单击"Finish"按钮即可。

完成上述步骤后，亚马逊注册流程基本完成。

10.2　Amazon 平台运营特点

在 2014 年之前，亚马逊的卖家可以依靠自己独特的产品，通过大量销售，或者使用硬广告，或者悄悄地使用一些其他商家没有意识到的奇招，使自己获得巨大的利润。但是随着竞争的激烈,过去的做法已经不能满足如今的销售模式了。单维度运营已失去活力,跨境电商理论与实务运营变成了一个立体打造的过程,多方结合才是良策:亚马逊力求多维度立体化运营,成就最终赢家。

(1) 亚马逊运营的四大商业理念

亚马逊面对用户的四大商业理念分别是重推荐,轻广告;重展示,轻客服;重产品,轻店铺;重客户,轻卖家。

1) 重推荐,轻广告。

卖家可以发现这样一个现象,自己可以在亚马逊上做的站内推广形式很少,基本上除了广告(产品广告和展示广告)就是促销活动了,实际上这些并不是亚马逊的关注点和盈利点,因为它始终都在以客户体验为导向,过多的广告会引起客户的反感。

客户在登录亚马逊以后,系统会根据他的浏览习惯、搜索习惯、购物习惯、付款习惯等个性化数据,进行关联推荐和排行推荐,以丰富他的选择范围,增加他的访问深度。从结果上来看,这两种推荐方式的转化率也不错,有效的触发了客户的购买动机。

亚马逊上有一个推荐位叫作 Frequently Bought Together,翻译为"经常一起购买的商品",比如有的客户在购买打印机时,平台会给他推荐墨盒;客户在购买读卡器时,平台会给他推荐 SD/TF 卡。

另外,当客户再次登录亚马逊网站时,之前浏览过的产品仍会被展示,继续对他进行提醒和刺激,很多客户也在这样的刺激下做出了购买决定。凭借着这样的算法和技术,亚马逊在业内有着"推荐系统之王"的美称,据统计,亚马逊有 35%的销售额都与推荐系统相关。

2) 重展示,轻客服。

与其他跨境电商平台不同的是,亚马逊没有即时在线客服。所以,如果买家在购买产品前有疑问,就只能通过邮件这种形式来咨询卖家,一来一回的时间成本很高,等到卖家回复邮件时,买家可能已经离开亚马逊平台了。

这就促使卖家必须在产品页将所有的信息表达的尽量丰富、全面和完整,同时不断地对 Listing 进行优化,图片、标题、五行特性、产品描述等方面都要精心填写,充分展示买家想要了解的内容。

这种邮件系统是亚马逊的特色,其目的是鼓励买家自助购物,尽可能地简化整个交易的流程。买家如果想买就下单,不想买就换个 Listing 继续了解,省心、省力、省时。

3) 重产品,轻店铺。

想要成为亚马逊上的成功卖家,绝不能靠增加店铺或增多 SKU 产品来运作,因为在亚马逊上进行关键词搜索时一般不会出现店铺,所以卖家只能靠不断优化产品 Listing,来让自己的产品排名靠前。

很多优秀的亚马逊卖家的经营策略都是"少做产品,做精产品",整个店铺加起来可能只有十几款产品,少数几家店铺的产品可能在十款以内,仔细分析他们的产品页面后会发现近一个月内写好评的人有不少,说明了其销量也确实不错。

这种经营策略会让卖家更好地进行库存管理,集中精力做好产品,服务好买家。而在选品上,卖家要注意三个问题:一是要选择自己熟悉的产品,二是要选择有价格优势的产品,三是能满足市场需求的产品。

4) 重客户,轻卖家。

亚马逊设计了两套评价体系:一个是"商品评论",另一个是"卖家反馈"。前者针对的是卖家提供的产品,后者针对的是卖家提供的服务质量,这表明亚马逊非常鼓励客户表达真实的感受。

这两套评价体系对卖家的影响都比较大,前者影响的是销量和转化率,后者影响的是卖家在亚马逊的排名和黄金购物车。如果评价星级非常低,那么不但没有曝光和流量,甚至会收到亚马逊的警告或被移除销售权限。

不过,卖家也不要认为自己一定会受到不公正的待遇,按照实际情况来看,亚马逊在买家和卖家之间的平衡点把握得比较好,它会根据实际情形来判断双方的责任归属。如果确实是卖家的问题,严重的就会被关闭账号;如果是买家无理取闹或是出于其他目的恶意差评,亚马逊在调查取证后就会做出公平的处理。

(2)亚马逊运营的具体环节

1)选品。

对于亚马逊的运营者来说,选好产品是重中之重,所有的技巧最终都要回归到产品层面的竞争,好的产品意味着市场容量大、竞争小、利润空间大。如果不假思索地任选一款产品就上架,面临的可能是失败,失败会带来损失及后续资金的匮乏,同时使卖家也丧失了信心。在选择产品上,一定要精挑细选,多维度地对自己挑选的产品进行评估,只有在前期选择产品时投入更多的精力,在后期才能使产品更具竞争力。

2)产品优化。

如果说优质的产品属于内在的、本质的美的话,那么完美的产品优化则属于外在的展现和吸引力了。在产品优化上,从图片、标题、五行特性和产品描述等方面着手,产品页面的每一个细节都在一定程度上影响着最终的转化率,所以产品优化这一环节容不得一点儿马虎。

3)价格。

有了完美的产品详情页面,产品就一定能够卖得好了吗?其实,这还远远不够。一个新的Listing,面对众多早已在前期积累了很多销量和产品Review的Listing,其优势怎么才能够突显出来呢?此时,价格往往会成为一个特别敏感的因素。产品刚上线时,要以低价取胜。你的价格需要比竞争对手更低,但是在产品定价相对偏低的前提下,需要有一个基本的利润率。所以需要忘掉你预期的利润率,做横向比较。有竞争力的价格,可以确保自己的产品在上线后很快就有订单,迎来"开门红"。

4)FBA发货。

虽然FBA发货可能造成库存的积压,但是如果卖家从一开始就全部采用FBA发货,则可以避免因为零星几个自发货订单,给账户多增加了一个自发货订单的考核指标。

10.2.1 Listing优化

亚马逊Listing优化通常包含七大模块的内容,它们分别是图片、标题、五行特性、产品描述、产品Review和Q&A(问答)和ST关键词。

(1)图片优化

下面介绍图片优化的七个要素。

1)发布产品时总共需要7张图片。

2)产品的主图需要注意的细节包括首图的背景必须是纯白色的,不能有任何的文字叙述或是水印;除首图外的图片可以用其他底色颜色(当然最好也是白色的)。产品在整体图片中的占比为85%,图片尺寸最好为1000px×1000px,图片分辨率不能超过100万px,最长边达到1000px,最短边达到500px。

主图最好呈立体三维图展示,为了达到立体的效果,拍摄图片时,产品要放置在不同的角度，切忌使用横平竖直的方式展示，如图 10-5 所示。

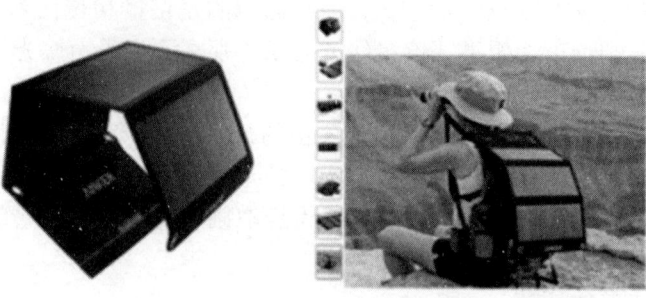

图 10-5　图片优化

3）产品副图要尽量从以下几个方面来体现：产品细节图、产品卖点图、功能使用图、应用场景图、包装和配件图等。产品副图不要求是纯白色背景，为了更好地展示产品，可以将产品放置在一定的场景中。图片的构成可以是“图片+文字”的方式，文字部分的构成可以是“标题+简单描述”的方式。

4）所有图片均做到简约、美观，产品在整个图片的占比至少为 85%。

5）必须是实物展示图，不能带有其他配件图。

6）可使用 TIFF 或 GIF 格式的图片文件。

（2）产品标题优化

产品标题（Title）应该包含两个核心要素：产品关键词和修饰性的词语。其中，产品关键词相当于框架，修饰性的词语则是内容，这样做可以让整个标题易于阅读，有吸引力。

产品标题优化中需要注意以下几个细节。

1）所有的单词首字母都要大写，介词和连接词除外。

2）使用恰当的标点符号（标点符号的正确使用方法是：Test, Test.）。

3）数量词尽量放在前面。

标题不能太长，也不宜过短，一般要求控制在 200 个字符以内。卖家要充分利用这 200 个字符，尽量在标题中把产品描述完整，让客户通过这个标题就知道你售卖的是一个怎样的产品，通过标题把产品卖给客户。通常标题的写法就是卖家加上卖家的一个品牌，加上这是一个什么样的产品，然后加上产品的特色。比如卖家的产品是有颜色区分的或是一个打包售卖的情况，可以在标题里面显示“颜色”或“Packs”这样的字眼。

① 举个反面的例子。

标题全部大写，大写字母在国外是表示愤怒的意思，所以不要全部大写。标题全部大写示例如图 10-6 所示。

FREE SHIPPING & NEW ARRIVAL !!! BLACK FLIP CASE COVER FOR IPHONE6 FROM MY COMPANY -- BUY NOW WITH CONFIDENCE!!!

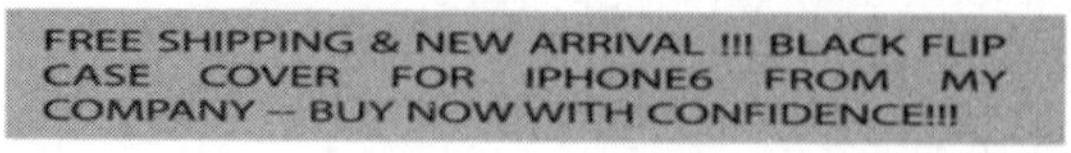

图 10-6　标题全部大写

它输入了一个“BUY NOW”词语，这是一个比较主观性的关于卖家产品的描述，这个是不符合亚马逊规则的。

② 举个正面的例子。

商品是知名的品牌，在标题里包含品牌名称，另外再加几个关键的产品细节描述及产品名称，将使客户更好地辨识产品。可以在需要的地方适当添加逗号或括号断句，使客户视觉上更清晰。标题适当添加标点符号示例如图 10-7 所示。

```
Aakerrr Rugged Dual Layer Case for iPhone 6 with Kickstand
(Snow White, Pack of 3)

Anker Astro E3 Ultra Compact 10000mAh Portable Charger
(2nd Gerneration, Classic External Battery Power Bank) Slim
with PowerIQ Technology (Black)

Power Bank, 10000mAh Portable Rechargeable Ultrathin USB
Power Bank External Battery Charger Pack for iPhones, iPads,
Samsung, HTC, Blackberry, Sony and More (Blue)
```

图 10-7　标题适当添加标点符号

完美标题的公式：[MAIN KEYWORD] by [BRAND NAME] | [HIT 3 KEYWORDS WITH HIGH SEARCH VOLUME] + [VALUE PROP] + [STYLE OR QUANTITY IF APPLICABLE]

[主关键词] by [品牌名称] | [3 个高搜索量的关键词] + [价值命题] + [风格或数量，如果可行的话]

[MAIN KEYWORD]=主关键词，即客户搜索最多的词语。

by [BRAND NAME]=品牌名称，也许有些人会说"不要浪费字符数在你的 Brand Name"。但是，如果你从来不宣传你的品牌，你的品牌就无法建立。写上 Brand Name，让客户注意到你的品牌，提供良好的购物体验，最终客户就会买你的产品。亚马逊上可供客户选择的产品那么多，必须增强客户的忠诚度。

[STYLE OR QUANTITY IF APPLICABLE]=补充词有一定的数量限制，比如：Towels Come in Sets，Creams in Ounces。如果可行的话，在最后说明这些有关产品数量或风格、款式等技术性信息。

去 Google Keyword Planner Tool 搜索最频繁的关键词，它会告诉你关键词在谷歌搜索上的月搜索量。单击链接，用谷歌工具进行搜索。

也可以从 MerchantWords 获得关键词。谷歌工具是免费的，而 MerchantWords 的费用是一个月 30 美元。谷歌提供的是在 Google Searches 上的搜索，MerchantWords 则是在亚马逊上的搜索，这是两个不同的搜索引擎。一方面，谷歌提供的关键词有信息和产品，而亚马逊搜索的结果是产品。从亚马逊的 Listing 优化角度来看，MerchantWords 能提供更强大的数据支持。

关于标题优化方面，其他注意事项如下。

避免涉及"排名或头衔"的词语，如#1、Best、Bestselling 等。此外，不能在产品详情页面（包括标题和描述）中出现关于产品在自己类目下的销售排名的描述。采用正确的语法和拼写，便于买家阅读。在你完成标题优化前，亚马逊也会根据特定的产品品类推荐相应的公式进行指导。如果你卖的是 bedding，那么其公式为：Brand + Line/Pattern + Thread Count + Material + Size + Product Type，Color，相应的标题示例为：Wamsutta Luxury 400-Thread-Count Sateen Queen Sheet Set，Halo。

（3）五行特性

五行特性是进一步展示产品功能与特色的板块，其在整个 Listing 中的权重仅次于标题。客户根据标题中的关键词在亚马逊上找到了你的产品，被产品主图吸引，进入产品 Listing 详情页。现在客户需要进一步了解产品的功能与特色，五行特性就是来解决客户的这些问题的。

那么，到底如何才能写好五行特性呢？我们可以从以下五个方面进行考虑。

1)明确产品的核心特点与优势。

假设你自己就是一个潜在的客户,那你首先要问一问自己:最需要了解产品的哪些方面?为什么会买这款产品?为什么会选择这款产品,而不是其他同类的产品?卖家通过换位思考的方式,以及对产品特性的了解,将核心、亮眼、受客户关注的特点写出来,打动客户。

2)消除客户疑虑。

客户在真正确定要购买这款产品的时候仍会有很多的疑问,卖家必须在五行特性中为客户去解答这些疑问,一步一步向客户证明他选择你的产品是对的。

3)说明具体的解决方案。

如果你的产品曾为客户解决过一些实实在在的问题,那么不妨在五行特性描述中具体说明:这款产品是通过什么方式为客户解决过什么样的问题,最终达到了一种怎样的效果。这样直观的表达很容易击中客户的内心,让他们从心底里觉得:这就是我要找的产品。

4)完善售后服务及安装说明。

关于产品的所有售后问题需要在五行特性中特别强调:如有关于产品的任何问题,请直接与我们联系。这句话其实就是引导客户在遇到与产品相关的任何问题时,不要向亚马逊反馈,而是通过直接联系卖家解决,这样可以有效控制客户的投诉率,将店铺绩效稳定在一个比较良好的水平。

5)按重要性进行位置排序。

五行特性有五段,全程看下来还是需要点时间和耐心的,但是客户在实际购物的场景中,一般都比较匆忙,很多信息都是一扫而过,或者只看开头几行重要的信息。那在布局 Bullet Point 的时候,有必要按照重要性对每一条信息进行排序,最重要的信息放在第一段,以此类推,让客户在浏览产品的过程中能够第一时间抓住最关键的点。

(4)产品描述优化

产品描述最多可允许输入 2000 个字符,所以在这个板块,你可以写更多的信息,甚至在这里可以讲一些跟产品相关的小故事,运用你的写作技巧,吸引客户。那么,怎样才能写好产品描述呢?

1)详细描写功能和优势。

在这里你可以大篇幅地向客户具体阐述:你的产品将如何有效地提高他们的生活质量,要让客户看到你的描述后确实认为这就是他们想要的产品。

2)使用讲故事的方式。

大部分卖家在描述中喜欢罗列一大串技术指标,语言非常生硬,用词也非常专业,对专有词汇不了解的客户可能直接就跳转到其他页面了。

其实卖家可以改变一下策略,考虑用讲故事的方式讲述本产品优于其他产品的地方,将产品的主要功能展现出来,让客户置身于产品体验的场景中,增加代入感。

3)增加可阅读性。

尽量用简单的语言,短句及比较短的段落,让客户能够轻轻松松地浏览所描述的内容。另外,亚马逊允许在产品描述中使用基本的 HTML 格式,主要包括对文本进行加粗、换行和分段。

HTML 文本增加了描述部分的可阅读性,让产品描述不再是大段的文字挤在一起,它可以换行、分段,使排版更有条理性、更易于阅读。在 Seller Central 后台用 HTML 标签写描述最简单的办法是:

① 写出描述的内容;

② 添加 HTML 标签和代码;

③ 删除所有的空格和换行符,保证产品描述的字数在限制范围内。

亚马逊后台产品描述填写样式如图 10-8 所示。

```
<b>▪ Super Soft & Fluffy Hooded Baby Towel</b><br><br>Baby bath time
will take on a whole new meaning with the Jungle Snugs baby bath towel
set.<br><br>Moms and Dads love Jungle Snugs! In a timeless bear design in
white, soft pink or blue, your baby will look adorable and feel happy, dry and
warm. It helps keep parents dry too, and gives you more reasons to follow
bath time with snuggle and dry time! An additional washcloth is included: a
delicate way to wash your baby's skin.<br><br><b>▪ For infants, toddlers,
bath time, beaches and more...</b><br><br>Use it as a baby bathrobe, at the
pool or on the beach. You will be safe in the knowledge that your child is
cozy, dry and warm. For younger infants, the luxury hooded baby towel
allows you to keep both hands free – wrap the generously sized towel
around your baby for extra snuggles and parent child bonding.<br><br><b>▪
Generous 35" x 35" Size</b><br><br>Your baby can grow into the towel
```

图 10-8　亚马逊后台产品描述填写样式

还可以借助工具将文本转化成 HTML 格式:

① https://word2cleanhtml.com

② https://wordtohtml.net

只要你把编辑好的文本放入这些工具中,亚马逊直接会弹出相对应的 HTML 代码格式,是不是很方便呢?

(5)评论优化

评论的数量和质量直接影响点击率和转化率,好的评论相当于为产品进行背书,保证了产品质量;差评就像个"定时炸弹",买家"投"过来一个差评,对于本身销量和排名不是很稳定的 Listing 来讲,伤害非常大。

另外,留评的数量也是影响买家下单的重要因素,谁都不想当"第一个吃螃蟹的人"。尤其是在同类产品非常多、竞争特别大的情况下,而且现在亚马逊又收紧了留评政策,一方面是对卖家的限制,另一方面又是对买家的留评限制,具体政策如下:

"Reviews are important to the Amazon Marketplace, providing a forum for feedback about product and service details and reviewers' experiences with products and services——positive or negative. You may not write reviews for products or services that you have a financial interest in, including reviews for products or services that you or your competitors sell. Additionally, you may not provide compensation(including free or discounted products)for a review. Review solicitations that ask for only positive reviews or that offer compensation are prohibited. You may not ask buyers to modify or remove reviews."

上面条款主要是对卖家的约束:

"您不得为您有经济利益的产品或服务留评,包括对您或您的竞争对手出售的产品或服务进行评论。此外,您不得为评论提供补偿(包括免费或打折产品)。您也不允许通过提供补偿要求买家提供好评。您更不可以要求买家修改或删除评论。"

平台对于买家的留评政策:在最近 12 个月内,买家的信用卡消费必须达到 50USD 才能留评。

那么,卖家如何才能获得更多的评论呢?他可以采取的方法和工具如下。

1)邮箱自动回复

邮箱催评工具有以下几种:

① https://www.feedbackgenius.com
② http://www.salesbacker.com
③ https://business.snagshout.com
④ https://www.jumpsend.com

2)客户跟进

客户跟进催评的时间周期相对比较长,需要花费一些时间和精力与客户建立感情,也就是常说的"预热"。客户跟进催评可以分为以下三个阶段。

① 收到产品 7 天之后进行第一次沟通:主要询问客户对产品是否满意。

② 第一次沟通 3~5 天后,进行第二次沟通:给出客户最专业的产品使用建议和指导。

③ 第三次沟通:进一步与客户沟通,分享生活中有趣的事,慢慢做成朋友,最后提出留评的要求。

与此同时,评论又通过三种方式影响产品 Listing 的权重。

① 平均星级。

平均星级不仅影响产品的排名情况,而且影响产品的点击率和转化率。2015 年,亚马逊运用加权系统来衡量产品的平均星级,影响评论的权重因素为:是否用折扣价格购买产品、留评的时间、评论对其他客户是否有用。

通过以上因素分析得出:卖家在向客户催评时,应该尽量选择那些全款付款的用户,他们的评论权重相对会更高一些。

② 最受欢迎的评论区。

对于有帮助的评论,客户会为这条评论单击"YES"按钮,无论客户是否购买过产品,都可以进行投票。一般情况下,这里出现的评论星级越高,产品的转化率和销售额就越高。

③ 最新评论区。

最新评论区包括最近 10 次的评论内容,而且不受任何投票类型的影响,保留最新评论的途径就是客户为该产品留下更多新的评论,将原来置顶的评论刷下去。也可以使用单击"NO"按钮的方式,将评论踩下去,让它们往后面排。

(6) Q&A

1)如果在 Q&A 中涵盖了如下话题,就有可能被亚马逊删除。

① 寄送交付的话题。

② 产品供应水平。

③ 订单的具体信息。

④ 客服话题。

⑤ 不遵守亚马逊"Customer Discussion"规则。

2)如何进行 Q&A 的优化?

① 找到客户的需求点和问题。

针对客户最关心的问题,深入挖掘,通过分析竞争对手的 Q&A,找到客户的核心需求与问题,并针对这些问题整理出最详细的解决方案,解除客户的后顾之忧。

② 关键词的植入。

产品 Listing 里面的所有信息都会被亚马逊自动抓取,为了最大限度地增加产品的曝光量,在 Q&A 中输入与产品相关的关键词,关键词越详细,匹配的精确度也会越高。

(7) Search Term(ST 关键词)

因为 ST 关键词隐藏在后台,在前台不可见,所以,又被叫作后台关键词,其作用是补充标题和描述中不能涵盖的产品关键词。

根据系统要求，ST 关键词总字符数为 250 个字符，输入 ST 关键词时，建议在不超出系统要求字符数的情况下，把它们全部写在第一行中。

在填写 ST 关键词时，需要注意以下细节。

1) 单词之间尽量不重复。

2) 单词尽量按照逻辑顺序输入。

3) 单词之间用空格隔开，不加逗号或其他标点符号等。

10.2.2 Buy Box

（1）什么是 Buy Box

2017 年，亚马逊平台收入达到了 1780 亿美元，成为美国最大的电商平台，吸引了众多第三方卖家。但是"僧多粥少"，亚马逊上多个卖家卖同一个产品的情况并不少见，这时候能获得 Buy Box（黄金购物车）就显得格外重要了。亚马逊中的 Buy Box 是每一位跨境电商的卖家都想要抢占的，它位于单个产品页面的右上方，是买家购物时最先看到的购买位置。只要买家单击 "Add to Cart" 按钮，页面就会自动跳转到拥有这个 Buy Box 的卖家店铺，亚马逊在每一个产品刊登中，都会选择一位卖家占据这个 Buy Box 的位置，而这位被选中的卖家则可以接受源源不断的订单并且很容易被关注，简单地说，抢到了 Buy Box 就是抢到了订单。Buy Box 为在线销售的卖家提供了独特的发展空间。因此，卖家熟悉 Buy Box 的运作，对其开发潜在的巨大市场有至关重要的作用。获得了 Buy Box 就意味着获得了销量。据统计，获得 Buy Box 的产品其销量比没有获得 Buy Box 的同类产品高 4 倍。亚马逊的 1780 亿美元收入中，约有 1420 亿美元的销售额来自 Buy Box 的产品。

（2）竞争 Buy Box 的要求

要竞争 Buy Box，卖家必须满足以下四个条件。

1) 必须是专业卖家账户。

2) 必须是在亚马逊有 2~6 个月的销售概率，拥有一个比较高的卖家等级，送货评级及缺陷率低于 1% 的特色卖家。

3) 产品状态必须是全新的。如果是翻新或二手商品，那么 Buy Box 有另外一套标准——Buy Used Box，与 Buy Box 互不影响，要竞争 Buy Used Box 的卖家也必须满足另外的三个条件（此处不再赘述）。

4) 产品必须有库存。如果现有满足条件的卖家没有库存了，那么 Buy Box 会自动转给第二位卖家。

（3）Buy Box 运作模式及注意事项

亚马逊并没有把 Buy Box 给予固定的优秀卖家，相反的，Buy Box 在众多优秀卖家之间被共享。这样，既能提高卖家店铺整体的竞争力，又能改善买家的购物体验。例如，如果有 10 个条件相同的完美卖家竞争同一个产品的 Buy Box，那么他们可能各占 10% 的机会。这意味着每个在 Buy Box 展示产品的卖家都有可能获得 10 个客户访问产品页面的机会。一般来说，评级较高的卖家有 70% 的机会获得 Buy Box，评级中等的卖家有 25% 的机会，评级较低的卖家只有 5% 的机会。因此，与其说卖家获得或失去 Buy Box，不如说能获得 Buy Box 的优秀卖家太少了。

关于亚马逊 Buy Box 的注意事项如下。

1) 影响亚马逊平台 70%~80% 的销量。

客户在亚马逊平台购买产品时，将近 70%~80% 的甚至更多的客户，会选择那些拥有 Buy

Box 的亚马逊卖家，也就是他们会直接单击"Add to Cart"按钮。很少有客户会去单击页面下方的"11 more new and used offers"来了解更多的卖家和价格信息。通过 Buy Box，亚马逊卖家能够获得更多的展示机会，销量自然也会有所上涨。

2）卖家不可能一直拥有 Buy Box。

根据亚马逊平台的规则，卖家只要符合 Buy Box 的条件，就有机会跟别的卖家一起争夺 Buy Box。当然，如果某款产品一直都只有一位卖家，那这位卖家也有可能一直拥有 Buy Box。一般情况下，某个卖家不会一直拥有 Buy Box，那么随之而来的就是 Buy Box 的抢夺竞争，其中最明显的就是价格之争。因为 Buy Box 通常是有价格竞争力的卖家更容易获得，Buy Box 的轮换也控制在一定的百分比内。

3）产品价格最低的卖家也不一定拥有 Buy Box。

可能有部分卖家认为，只要产品价格低，就有机会获得 Buy Box。因此，很多时候，你会发现有很多亚马逊卖家为了获得亚马逊的 Buy Box，会将自己的产品价格调至最低，也不管产品是否盈利，可是最后这些卖家也不一定能获得 Buy Box。有时候，把价格控制在比最低价格低 1 便士或 5 美分也有可能获得 Buy Box。

4）库存位置有可能影响卖家获得 Buy Box。

Buy Box 的算法不是一成不变的，有时候，亚马逊会根据卖家 FBA 仓库的地理位置来决定 Buy Box 的拥有者。有可能因为仓库的地理位置能为产品的大部分目标受众群体提供更好的服务，卖家因此获得 Buy Box。

5）获得 Buy Box 的产品通常是新品。

能够获得 Buy Box 的卖家，对应的产品通常是全新的，既然是全新的，就不会是二手或回收的产品，当然部分媒体类产品除外。全新的产品，更有机会获得 Buy Box。

6）第三方卖家偶尔会与亚马逊自营产品分享 Buy Box。

大多数情况下，第三方卖家无法获得亚马逊自营产品的 Buy Box，但这也不是绝对的，少数优质的亚马逊卖家能从亚马逊自营产品中夺得 Buy Box。其难度可想而知，但还是有机会的。当对以上注意事项了解后，你就会知道获得 Buy Box 的一些条件限制了。如果能符合亚马逊分配 Buy Box 的条件，那么你就有机会和其他卖家进行竞争，否则，你只能以旁观者的身份来看其他卖家之间的竞争，流量自然也不会是你的。

（4）Buy Box 的两大误区

1）赢得 Buy Box 的说法是错的。

亚马逊致力于为客户提供最好的购物体验，为买家推荐性价比最高的产品。要注意的是，某个产品的 Buy Box 并不只属于某个卖家，而是由几个卖家共享的。例如，如果有 10 个等级表现完全相同的卖家都在竞争同一个产品的 Buy Box，那么他们各自可能得到每天 10%的 Buy Box 时间。当然，也有可能某个等级评分较高的卖家占有 70%的 Buy Box 时间，而其他卖家占 30%。因此，说某个卖家赢得了 Buy Box 的说法并不正确，应该说某个卖家拥有更多的 Buy Box 时间。此外，亚马逊会确保每个客户每个小时只能看到一个获得 Buy Box 的卖家。但是，如果获得 Buy Box 的卖家因为某些原因指标发生了变化，如产品价格或库存数量发生了变化，那么亚马逊就会在一个小时周期到来前把 Buy Box 转移给另外一个卖家。

2）人们对于 Buy Box 的误解。

① 有卖家认为，Buy Box 只与价格有关，只要产品价格比竞争对手低一定的百分比（如 2%）就能获得 Buy Box。事实上，实验证明：只有在低端产品中，价格与获得 Buy Box 的联系可能更紧密；而在中高端产品中，这种联系并不明显。此外，降低价格会造成价格战，各方的

利润空间被压低，得不偿失。

② Buy Box 就是为亚马逊自营准备的。Buy Box 将亚马逊自营视为完美卖家，但并不表示第三方卖家就没有获得 Buy Box 的机会。如果第三方卖家的评级也接近完美卖家，并且价格合理，那么他们就有机会和亚马逊自营者竞争 Buy Box 的位置。

（5）造成 Listing 没有购物车的主要因素

1）新上架的 Listing，可能没有 Buy Box。

一条 Listing 上架，系统还没有关于该 Listing 的相应的权重系数，在这种情况下，这条 Listing 有可能就没有 Buy Box。这种情况是自发货的 Listing，当然，随着卖家将该 Listing 转为 FBA 发货，随着 FBA 库存入仓上架；又或者因为该 Listing 产生了一些订单后，亚马逊系统识别到该 Listing 的权重提高了，其可能就有了 Buy Box 了。

2）正常运营的 Listing，遭遇到跟卖或多个卖家争抢 Buy Box 时，自己的 Buy Box 占有率就会被分流。

这种情况发生在自己的 Listing 被跟卖时。如果一条 Listing 被跟卖，系统会根据各个跟卖者的账号绩效表现、发货方式、价格等要素来进行购物的分配，账号绩效表现好，被分配的 Buy Box 的时段就长，采用 FBA 发货的卖家相对于自发货的卖家来说，也会拥有更长的 Buy Box 占有时间，同时，价格较低的卖家也更容易获得 Buy Box。

所以，在遭遇自己的 Listing 被跟卖时，一方面要想办法驱赶跟卖，另一方面，要想办法在上述条件中占有优势，以便于拥有 Buy Box。

3）长时间没销量或销量大幅下降时，可能导致 Buy Box 丢失。

有时候，即便自己的 Listing 没有被人跟卖，但因为自己的 Listing 长时间没有销量或销量出现了大幅下降，导致该 Listing 在系统中的权重大幅下降。系统识别到 Listing 的权重发生了变化，所以该 Listing 被去掉了 Buy Box。针对这种情况，想办法提升 Listing 的销量是解决 Buy Box 丢失的最有效的方法。另外，抛开 Buy Box 不谈，如果一条 Listing 长期没有销量或销量大幅下降，那么这本身就是值得卖家深思的事情。否则，如果卖家对这些情况都无动于衷也不去解决，那么还何谈运营呢？

4）如果一条 Listing 的转化率太低，那么也可能失去 Buy Box。

从平台的角度来说，考虑到获客成本和客户留存率，平台倾向于转化率高的 Listing。一条 Listing 的转化率高，既提高了平台的营收，也在一定程度上代表着更高的客户满意度。如果一条 Listing 的转化率太低，在很大程度上代表着该 Listing 和客户的匹配度不高，系统也会有针对性地对其降权，而去掉 Buy Box 就是降权的结果，这也就是有些卖家所看到的自己辛辛苦苦通过站外引流导入了大量的站外流量，结果 Listing 的表现却越来越差，因为引流不精准，转化率太低，反而自伤了。

5）收到差评，容易导致 Buy Box 丢失。

一条正在打造中的 Listing，可能因为一个或几个差评而导致 Listing 的权重发生大幅度的降低。差评所导致的后果不仅包括销量的下降，还可能直接导致 Buy Box 丢失。

但差评又是电商运营中不可避免的，只要有订单、有销量，就存在收到差评的可能，这就要求卖家要尽可能做好预案，确保产品品质足够好，在包装中放置售后服务卡，让客户能够及时地与卖家沟通，减少差评出现的概率，从而也可以减少 Buy Box 丢失的概率。

6）产品大幅涨价时，可能导致 Buy Box 丢失。

一条 Listing 单次涨价幅度太大，可能会导致 Buy Box 丢失，亚马逊这样设置的目的是避免卖家大幅提价造成平台上价格不稳，从而给客户带来不良的体验。但对于卖家来说，有时候不得不对产品进行涨价，那么卖家该怎样应对呢？如果确实必须调价，那么卖家不妨采取"小步慢跑"的方式，单次涨价幅度小一点，调一次价格之后，稳定几天，然后在新价格的基础上，等销量稳定了，再进一步提价。

总体来说，Buy Box 是系统根据 Listing 的综合表现进行的自动评估和分配，是为了达到一个动态的平衡而制订的。对于卖家来说，拥有 Buy Box 固然好，但当 Listing 没有 Buy Box 的时候，也可以根据影响 Buy Box 的这些要素，有针对性地做出应对，以便于更快地获得（或重新获得）Buy Box，为运营加分。

（6）帮助卖家获得 Buy Box 的 5 款常用工具

在亚马逊平台，获得 Buy Box，就意味着可以实现更多的销量，同时也意味着"僧多粥少"——卖家都在争夺 Buy Box，竞争激烈。下面是 5 款常见的产品重新定价工具，它们能帮助卖家获得 Buy Box。

1）Xsellco。

Xsellco 允许卖家实时地对产品进行重新定价，让自己的产品领先于竞争对手。Xsellco 使用亚马逊营销服务（Amazon Marketing Services，AMS），来确保产品能够尽快重新定价。当另一个卖家的产品缺货或进行重新定价时，Xsellco 会以最好的产品价格帮助你获得该卖家的 Buy Box。使用基础版的 Xsellco 只需交 45 英镑的费用。

2）Feed Visor。

Feed Visor 是一种基于算法的重新定价方案。它能在每笔交易中帮助卖家以最好的价格将产品卖出去。Feed Visor 会通过使用多个实时变量来做出反馈决定，给卖家提供获得 Buy Box 的最好机会。卖家可以直接从 Feed Visor 的网站上获得该工具的实际演示动画。

3）Appeagle/Informed.co。

Appeagle 已经改名为 Informed.co，但它依然是亚马逊卖家能获得的最好的重新定价平台之一。它不仅会对卖家的产品进行重新定价，还会展示足以让自己领先于竞争对手的洞察分析。Informed.co 的基础版每月收费 100 美元，最多提供 250 项产品 Listing。

4）AMZDiscover。

AMZDiscover 是一款挖掘亚马逊平台测评师资源的工具，帮助卖家通过 Listing 链接找到亚马逊 Reviewer 和潜在买家。当用 AMZDiscover 搜索时，只会找到真正的买家，这意味着自己所有的产品评论都将来自买家的真实感受。

5）AMZFinder。

AMZFinder 是亚马逊一款强大的 Review 管理工具，能帮助其监控产品评论。使用 AMZFinder 时，卖家甚至可以直接联系给自己产品做出差评的买家，请求他们将差评从产品列表中删除。这样做能帮助卖家优化 Listing 并提高产品销量。这项 Review 管理工具的收费标准是：29.99 美元/月，包含 50 条 ASIN。AMZFinder 还为亚马逊小型卖家提供了一个免费版本的反馈请求系统。

（7）利用 Buy Box 提高销售额

当卖家获得了 Buy Box，下一步该做什么呢？该如何利用它来进一步提高销量呢？

1）完善关键词和产品描述。

如果你获得了 Buy Box，你可能认为你的关键词和产品描述已经很好了。然而，你必须优化关键词和产品描述才能重新参与竞争。你的目标是进一步提高你的曝光度，以便可以向更多买家展示 Buy Box，使其更容易地完成购买。对于标题来说，最长可以输入 50 个字符，包括产品的品牌、形状、颜色、尺寸、材料或其他关键特征；确保首先输入的是最相关的特性，并确保标题的可读性。对于产品描述,请列出产品的主要卖点以提高其可读性,并且不要忘记在结束时呼吁客户购买。

2)重做产品图。

你可能有最好的标题和产品描述,但如果没有好的产品图,那么很少有人会单击进去了解你的产品。一个好的产品图应该符合以下几条标准。

① 高分辨率,不能像200KB那样小。图片的尺寸至少应该为1000px×1000px,并可以充分放大。

② 清晰的照明,最好是自然光。

③ 白色或中性背景。

④ 产品的多个角度。

⑤ 品牌清晰可见,假如你销售的是自有品牌的话。

⑥ 相关的产品细节。

⑦ 显示如何使用产品。

3)使用重新定价软件。

预计Buy Box会帮助你增加销售额,此时你可以使用重新定价软件来使利润达到最大化。如果你试图自己重新定价来削减成本,那么你绝对不会做得像重新定价软件那么好。如果你能用一个软件来关注你的定价规则,那么你就能有更多空余的时间去改善其他指标,这样你的店铺才能进一步领先于竞争对手。

4)关注客户评论。

客户评论是一个关键方面。产品销售得越多,你可以获得的产品评论就越多。产品页面上列出的正面评论也就越多,才会有越多的人想要购买你的产品。如果你专注于获得尽可能多的评论,并且让这些评论达到至少4星级,那么你就能有机会登上亚马逊搜索结果排名靠前的位置。只有这样做,你才可能提高销量。尽管获得大量的好评非常重要,但对负面评论采取行动同样重要(不管是删除这些评论,还是尝试与买家联系沟通改变他们的想法)。这对于卖家来说可能相当棘手,所以建议使用亚马逊反馈软件,这种方式比较简单且专业。

5)让客户感觉到被重视。

最后,努力培养客户的忠诚度。客户要感觉到自己是在一个有温度的网店进行购物,如果你让他们觉得自己受到了重视,那么他们会愿意在同样的产品上花更多的钱。对于大多数产品来说,客户可以有许多渠道进行购买,所以你能获得多少回头客,这就要取决于客户体验的特殊程度了。

10.3 Amazon平台操作

10.3.1 Amazon后台操作

打开亚马逊卖家中心页面,输入账号和密码,进行登录。第一次打开,会是全英文的页面,因为亚马逊是美国的公司,默认语言是英语。但是,亚马逊为了帮助世界各国的卖家开展跨境电商业务,设置了几种常用的语言。从上至下依次是英语、中文、德语、西班牙语、法语、意大利语、日语及韩语。选择"中文"选项，页面的各个模块会自动翻译成中文，进入中文页面以后，卖家可以看到亚马逊页面的 7 个主要按钮，分别为"目录""库存""订单""广告""数据报告""绩效"和"设置"，包含了卖家后台的所有功能。这些模块是为了方便卖家快速访问而设置的。

（1）目录

逐一打开各个按钮，先看目录，目录按钮功能最简单，专门用于手动上传产品。直接单击"添加商品"按钮，进入手动上传产品页面。单击"补全您的草稿"按钮，进入您上次未写完的产品编辑页面，这项功能类似于草稿保存。

（2）库存

库存按钮如图 10-9 所示。

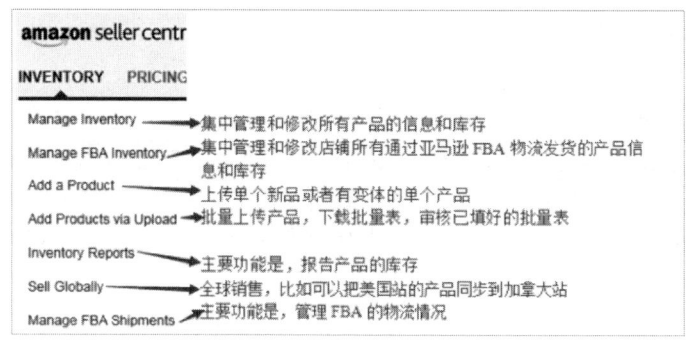

图 10-9　库存按钮

库存管理：卖家在这里可以看到自己上传的所有产品的库存情况。

管理 FBA 库存：卖家在这里可以看到转换成亚马逊配送的产品库存情况，如果是从国内发货的产品，那么在这里是不显示的。

库存规划：主要用于管理现有亚马逊库存的使用情况，是否有冗余产品及什么时候需要补货等，类似一个宏观提醒的功能。

添加新产品：这个功能跟目录里面的添加新产品功能相同。

批量上传产品：当你有几十种产品需要上传时，你可以在这里下载表格，用表格能够快速的、大量的上传产品。

库存报告：在这里可以下载表格形式的所有在售商品及非在售商品的现有数据。

管理促销：此功能在运营中使用频率最高，是用来设置产品的打折、免运费、买一赠一等促销活动的，同时这里也是设置促销活动的入口。

全球销售：在此处可以一次性看到卖家账号在欧洲、北美、日本等市场的所有销售数据，例如：当天订单数、订单金额、总销售额（可按时间段进行查询）。

管理库存：此功能也是亚马逊平台卖家每天都会使用的按钮。此处是所有亚马逊负责配送产品的库存信息，补货、缺货、移除库存都需在此操作。

管理图文版产品描述：卖家的产品和品牌可以用图文并茂的方式进行展示。需要注意的是，只有日本账号才会有此功能；欧洲、北美账号是需要注册欧洲或北美国家的商标，并且在亚马逊后台备案成功后才能显示此功能。

（3）定价

定价按钮如图 10-10 所示。

图 10-10　定价按钮

管理定价工具：可以实现自动定价，而不需要人工调节。你可以对自己的产品价格全权负责，此工具主要是用来保持自己购物车的获得率。

管理定价：这个按钮是可以看到所有在售产品的编辑页面，方便调整价格。

解决价格问题：这个按钮是方便管理有价格错误的所有在售产品。

自动定价：第一个管理定价工具的直接访问按钮。

佣金折扣：这里能看到亚马逊平台推出的针对卖家的佣金折扣产品。定价选项中的这 5 个按钮使用较少，大概了解其使用功能即可。

（4）订单

订单按钮如图 10-11 所示。

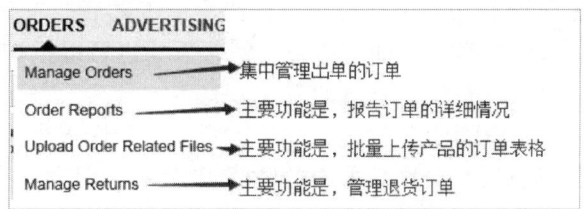

图 10-11　订单按钮

订单管理：这个按钮能够查看所有已经付款的订单和配送中的订单。在联系买家的时候，从这里进入，能够设置查询条件，迅速找到对应的买家订单。

订单报告：提供下载过去最长 90 天的所有卖家自行配送的订单，是以表格的形式呈现的，其中包括等待中的订单和待处理的订单。

上传订单相关文件：由平台提供统一格式的表格模板，为配送、盘点、订单取消等功能进行批量修改。主要是方便卖家能够高效的处理订单。

管理退货：提供过去任何时间段的买家退货订单，并可以设置不同的搜索条件，从而快速地找到需要的买家退货订单。

（5）广告

广告按钮如图 10-12 所示。

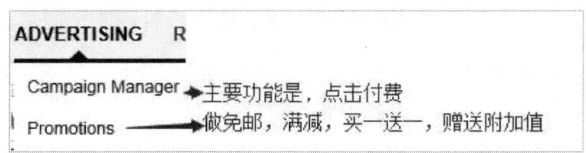

图 10-12　广告按钮

广告活动管理：在这里可以设置所有的站内广告活动。如自动广告、手动广告、头条搜索广告，并且提供广告下载报表，以供卖家分析广告活动情况。

秒杀：是卖家在做站内推广的时候最常用的一个按钮，如 Prime Day 活动、复活节、"黑色星期五"、万圣节、圣诞节等活动，卖家可以在这里自主提报对应的产品，前提是系统自动推荐的才有资格，大概一周更新一次，不定期来看看即可。

（6）数据报告

数据报告按钮如图 10-13 所示。

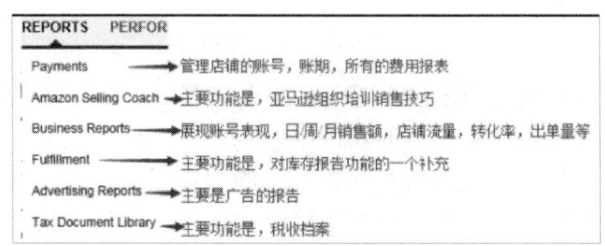

图 10-13　数据报告按钮

付款：可以查看所有账单周期的结算情况，包括付款时间、金额及每个订单的详细情况。

销售指导：可以查看所有发送到亚马逊仓库的库存情况，并且系统能够根据产品销售情况，给予合理的优化和提高库存效率的建议。

业务报告：这是卖家每天都必须用到的一个按钮，单击之后能看到单个产品的日订购数、日流量数据、转化率、买家访问数、页面浏览量、销售额，也可以根据日期查看任意时间段的销售总额和订单数量，并且以坐标图的形式直观展现。

库存和销售报告：这里能看到所有发送到亚马逊库存的配送报告。报告分为"库存""销售量""付款""卖家优惠""仓储费""物品丢失赔偿费用""移除订单"和"退货"，建议大家用这个功能来查看退货订单的具体退货的理由。

广告：此按钮和广告活动管理中的下载报表页面相同，只是在这里通过直观的形式方便卖家查找使用，这是卖家需要经常使用的一个按钮。

税务文件库：提供亚马逊配送服务的增值税发票，可以一键发送到卖家的邮箱。

（7）绩效

绩效按钮如图 10-14 所示。

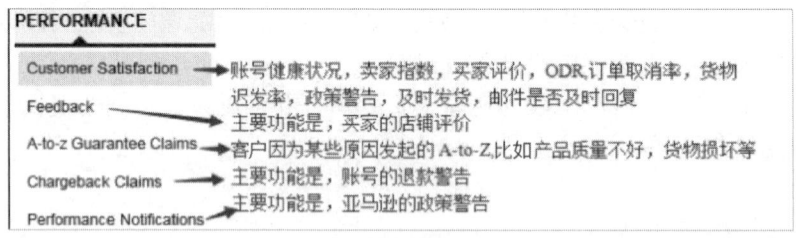

图 10-14　绩效按钮

账户状况：查询第三方卖家的账户绩效，包括订单缺陷率、产品政策合规性和配送绩效。此处关系卖家账号安全，非常重要，需要定期查看。

反馈：查看买家给卖家店铺留下的 Feedback，这个是关于物流和配送时效的评价。

亚马逊商城交易保障索赔：这个是查看亚马逊平台买家和卖家之间纠纷的功能，类似于淘宝网的申请官方介入，以此来明确责任归属问题。

信用卡拒付索赔：此处主要是卖家绑定的信用卡出现拒付的情况，一般与信用卡发卡银行有关。

业绩通知：此处查看平台给卖家发送的所有重要信息，绝大部分是关于卖家店铺安全的邮件，如果有新邮件的话，一般在卖家平台左上角就会出现小红旗。

（8）邮件（Messages）

在后台右上角有个"Messages"按钮，可以查看买家发来的邮件。

（9）帮助（Help）

位于"Messages"按钮的右边，当遇到问题时，可以联系亚马逊客服。输入想了解的内容，比如 FBA 费用、FBA 计算器等。

（10）设置（Settings）

"Help"按钮的右边是"Settings"按钮，是关于一些账户和运费设置的信息，如图 10-15 所示。

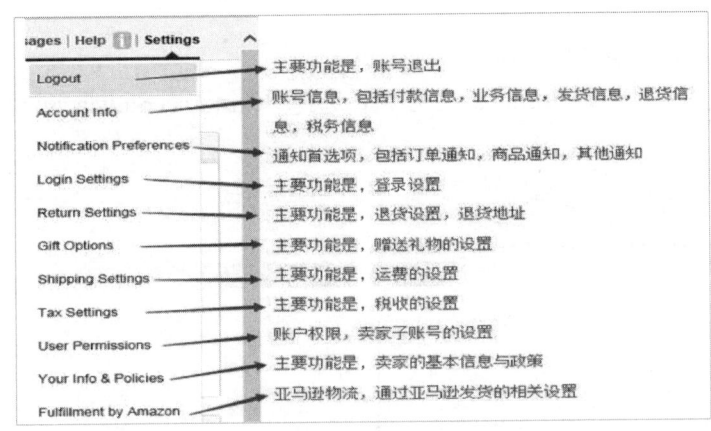

图 10-15 "Settings"按钮

Account Info 账户信息：主要包含假期设置、卖家资料、付款信息、业务信息等。（其中假期模式只针对停止发货，将 Vacation Setting 的 Active 换成 Inactive，然后单击 Save，店铺就停止销售了）。

Login Settings 登录设置：主要功能是账号登录的设置，登录设置不要随意更改，否则会有被撤销销售权限的风险。

Return Settings 退货设置：主要功能是编辑退货地址。

10.3.2 Selling Rating

（1）Amazon Seller Rating 详解

1）登录账户后台主页后，左边会有一个 Selling Rating 的数值，进入亚马逊后台单击"Performace"按钮，选择"Customer Satisfaction"选项，然后单击"Seller Rating"按钮，就可以进入到详情页了。

2）Seller Rating 的数值分为四段：Fair/Good/Very Good/Excellent，对应的评分标准分别是 0.00～84.49 分（Fair），84.50～96.49 分（Good），96.50～98.49 分（Very Good），98.50～100 分（Excellent）。

3）Selling Rating 数值的计算方法：平均数值=最近 365 天内所有订单的得失分数相加÷最近 365 天内所有订单数量。

4）Selling Rating 扣分和加分的情况

① 发货延迟和 24 小时之内没回复买家信息的，得 0 分（完美订单是 100 分，这里得 0 分

实际上就相当于损失了 100 分）。

② 确认发货前擅自取消客户订单的，扣 100 分。

③ 卖家原因引发的 A-to-Z Guarantee Claim 的，扣 500 分。

④ 1～2 星的 Negative Feedback，扣 500 分。

⑤ 客户的开户行发起的 Service Chargeback Claim，扣 500 分。

⑥ 过期订单：过期订单一般为超过发货期 30 天还没发货的订单，扣 500 分。

⑦ 如果一个订单自始至终都没有任何问题，那么这个订单就是 Perfect Order（完美订单），加 100 分。

⑧ 订单赢得加分：订单没有任何问题并且含有有效的跟踪信息，并且在 3 个工作日内成功投递，符合最快承诺到达时间且没有任何退款和与买家的沟通让步，这样的订单就会奖励 10 分（这种订单多见于 FBA 订单）。

（2）账户表现和客户满意度指标

1）单击亚马逊主页中"Performance"按钮，选择"Customer Satisfaction"选项，如图 10-16 所示。

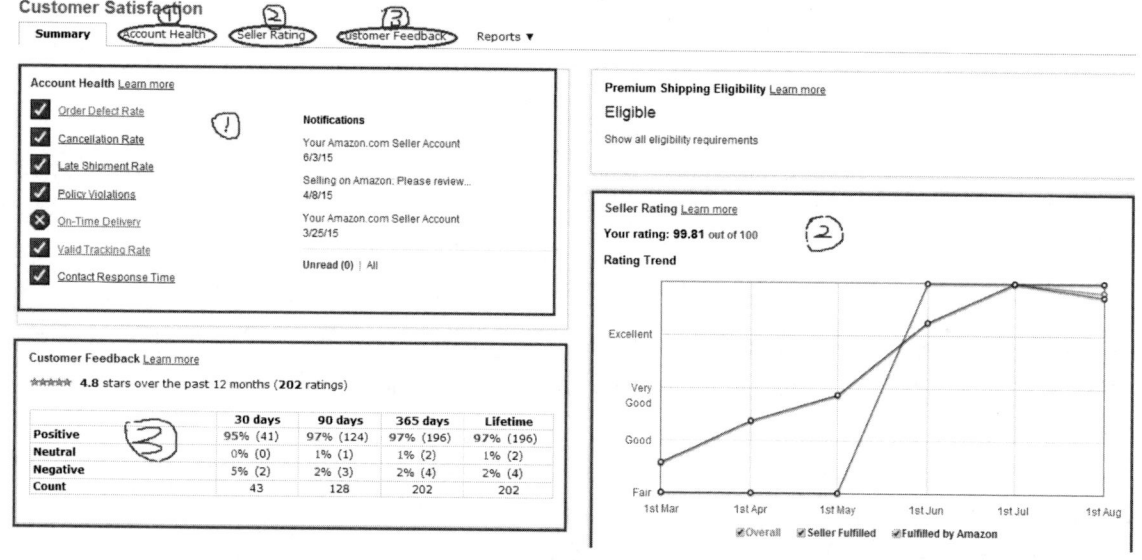

图 10-16　Customer Satisfaction

我们看到 Summary 页面有三个区域，本节主要详细介绍第一个区域即①Account Health 里面的内容。

单击"Account Health"按钮会进入如图 10-17 所示的七大客户满意度指标页面。

2）Order Defect Rate（订单缺陷率），简称 ODR 指标，是在一段时间内所有涉及 1～2 星的差评和 Claim 纠纷（包括 A-to-Z 和 Chargeback）的订单数量除以这段时间内总订单数得出的百分比。ODR 是反映卖家能否提供良好的买家购物体验的非常重要的一个指标，这个指标千万不能超过 1%，否则对账户安全很不利，严重时亚马逊甚至会审核您的店铺或移除您的销售权限。

3）Cancellation Rate（订单取消率），不管是什么原因导致的卖家在没确认发货前发起的订单取消都会被计入 Cancellation Rate 里面，这个指标不能超过 2.5%。如果某个订单取消是客户方面的原因，如客户下错了订单让卖家取消，那么这时卖家直接操作取消会被计入这个指标中，正确的操作应该是让买家在他自己的账户里发起"Order Cancellation Request",卖家再操作取消,这样则不会计入这个指标中。

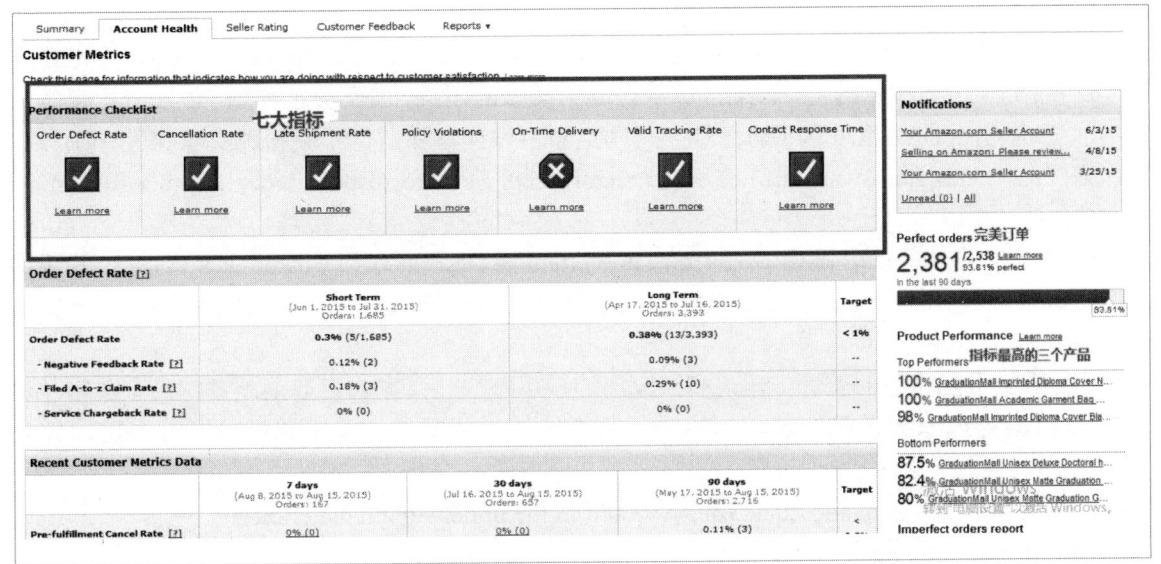

图 10-17　七大客户满意度指标页面

4)Late Shipment Rate(发货延迟率),是在一段时间内发货延迟的订单数量除以这段时间内总订单数量得出的百分比,这个指标不能超过4%,发货是否延迟取决于Handing Time选项里填写的天数(如果不填,那么系统默认为两天),此处的天数指的是Business Day(工作日)而不是Calendar Day(自然日),也就是说周六和周日不计算在内。判定某个订单要在哪天前发货的方法就是进入订单的详情页面查看"Expected Ship Date"。

5)Policy Violations(政策的违反),这个是最需要注意的地方。一般来讲如果在亚马逊卖假货、仿货,或者因跟卖被买家(竞争对手)投诉,若投诉成立则这项指标就会受到影响,而且这种影响不像其他指标那样后期可以控制和优化,这个指标是累计的,同时很难撤销。由于亚马逊平台对知识产权特别重视,在这个指标达到一定量之后,亚马逊会直接移除店铺的销售权限。

6)On-Time Delivery Rate(及时投递率),这个指标应该大于97%,保证货物在系统测算出的Estimated Delivery Date之内到达(预计到达时间范围取决于在Shipping Setting里设置的时间段,普通设置为17~28天,加急设置为1~3天),交期延误不仅影响指标,而且会引起客户的不满,导致客户退货和退款,甚至给出差评,所以保证货物能够及时投递尤为重要。

7)Valid Tracking Rate(有效跟踪率),在确认发货时,需要填写发货时间、承运人和跟踪单号,系统会对此跟踪单号进行跟踪,如果跟踪不到就计入这个指标中。

8)Contact Response Time(邮件回复时间),卖家需在24小时之内回复买家的邮件,前面提到24小时之内没回复买家信息的,订单将得0分。及时回复买家的信息是提高客户体验度的一个重要方式,所以平台要求必须及时回复买家的信息。

9)Customer Feedback(移除差评)。

符合以下条件的差评可以向亚马逊申请移除。

① The feedback includes words commonly understood to be obscene or profane. 评价中包含淫秽和猥亵的词语。

② The feedback includes seller-specific, personally identifiable information, including e-mail, addresses, full names or telephone numbers. 评价中包含了卖家私人信息，如邮箱、地址、全名或电话号码。

③ The entire feedback comment is a product review. 整个产品评价都只针对产品，未涉及卖家的服务情况。需要注意的是，如果评价中涉及了卖家的服务，就不会被移除（如发货太慢等）。

④ FBA 引起的物流问题亚马逊不会帮助卖家将差评移除，但是会帮助卖家将差评画掉，然后备注上：This item was fulfilled by Amazon, and we take responsibility for this fulfillment experience.

⑤ 有些客户留评的时候在 Arrive on Time , Item as Described 和 Customer Service 这三项中都选择了"YES"选项但是最后留给卖家一个差评，这种情况也可以发 CASE 给亚马逊要求移除。

针对系统不能移除的差评，建议和买家沟通，想办法让买家自己取消差评，买家在留差评后的 60 天内可以取消自己的差评。如果买家不知道如何操作，卖家就可以给对方发邮件让其按步骤操作。邮件内容示例如下：

- Go to Amazon.com and click Your Account in the upper right hand corner.
- Click Your Orders.
- On the right, select a date range from the Date drop-down box. Click Go. A list of orders appears.
- Locate your order and click View Order Details in the left-hand column, under the Order Placed date.
- Scroll down to Your Seller Feedback and click "Remove", The Remove Feedback page appears.
- Select a reason for removing the feedback, and then click "Remove Feedback".

10）Selling Rating 数值。

影响因素计算方法（详见第 247 页）。

"平均数值"就是 Selling Rating，它代表的是销售评级，是对卖家销售服务进行的一个评价打分，然后看这个数值在对应的哪个段内，从而在某种程度上反映出卖家的账户表现状态，对提高产品的销量有很大的影响。

10.3.3 Pending Oder

Pending Orders（挂单）也称未决订单、待处理订单、待付款订单。简单来讲，就是亚马逊平台还没收到买家所付的货款。那么，产生 Pending Orders 的原因有哪些呢？

首先，从支付方式方面来看。一般买家结过账之后，订单从 Pending 变成 Unshipped 状态，会花费 2~3 小时。如果是买家的支付方式存在问题的话，亚马逊平台可能在短时间内就无法收到这笔金额，原因是买家使用的信用卡所属银行不同，各银行处理转账的时间也不一样，所以在这种情况下，也会出现在亚马逊付款和订单详情验证流程延长至 20 多天的可能。

其次，就是买家"扫货"。对于亚马逊 FBA 订单，某些 FBA 产品满 39 美元包邮，还有些 Prime 高级会员有包邮优惠，总之是买家已具备享受免运费的资格，并生成了一个订单，但未付款，而是在继续添加别家店铺的 FBA 产品进来，处于"扫货"的状态，那么订单也会处于 Pending 状态。只有待买家扫完货结算后，订单状态才会变为 Unshipped 状态。

最后，是一个比较小概率的情况。就是买家在各个不同的店铺浏览，并且拍下了全部是 FBA

发货的产品，生成一个订单。一般情况下，由亚马逊 FBA 分拣齐全货物后再配送给买家。但亚马逊 FBA 仓库中若存在缺货状况，即一些产品没有库存，这时 FBA 仓库需要分单配送，并且先发有库存的 FBA 产品给买家，所以这个订单也还是处于"Pending"状态的。

那么，如何去处理这些"Pending Orders"呢？

因为"Pending Orders"呈"灰色"，卖家是无法查询到买家的信息的，对"Pending Orders"也没有发货或取消的权限。所以最好也是最笨的方法就是等待，等待买家付款。但会有一些买家明知其订单还在 Pending 状态，联系卖家说已经付了款要求卖家发货，这时千万不要答应买家发货。向买家声明一点：收到货款后会立即发货。不过也有可能是上述的第一条原因造成转账时间延迟了，这些是需要跟买家去核实的，总之"Pending"状态的订单是不要给买家发货的。

如果买家还继续要求发货，卖家就可以建议买家联系亚马逊客户服务部。对卖家而言，"Pending Orders"不会显示在卖家的订单报告和未配送订单报告中，不会对卖家的账户指标造成影响。

亚马逊规定，从订单日期起，卖家将有 30 天的时间确认订单发货。如果卖家在 30 天内未确认发货的，亚马逊就会取消订单。即使卖家已配送了订单，也不会获得货款。所以，卖家尽量在 Handing Time 的时间段内操作发货。系统默认为两个工作日，也可以对时间进行修改设置，最多是 3 个工作日。超出这个时间算延迟发货，会影响到卖家的账户指标。

如果卖家发现自己的订单中有大量的"Pending Orders"，那么一定是出问题了，需要联系客户经理进行核实，或者有可能是亚马逊在审核卖家的订单。

10.3.4 刊登产品

想要运营亚马逊，刊登产品是一项基本功，所谓刊登，也就是平时所说的上传产品，对于卖家自建 Listing 的，亚马逊提供两种上传方式：单个上传和批量上传。本节专门介绍单个上传产品的方法。卖家要遵守亚马逊的销售政策，不得上传涉嫌侵权、假冒伪劣的产品；某些分类的产品，上架前需要预先审核。

1）进入卖家后台后，鼠标移动到"INVENTORY（库存）"图标上，选择下拉菜单中的"Add a Product（添加新产品）"选项。

2）在"Add a Product"页面，单击"Create a new project listing（创建一个新的项目清单）"按钮。

卖家要正确选择产品所归属的类目，单击"Select（选择）"按钮，如果无法确认产品具体是属于哪个类目的，可以在顶端"Search for your product's category"中输入关键词，单击"Find Category"按钮，这样就能搜索到该产品的类目了。

3）输入上传产品的基本信息，带*号的是必填项。

亚马逊平台上的产品上传需要填充较多的信息，如：Vital Info（重要信息）、Variations Info（变体信息）、Offer（提供）、Images（图片）、Description（描述）、Keywords（关键词）、More Details（更多参数）。

① Vital Info（重要信息）栏目必填的内容如下。

Title：标题需要填写与产品有关的要素（如品牌、产品描述、产品系列或型号、材料或主要成分、颜色、尺寸、数量等），亚马逊规定，标题填写不能超过 200 个字符。标题要短小精悍，切忌堆砌重叠。同时尽量不要使用买家无法理解的缩写，这样容易影响买家的购买体验。也不要使用中式英文的拼写，不然无法通过审核。

Manufacturer：制造商，有些条目必须填写制造商信息，有些则不用。

Brand：品牌，产品上传时需填写品牌。这样产品能在前端以品牌的分类存在，相同的产品填写同一个品牌名称，那么买家就能在前端搜到这个品牌所有的产品。所以，卖家需要将品牌名称填写正确，这样方便买家搜索。

Product ID：产品 ID，亚马逊规定要有 UPC 码才能上传产品。一个 UPC 码对应一个产品，为了防范风险，建议卖家经过正规渠道购买 UPC 码。（北美站提供 UPC 码，欧洲站提供 EAN 码）

② Offer（提供）栏目必填的内容如下。

Quantity：库存数量，尽量如实填写，避免日后出现买家下单后无货可发的尴尬情况。

Condition：产品状态，新品选择"New"选项。

Your price：产品价格。与价格相关的，还有 Sell Price，即产品的促销价，是非必填项。如卖家做促销时可以设置，且必须设置促销起始时间。在活动促销时段内，产品以促销价出售，而"Your Price"则以灰色删除线呈现。

③ Images（图片）上传。

第一张是产品主图，主图的背景必须是纯白色的。其他为副图，最多可以上传 8 张副图。产品图片对买家有很强的视觉冲击力，卖家需要提供高质量的图片。在首次上传产品图片时，图片不会立刻显示上传成功，需要等产品信息都填写完毕，单击"Save and Finish"按钮后，图片才会显示上传成功。

④ 在 Description（描述）栏目里，需填写产品的特性、吸引点，让买家对产品有一个全方位的了解。

Description 栏目里 Bullet Point 和 Description 填写的内容，会在前端显示。

Bullet Point：卖点，此处填写产品的主要功能和亮点或其与众不同之处。有些类别卖家可以填写 5 个要点，要求每行 100~500 个字符。

Description：产品描述，如果在 Description 框里直接输入文本，那么文本没有空格或文字加粗的变化，所以需要在文本开头加上"
空格<b>加粗"。

⑤ Keywords（关键词），非必填项。

Search Terms：搜索词，在有些类别里也叫"Keywords"，此栏可以输入与产品有关的关键词，但注意不要重复输入及出现拼写错误，也不建议为了争抢产品的搜索排名而随意写一些与产品无关的关键词。

⑥ More Details（更多参数），非必填项，卖家可以有选择性地填写。

可进一步补充产品的参数介绍，比如 Weight（重量）、Volume（体积）、Manufacture's Suggested Retail Price（制造商建议零售价）之类的信息。

10.4　FBA 物流

10.4.1　什么是 FBA

FBA 是 Fulfilment by Amazon 的简称。使用 FBA，卖家只需要将商品贴上标签并运送至亚马逊仓库即可。亚马逊收到商品并扫描后，这些商品立即可供出售。在这之后，亚马逊会代表卖家存储、包装、配送商品，并提供在线客户服务。FBA是通过亚马逊的卖家中心完成的，卖家可以随时追踪商品信息并补充商品库存。

10.4.2 FBA的优缺点

（1）FBA的优点

小企业主或许是FBA服务最明显的受益者，他们可能没有高效的运营体系，也不想冒险使用其他物流而造成客户体验不佳，造成潜在负面的影响。

1）方便。FBA的运营中心存储卖家的商品，并完成所有的物流工作。当收到订单时，亚马逊的员工负责挑选、包装和配送商品，还处理包括退换货在内的所有售后服务。

2）提高Listing排名。使用FBA，卖家的商品能够显示在Buy Box中，有助于帮助卖家获得Buy Box，提高买家信任度，卖家的转化率和销售额也会更高。

3）亚马逊声誉好。买家出于对亚马逊的强烈信任，相比一个小平台的卖家，会更愿意从入驻亚马逊的卖家处购买商品。如果购买的商品出现问题，那么买家相信亚马逊能够妥善处理。而且他们也认为，亚马逊的配送网络发达，能够迅速地将商品送达到他们手中。

4）配送时效性强。亚马逊的仓库大多建于机场附近，并且遍布全世界。仓库使用智能化管理，配送效率高。一般买家在亚马逊上购买FBA商品，隔天就能收到货。

5）7×24小时全天候亚马逊客服。无论买家在哪个国家，无论是白天还是黑夜，只要对产品或服务有任何疑问，都可以直接联系亚马逊的客服解决。

6）删除由物流引起的差评纠纷。根据亚马逊的服务条款规定，在卖家使用FBA的过程中，如果买家留下了任何不利于FBA的评价，那么亚马逊有绝对权利立即将此负面评价删除。

（2）FBA的缺点

1）费用偏高。相比国内发货，使用FBA的费用可能非常昂贵，特别是对于大型商品来说。通常情况下，如果卖家没有相应的人力来处理某个流程的话，改用FBA就可能大幅增加其成本。但使用FBA也不一定意味着卖家需要花费更多的资金在亚马逊上销售商品，因为FBA费用包含了卖家的正常运营成本。另外，FBA每月还会向卖家收取一定的仓储费。

2）混合存货。混合存货本质上是将有着统一商品代码的所有商品存储于亚马逊仓库的同一区域，不会对卖家进行区分。如果卖家选择不给商品添加标签，而仅仅使用商品生产商提供的原始条形码的话，混合存货就很可能成为该卖家使用FBA的弊端，因为混合储存的货物中有可能存在其他卖家销售的假货。如果有买家下单，亚马逊就会从混合储存的商品中随机发货，发出的商品可能是属于您的，也可能是属于其他卖家的，这样有可能出现您的商品货真价实，而买家却收到假货的情况。

3）标签问题。如果卖家的前期工作没做好，导致商品标签扫描时出现问题，就会影响入库，甚至无法入库。如果请物流公司的人员协助处理标签问题的话，那么收费是平时的两倍。

4）灵活性差。目前，有不少第三方海外仓会配备专门的汉语翻译来解答中国卖家的问题，而FBA仅配备讲英语的客服与卖家进行沟通。而且，FBA的客服只能提供物流、退换货等问题的解决方案，关于商品方面的问题，FBA的客服则可能不知如何解答。

5）买家退货随意。买家想退货无须与FBA有过多的沟通，过于随意，易给卖家带来损失。

6）退货地局限大。如果卖家做FBA做到一半不想做了，那么亚马逊仅支持将商品退回美国的地址，或者出资让FBA协助将商品销毁。想退回中国则算进口，需支付高价的费用。

7）清关问题。FBA 不会为卖家提供目的地清关及收件人服务，卖家只能请物流公司帮忙清关。

10.4.3　FBA 操作

（1）注册 FBA

在亚马逊服务页面中单击"Fulfillment by Amazon"按钮，在跳转出来的页面中填写公司名称并且勾选表示同意亚马逊相关条款及协议，最后选择 FBA 服务就可成功注册了。

（2）选择 FBA 的产品

在"Inventory"页面中，勾选要发货到亚马逊仓库的产品，选择"Change to Fulfillment by Amazon"选项，这些选中的产品会顺利的转换到 FBA Inventory。需要注意的是当产品从卖家自发货转换成亚马逊发货直至亚马逊收到货物上架之前，卖家产品的 Listing 处于买家看不到的状态。

如果卖家想在这段时间内，还让买家看到自己的产品 Listing 并且卖家在国内还是有库存的情况下，那么到时候可以从 FBA Inventory 转换出来。转回来的过程中还需要设置一下产品国内的库存数量。但是有些卖家在库存页面中还是没有显示出转换回来的产品 Listing，这个时候可以使用产品 SKU 在后台搜索一下，一般会搜索出来，然后卖家就可以设置国内的库存了。

（3）操作 FBA 发货流程

第一步是"Set Quantity"，在"Unit"下面输入发货产品的数量。如果之前上传产品的时候没有输入产品的包装尺寸的话，那么卖家这里还需要填写产品的包装尺寸。"Packing Type"有两种类型："Individual products"和"Case packed products"。"Individual products"是混装，就是不同的产品混合装一箱；"Case packed products"是相同的产品装一箱。

第二步是"Prepare Products"。

第三步是"Label Products"。这里需要注意后台要让卖家选择到底是亚马逊贴标签还是卖家自己贴。当然，卖家想省钱的话还是自己贴标签，毕竟让亚马逊贴标签的话是需要收费的。如果选择卖家自己贴标签的，那么在"Who labels"下面选择"Merchant"选项，并选择相应规格的标签纸打印标签。

第四步是"Review Shipments"。在这里可以看到亚马逊将卖家的产品分配到了哪个仓库存储。

每一个"Shipment name"代表一个仓库，并且可以看到卖家存放到该仓库了几种产品。卖家需要单击"Work on shipment"按钮继续操作。

第五步是"Prepare Shipment"。在"Shipping Service"这边有"Shipping Method"和"Shipping Carrier"等待卖家进行选择。一般如果发货重量在 60 千克左右的话就选择"Small Parcel Delivery（SPD）"选项。另外，"Shipping Carrier"下面即使卖家可以选择 UPS 发货，但笔者建议卖家选择"Other Carrier"选项，且在下拉菜单中选择"Other"选项。"Shipping labels"即箱子的外箱标签，这个需要打印出来，打包完成的时候粘贴到外箱。

第六步是"Summary"。填写物流运单号，当卖家拿到运单号后标记已发货。

10.5 Amazon A-to-Z 条款

10.5.1 A-to-Z 条款内容

Amazon A-to-Z 条款是亚马逊对在其平台上购买第三方卖家商品的客户实施的保护政策。如果客户对收到的第三方卖家销售的商品不满意，就可以发起 A-to-Z 索赔。它其实指的是亚马逊的 A-to-Z 担保政策（A-to-Z Guarantee）。亚马逊 A-to-Z 条款会担保客户买到正品，并保证及时交付。

每一个 A-to-Z 索赔，亚马逊会向卖家发送电子邮件告诉其细节，并请求响应，给卖家一个机会去申诉。A-to-Z 索赔生成后亚马逊都会提示卖家必须在规定时间内回复，要不然亚马逊会直接退款给买家。

A-to-Z 索赔只有买家自己主动取消才不扣分，删除差评后也不会扣分。每一个 A-to-Z 索赔记录，亚马逊会保存一年左右的时间。

（1）A-to-Z 索赔对卖家的影响

卖家处理 A-to-Z 索赔要比一般的退换货问题棘手。因为整个流程牵涉到买家与卖家双方的利益。一旦 A-to-Z 索赔成立，它会影响卖家的绩效指标中的 ODR 及完美订单（POP）的分数，对卖家的负面影响是不容小觑的。如果卖家成交的订单数量本来就不多，可要小心了，可能因为出现一两个 A-to-Z 索赔，账号就会有被审核、冻结，甚至被关闭的风险。

（2）买家开启 A-to-Z 索赔需要满足的条件

当满足以下三个条件时，买家就可以提交申请：

1）已通过"我的账户"中"联系卖家"按钮与卖家取得联系；

2）卖家已超过两个工作日的时间未给予回复；

3）买家的请求满足亚马逊商城交易保障索赔的要求。

（3）什么样的情况符合申请 A-to-Z 索赔

1）未收到购买的商品，超过最晚送达日期 3 天后至付款成功后的 30 天内可以提交索赔申请。

2）如果收到的商品有损坏、缺陷，或者与描述存在重大差异，在退换货期限内就已经联系卖家处理但是未能解决的。

3）卖家同意退款，收到商品后未按照协议规定办理退款（如果拒绝退回产品给卖家，或者没有退货运单号，索赔可能就不会成功）。

4）不满意卖家的产品或服务质量。

（4）A-to-Z 索赔的时限

1）体育用品，在预计配送日期 3 天后，或者下单 30 天内，以先到为准。

2）最晚预计交货日期后 90 天内可以提出索赔。

3）如果买家收到的商品是损坏的、有缺陷的或与产品描述不符的，必须在 14 天内联系卖家，收到卖家同意退货信息后，必须在收到商品之日起 30 天内寄回给卖家。

10.5.2 如何应对 A-to-Z 条款

卖家必须及时响应并处理买家的投诉,卖家如何才能在交易之前发现潜在的 A-to-Z 索赔风险,把其出现概率降到最低。

(1) 卖家收到 A-to-Z 索赔的主要原因

原因一:卖家没经验。

有些卖家收到 A-to-Z 索赔是因为他们根本不明白自己作为亚马逊的卖家所承担的职责和义务。在英国,有一点是约定俗成的:The retailer is responsible. Not the manufacturer. If something is wrong, it is up to the retailer to fix it. 也就是说,卖家,而不是厂家,应为产品负责。产品出现任何差错,卖家都责无旁贷。在所有情况下,如果发生退货,那么零售商必须全额退款给客户,包括原始邮资。

亚马逊在美国和英国的条款都是这样的——简单,粗暴,有效。

如果哪个卖家敢逃避这些义务,A-to-Z 索赔就会马上找上门来。事实上,在英国,如果产品与描述不符,或材料有缺陷,那么卖家除了退款,还有义务退还运费,这就是做生意的成本。

原因二:买家不诚实。

不幸的是,总有一些不诚实的买家,借此索赔。这是一个难以解决的问题,因为卖家难以区分买家对产品的不满意是真是假。这时候,卖家的首要目标当然是将损失降到最低,或尝试拿回产品,或尝试通过折扣让客户接受并保留产品。当然,有恶意的买家会将局面反转,留下产品并得到退款,达到"财货两全"。这时候,为了防止更糟糕的情况出现——金钱损失且卖家口碑下降,就要用尽一切方法,争取让亚马逊支付退款。这样做的好处是:既减少了损失,又得到亚马逊的体谅——你肯定不想让亚马逊给你贴上"卖假货"的标签。

(2) 如何应对 A-to-Z 索赔

既然 A-to-Z 索赔潜伏着这么大的风险,卖家又该如何处理呢?

亚马逊有规定,在买家提出索赔之日后 7 天内,卖家需要回复关于索赔的电子邮件通知。如果卖家不做任何的回应,7 天之后亚马逊就会默认买家赢,批准买家的索赔要求,并直接退款给买家。同时亚马逊会根据与卖家的协议,从卖家账户扣除全额索赔金额。卖家不回应、逃避 A-to-Z 索赔也不是办法,唯有积极应对才行。

针对 A-to-Z 索赔,卖家有以下 3 个选择。

1) Refund buyer:退款给买家。

2) Represent to Amazon:提交给亚马逊仲裁。

3) More Actions:更多行动。

(3) 卖家处理 A-to-Z 索赔的几种结果

卖家着手处理 A-to-Z 索赔,好好与买家沟通是有必要的,为了使买家撤销 Claim,卖家除了态度要积极友善,也可以做出一些退让,可以考虑退全款/部分退款、重发货物、送小礼物等方式。不过在这个沟通的环节,千万不要以骚扰的方式去烦扰买家。此外也要考虑时差的因素,卖家给买家发邮件就可以了。

通常这个索赔的结果会有以下这些情况。

1) 买家自愿撤销 Claim,无须申诉。

① 7 天内撤销 A-to-Z 索赔则不计入 ODR。

如果是买家发起了 A-to-Z 索赔(包括因买家自己的原因引起的索赔),那么经过卖家和买家之间的沟通,若双方达成一致,买家愿意直接撤销 Claim,则无须亚马逊仲裁介入。算是"误会一场",结局"皆大欢喜"。

此外,买家在发起索赔的 7 天内主动撤销 Claim,是不会计入卖家的 ODR 中的;如果超过 7 天后主动撤销的话,那很抱歉,已经没有用了,这单索赔就会计入卖家的 ODR 中。所以,如果是买家自愿撤销 Claim,卖家就要在 7 天之内提醒买家撤销。

② 与 A-to-Z 索赔有关的退货退款问题。

根据亚马逊的退货政策,如果买家收到的产品是有问题的,那么需要卖家在 14 天内联系卖家,发起退货请求。买家必须在收到商品之日起 30 天内寄回给卖家(少数产品的退货政策稍有不同)。但如果买家发起了 A-to-Z 索赔后又自愿撤销的且又需要退货退款的,那么卖家可以通知买家按正常流程将货物退回,卖家在收货后再给买家直接退款/授权退款。

实际上,在一些索赔案例中,有些买家会要求卖家先退款,然后才会退货。卖家要不要答应呢?进行过亚马逊培训的卖家是不会接受这种要求的。因为不排除有恶意买家存在,会导致卖家有财货两空的风险。所以,先退货再退款才是符合自己利益的选择。

2)买家不愿意撤销 Claim,卖家进行申诉。

① 卖家申诉成功的概率。

A-to-Z 索赔的处理时间是 7 天。在买家发起 Claim 后,卖家多次联系买家,买家却一直不回复,或者买家提出的要求是卖家无法满足的,双方无法协调,那么卖家就可以收集对自己有利的证据,然后向亚马逊递交申诉信了。

其实大家也知道,亚马逊以客为尊,很多的政策都是偏向买家的,在申诉方面也是如此。尽管这样,卖家还是需要用心去申诉的。虽然申诉不一定会赢,但是至少有机会赢。

② 关于申诉信与申诉过程。

关于申请信方面的书写,参加过亚马逊培训的卖家都会尽可能地抓住重点,提供有用的信息。如:订单详情、货件追踪信息、和买家的沟通记录、送达或签名确认详情、关于之前发放的部分退款或优惠的信息、可以支持自己观点的任何其他信息等。

拟好内容之后,卖家打开亚马逊发来的通知,单击"Represent to Amazon"按钮,提供自己收集好的资料,让亚马逊仲裁介入。申诉的过程是漫长的,是需要耗费心思与时间的,可以说是斗智斗勇的过程,卖家需要有耐心。对于 A-to-Z 的申诉结果,一般有以下两种:

① 经申诉,买家赢。

如果卖家已经精心准备材料进行申诉了,但还是没有申诉成功的话,就很可能是卖家本身存在问题。

② 经申诉,卖家赢。

如果买家是无理取闹的,带有恶意的,卖家又有足够的证据证明,亚马逊肯定就会支持卖家。如果卖家胜诉了,那么这单 A-to-Z 索赔就不会计入卖家的 ODR 中。

3)亚马逊赔款。

买家发起 A-to-Z 索赔后,有时候亚马逊会自己赔款给客户,或者如果判定不是卖家的过错,那么亚马逊有时也会视情况赔偿买家。

如果在处理 A-to-Z 索赔过程中,卖家需要退全款给买家,那么需注意一点,若是通过"Refund buyer"按钮退还给买家的话,这个 A-to-Z 索赔会自动关闭,但亚马逊会默认这是卖家的责任,会计入卖家的 ODR 中。所以,参加过亚马逊培训的卖家都知道如果要退款给买家,那么需要在订单里进行退款。

(4)关于 A-to-Z 索赔的其他注意事项

1)每张订单只能开一次 A-to-Z 索赔。如果买家撤销了 Claim,就不能再开了。

2）卖家以直接退款的方式退还部分款项，若买家不满意，他还是可以再开 Claim 的；但是如果已经授权全额退款，就开不了 Claim 了。

3）经过申诉之后，买家需要退回商品，要是卖家提供不了地址，会直接默认买家赢。

（5）虚假发货被警告了，如何应对

平台对于虚假发货这个行为是查得很严格的，只有少数几个虚假发货的话，可以让其他平台来操作处理，但是最好填写真实的运单号，虽然可能产生一些问题，但不会导致店铺很危险。

课后习题

一、单选题

1. 对订单缺陷率描述错误的是（　　）
   A．订单缺陷率是考核卖家绩效很重要的指标，绩效过低会导致店铺被冻结
   B．订单缺陷率最高不得超过 1%，这个指标需要经常查看
   C．订单缺陷率不会导致任何惩罚，可以适度超过要求指标

2. 对卖家绩效中的"业绩通知"描述正确的是（　　）
   A．如果有业绩通知，卖家需要检查自己的卖家绩效是否都合格
   B．买家如果提交了亚马逊交易保障索赔，那么卖家需要在 7 日内进行回复
   C．业绩通知只是系统对卖家业绩情况的自动邮件，可以不用回复

3. Amazon 平台上页面右上角的"买家消息"的作用不包括的选项为（　　）
   A．可以通过"买家消息"与买家进行沟通，减少亚马逊商城交易保障索赔的申请次数
   B．买家消息允许买家和卖家查看所有的邮件往来，方便双方更加快速合理的解决争议问题
   C．买家消息可以不用理会，因为不是绩效考核的指标
   D．买家消息可以通过电子邮件或直接从卖家平台进行回复

4. 关于后天设置配送费用（运费）的说法正确的是（　　）
   A．"配送设置"选项里可以不用按照地区来编辑运费模板
   B．"配送设置"可以按照商品数量、重量或订单金额进行设置
   C．"配送设置"可以不用设置，不会影响卖家的收入

5. 卖家准备在亚马逊网站上销售泡脚药，泡脚药 6g/袋，100 袋/包，50 包/箱，0.29 元/袋，卖家准备 100 袋起卖，以下对商品名称的描述和价格设置正确的是（　　）。
   A．商品名称：芝竹堂 老姜粉沐足剂 6g×100 袋×50 包 泡脚药 足浴药 促进血液循环 通筋活络 缓解疲劳；价格 29 元
   B．商品名称：芝竹堂 老姜粉沐足剂 6g×100 袋 泡脚药 足浴药 促进血液循环 通筋活络 缓解疲劳；价格 29 元
   C．商品名称：芝竹堂 老姜粉沐足剂 6g×100 袋×50 包 泡脚药 促进血液循环 通筋活络 缓解疲劳；价格 1450 元
   D．商品名称：芝竹堂 老姜粉沐足剂 6g×100 袋 泡脚药 足浴药 促进血液循环 通筋活络 缓解疲劳；价格 0.29 元

6. 关于产品描述，以下说法正确的是（ ）
   A. 为了提高客户的购物体验，产品描述中可以粘贴图片
   B. 产品描述需要客观描述所售产品，不能有任何与产品本身无关的信息
   C. 产品描述中可以进行品牌介绍
   D. 为了吸引客户，产品描述中可以充分展示促销信息，如免运费等
7. OEM 制造商（没有注册品牌），可否将卖家名称作为商品品牌？下列叙述正确的是（ ）
   A. 不可以，假如产品不是自有品牌
   B. 请不要用卖家名称作为品牌名
   C. 可以，只要不跟其他品牌重名即可
   D. 请不要将卖家名称作为供应商名字
8. 以下电子配件类商品标题中最符合亚马逊规范的选项是（ ）。
   A. Apple Plastic Cell Phone Case Suitable for iPad2 iPad Mini Color Yellow
   B. Generic Plastic Cell Phone Case for iPhone4S iPhoneS Color Red
   C. Plastic Cell Phone Case for iPhone4S iPhone5 Color Red-Generic
   D. Generic Apple Plastic Cell Phone Case for iPhoneA iPhone4S Color Red

二、多选题

1. 有利于产品的展示和购买的选项是（ ）
   A. 上传尽可能多的产品，更有利于产品的曝光
   B. 保证产品信息的完整，尤其是推荐分类节点，有于分类查找
   C. 优化产品的搜索关键词，填写有利于产品被搜到的关键词
   D. 确保所销售的产品都有恰当的主图与合理的报价
2. 卖家后台设置中"通知首选项"的主要用途是（ ）
   A. 用来设置与亚马逊平台保持紧密联系的邮箱
   B. 可以把负责订单管理的人员的邮箱设置为接收订单通知邮箱，便于处理订单
   C. 可以把售后服务部门的邮箱单独设置为索赔通知邮箱，方便管理
3. 买家可以与卖家取得联系的方式有（ ）
   A. 买家可以通过账户信息中的客户服务电子邮箱与卖家联系
   B. 买家可以通过账户信息中的客户服务电话与卖家联系
   C. 买家可以通过账户信息与政策中的资料与卖家联系
   D. 买家可以通过产品描述中的客服电话与卖家联系
4. 通过"管理促销"可以实现产品促销优惠的描述，正确的是（ ）
   A. 全场 6 折产品大促销
   B. 购物满 50 元，包邮
   C. 买 A 产品，免费赠送 B 产品
   D. 购买指定产品 3 件以上，可以优惠 10 元
5. 选择亚马逊物流的好处是（ ）
   A. 亚马逊 70%的买家会选择货到付款，使用亚马逊物流可以提供这种购物体验
   B. 买家在购物前就可以知道产品的预计到货时间，有利于买家进行购买选择
   C. 可以做到产品的预配送，缩短产品在途时间，让买家更早收到货物，提高购买率

  D．享受与亚马逊自营产品同样的 49 元免运费政策

  E．买家可以享受亚马逊全天客服电话

6．销售食品的卖家，出现以下情形时，选择处理的方式正确的是（ ）

  A．买家要求开具办公用品发票，由于没有此类发票，可以寄送现有发票

  B．可以不确认发票，因为没有义务给买家开具发票

  C．如果买家要求开具办公用品发票，需要先与买家进行邮件或电话沟通，保证优质的买家购物体验

  D．买家要求开具办公用品发票，在有能力开具时，应当尽可能满足买家的需求

7．如果卖家想查看这个月的销售情况，可以采取的方式是（ ）

  A．可以通过"数据报告"→"业务报告"进行该时间段的销售情况查看

  B．可以通过"数据报告"→"付款"查看该时间段的结算情况

  C．可以通过"数据报告"→"库存和销售报告"进行该时间段的报告的下载

8．正确处理订单的方式是（ ）

  A．如果有订单，卖家可以在"订单"→"管理订单"页面查看订单的详细信息

  B．卖家要根据配送准备时间对接到订单进行及时处理

  C．如果有"确认发票"按钮，在订单生成 5 日内单击"确认发票"按钮并寄送发票

  D．操作发货中的"追踪编码"指的是运单号，必须填写

9．导致店铺被关闭的原因是（ ）

  A．订单缺陷率（索赔与差评）超过全部订单总量的 1%

  B．索要发票的订单中，没有及时发送发票的订单量，超过 3%

  C．未在 24 小时内回复买家消息，易导致差评，并引发订单缺陷率超标

  D．卖家在未经买家允许的情况下过多取消订单，超过所有订单数的 2.5%

  E．由于产品价格错误，导致过多无法发货的错误价格订单

10．下列描述错误的是（ ）

  A．产品主图必须与产品文字信息对应一致，如颜色、尺寸、款式等

  B．产品描述中不能出现任何促销类信息

  C．全新的产品可以在产品标题中注明 New 或 Brand New

  D．为了提醒客户产品是免运费的，可以在产品标题或"Bullet Point"中注明"Free Shipping"

三、判断题

1．亚马逊平台规定：对于服装或鞋（包）类产品，产品主图最长边尺寸要求为 500～1000px。

  （ ）

2．亚马逊平台的所有主图、副图均不能有任何水印、文字、Logo。（ ）

3．关于 Bag 的品类产品（子产品），对于拥有的品牌产品，标题为 My Brand Men's Leather Retro Style Briefcase Red-Brown，符合亚马逊规范。（ ）

4．关于亚马逊收款银行账号，美国、英国平台可以用中国的银行账号收款。（ ）

5．在亚马逊平台"Seller Central"中，通过"Performance"工具下面可以查到卖家指标。

  （ ）

6．在亚马逊刊登产品，必须保证在上线销售时有库存，否则只能暂时下架。（ ）

7．亚马逊刊登的产品必须明确详细分类，可以通过设定精确的"Item Type Keyword"或"Recommended Browsed Nodes"去实现。（ ）

8. 卖家正式开通销售权限后，便无法下架或删除产品。（   ）
9. 为增加曝光率，相同的产品可以刊登到多个不同品类中。（   ）
10. 如果所售产品与跟卖产品完全一致，便可以跟卖亚马逊平台已有产品。（   ）

四、计算题

1. 如果某件货物重 7 千克，物流运费按首重 175 元（0.5 千克）、续重 35 元/0.5 千克计算，那么该货物的运费总额为多少？

2. 创业者小王接到一笔来自法国的订单，客户购买了一双净重为 1.9 千克的劳保鞋，打包后准备使用 EMS 快递寄往目的地，包装后重量增加了 0.2 千克，寄往法国的快递运费按首重费用 280 元（0.5 千克）、续重费用 75 元/0.5 千克计算的，折扣为五折，报关费为每票 4 元。试计算小王需要为该订单支付的费用总额。

第 11 章 Wish 平台

Wish 是一款流行于欧美的跨境电商平台。Wish 平台在 2011 年 12 月上线之后,迅速成为北美地区最大的移动购物平台之一,App 日均下载量为 10 万人次左右,用户数量达到 1.5 亿人次。目前,Wish 平台的主要热门产品类目包括 3C 产品、母婴用品、化妆美容品及家居用品等。针对这些热门品类,2015 年,Wish 平台进行了"自我革命",先是上线了科技电子产品类 Geek App 和母婴类 Mama App,后又推出专门针对"女性经济"的化妆美容类商品的垂直应用 Cute。如今,Wish 平台已经成为一个全品类的电商平台。

Wish 平台提供价格相对便宜的产品。例如,原价 2470 美元的男士手表在 Wish 平台上只要 69 美元就能买到;89 美元就能买到原价 399 美元的防水 Wi-Fi 照相机;原价 299 美元的高跟鞋在 Wish 平台上只要 32 美元就能买到。其价格优势吸引了众多的美国消费者前来购买。

在我国,Wish 是一个新兴的跨境电商平台,其 App 上销售的产品物美价廉,包括非品牌服装、珠宝、智能手机、淋浴喷头等,大部分产品都直接从国内发货。

在 Wish 平台上购物还能够买到很多有趣的产品,并且还能从你喜欢的商家和品牌商那里得到特别的价格优惠和礼物。

对于广大卖家而言,Wish 平台的注册非常方便快捷,产品的上传步骤操作起来也很简单,且平台专注于打造移动客户端。Wish 平台因为门槛低并支持个人卖家,所以迅速吸引了很多的新手卖家入驻。

11.1 Wish 平台的销售原理

Wish 是基于移动端 App 的跨境电商平台,主要靠物美价廉来吸引用户,在美国年轻人市场中有非常高的人气,其目标群体定位于 18 至 35 岁的年轻人。

11.1.1 Wish 平台流量的特点

(1) Wish 平台流量转化因素

Wish 平台上的很多卖家十分苦恼于自己店铺的运营情况:虽然店铺中的产品有很多,但根据数据分析,真正有流量的产品寥寥无几。这里涉及了 Wish 平台的流量转化环节。简单地讲,Wish 平台的流量转化环节主要通过分布在 Wish 平台上的浏览量、点击率、收藏量、购买率及结账支付率五个重要的环节来展现。每个环节都会有一定的流量引入,这五个环节就好比倒过来的金字塔,前端的流量比较聚集,后端逐渐减少。想要让店铺中终端的流量增多,那么可以让源头的流量尽可能地增大，在中间的环节中，尽可能去分析好用户的流失情况，提升每个环节的转化率。

Wish平台流量转化的环节主要通过分布在Wish平台上的点击转化率、收藏量、购买率、购物车存活率及结账支付率五个重要的环节来展现。

1) 点击转化率。一般平台上店铺点击转化率来源于店铺中产品的主图（首图）。主图是流量到点击的第一转化因素，若第一转化因素失败，之后店铺中想要再有流量进入，就是一件困难的事了。因此，主图在Wish平台上是极其重要的，也是吸引买家的诀窍。

2) 收藏量。在手机端页面中，产品的收藏量是反映该产品在市场上受欢迎程度的重要指标。买家们在收藏产品时一般先看副图，紧接着会看产品的标题，产品的标题起着辅助说明的作用，再后面是产品的评价及卖家能否包邮。通常情况下，产品的副图是最重要的因素，而产品的评价等方面只要叙述合理，不会让买家产生反感，一般而言就没什么大问题。特别需要注意的是，一定要做好近三个月的产品的评价，若店铺中存在差评，则会有一定的影响。特别是针对刚出单的新品，如果近期有一堆差评，那么产品的曝光度便会出现慢慢下滑的情形，甚至直接是零曝光。

3) 购买率。买家是否会把产品加入购物车中，这取决于产品的副图、产品的好评率、最近三月的评价、产品价格的设立是否在一个比较合理的区间及产品的运费是否合理等，几个指标都符合预期的话，产品被加入购物车的概率就比较高。

4) 购物车存活率。产品想要在购物车里更好地"存活"下来，买家最为关心的是产品的运费及总体的价格，这时候买家对比的就是一个性价比的问题。

5) 结账支付率。时刻要明确一点，Wish平台运营中订单量是基础，结账支付率是关键。浏览量到购物车的转化，最主要的展现是点击率，点击率=购物车数量÷浏览量，这个数据比0.1%高，说明产品目前的状况不错；若低于0.1%，说明产品前面几个步骤的转化很糟糕。结账支付率=实际支付的订单数÷购物车数量，控制在20%～30%之间是比较合理的，若低于说明该产品的竞争力还不够。

对于大多数的商家而言，先抓流量，再谈其他的。

(2) 影响Wish平台流量的因素分析

1) 影响流量的关键因素之一：店铺诚信程度。Wish平台有抽查机制，而且是三次抽查机制。第一次通过后，会列入诚信店铺，流量倾斜；第二次再通过，流量更加倾斜；第三次再通过，就会列入诚信店铺。三次抽查完成后，后期依然会抽查。所以，不要抱侥幸心理，哪怕卖仿品卖成了爆款和钻石推荐，依然有可能被抽查到。另外，Wish平台有诚信店铺收录"蜜月期"，也就是说如果卖家有品牌证书、专利证明，那么一定要第一时间上传，不要等过了"蜜月期"再上传。

2) 影响流量的关键因素之二：库存量。库存量的标示很重要，但一定要实事求是，因为系统会抓取卖家的发货速度。如果发货速度递减，就会被降权；如果一直保持大库存还能平稳发货，则会获得星钻推送，极大地提高流量。

3) 影响流量的关键因素之三：细水长流的运营。举个例子，一种情况是如果卖家有5000个SKU，一次性上传完毕后10天不上传新品；或者第二种情况是卖家把500个产品分成10天上传。两种情况下，Wish平台会给第二种情况的卖家的账号多一些流量，因为系统会认为卖家是天天在维护店铺。如果账户每天都有登录、退出、新订单、发货、提款等基本操作，Wish会给额外流量加权。例如，有一个Wish账号，半年没登录过，Wish平台可能判定该账号为"僵尸"账号。很多卖家一次注册三个Wish账号，上传同样的产品，订单量却有天壤之别，就是因为分配给每个运营账户的时间不一致造成的。

（3）Wish 平台店铺流量提高策略

想要 Wish 平台店铺流量高，首先要了解这个平台。Wish 是一个移动端的购物平台，它与速卖通、亚马逊不同，没法做直通车，SEO 在 Wish 平台上也没什么效果，Wish 平台产品是根据用户习惯推送的，所以 Wish 平台不能按照速卖通、亚马逊的运作方式，即通过增加产品的搜索权重来提高产品的流量和曝光量。Wish 平台增加流量的方法就是做好产品的描述，并持续上新产品。

产品描述主要包括产品标题、图片、Tag、产品介绍等。想要 Wish 平台流量高就要做好这些要素的描述。好的产品描述主要包括以下几个方面的内容。

1）标题：表述简洁明了，让买家一眼就能知道你售卖的是什么产品。这里需要强调一下，Wish 平台标题的搜索权重很低，卖家不用花太多精力在标题上，简洁明了就好。

2）图片：600px×600px 以上，方形，不用特别大。因为 Wish 平台是移动端 App，图片太大用户在手机上查看商品图片时加载速度会很慢。图片尽量多放一些，这样才能够全方位地展示产品。

3）Tag：Tag 的搜索权重很高。这个是重点，这个是重点，这个是重点，重要的事情说三遍！Tag 有 10 个，要全部写满。不会写的卖家可以多关注做得好的卖家，看他们是怎么写的。卖家们也可以关注手机端的建议的或流行的 Tag。一种常用的 Tag 命名方式是（这里以裙子为例）：一级分类、二级分类、产品、风格、特征、花型、颜色等，如图 11-1 所示。

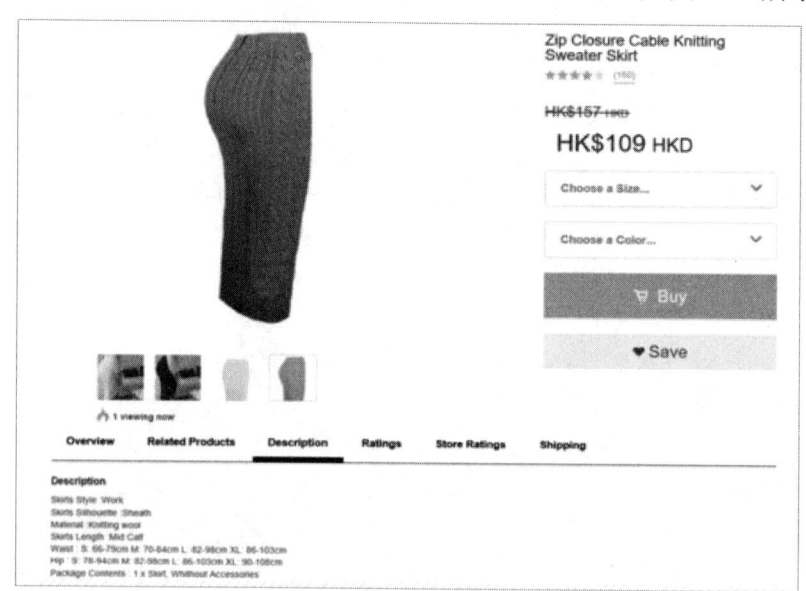

图 11-1 以裙子为例的 Tag 命名方式

4）产品介绍：卖家在描述产品时，不能从卖家的角度出发，应该从买家的角度出发。换位思考一下，如果你是买家，你想要知道这件产品的哪些细节，然后重点描述这些方面就行了。关于产品的颜色、尺寸、大小等属性要描述清楚，如果描述跟产品有误差，买家在收到货后发现跟描述不符，就很容易产生退货。为避免不必要的纠纷，卖家在描述时要尽量如实描述。

被系统或消费者取消订单，也会影响店铺的流量。

（4）全面解析遭遇流量瓶颈的原因及应对策略

为什么很多卖家在新品上架时会没有流量？通常遭遇的流量瓶颈可以分为三种类型：新店

铺、新产品、新卖家,并且一般会具有以下特征。

1) 新店铺:
- 没有原始数据,新店铺没有建立起产品和流量模型;
- 非诚信店铺;
- 可塑性强,新店铺比某些老店铺更有利于推广新品。

2) 新产品:
- 没有原始数据,产品没有建立起流量模型;
- 产品没有 Wish 认证标识,同时产品也没有全明星商户标识;
- 选品问题。

3) 新卖家:
- 缺乏 Wish 平台运营理论和实践基础;
- 做过亚马逊或其他跨境电商平台的卖家新手很难走出固有的运营思维。

(5) 卖家需要注意以下几点

1) Wish 平台对于诚信店铺的要求:仿品率≤0.5%、有效跟踪率≥95%、延迟发货率目标≤10%、30 天平均评分目标≥4.00、在 63 天到 93 天内的退款率目标≤10%。

2) Wish 认证标识:诚信店铺中的产品,如果可以收到特别好的客户反馈(高评分,低退款率,持续有销量),该产品就会被授予 Wish 认证标识。

3) 全明星商户标识:卖家坚持使用等级 1 和等级 2 物流商发货的产品,将会获得全明星商户标识。例如,使用 DHL、WishPost 等。

(6) 作为"全新"的 Wish 平台上的卖家,应该怎样去运营自己的店铺

1) 帮助新店新品运营,获取基础数据。

这些数据该怎么获取呢?首先,卖家要清楚影响新店新品流量的要素:包括 Wish 明确告知的订单确认履行时效、有效跟踪率、延迟发货率、妥投率、30 天平均评分、在 63 天到 93 天内的退款率;还包括产品新鲜度、价格区间、浏览点击率、被收藏和分享次数及物流渠道。

其次,很多卖家在新品上架期间会选择通过刷单来获取流量。但是卖家应该明白刷单的原理,即真实 IP 和虚拟 IP,所谓黑科技其实就是伪科技,并且卖家通过新品刷单会带来如下的后果:

① 刷单的 IP 只搜索被刷单产品,甚至连搜索都不做,直接进入产品链接进行购买。这样的 IP 用户模型是混乱的、畸形的,很容易被查出是在刷单,数据会被过滤,产品甚至被降权。

② 畸形的 IP 刷单后影响产品模型,导致产品模型变异,进而造成流量和订单下滑;

③ 刷单会改变产品的数据表现,获取高于实际水平的竞争优势权重,从而获得高于实际的流量。

再者,卖家需要了解 Wish 平台的技术特征,包括产品模型、用户模型,通过匹配再精准推送。总而言之,Wish 平台的运作核心是一套需要深度学习的神经网络算法。

此外,卖家也要关注 Wish 政策扶持流量,包括 Wish 星工厂项目、海外仓 FBW 项目(专属标识,比正常产品多 3 倍以上的流量推送)、EPC 合并服务,以及未来一些其他扶持项目。

最后再通过营销助力,方法主要包括 PB 推广、站外引流、二维码营销、网红推广、老客户推荐等。其中,PB 推广是最快最好的出单方法,它可以通过竞价关键词获取流量,使产品能够展示给更多的人。用精准的流量帮助产品快速建立起产品概念模型、应用场景模型,帮助 Wish 系统更精准的将用户和产品匹配。另外,可以通过站外推广来辅助,但卖家要考虑其获客成本。

2) 使产品建立初步流量模型,争取获得更多的曝光和更高的点击率。

想要使产品建立流量模型,卖家需要并尽可能跟用户模型匹配。产品模型可以帮助卖家更

加精准的定义产品和识别产品的应用场景，包括概念模型、竞争模型、数据分析模型。而用户模型则可以更加精准的定义用户和预测其需求，包括概念模型、数据分析模型、需求预测模型。

产品模型和用户模型会不断根据数据进行调整变化。但是，不管 Wish 平台算法怎么变，其平台最大化收益的核心逻辑不会变。

3）根据数据做运营策划，包括做广告、站外引流等。

做站外引流的前提是，卖家需要有大量的粉丝。当然，这些粉丝不是只凭卖家一个账号疯狂地加人得来的，这样的粉丝是没有效果的。卖家要吸引的是跟自己产品或店铺相关的一些粉丝，但是获取粉丝会比做成一笔大的订单更难，所以不太建议一些新手卖家或新店铺店主去做站外引流，成本太高了。

4）成为持续盈利的产品。

什么是能持续盈利的产品呢？爆款当之无愧。在做爆款之前卖家首先要做的就是选品，良好的选品是运营成功的基础。那么，卖家可以通过哪些方式进行选品呢？

① 四个关键词：研究、模仿、借鉴、升级。

卖家们可以通过 Wish 平台移动端、亚马逊、速卖通、eBay 的客户端及速卖通后台数据纵横功能去研究、模仿、借鉴、升级自己的选品。

② 借助大数据分析。

市面上有各种 ERP 分析软件，例如易选品、海鹰数据、米库等，还有 Google 趋势、Google 关键词工具、Facebook 关键词、Alexa 网站关键词排名数据。

③ 抓住身边的选品机会，例如一些媒体发布的资讯、行业交流会、线下市场、同行等上下游的信息融合碰撞。

④ 选品之后的验证分析。

比较常用的是线性规划的方法论。在确定价格、销量、行业平均利润率数据的基础上分析产品所处的象限位置及合理性，进而通过调整产品价格和利润率来改变销量，最终目的是获取更大的收益。

11.1.2 Wish 平台的产品推送原理

（1）Wish 平台的运行原理

Wish 平台是一款根据用户的喜好类型，通过系统的一系列计算，将产品的信息推送给感兴趣的用户的移动优先购物平台。Wish 是一个移动端平台，与其他平台不同的是，Wish 平台主要是以推送原则为主，并不是以搜索目的来作为主要因素。Wish 平台主要是对消费者的兴趣喜好进行分析，通过使用精准的运算技术，将产品推荐给感兴趣的用户，其运行原理如图 11-2 所示。

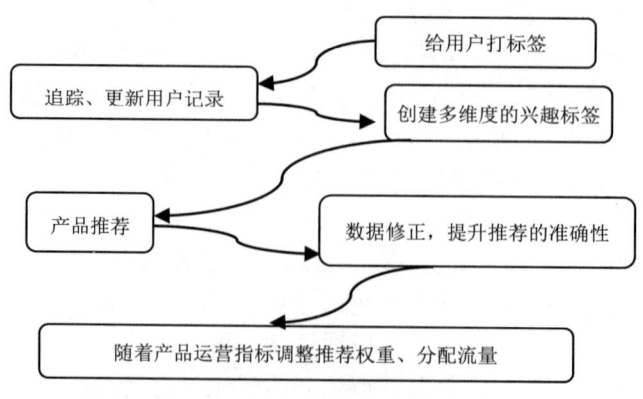

图 11-2 Wish 平台的运行原理

1）根据用户的基本信息和通过分析用户访问、浏览、购买产品的记录，给用户打上标签。

2）借助不断记录、更新用户在 Wish 平台上的行为，为用户创建多维度的兴趣标签。

3）根据推荐算法按用户多维度兴趣标签进行相关产品的推荐。

4）服务器端不断收集数据并进行修正，从而提升推荐的准确性。

5）产品初始权重分配（一致公平），随着产品运营指标调整推荐权重分配流量，在用户体验和商品推荐中两者做到了有效平衡。

Wish 平台本身的核心是"信息关联"技术，其精准的算法、个性化的推送，能够将用户喜欢的产品展现在 App 移动端。

（2）Wish 平台智能推送规则及应对方法

1）Wish 平台智能推送规则。

何为 Wish 平台智能推送？就是根据用户关注的 Wish 产品及店铺，设置好相应的规则，每天推送潜在爆款。

① 推荐新款。

推荐最新上架的 n 个产品，推荐最近 m 天上架的产品。主要是可以了解行业内的店铺都上了什么新产品。例如，指尖陀螺这款爆款，从它的发展路径来看，它并不是一下子就火爆起来的。产品火爆前会有 1~6 个月的潜伏期，所以跟着精品店或大店铺上架产品，是不错的选品方式。

② 推荐潜力款。

推荐增长率排名靠前的产品，推荐日均增长率在 A~B 之间的产品。如果对于选品把握度不是很高的话，那么可以从增长率的角度来选品。有增长率的产品，在一定程度上说明市场对它是认可的。卖家们可以选取持续增长并且已出单（50~100 单）的产品。

③ 推荐爆款。

推荐销量排名靠前的产品，推荐销量在 A~B 之间的产品。此类产品说明已经爆了或马上就要爆了。对于已经爆了的产品，卖家们可以去追溯它的爆款轨迹，学习它的标签主图。对于即将要爆的产品，可以看下是否还有机会。如果还有机会，就一定要快速进入。

2）Wish 平台智能推送的应对方法。

① 精品店中找新品。

以指尖陀螺产品为例，指尖陀螺火爆起来后，通过数据发现有不少精品店涌现了出来。这些店铺产品上架数量只有 100~200 件。这些小而美的店铺不走杂货铺运营的道路，这也就意味着会避开很多大众化的产品，推出的产品会比较有差异化。可以关注排名在 200~300 的店铺或已经出了爆款的小店铺，然后设置推荐新品的规则。

② 杂货铺中找潜力款。

Wish 是一个产品为王的平台，如果想要获得更多的流量，你必须多上产品，而杂货铺就属于这一类。可以关注排名在前 100 的店铺，然后设置推荐增长率在某一平均值的产品。

③ 30 天出单产品。

快速出单的产品说明是有一定市场认可度的，可以追踪这些产品的热卖元素，是新概念产品还是卖点升级产品。如果是新概念产品，那么说明市场还在增速期，可以根据情况决定是否跟进。如果是卖点升级产品，那么说明市场已经不满足于当前的产品了，有部分用户对产品的质量、材质和颜色有了新的要求。

（3）Wish 平台推送新算法及应对方法。

2019 年 Wish 平台流量算法发生了改变，具体有哪些改变呢？卖家该如何适应平台的变化呢？

首先，应关注平台的推荐流量算法的改变。2019 年平台扩大流量的分配权重范围，包括产品评分、价格、发货时效、店铺评分、产品质量、物流时效、妥投率及退款率等，而不仅仅是只注重出单转化率,因此接下来卖家的重心应该放在把控产品的质量、提高售后服务体验及降低产品售价等方面。

其次,精细化运营店铺,提高产品质量。2019 年平台严抓产品质量,过去多账号店铺模式已不适用,而对于广大卖家而言,应当集中精力深耕某一两个类目产品,而非铺开,可以将公司团队按照产品类目进行区分逐一攻关,针对每一个小组实施利润考核指标,从每个类目中发掘强劲团队。

再次,适当增加高价值类目产品运营。据 Shiq 介绍,当前平台用户年龄层发生了较大的变化,其中 30 岁以上人群占绝大多数,今后越来越多的买家也将更加倾向于购买高价值的产品,卖家可以以此为契机在高价值产品的运营方面进行尝试。

最后,积极参与促销,增加产品复购率。2019 年平台在节日促销上加大投入,促销其实也就意味着市场预算的投入,让买家收获实惠,才能吸引更多的复购,而随着复购率的增加,平台也将有更多的流量倾斜于卖家。

商家要顺应 Wish 未来的发展方向,提供性价比更高的产品,同时推出更优质的产品。今后 Wish 将会把产品质量纳入推荐算法中,以便卖家能够从产品质量中了解买家对产品的评价、喜欢与否及是否存在欺骗因素等。

11.1.3 Wish 平台的销售策略

Wish 平台一直在做针对买家的体验优化,并没有针对卖家做推广,没有所谓付费推广这种说法,Wish 平台淡化了商铺的概念,主要是针对产品不设置卖家准入门槛,通过运营指标对卖家施行优胜劣汰制。

(1) Wish 平台运营规则

Wish 平台的特点是什么呢?它的特点和传统电商真的不一样。随着智能手机的普及,移动端进行购物慢慢成了用户的首选。Wish 平台根据用户的兴趣喜好,通过使用精准的算法推荐技术,将产品推荐到感兴趣的用户移动端购物 App 上。Wish 平台开启了移动端购物的新境界。

1)平台规则:与 eBay、Amazon 等相比,其规则简单,弱化平台功能,公平分配流量(发货时间、用户投诉率、好评率这些并不那么重要)。

2)仿品政策。

Wish 平台有仿品设置机制,但是需要得到授权才可上架,否则第一次会有 1 美元的罚款,若还未得到授权再次上架会有 100 美元的罚款。

3)诚信店铺政策。

仿品率≤0.5%可以得到诚信店铺认证。新注册的卖家,第一批上架审核的产品不能有仿品。黄钻产品促销,不可提价。若因无库存而被强行下架的卖家,销售额大于 500 美元的,罚金 50 美元。

4)物流规则。

订单准备期一般为 1~5 天,运输时间一般小于 14 天,具体还需要看后台设置。

5)盈利模式:15%交易佣金,不出售关键词。

6)技术优势:纯算法推荐,瀑布流;根据用户的喜好推送产品;追踪用户购买习惯,精准推荐+随机探索,挖掘需求。

7)产品特点:不需要存钱,只要用户看到、想拥有就可以购买。

① 纯算法推荐 VS 众包推荐。

② 瀑布流的优势:每个人打开应用所看到的内容都不一样,甚至每个人每次打开应用,

所展示的内容也不一样,而且会随着用户的使用越来越贴近其喜好。

(2) Wish 平台的销售特点及策略

Wish 平台的销售特点之一:推送算法。

Wish 平台力求给用户带来便捷的购物体验,利用自己的独特的预算规则将卖家的产品精准地推送到用户面前,而不是被动的依赖用户搜索,从某种意义上来说,让产品附有了主动积极性,而不再被动地等待,推送的依据条件如下。

依据一:违规率,是否是诚信店铺即仿品率≤0.5%。

依据二:迟发率,履行订单的时效、订单上网的时效。

依据三:取消率,由于某种因素导致卖家取消交易或用户取消交易,都是有问题的。

依据四:有效的跟踪率,对物流渠道的选择,比如平邮就不靠谱。

依据五:签收率,产品若是能在规定的时间内签收的是会增加其权重的。

依据六:订单缺陷率,订单有中评、差评、投诉和纠纷的。

依据七:退货率,产品销售后又因某种原因被退回的,其数量与相同时期销售产品的总数之间的比例。

依据八:退款率,产品销售后又因某种原因被退款的,其数量与相同时期销售产品的总数之间的比例。

依据九:反馈及时率,收到用户的消息,卖家一定要及时、尽快地回复,这是很重要的指标。

依据十:推送转化率。

以上各项就是 Wish 平台推送产品依据的核心维度,你满足的依据条件越多,系统就会越多地帮助你推送,依此判断你是一个好的卖家,这就是很多卖家反映某天会看到店铺流量暴增的原因,但如果你的产品推送转化率不达标,那系统就不会在不受欢迎的产品上浪费太多的时间,并会把推送的机会转给下一个符合该条件的产品,所以就会出现流量图似坐"过山车"一般的景象。出现这样的情况时要引起警惕了,不要只是抱怨,要重新定位产品的策略,调研并开发上架受欢迎的产品或优化产品。

Wish 平台的销售特点之二:速卖通的思维在 Wish 平台上行不通。

大家都知道 Wish 平台的市场定位是欧美发达地区,而速卖通的市场定位是巴西、印度等第三世界国家,人们的消费水平与品味都不在一个层级上,Wish 平台走低价当然可以,但是这是迫不得已的措施。Wish 平台推送的特色风格是用户先看到的是图片,然后才是价格,所以用以前的行为逻辑来做 Wish 平台是行不通的,而且低价售卖的会是质量劣质的产品,因质量不好产生的退货退款也会造成资金上的压力,货款始终都存在危险,这种做法不但会失去用户,更会失去 Wish 平台的信任。为了能够长久地经营,要提倡高质量的产品、优质的服务,打造出自己的品牌才是王道。

Wish 平台的销售特点之三:低价策略无效。

低价引流在 Wish 平台是无效的,薄利多销已经不合时宜,平台的用户以"90 后"的年轻人为主,他们希望得到优质的服务,即便你想维持微薄的利润,你的用户也不会因此让你在用户服务方面有所松懈。2 美元包邮要维持利润就必须采用平邮来发货,到货时间超过 30 天,用户是不会满意的,此做法会导致一次性的买卖。另外,买便宜产品的人只会对价格忠诚,而不会对你的产品或品牌有丝毫眷恋。

Wish 平台的销售特点之四:刷单在此无效。

刷单等同于造假,以虚假的方式增加收藏量、提高点击率和购买率等数据来影响真实的购买行为，这些做法在 PC 平台上的确运用得如鱼得水，但是用在 Wish 平台上是不合适的，先不说商道，就是用数据也能够证明这是一种愚蠢的行为。Wish 平台是用 10 个核心维度来判断产品与店铺的，一时间的刷单也无法逆转大的趋势。

（3）Wish 平台的销售新政策

在早期，Wish 平台对新手卖家是非常友善的，因为只要你有产品，平台就能把你的产品展现到目标用户面前。而且 Wish 平台是不限产品和类目的，就是说你一天上架 10 款产品或一天上架 100 款产品都行，所以曾经困扰卖家的直通车、做 SEO 优化等这些都不是问题，在 Wish 上只要做好产品描述，并持续的更新产品就行。

但是，现在随着越来越多的商家涌入，产品同质化严重，在 Wish 平台上不做广告基本没什么流量。而且现在 Wish 平台版权专利抓得很严，这也让疯狂铺货的卖家临深履薄，害怕一不小心就接到侵权罚单。并且随着 Wish 平台的不断发展，平台规则也越来越严格，Wish 平台上的罚款也是在各大跨境电商平台中出了名的，很多新手卖家非常容易踩到"雷区"，还没成为富翁就成了"负"翁。

早在 2018 年 4 月，Wish 平台就曾表示，平台针对卖家使用虚假的物流单号完成订单履行的，将会实行 100%订单金额的罚款，外加单个订单 100 美元的罚款，同时，卖家账户也将面临被暂停交易的风险。同年 8 月份，Wish 平台推出欺诈性履行订单政策，平台上的卖家被举报或被发现故意以欺骗用户为目的履行订单将被视为违反这项政策。违反该项政策的后果是：整个店铺的浏览量会被暂停 24 小时，期间若再次违反该政策，暂停时间将会延长。此外，自 2018 年 8 月 14 日 0 时起，每次违反该政策会有 10 000 美元的罚款，罚款力度堪称之最。

2018 年 10 月，新注册店铺及非活跃卖家须缴纳 2000 美元的店铺预缴注册费一事在 Wish 平台卖家圈再度引爆"资金"话题。Wish 平台方面强调，2000 美元的店铺预缴注册费在以下三种情况下可要求退回：一是卖家选择关闭账户；二是卖家的账户在注册过程中被关闭；三是卖家需承担在款项提取过程中可能产生的第三方费用，且基于 Wish 平台的判定，店铺预缴注册费可拒绝退还。

而除了新卖家在入驻时门槛被"拔高"了，已经在 Wish 平台上注册了的卖家在资金流压力上也逐渐变大，最突出的一面表现在物流问题上。

另外，Wish 平台还将实施"取消订单的罚款政策"，如果订单在确认履行前被取消或被退款，则商户就会被处以每个违规订单 2 美元的罚款。且与违规订单相关的产品将被暂停展示 48 小时，卖家也可对罚款和将要进行的产品暂停展示进行申诉。

Wish 平台变化莫测的新政策强压之下，卖家在选品、平台运营、账户管理过程中也发生着诸多改变：

1）选品角度。以往比较开放、大胆的选品方式，如今在新政策频出后，渐渐地变成卖家需要优选产品，以此确保供应链的正常供应。其实很多铺货型的卖家难以完全达到 Wish 平台目前政策的要求，卖家能够管理的 SKU 数量在新政策的影响下也会大量的减少，继而优势产品线的进一步挖掘便成了这些卖家的新方向。

2）运营角度。卖家在后台处理的工作量开始陆续增大。新政策之前的 Wish 平台销售模式中卖家大部分时间在挖掘产品，而如今在更加严格的订单要求政策下，卖家的很大一部分时间需要关注订单是否在合规的履行，这样在产品的发掘速度上会有所降低，同时，Wish 平台也对卖家的供应链管理能力有了更高的要求。所有渠道整合到线上，对于卖家在物流上的选择也做了限制，尽管服务时效会有所提升，但是物流价差和账期都不复存在了，对于传统的铺货型大卖家而言影响会比较大。

3）账户角度。Wish 平台上的卖家大部分是多账户运营的模式，限制编辑商户账号信息等政策会较大程度地限制卖家拓宽账户，那么卖家对于现有账号的利用率会进一步提高，账号安全意识也会增强。为此，限制编辑商户账号信息对于当前整个平台减少同质化产品，减少违规欺骗流量"商贩"是有所帮助的，而相对于过去那些未能展示的产品，也会在此过程中获得更多出单的机会。

平台出台上述政策有利亦有弊：有利的一面是肃清了平台上的许多乱象，对正规卖家的运营环境有了保障，以新注册店铺政策为例，收取入驻费会使得平台上新店铺减少，继而在同年旺季卖家间的竞争压力也会相对减少，当然对于消费者而言也更有安全感，是能持久发展的一个举措；不利的一面体现在增加了卖家后端的操作成本及资金成本，倘若 Wish 平台相关工作未能妥善处理，也会让平台上的卖家渐渐对其失去信心。

Wish 平台频繁更新政策，其实根源还是平台上许多卖家的行为损害了消费者的利益，导致平台在获客成本高的行情下，很难留存复购的消费者。目前，这些政策在很大程度上会影响到现有卖家的信心和选择。但当前跨境电商已经发展到了一个不容忽视的规模和节点，贸易环境可能对税收产生影响，全球消费者对跨境购物提出了更高的要求，各种因素的交织影响，不仅拔高了行业准入门槛，也要求平台和卖家不断地优化经营策略，通过正规经营、精细化运营，致力于店铺和平台安全稳健地发展。平台全面升级运营规范，一方面是为了打击欺诈卖家，减少卖家间的恶性竞争，让优质卖家拥有一个更良性健康的平台环境；另一方面，提高卖家的运营服务能力。

那么，Wish 平台现在不适合新手卖家了吗？现在 Wish 平台对新手卖家的包容性确实没有以前那么高了，要想进入平台的卖家需要做更多的准备工作。准备工作包括以下几个方面。

1）熟悉平台的规则，知道"坑"在哪我们就"绕过去"嘛。

2）在选品和供应渠道上多下功夫，正所谓"磨刀不误砍柴工"，选择一款好的产品你就成功了一半了。

3）找到几个志同道合的伙伴，现在已经不是单打独斗的时代了。

4）使用综合实力强的物流，产品好、运营强，物流实力不强也是白搭。

（4）Wish 平台增加订单的小技巧

1）产品名称（标题），这里在写品名时很关键，因为我们翻译的英文，外国人可能看不懂，严重影响其购买力。如果是专业英文+低调的当地文化，那就另当别论了。所以，这个地方，你懂的，这是硬伤，差距就在那里，因人而异。翻译水平高的，恭喜你可以做得很好。

2）产品介绍，必须明了，一条一条，清清楚楚。特别是做服装、裤子、鞋的商家，在标明尺码时最好有中美的尺码对比表（经常有买家说尺寸不对）。还有如果是做紧身 T 恤的，很多外国人买了之后要么退给卖家，要么放在家里根本不穿，因为他们喜欢穿宽松的衣服，所以多做一些大尺寸的衣服，要适合欧美人的体型。

3）产品图片。

以前产品图片上传数量以 2~3 张为主，现在以 4~8 张为最佳。

4）Tags 标签。

设置 Tags 之前卖家需要考虑产品定位、群体属性、目标群体品质诉求，一步步分析下去，新的 Tags 标签就会产生了。其实，Wish 平台上产品发布中的 10 个 Tags 标签的设置，应该以

n 个 Tags 标签+n 个产品关键词的方式设置更为适宜。注意两个挨在一起的标签一定要有关联性，用户在搜索中可能搜索不到你的产品，但如果你的标签和这个产品有关联，有可能产品就会被推送到用户的面前，从而增加成交量。写的关键词要精准、方便搜索，从而提高销售量。比如是什么类别、颜色、特点等，产品是多尺寸、多颜色的，会提高流量推送，如果是均码，要加 Free size。

Wish 平台上的产品之所以能够被推送到用户的面前，是因为产品标签与用户的喜好相匹配，在 Wish 平台上，标签的权重很高。因为 Wish 平台的算法是将产品标签和目标用户标签精准匹配，从而进行推送的。

对于 Wish 平台上的卖家来说，Tags 的填写其实是给系统分析用的。系统会分析用户购买过的产品，将其购买产品的 Tags 标记到用户身上，如果你的产品 Tags 的设置跟用户身上的标签匹配，你的产品就会被推送给这个用户。

① Tags 的设置要精准。

对于 Tags 的设置，不是关键词的堆砌，而是精准关键词的匹配。在别的平台上，可能为了让产品有更多的曝光量，堆砌很多相关的或不相关的偏冷门的词语。但在 Wish 平台 Tags 的设置中，则一定要尽可能精准，因为只有精准，才能让系统识别中不出错误，才能够把你的产品推送到真正需要的用户面前。

② Tags 标签不等同于关键词。

举个例子，"美瞳产品"热门的标签有：Contactlenses，Eye，Blues，Makeup，Eye Makeup，Angel，Beauty，Eye Shadow，Fashion Accessories，Health&Beauty。

③ 参考热卖品的 Tags 写法。

参考热卖品的 Tags 写法也是一种方式，但不是让你照搬照抄，可以去 eBay 和速卖通上搜索关键词进行参考。

④ 在 Tags 加入小语种关键词。

Wish 平台上的标签一般都是英文，很多小语种国家的人在搜索自己喜欢的产品时，第一反应是使用自己的母语。假如你的部分品类针对的地区已经明确，不妨另辟蹊径，使用德语、法语等进行 Tags 的设置，那么你的产品就有可能被这些地区的用户搜索到。

⑤ 避开与热门 Tags 的竞争。

Tags 的顺序一般会有一级分类、二级分类和三级分类，通常情况下，Tags 越靠前，推送权重越大。所以作为一个新的 Listing，不要盯死热门精准词不放，不妨适当的调整顺序，用竞争不太激烈的 Tags 去把守一级分类，而把竞争激烈的 Tags 放在靠后的位置，虽然可能错失一部分机会、流量会小一些，但避开竞争，也可以获得额外的出人意料的结果（不过有的卖家反映说官方培训已经辟谣了，Tags 顺序不影响权重）。

⑥ 追热点。

追热点可以瞬间提高产品的曝光量，可以尝试在 Tags 里加入当下热点词，当然最好是与产品相关的。

5）产品一定要有市场价和现价，也会提高推送，产品达到一定流量后再降价，也会提高购买和推送。

6）发货时间越快越好，在接到订单后 3 天以内发货，运输时间控制在 20 天以内，也会提高推送。

7）还有，搜索是靠 Tags 的，不是靠 Product Name 的，和淘宝不一样，所以 Product Name 这里要简单，关键词可以在 Tags 里呈现。如果有尺码，那么最好有中美对比表。

11.2 Wish 平台的基本操作

Wish 平台的消费者虽然主要集中在欧美地区，但是来自中国的商户销售额占比在迅速地增长。公司及个人都可以在 Wish 平台上进行注册，许多商户想在 Wish 平台上售卖产品，那么要怎样在 Wish 平台上进行注册，注册时又应该注意些什么呢？下面我们就来介绍一下 Wish 平台上店铺的注册流程。

11.2.1 创建店铺

第一步，登录 Wish 平台后单击"立即开店"按钮，如图 11-3 所示。

图 11-3　立即开店

第二步，进入"开始创建您的 Wish 店铺"页面。

1）请选择您习惯使用的语言：英文或中文（选择按钮在页面的右上角）。

2）请输入您常用的邮箱地址开始注册。该邮箱地址也将成为您未来登录 Wish 账户的用户名。若您已有 Wish 卖家账户，请单击"登录"按钮。

3）请设置您的登录密码。为确保账户安全，您的密码必须不少于 8 个字符，并且包含字母、数字和符号，例如：password100@store。

4）请输入您的手机号码及下面的图像验证码。

5）请输入您的手机短信验证码。

6）勾选"我已阅读并同意商户服务条款"。

当您完成以上所有步骤之后，请单击"创建店铺"按钮。

第三步，进入"Wish 商户协议"页面。

请阅读 Wish 商户协议，并在全部阅读完后勾选下面的方框，然后单击最下方的"同意已选条款"按钮。

第四步，进入"邮箱验证"页面。

Wish 平台将发送验证邮件至您注册时使用的邮箱，请您单击"立即查收邮件"按钮。接着再单击"确认邮箱"按钮或直接通过 URL 跳转到您的商户后台。

第五步，进入"告诉我们您的更多情况"页面。

1）请输入您的店铺名称，请确保您的店铺名称不含有"Wish"的字样（店铺名称一旦确定将无法更改）。

2）请输入您的姓氏和名字。

3）请输入您所在的国家、省份、城市、街道地址及邮政编码。

4）单击"下一页"按钮继续您的注册流程。

这时，进入了个人账户实名认证页面。

请选择您的 Wish 账号类型："个人"或"企业"，可通过旁边的"个人账号和企业账号有什么区别"的提示来了解更多的信息。

我们先来介绍个人账号实名认证的操作步骤。

首先，请输入您的身份号码，单击"开始认证"按钮。请准备好拍照工具、本人身份证、深色笔及一张 A4 白纸。

提示如下：

- 使用数码相机或拍照像素 500 万以上的手机（不要使用带美颜功能的拍照软件）；
- 照片清晰度和文件大小（3MB 以内）将影响您的实名认证，请谨慎选择拍照工具；
- 整个认证过程需要在 15 分钟内完成。

其次，上传您的验证照片，然后单击"下一页"按钮进入支付平台的选择页面。在这个页面您会看到如何添加收款信息，以便您在 Wish 平台上开展业务后能正常收到货款。有多种收款方式可供您选择，如 Payoneer、PayEco 等（见图 11-4）。

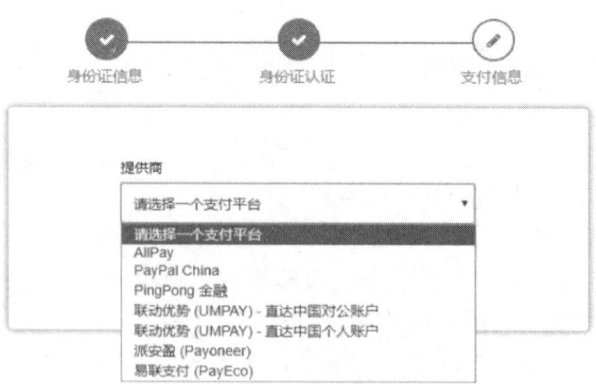

图 11-4　选择支付平台

若使用易联支付（PayEco）收款，请选择易联支付，如图 11-5 所示。

我们再来介绍企业账号实名认证的操作步骤。

首先，请准备好企业的营业执照和法人身份证信息。输入企业的公司名称，注意：个体工商户不可作为企业账户。请输入统一社会信用代码并上传清晰的营业执照彩色照片。图 11-6 所示为上传公司信息页面。

图 11-5　易联支付信息填写示例　　　　图 11-6　上传公司信息

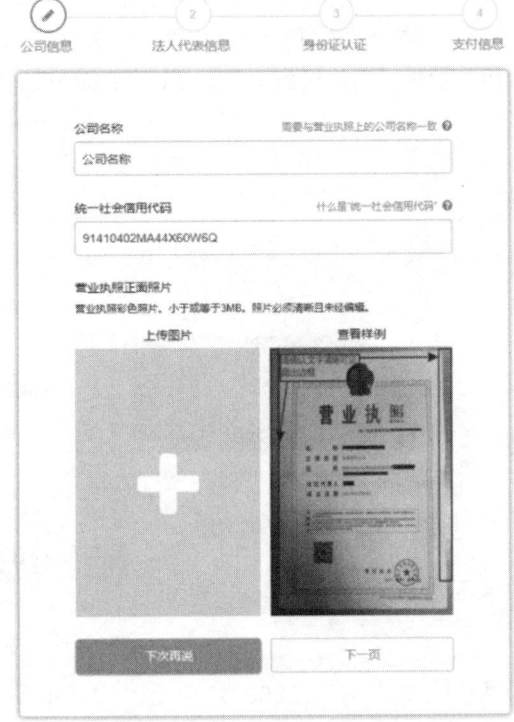

其次，上传完营业执照彩色照片后，单击"下一页"按钮，进入法人代表信息页面，然后请输入法人的姓名和法人的身份证号码。输入完毕后单击"下一步"按钮进入身份证认证环节。认证完成后单击"下一页"按钮进入支付平台的选择页面，同样您有多种收款方式可选择，如Payoneer、PayEco 等，如图 11-7 所示。

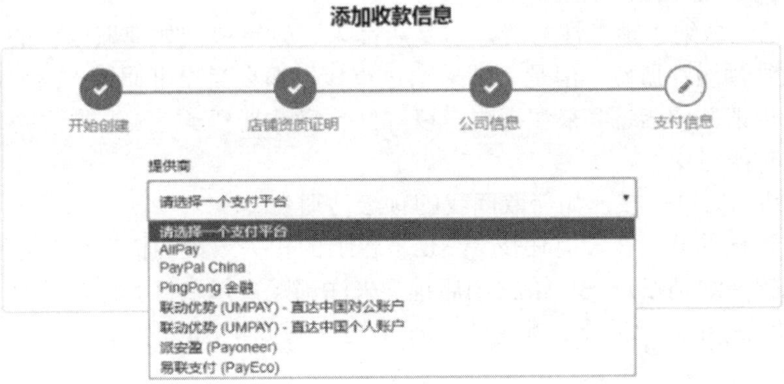

图 11-7　添加收款信息

若使用易联支付（PayEco）收款，请选择易联支付，如前面图 11-5 所示。
在确认无误后，单击"下一页"按钮提交信息。
第六步：进入"店铺预缴注册费"页面。
自 2018 年 10 月 1 日 0 时起，新注册的商户须缴纳 2000 美元的店铺预缴注册费，这项新政策旨在确保新注册商户的账户能为用户提供最优质的产品和服务。

单击"下一页"按钮进入"确认支付提供商"页面。

目前,有三个支付提供商可供您选择:Payoneer、UMPay 联动支付、PayPal。

以 UMPay 为例进行介绍,确认好 UMPay 联动支付提供商后,单击"继续"按钮,如图 11-8 所示。

图 11-8　确认支付提供商

确认账单详情为 2000 美元无误后,单击"确认"按钮。页面将跳转至第三方支付页面,商户需在线完成支付。此支付过程需在 30 分钟之内完成,否则可能导致支付不成功。完成支付后,页面会显示"支付成功"的提示,说明您已成功缴纳店铺预缴注册费了。

支付过程中可能遇到的问题如下。

问题一:不完整交易。

若商户未能在支付页面成功支付,页面将显示"不完整交易"提示,此时商户可单击"完成此交易"按钮,跳转至支付页面完成支付即可。

问题二:如何退还预缴注册费?

情况 1:我已经缴纳了预缴注册费,但是店铺未通过审核,如何取回我的预缴注册费?

若商户已缴纳预缴注册费,但是店铺未通过审核,那么商户可通过"商户后台→账户→设置→注销账户→申请关闭店铺"来注销账户以取回预缴注册费。完成账户注销后,2000 美元将退还至商户的支付账号中。

情况 2:店铺已通过审核,如何取回我的预缴注册费?

店铺已通过审核的商户在没有违反 Wish 平台上的相关政策的情况下,也可以通过"商户后台→账户→设置→注销账户→申请关闭店铺"来注销账户以取回预缴注册费。账户成功注销后,2000 美元将退还至商户的支付账号中。严重违规并被 Wish 平台暂停的账户,该费用会被扣除。

至此,Wish 平台的注册流程已全部完成。若您的信息在审核后被退回,请及时按照 Wish 平台的商户后台要求进行更新,以免耽误您开通账户。

总结一下注册店铺需要准备的资料,具体如下。

内地公司:营业执照、税务登记证、法人身份证(原件扫描或拍照);

中国香港公司:营业执照(CR 证及 NC,股本和创始人页)、税务登记证(商业登记证、董事或法人)。

常见的问题有以下几点：

1）填写的办公地址被别人注册过或不够详细准确，写得太简单；

2）身份号码已经注册过了；

3）注册所用的 IP 地址已经注册过 Wish 平台上的店铺；

4）手机号码注册过 Wish 平台上的店铺；

5）银行卡注册过 Wish 平台上的店铺。

那失败的原因找出来了，该如何处理呢？

1）地址按要求填写，要详细到能在谷歌地图上搜索到。

2）身份证注册，重点在照片，照片要拍清晰，特别是本人手持身份证的照片，重点的信息一定要突显出来。

3）注册所用的 IP 地址应为第一次使用，在 Wish 平台上使用过就不能再注册了，大家可以考虑去网吧注册。

4）手机号码被注册过，如果是公司账户，就联系 Wish 平台上的客户经理；如果是误判的个人账号就要申诉了。

5）银行卡被注册过，换一张银行卡然后重新注册。

11.2.2　产品上架优化

店铺审核通过之后才可以发布产品。卖家上传产品的方式分为手动上传和第三方上传两种。Wish 平台对类目没有限制，卖家在修改产品主图后，产品会被重新送审。修改标签或标题、产品描述等都有可能使产品被重新送审，在送审期间，这个产品不能被买家看到。对于被重新送审无法向买家展示的情况，卖家可能不会对产品进行优化，但是如果不优化的话，在产品被推送到平台时，就会出现因为没有优化导致产品的转化率不高的问题。

（1）Wish 平台上传、刊登产品的流程

1）配送设置。

① 首先选择"账户"标签下的"配送设置"选项，如图 11-9 所示。

② 建议卖家选择全球配送，这样可以最大限度地获得曝光流量。

③ 对于有些国家卖家不想配送的，请单击配送选定国家，逐个对这些国家进行确定、添加。

④ 可以按照不同的国家分别设置不同的物流费用，如果设置了的话，产品上的物流费用就会失效，并且发往这个国家的所有产品的物流费用都将按照你设置的费用进行计算。

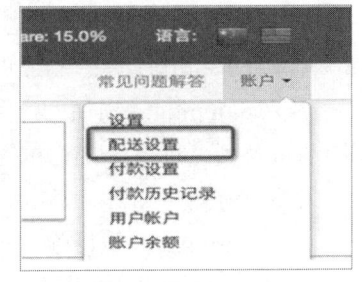

图 11-9　配送设置

2）手动刊登产品的方式。

① 分为手动和 CSV 文件上传（批量）。

② 对于刚入门的卖家可以先选择手动上传，熟悉每一个栏目的内容和输入内容的标准。

3）刊登产品的方式。

① 根据所提供的 CSV 模板编辑好你要上传的产品的文件。

② 文件上传，映射。在这个过程中，系统会检测你的文件是否有错误项。

4）撰写优秀的 Product Name，Tags。

① 在 Wish 的移动端平台，系统需要凭借卖家产品上填写的标题标签，来抓取合适的产品给有此需求的买家。

② 合格的标题应使用以下模板构建产品名称：主品牌+子品牌、系列或产品名称+最多 3 个关键属性+通用产品类型。产品名称必须清楚、准确，且能描述要销售的产品，如图 11-10 所示。

```
可接受： Nikon D5100 DSLR Camera (Body Only) USA MODEL
可接受： Sony VAIO 15" Laptop
不能接受： Best Price!!! **CHEAP** Baby Stroller!!!
可接受： Gaming, Toys & Games, Hello Kitty, Backpack
可接受： Women's Fashion, Jewelry & Watches
可接受： Men's Fashion, Suits, Mafia, Silk Tie, Ties
不能接受： Clearance Items
不能接受： Cheap Cheap Cheap
```

图 11-10　标题模板

5）填写产品售价、运费与库存信息，如图 11-11 所示。

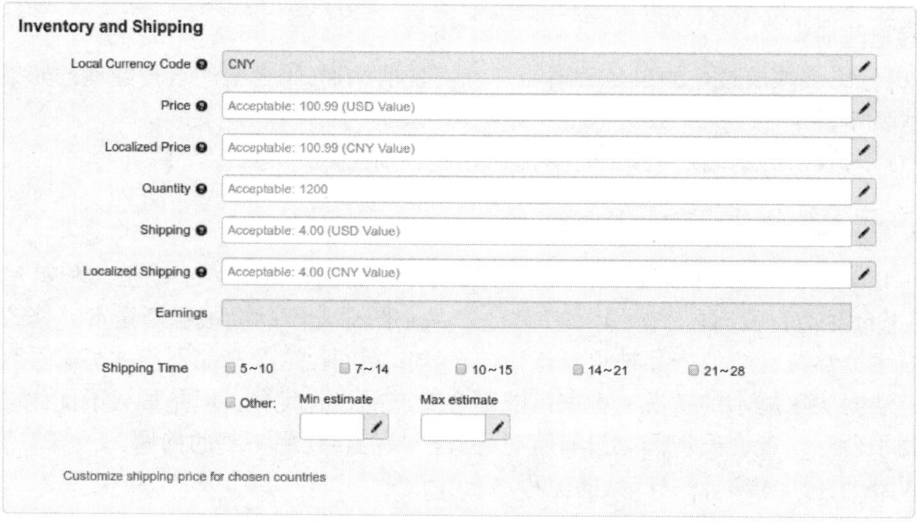

图 11-11　填写产品价格、运费与库存信息

① Price：产品售价（需要包含 15%的平台佣金）。

② Quantity：你的产品的库存数量（卖家记得要定期去检查库存是否已经接近售罄）。

③ Shipping：预估的产品运费（需要包含 15%的平台佣金）。以全球配送为例，这里显示的运费是到全球各个国家的运费。这个费用不需要太精确，卖家在售卖时需要考虑与产品售价的关系，避免亏损。

④ Earnings：是指你的产品扣除运费和平台佣金后的应收产品金额。

⑤ Shipping Time：是一个预估的产品运输时间（从发货到签收）。这个时间必须是一个范围值。

6）填写产品变量——颜色和尺寸。

① 颜色：目前还不支持自定义填写颜色，只能选择系统数据库中已设置好的颜色。在 CSV 批量上传中，如果填写的颜色与系统数据库中现有的颜色字符不符，系统就无法识别。多种颜色的产品只能选取主要颜色或作为不同类型的产品分别罗列。

② 尺寸：目前还不支持自定义填写尺寸，只能选择系统提示的不同类目的尺寸指标。在 CSV 批量上传中，如果填写的尺寸与系统数据库中现有的尺寸指标不符，就需要说明该尺码与你的产品之间的度量关系，降低客户的投诉和退换货比例（如在产品图中加入服装选择尺寸图，

并且列举欧洲国家和美国的消费者分别应该选择什么样的尺码）。

7）填写产品可选信息，完成产品刊登，如图 11-12 所示。

图 11-12　填写产品可选信息

① MSRP：建议零售价。对于需要显示折扣的商品，请设置建议零售价（如商品售价为 10 美元，MSRP 设置为 15 美元，可以实现 33%的折扣）。

② Brand：品牌。如果有就填上，没有就不填。

③ UPC：条形码。不是必填项。

④ Landing Page URL：这是系统遗留问题，可以忽略不填。

⑤ 单击"提交"按钮，产品上传成功，去已上传产品里查看或修改。

8）选择收款方式。

① 如果你还没有注册 PayPal 账号，那么请注册，并且绑定银行卡账号验证。

② 如果已经注册了 PayPal 账号，那么按照图示完成收款设置，请务必仔细填写与 PayPal 账户绑定的邮箱地址，并单击更新支付信息。

③ Bill 的收款方式目前只适合美国本土的卖家。

9）设置退款政策，如图 11-13 所示。

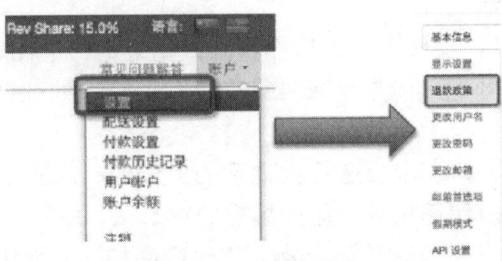

图 11-13　设置退款政策

（2）产品上传

1）产品上传的步骤。

① 批量导入：参照店小秘提供的 Excel 模板，将所有产品信息填到模板后，直接导入。

② 创建产品：在线直接创建，所有项需要手动输入。

③ 数据抓取：是网货的话就比较实用了，直接提交产品的网址采集数据，采集后再编辑修整下就能发布了。店小秘目前支持 7 个平台的数据采集（淘宝网、速卖通、1688、天猫国际、京东、eBay、亚马逊〔美国站〕），进入"产品"导航下的"数据抓取"，输入产品的 URL 即可

采集，采集后进入采集箱进行编辑。

④ 引用产品：手动创建产品时，可引用已有的产品信息。这对于同类的产品比较适用，免得每次重复输入标题、标签，引用过来稍微修改下就可以发布了。

⑤ 将速卖通现成的产品进行搬家：若想让速卖通的产品也同时在 Wish 平台上进行展示，就可以用店小秘的"速卖通数据搬家"功能，把店铺中所有的产品一次性搬过来，或者手动勾选其中的部分产品，再编辑下就能发布了。

2）产品上传的一些快捷功能。

① 图片上传不限像素：Wish 官方要求图片的尺寸为 800px×800px，因 Wish 平台官方服务器在国外，图片上传速度慢，经常会出现上传失败的情况。使用店小秘，对图片上传无像素要求，同时也能够保证图片的上传速度和稳定性。

② 各种批量操作功能：在产品管理、订单管理等方面，店小秘提供了很多批量操作功能，如批量导入产品、批量导出产品、批量修改产品信息、批量处理订单等。

③ 在线翻译功能：上传产品时，产品的标题、描述、标签等都可输入中文后一键完成翻译。

④ 速卖通数据搬家：授权速卖通店铺后就可以对产品进行搬家了，这一点还是很方便的。

⑤ 备注产品来源：创建产品时可输入来源 URL，以便后期采购的时候直接单击来源就能找到。URL 仅在店小秘自己可见，不会同步到 Wish 店铺。

⑥ 设置报关信息模板：设置一个通用的报关信息作为默认的模板，这样只要有新的订单，系统就会自动完成报关信息，这一点也是很方便的。

⑦ 产品副图：这个在 Wish 平台上创建的时候就已经明确了，不能改变图片的顺序，只能删除后再重新上传。

⑧ 自定义订单导出的模板：导出时根据自己的需要，自己设置模板，想要哪些订单信息就选哪些，这一点还是很灵活的。

⑨ 可以设置多个子账号，授权不同的操作权限：如果是一个比较大的团队，分工很严格、很明细的话，就要用到子账号了，但是子账号只能进行上货、处理订单、出入库等操作。

(3) 产品优化

在上传产品的时候，多数新卖家会选择大批量的上传产品来实现增加销量的目的，虽然大批量上传可以让店铺在短期内快速出单，但如果想做得长久，就需要熟悉自己的产品并进行上架优化。Wish 产品优化主要包括优化产品标题、优化产品描述、优化产品标签、优化产品主图及优化产品副图等。做好每一个部分和细节的优化，店铺的销量自然就会不断地增加。

1）Wish 产品优化——产品标题。

想要做好 Wish，标题作为客户首先看到的信息，对客户的购买欲起着至关重要的作用。标题用于告诉客户该产品是什么，并帮助客户搜索该产品。要知道 Wish 平台主要是推送产品，搜索权重和使用率都很低，所以不能像 Amazon，AliExpress 等平台一样，通过堆叠关键词来提高流量，Wish 平台希望给客户呈现的内容是多元化的。那么，Wish 平台的标题应该如何优化呢？一个好的产品标题最重要的是准确而简洁地显示有关该产品的信息。

首先，卖家必须准确地描述自己的产品，而不是单纯地为了增加曝光率，使用一些无关的高流量字眼。用一些简单的词来描述产品的特征就足够了。标题必须控制在 200 个字符以内，标题太长，客户可能看不到完整的标题，还会降低客户体验。

其次，标题只能包含与自己产品有关的信息，必须记住的是，不可以在标题中提供促销信息。例如：Free Shipping，New Arrival，Sale，Best Seller，Great Deal，Hotitem。免费送货是虚假广告，因为 Wish 平台上的最低邮费为 1 美元，并且没有运输条件的限制。Wish 平台所面对的客户来自欧洲地区的国家和美国，他们的想法更直接，他们想购买的是你的产品，而不是你的噱头。把这一类的词汇加入标题不仅浪费了标题的字符数，而且噱头只会引起这些客户的反感。

值得一提的是，卖家应该注意一个小细节，标题中每个单词的第一个字母必须大写（连词和介词除外），连词用 and、介词用 for。

当然，如果在产品标题中使用数字，就使用 Two 而不是 2。另外，不要在标题中出现类似！*$？这样的符号。此外，卖家需要列出一些测量值，而不是使用符号，也不能包含某些卖家自己的信息。

最后，最重要的是卖家必须根据外国人的习惯使用文字。中式英文会非常致命，在翻译成英文后，一些明显具有歧视性的词语可能出现在标题中。例如，大码服装不能用 Fat。另外，就像儿童用品一样，会有 Infants 等字样，尽管都与儿童有关，但受众群体的年龄还是有差别的。因此，如果卖家的产品受众是一群明确的人，那么标题应该清楚地说明产品信息。因此，标题模板可以概括为：关键词+品牌（经过平台认证审核后）+属性词（产品适用年龄、性别、产品名称、产品材料和产品类型等）。

那么，如何撰写标题或修改标题呢？对于尚未发布的产品，可以在"产品"标签下发布用于标题编辑的新产品，并通过以下方式优化现有产品：在"产品"标签下查看所有产品以修改标题，清晰、准确、详细的产品名称，以及特征的描述。特征包括产品功能、材质，让客户有感官的认识，会在一定的程度上促进成交量。

2) Wish 产品优化——产品描述。

需要使用通顺的文字来描述产品的特征和功能，可以增加产品材料、尺寸表等信息，但应控制在 1000 字符、500 行以内。说明中不要使用特殊字符如®、TM 值等。最重要的是检查单词的拼写，不要有拼写错误。同时，标题中不要出现禁用词语，否则会给客户留下不好的印象。值得一提的是，说明中应写明包裹的内容，以避免由于争议而引起相对较高的退款率。

例如：要介绍一款鞋子，则需要包含以下产品说明。

① 产品包装细节。
② 产品特征（颜色、材料、尺寸、性能）。
③ 使用须知。

同时，描述必须清晰、简明，将不同的内容进行细分，使得客户能够更快地浏览产品。

3) Wish 产品优化——产品标签。

产品标签是影响产品描述、分类和推送的关键词。产品标签力求准确和多角度。标签可以设置 2~10 个，尽量都用完，然后选择原始标签。当然，如果原始标签与您的产品不匹配，那么您可以创建一个新标签。值得一提的是，无论订单的顺序如何，标签的顺序都是相同的。因此，不应该把太多的时间放在标签的顺序上。例如，三个标签"时尚""女性"和"女性时尚"可以归结为一个单一的标签——"女性时尚"，所以可以将剩下的标签用于其他描述。此外，标签的语言也必须主要是本地化的以满足消费者的需求，例如他们不说"一种颜色"而说"纯色"。

4) Wish 产品优化——产品主图与副图。

编辑图片的目的是更好地展示产品的卖点，并让客户尽可能地产生购买的冲动。图片分为主图和副图。主图可以使用应用场景、多色、多变量显示，添加参考对象，产品和背景的对比色，场景图等，可视化产品的卖点，可穿戴产品建议使用模型。具体而言，客户在网站上体验的方法之一是将原始产品图像替换为白色背景。产品图片的介绍可以让客户直观地看到产品的使用方法，这有助于客户与产品产生联系，并有助于鼓励客户购买产品。Wish 平台要求只有一个主图，但可以有多个副图。副图可以从多个角度展示产品的细节，以满足 Wish 平台多样化展示产品的要求。但图像不是像素越大就越好，毕竟 Wish 是一个移动端的平台，太大的像素会影响加载速度，因此推荐的图片尺寸为 800px×800px。

5）了解货源和客户。

① 客户的喜好摆首位。

目前，大多数卖家存在产品误区，他们并不是因为客户需求什么才卖什么，而是因为自己有什么才去卖什么，这样的产品定位方向是不正确的。

卖家可以通过社交软件，潜入买家圈，了解客户的喜好和习惯，最主要的是了解客户需求。同时，卖家还可以根据 Wish 平台的前端，了解平台上哪些产品卖得比较好，从而也可以做类似的产品。

② 欧美为主要市场。

欧美市场的人们购买欲比较强，在 Wish 平台上，只要价格适宜，产品本身又比较吸引客户的眼球，是相对比较容易出爆款的。

6）其他优化方法。

① 首次定价比原价高一些，每隔 3~5 天进行降价的处理，一直降到原价。

② 整套换图，将产品改变成另外一款客户喜欢的产品。

③ 定时在 Wish 平台的前端进行搜索，了解热卖产品关键词，对自己的产品进行优化和修改标签。其实，随着互联网越来越发达，信息就会越来越透明。偶尔的正面差评，提供反馈与投诉渠道，反而可以增加用户的黏性。

④ 发货时间和物流时间，尽量选择 10~15 天，假如无法如期送达，会影响到产品的推送。还有投诉问题应及时处理，对于卖家处理时间，平台会根据技术分析对产品进行评级，在某种程度上影响产品的推送。

还有一点值得注意的是，Wish 平台会不定期地处理仿冒产品和侵权问题，针对全平台的产品进行审核和排查。审核期间有些产品无法显示，但产品通过审核后将会重新上线，也可重新被买家搜索到，所以在产品审核方面卖家需要更加的慎重。

另外，从 2016 年 8 月 6 日开始，Wish 平台实施全新的评价体系。首先是关于新的返利计划。平台每个月都会将产品按客户服务品质进行排名，被界定为高品质的产品，应该始终拥有良好的评价、低退货率、高效的配送效率和较少的客户问题。如果被认定是高品质的产品，卖家就能获得在审核时间段内所有未产生退款的订单金额的 1%作为返利，返利时间将会在审核时间结束的两个月之后。拥有低评价的产品，卖家需及时优化或下架该产品，否则 Wish 平台将移除评价极低的产品，而且商户要承担该产品相关的所有退款责任。

（4）如何根据 Wish 平台的后台提供的数据优化产品

卖家知道 Wish 平台店铺后台提供的数据主要有：产品每周的销售额、订单量、排名第一的店铺的每周销售额、订单量，这都是整体上的产品数据。那卖家要关注和研究的是每款产品这一周的详细数据，这些数据包括产品浏览量、购买按钮点击次数、购买点击率、购物车浏览量、订单量、结账转化率、成交总金额等。对卖家优化产品有帮助的几个指标数据是：产品浏览量、购买点击率和结账转化率。

影响产品浏览量的因素有：Tags、标题、主图；影响购买点击率的因素有：产品副图、产品评分，尤其是最近一条买家反馈评分和评价内容、描述；影响结账转化率的因素有：运费、产品总价。知道了这些影响因素以后，分 6 种不同的情况来具体分析一下。

1）浏览量高—购买点击率低—结账转化率低（高—低—低）。

原因主要是产品图片质量太差、价格偏高、产品详情描述不清楚。这几种因素有可能是某一个问题导致购买点击率和结账转化率太低，也有可能是两个或多个问题综合起来导致购买点击率和结账转化率太低。第一点，卖家需要看看图片是不是清楚明白的将产品的各项功能和特色很好地体现出来了。如果没有，就去寻找或拍摄更好的图片更新到 Listing 里。第二点，产品详情描述是否过于冗长、繁杂。要知道买家在手机端购物时不太可能将长篇幅的产品描述全部看完，原因是手机屏幕太小，每句描述都看完的话，买家觉得会很累，也没那么多的耐心。最好就是在描述中把产品的性能、参数都写明白，保证在一页内说明白。当买家看完产品的图片和详情描述后，发现这个产品很吸引他，他才会有购买的欲望，才会继续单击"购买"按钮或添加到购物车。

添加购物车到下单付款前，买家考虑的因素就是产品的价格和运费了。如果一款产品的运费过高，一般是超过了总价的三分之一（1+1 的除外，因为 Wish 平台运费最低是 1 美元），买家就会觉得花那么多钱买这款产品，运费却占那么大的比重，心里会觉得很亏。这个和大家买东西的心里一样，大家都想买包邮的产品，卖家承担运费。其实，包邮的产品，卖家早就将运费算到产品的售价里边了，但是给买家的感觉就是这款产品卖这个价格，物有所值了。总结一句话，遇到高—低—低这种情况，就去优化产品的图片、描述和价格。

2）浏览量高—购买点击率高—结账转化率低（高—高—低）。

原因主要有产品售价和运费价格安排不合理，偏高。还有一点需要注意，Wish 平台会主动加价的，这个因素也要考虑进去。卖家要看产品展示的售价是不是和自己后台设置时的价格一样，如果平台加价了，卖家在调整价格时这个因素就要考虑到。遇到这种情况，卖家的做法首先看看运费是否偏高，是否需要调整。如果运费设置合理，就去降低产品的售价，注意采取阶梯式降价的方法，每次降 0.5 美元到 1 美元。然后看效果。降价时也要考虑自己产品的利润空间，适当调价。

3）浏览量高—购买点击率高—结账转化率高（高—高—高）。

遇到这种情况，卖家就可以偷着乐了。这款产品一定是爆款或有爆款的潜质。那么有人会说了，都是爆款或潜力爆款了还有什么需要优化和注意的事项吗？答案是肯定的（前提是千万不要动标题、图片、Tags 和产品描述，因为一改动这些就会触发平台重新审核产品，有可能就会出问题）。卖家要做的就是，无上限的提高产品的浏览量。例如：Facebook 引流，在其他产品包装里放入卡片以吸引其他买家购买这款产品；在 Youtube 上放入产品的视频等。还有要保证该产品每周的销售额持续增加，这样 Wish 就会认为这款产品很受买家欢迎，会加大推送量。保证店铺的各项数据正常，如发货率、妥投率、退款率是否达标。持续上架新品，保证店铺的活跃度，但是不要有仿品出现，一旦出现仿品，整个店铺的流量都会受到影响。

4）浏览量低—购买点击率低—结账转化率低（低—低—低）。

这种情况大家可能优先会考虑优化 Tags 和标题，先把浏览量提上来再说。如果经过优化 Tags 和标题，产品的浏览量提高了，很有可能就变成了第一种情况：高—低—低。这时候还要去进一步优化产品的图片、描述和价格。这样一来呢，卖家就要多等一周的时间即后台数据出来后才能知道优化的效果如何。而作者的做法是优先提高购买点击率和结账转化率两个指标，具体做法在第一种情况里已经说得很清楚了。当购买点击率和结账转化率提高了以后，Wish 平台就会抓取到这些数据变动，说明买家很喜欢和认可这款产品，进而会加大对这款产品的流量推送。从而可以使得这款产品成为潜力爆款，达到高—高—高的情况。

5）浏览量低—购买点击率高—结账转化率低（低—高—低）。

这种情况说明卖家的产品图片介绍、产品描述还是可以的，对买家有一定的吸引力，但是价格或运费有可能设置的不合理，需要卖家对产品价格进行调整。具体价格调整在第二种情况里已经说了，采取阶梯式降价。同时查看产品 Tags 的设置，是不是 10 个关键词都是小类目词、精准词，没有宽泛的大类词导致 Wish 抓取产品信息时无法识别这款产品属于哪一个行业类目，因而推送的流量很少。如果是，那就删除一些精准词，加入一些相关性强的大类词（一级类目和二级类目词）。

6）浏览量低—购买点击率高—结账转化率高（低—高—高）。

可能这款产品比较小众，需求的人不多，但是看到的人呢大部分都会购买，说明产品在某个特定的人群里还是很受欢迎的，这时需要做的就是优化产品 Tags 和标题。这种指标情况还有另外一种可能，就是偶然数据。举例说明一下，一款产品的浏览量几百，有一个人单击购买，一个人结账付款，这种情况下这款产品的购买点击率和结账转化率都很高，但是并不具有代表性。属于偶然订单，需要卖家再继续观察一段时间，再根据数据表现进行相应的优化调整。

（5）如何选品、开发产品及打造 Wish 爆款

1）如何选品、开发产品？

选品真的靠经验，经验就要符合自身的优势和符合市场需求，是否会陷入价格战之中。价格战的冲击给店铺带来哪些影响，有什么经验应对呢？客户长时间收不到货和产品的品质低是导致退款率攀升的主要原因之一，Wish 平台的特点是靠推送，淡化搜索和店铺功能，低价不但没能起到像 PC 平台引流带动店铺高价品的作用，还白白放弃了合理利润，最不好的是拉低了平台价值定位，现在很多人打开 Wish 平台感觉已经快变成速卖通了，庆幸的是 Wish 独有的算法是精准匹配推送，优质产品还是能推送到有需求的买家面前的。卖家应一如既往的选择优质产品，优化到极致，获取合理的利润。

2）如何打造爆款？

爆款是需要长期累积的，很多平台也不会让你一上来就爆单，考虑到服务能力是否能给予客户良好体验，简单总结一下就是爆品的选品定位很重要，新、奇、特、酷且符合市场需求，那就比较容易出现爆品。新就是别家没有的；奇和特就是能引起购买欲的具有满足某种需求和解决痛点的产品；酷那就是让人能产生优越感的东西。

11.2.3 发货物流

物流方面，已经在 Wish 平台上的注册的卖家在资金流压力上也逐渐变大，自 2018 年 10 月 22 日起，WishPost 将成为平台唯一认可的线上发货平台，为中国直发的订单提供物流服务。这表示中国直发的订单需通过 WishPost 进行线上发货，其他线下物流服务商均不再被平台认可且无法配送中国直发的订单。

Wish 平台在物流方面调整相关政策，目的是提高平台产品和服务的质量。物流运输质量对于客户的复购有很强的推动性，所以物流全面线上化、数据可追踪，也是为帮助卖家以更智能和规范的方式管理物流订单，提高物流水平，"回头客"的力量不可小觑！

库存数量的多少会影响客户体验，影响展现率，卖家应该定期检查库存是否接近售罄。进行运送设置，预估产品运费（需要包含 15%的平台佣金）。

Wish 平台规定卖家必须在指定的时间内将货物发往目的国所在地。

（1）Wish 平台上卖家的发货方式

据悉，目前在 Wish 平台上卖家的发货方式主要是邮政小包，而按照 Wish 要求的时间表来计算，80%的中邮小包是达不到这样的要求的。

目前，Wish 上的订单几乎都是通过邮政平邮和挂号发往世界各地的，货物基本都是 2 千克以下的小包。

销量一天能达到几百或上千单的产品绝大多数都是发的平邮（能查出上网信息、国内段跟踪信息的平邮渠道），这里请注意，查不出来上网信息的平邮是不被接受的。但是没有妥投信息的话，要三个月才能收款，所以顶得住资金压力的朋友发平邮是做 Wish 爆款的首选，其见效快。新手基本都是发邮政挂号或 E 邮宝。考虑到上网时效和妥投信息，深圳挂号、Wish 邮和广州挂号等能第二天查出上网信息的渠道是首选。因为 Wish 的"完成和配送表现"要求平均确认订单履行用时小于 96 小时是可接受的，大于 168 小时会有警告，简单地说，就是从客户下单到该订单发货后产生跟踪信息的时间，如图 11-14 所示。

	订单已完成	申报完成平均时长（小时）	平均确认订单履行用时（小时）
可接受		< 48 小时（2 天）	< 96 小时（4 天）
警告（暂停交易风险）		> 72 小时（3 天）	> 168 小时（7 天）

图 11-14　订单产生跟踪信息的时间

配送数据表现越好，产品越会得到更多的曝光和推送机会。到美国的订单就发 E 邮宝，隔天就能查出上网信息，一般 7～12 天就可以妥投。至于 Wish 邮，其实就是邮政挂号的一种，Wish 邮是 Wish 和上海邮政合作推出的跨境小包物流渠道，因为是 Wish 主动合作的，所以能发 Wish 邮的话当然比其他挂号要方便，不过很多地方没有揽件服务，有时候邮政挂号会有些折扣，所以是否发 Wish 邮，每个人根据自己的情况而定。顺便说一下，如果离邮局或处理中心近，就直接把货物送过去，当天可以上网，不过考虑到性价比，很多时候没必要这样做。

如果货物超过 2 千克或体积超过小包的限制，那么就得发大包和快递了。邮政大包的特点是速度慢、价格低，EMS 通关能力强，不限制体积，所以货物重或体积大发 EMS 或 E 特快就比较合适。除了国内的 EMS，新加坡的 EMS 也比较有价格优势。其实很多专线非常有优势，比如新加坡专线、欧洲专线小包等渠道，但是 Wish 物流选项里没有这些渠道，如果查不出来跟踪信息就麻烦了。快递的话，DHL 非常快，一般 3～4 天就可以妥投。但是算体积重，所以比较适合货值高、体积小的产品。DHL 需要客户清关，这一点比较麻烦。还有 UPS、联邦快递、TNT，这些都和 DHL 差不多。

讲了这么多渠道上的知识，接下来就来说说如何设置配送信息。在 Wish 平台的后台里选择"账号"→"配送设置"→"配送国家"选项，有三个选择，建议新手选第二个"全球配送"（包括 69 个国家和地区），流量高。也可以选择"仅配送至美国"或"配送至选定国家"选项，如图 11-15 所示。

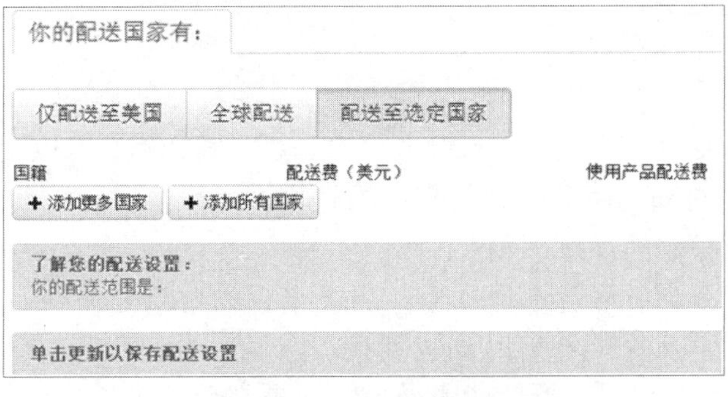

图 11-15　选择配送国家

选定国家后，勾选"使用产品配送费"（见图 11-16），那么到该国家的产品运费就是上传产品的时候发布的运费。如果不勾选，那么在"配送费"里面可以设置到每个国家的产品运费，这个时候，该国家下单的买家支付的运费就是这里的"配送费"，而不是上传产品的时候发布的运费。如果配送设置里面是全球配送，那么不管是哪个国家，买家支付的运费都是上传产品的时候设置的运费。

图 11-16　使用产品配送费

建议新手设置全球配送，等订单和产品稳定了再慢慢优化运费设置。

特别提醒一点，不要设置 0 运费，即包邮，这是没有意义的，Wish 平台不提倡。即使卖家设置了 0 运费，买家在付款的时候，也会支付一定的运费，Wish 在展示产品的时候会调整运费和价格。比如上传一个价格为 15 美元、运费为 0 美元的产品，买家看到的可能是产品价格为 13 美元、运费为 2 美元。

（2）发货操作流程

1）相关物流方式的选择。

① 邮政小包。

优势：网络全球，价格便宜。

劣势：时效差，丢包率高。

② 专线物流。

优势：速度快，可以实现消费国当地配送。

劣势：价格稍贵，覆盖区域少。

③ 国际快递（TNT、DHL、FedEx、UPS、EMS）。

优势：速度快，丢包少。

劣势：价格昂贵。

④ 海外仓。

优势：相当于销售发生在本土，给消费者信心。发货周期短，可以实现大而重的产品配送。

劣势：可能压货，对动销率和库存管理要求较高。

2）Wish 平台物流操作的注意事项。

卖家在使用小包业务时，尽量选择挂号。Wish 平台的付款是需要追踪包裹的上线的。并且买家在询问包裹状态时，卖家能够追踪到包裹状态。

① 避免包裹在国内长时间逗留，造成妥投时间不必要的延长。

② 对于使用自己海外仓服务的卖家，目前 Wish 平台还没有对于这类配送的特别标注。卖

家的优势在于配送时间短产生的订单转化率高和配送时效评级的加权。

（3）付款和退款

1）Wish 平台将在每个自然月的第一个工作日对上一个月的有效订单进行付款（付款金额中将扣除退款订单的金额）。目前，Wish 平台可以通过 PayPal 或 Bill 两种方式进行付款。

2）退款的操作。

当买家要求退款时，系统就会有一个退款票据（见图 11-17），票据中能找到退款订单的订单号，将此订单号复制。从导航栏中的"订单"→"历史订单"中进入历史订单列表，在搜索栏中粘贴订单号进行查询就能找到需要退款的订单了。

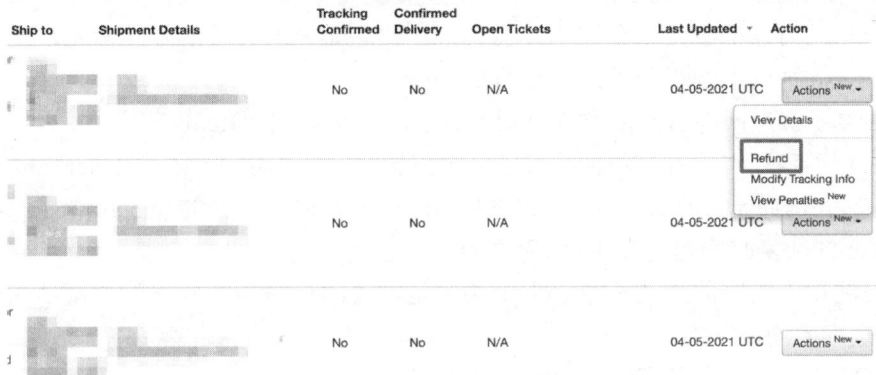

图 11-17　退款操作

11.2.4　售后服务

（1）卖家店铺表现的注意要点，如图 11-18 所示

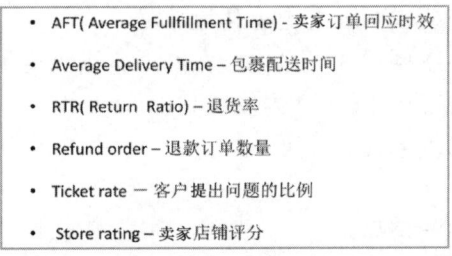

图 11-18　卖家店铺表现的注意要点

（2）通过 Ticket/站内信与买家进行沟通

如果卖家在收到订单后想主动与买家进行沟通，就在订单的 Action 里单击 Contact User，并且选择相应的邮件主题发送 Ticket，如图 11-19 所示。

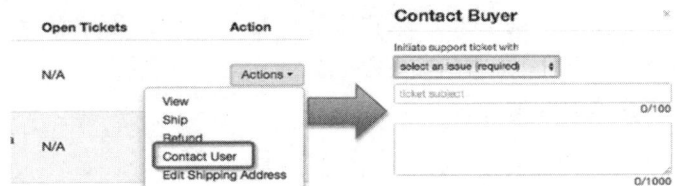

图 11-19　通过 Ticket/站内信与买家进行沟通

所有的客户联系卖家的站内信都会出现在客户问题里，请单击 View 然后及时回复客户问

题，如图 11-20 所示。

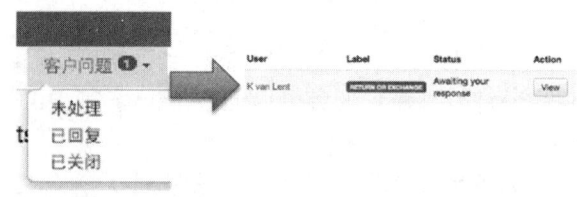

图 11-20　单击 View 回复客户问题

（3）站内信功能的注意事项

1）每一封站内信都事关一个订单，会有客户的联系方式以外的基本信息，卖家甚至可以看到客户在 Wish 平台上购买和收藏产品的记录。

2）在回复了客户问题后，需要等待卖家回答时，请单击"Reply"按钮。

3）在回复了客户问题后，并且结束了这个问题时，请单击"Close Ticket"按钮。

4）在与客户沟通无果的情况下，可以选择 Appeal to Wish，平台的 Support Team 会给予裁决。

5）Ticket 的回复时间建议在 1~2 天之内。

6）务必注意跟买家的沟通策略。无论买家是友善的还是不够友善的，都请用谦卑的态度与买家做积极的沟通。

7）买家的满意才能让卖家在平台上长久生存。

（4）Wish 平台上售后运营指标盘点

Wish 作为移动购物电商平台，关于它的售后指标考核是相当复杂的，需要卖家认真地根据要求来调整和应对。以下是一些考核要求。

1）发货的速度（权重很高）。

① 订单响应时间：系统要求两天之内上传运单号。

② 系统跟踪到时间：系统要求 3 天之内能在网上查询到运单号。

③ 配送完成时间：系统要求 14 天之内完成。

2）订单满足率（无货退款率）。

① 涉及用户体验。

② 无货产品尽量不要在前台显示。

③ 不要只是把库存量设置为 0。

3）Ticket 处理速度及投诉率。

① 投诉、售后问题都是以 Ticket 来呈现。

② Ticket 显示出来会有延时（Wish 先审）。

③ 尽量在 24 小时之内处理好，越快越好。

4）产品反馈评价（权重一般）对产品和服务质量的评价，卖家无法删除，可以与买家协商，但是不能打扰买家，不要向买家索要好评。

5）系统取消订单或买家取消订单。

① 高风险订单。

② 售后处理不及时。

③ 在单号上网之前，买家有权利取消订单。

6）系统退单率。

① Wish 主动退款，Wish 承担（权重高）。
② 买家投诉（质量不好、尺码错误、不合身、货物损毁、与描述不符等），买家要求退款。

课后习题

一、单选题

1. Wish 平台上超过 80%的卖家来自（　　）。
   A．中国　　　　　B．美国　　　　　C．英国　　　　　D．日本
2. Wish 平台上注册的用户主要来自（　　）。
   A．中东　　　　　B．南美　　　　　C．欧美　　　　　D．亚洲
3. Wish 平台对店铺的仿品率要求在（　　）以下。
   A．0.1%　　　　　B．0.5%　　　　　C．1%　　　　　　D．1.5%
4. 当交易产生时，Wish 平台会向商家收取（　　）的佣金。
   A．5%　　　　　　B．10%　　　　　C．15%　　　　　D．20%
5. Wish 的结款周期是（　　）。
   A．周结　　　　　B．半月结　　　　C．月结　　　　　D．季结
6. 单品退货率达到（　　），将会被强制下架。
   A．20%　　　　　B．30%　　　　　C．40%　　　　　D．50%
7. Wish 平台上注册用户的性别比例大致为（　　）。
   A．男性用户居多　B．女性用户居多　C．男女用户数量相当
8. 卖家必须在（　　）天之内发货，否则会被自动退款。
   A．3　　　　　　　B．5　　　　　　C．7　　　　　　D．10
9. 一款产品的标签（Tags）最多可以输入（　　）个。
   A．5　　　　　　　B．8　　　　　　C．10　　　　　　D．15
10. 店铺整体退货率达到（　　），将会被强制关店。
    A．20%　　　　　B．30%　　　　　C．40%　　　　　D．50%
11. Wish 平台每个自然月的第（　　）天会对前一个月的有效订单进行付款。
    A．1　　　　　　　B．5　　　　　　C．7　　　　　　D．10
12. 以下哪种情况 Wish 不会对卖家进行付款？（　　）
    A．买家在货物发出后取消订单
    B．系统里提前发货，实物后发
    C．卖家在买家取消订单后强行发货
    D．货物在 5 天内发货并更新物流信息

二、多选题

1. 以下哪些地区是 Wish 平台的主要市场？（　　）
   A．欧洲地区的国家　B．美国　　　　　C．巴西　　　　　D．俄罗斯
2. 以下哪些是 Wish 平台支持的商家收款方式？（　　）
   A．Payoneer　　　　B．Bill　　　　　C．PayPal　　　　D．PayEco

3. 以下哪些是注册 Wish 平台个人商家账号所必需的？（　　）
   A．身份证　　　　B．邮箱　　　　C．手机号　　　　D．信用卡
4. 以下哪些是注册 Wish 平台企业商家账号所需要的？（　　）
   A．营业执照　　　B．企业法人身份证　　　C．税务登记证　　　D．办公地址
5. Wish 平台上传产品的方式有（　　）。
   A．手动上传　　　B．第三方工具上传　　　C．CVS 上传　　　D．类似产品导入
6. 以下哪些产品可以在 Wish 平台进行销售？（　　）
   A．围巾　　　　　B．项链　　　　C．手机壳　　　　D．打火机
7. 产品的状态包括以下哪些？（　　）
   A．待审核　　　　B．批准　　　　C．已下架　　　　D．被拒绝
8. 账户暂停后将发生以下哪些情形？（　　）
   A．店铺的产品不允许再上架销售　　　　B．账号无法登录
   C．店铺的销售额将被扣留　　　　　　　D．店铺承担任意原因产生的全部退款
9. Wish 平台上的商户用来创建图片链接的境外图片空间网站主要有（　　）。
   A．Photobucket　　B．Flickr　　　C．Facebook　　　D．Twitter
10. 客户问题（Ticket）的分类包括（　　）。
    A．退款　　　　　B．缺货　　　　C．无法配送　　　D．物流追踪信息

三、判断题

1. Wish 平台是一个专注于 PC 端的跨境电商第三方平台。（　　）
2. 如果店铺无人看管，卖家就可以打开假期模式。（　　）
3. Wish 平台基于买家兴趣为买家推送产品。（　　）
4. Wish 平台上卖家选择的主流收款方式为 PayPal。（　　）
5. 产品显示的"Wishes"指的是将该产品添加到收藏夹的人数。（　　）
6. 全店铺打折和店铺优惠券是 Wish 平台上卖家常用的促销方式。（　　）
7. 产品标题的优化是提升曝光量的关键，主要方式为堆砌关键词。（　　）
8. 卖家最多可以为每一款产品添加 5 个标签（Tags）。（　　）
9. 买家可以在 Wish 平台上对同一款产品进行比价。（　　）
10. 卖家不得上传重复的产品。如果卖家上传重复的产品，产品就会被移除，且其账户也会被暂停。（　　）

第 12 章 Lazada 平台

Lazada（来赞达），东南亚地区较大的在线购物网站之一。获得德国电商创业孵化器 Rocket Internet 桑威尔兄弟（Samwer Brothers）的支持，Lazada 的目标主要是印尼、马来西亚、菲律宾及泰国的客户。

2014 年 Lazada 公司营收 1.543 亿美元，但净运营亏损达到 1.525 亿美元。

2018 年 3 月 19 日，阿里巴巴集团宣布，将向东南亚较大的电商平台 Lazada 追加 20 亿美元的投资，用于该公司在东南亚地区的业务扩张。蚂蚁金融服务集团董事长彭蕾出任 Lazada CEO 职务，原 CEO Bittner 出任高级顾问职务。

Lazada 平台运营

12.1.1 注册店铺

1）打开 Lazada 的主页，就会看到右边有一个卖家登录框，单击下方的"Sign up"按钮即可注册，如图 12-1 所示。

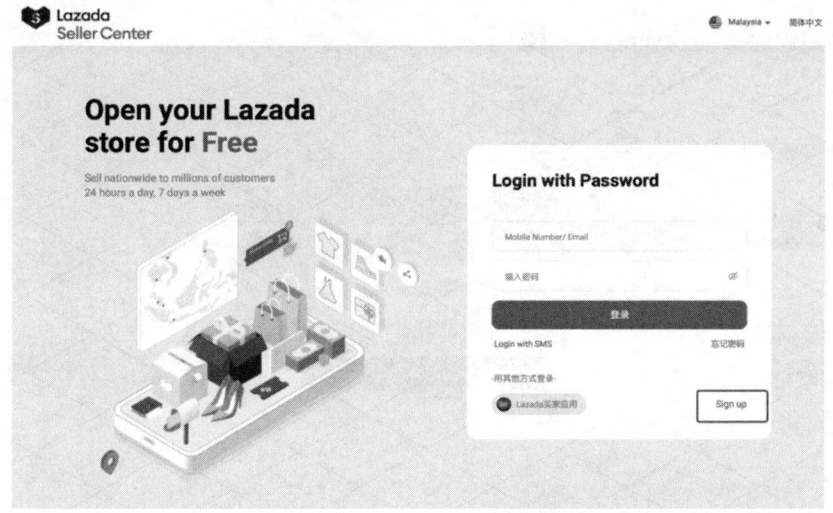

图 12-1 Lazada 的主页

2）选择开店的卖家类型，中国的卖家一般选择第三种类型，即跨境开店卖家，如图 12-2 所示。

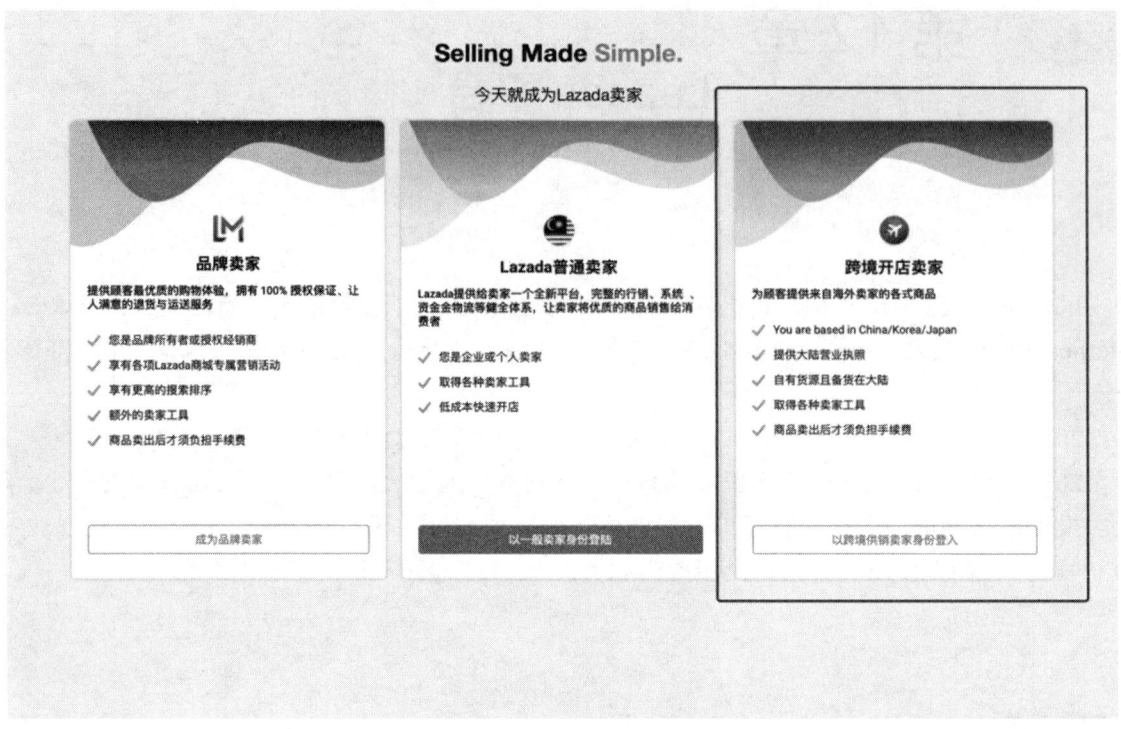

图 12-2　跨境开店卖家

3）选择"账户类型"及店铺设置地区，然后输入"手机号码"进行验证，最后单击"注册"按钮，如图 12-3 所示。

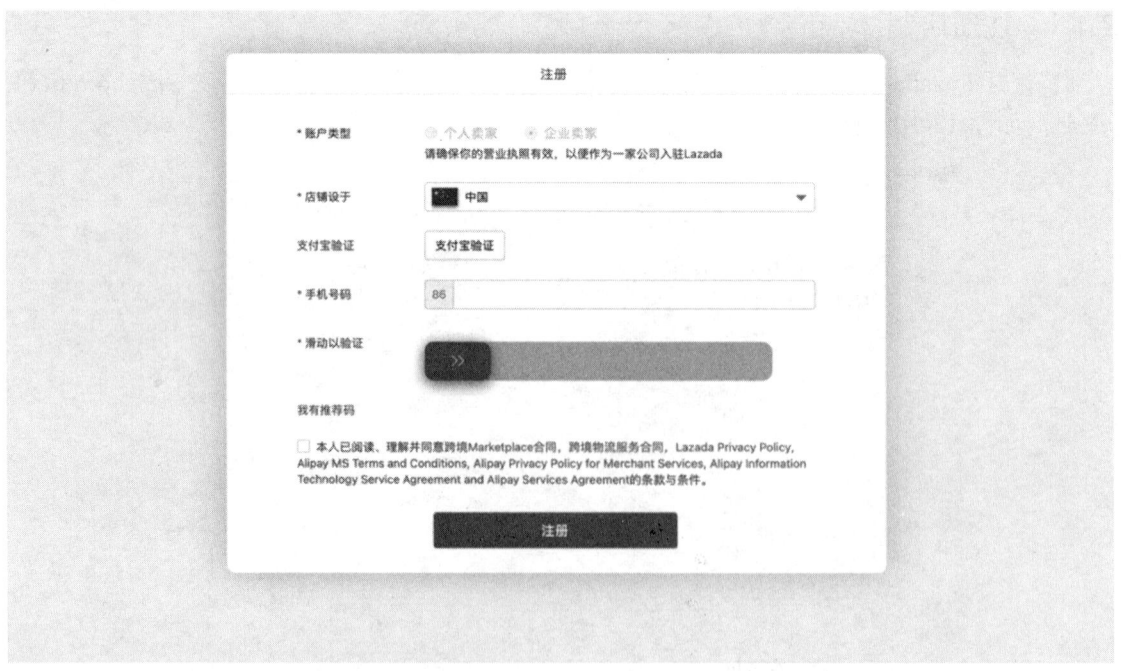

图 12-3　注册

4）接着是填写姓名、联系方式、地址等信息，记住要用英文或拼音如实填写，然后还要按要求上传营业执照扫描件。

5）Lazada 会发送一封邮件到卖家填写的邮箱中，是需要卖家修改密码的。点击邮件中的链接，然后修改密码激活。

6）卖家要进行线上真人入驻 Lazada 培训或自行观看入驻视频和课件，完成入驻测试，合格率需要大于 50%。

7）最后就是绑定收款方式了，卖家可以选择绑定支付宝或 Payoneer 的企业账户，等待平台审核。审核通过后，就完成 Lazada 卖家账号的注册了。

Lazada 注册卖家账号的流程是比较简单的，大家最主要就是准备好平台的开店资料之后，再进行开店，并如实填写每一项资料，这样才能顺利开店。

在注册 Lazada 卖家账号之前，大家需要先准备下面这些资料。

① 企业营业执照。对于跨境卖家，Lazada 是只允许企业注册的，必须要有营业执照才能开店；中国卖家注册，营业执照可以是内地或香港的公司。

② 身份证。需要是和营业执照上法人一致的身份证明。

③ 企业支付宝。支付宝是目前 Lazada 支持的收款方式之一，所以大家要去注册一个 Lazada 企业支付宝账号，也可以用于账号的验证，是很便捷的。如果是中国香港企业入驻的话，暂时不支持支付宝收款。

④ 联系方式。邮箱建议使用海外的企业邮箱，电话最好也是法人的电话。

⑤ Payoneer。大家也可以通过 Payoneer 收款，然后绑定自己的 Lazada 账户即可。

⑥ 跨境电商经验证。Lazada 开店要求卖家要有一定的跨境电商销售经验，如在 Amazon、速卖通、Wish、eBay 等平台上开店的经验。

12.1.2 产品图片设置

（1）Lazada 平台上产品主图/首图的挑选与审核

1）Lazada 平台上产品主图的要求，如图 12-4 所示。

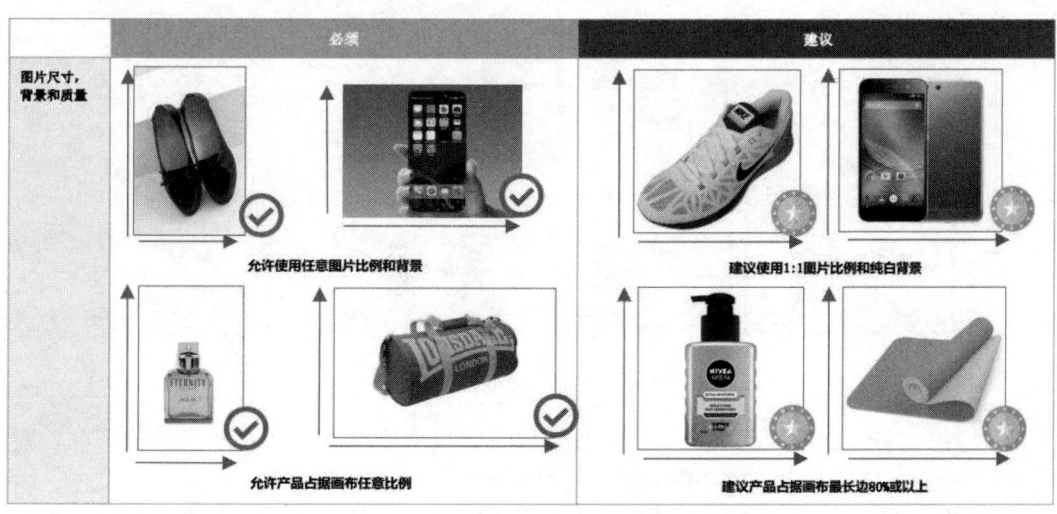

图 12-4　产品首图的要求

① 图片尺寸，背景和产品位置。

- 最小 500px×500px，最大 2000px×2000px。

- 所有图片比例都可以一样，建议使用1∶1图片比例。
- 只有 Fashion，Home Living，Watches，Jewellery，Sunglasses，以及 Sports & Outdoors 下的服装和鞋类接受非纯白色背景。
- 产品要占据画布面积的80%或以上。

其他图片比例：
- 只接受纯白色背景；
- 产品要占据画布面积的80%或以上。

如何知道产品覆盖画布的面积为80%，而不是40%或50%？

不用在意图片的比例或长短，比较产品的最长边和图片的最长边便可，如图12-5所示。

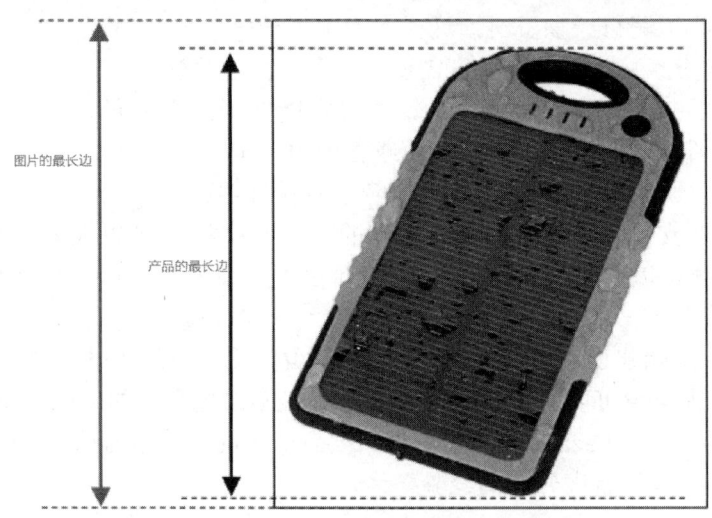

图 12-5　产品长度覆盖图片最长边超过 90%

产品要占据画布面积的80%的原因：如果产品只覆盖到画布最长边的40%~50%，那么产品类目图在 Lazada App 里看起来会非常小，缺乏吸引力。

② 产品视图，如图12-6所示。

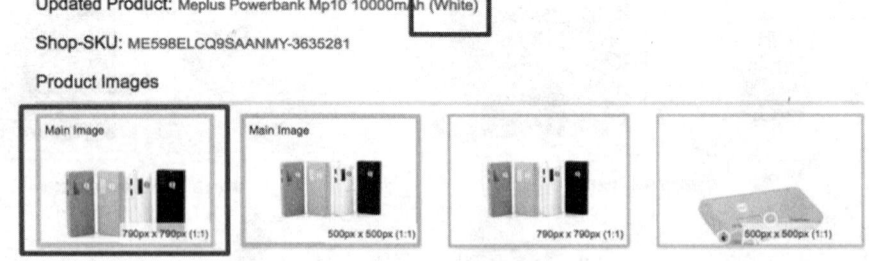

图 12-6　产品视图

- 多产品、多角度和多颜色产品可以出现在同一张图片里。多产品和多颜色产品，要售卖的产品必须在产品名称或短描述中叙述清楚。

一张图片能否展示不同颜色的多个产品呢？答案是肯定的，不同颜色的多个产品可以在同一张图片里展示，前提是：
- 产品名称和卖点必须清楚注明售卖的是哪个产品；
- 主产品的正面图没有被遮挡或覆盖；

- 家居类产品若与装饰品一起展示,要出售的主产品图占比必须超过整个组合的一半;
- 如果仅有 1 张产品图片,则必须展示产品正面视图或 30°角视图;
- 图片内不能有真人或模特(除 Fashion,Health & Beauty,Sports & Outdoor 外)。

③ 图片质量。
- 产品必须为全貌图,不能裁剪不当,或拉伸后比例失调。
- 不能有人或其他物体的镜面效果。
- 清洁,没有灰尘或指纹。
- 产品边界/外围清晰,轮廓清晰流畅。
- 产品必须在包装外看到实物;可接受未拆包的产品,但包装上必须有清晰可见的产品图像。
- 图片没有水印、文字、Logo 和图案。

④ 其他。

内衣、内裤、睡衣、泳装等应在考虑当地文化敏感性的基础上,根据实际情况决定是包含模特/人体模型还是仅展示产品。

2)Lazada 产品首图审核通过和拒绝示例,如图 12-7 所示。

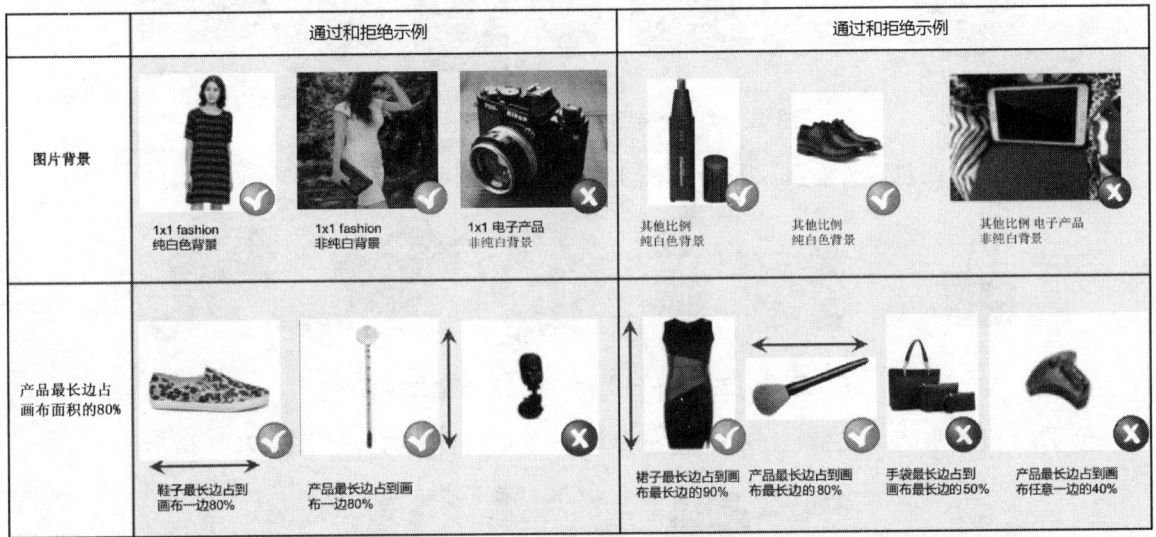

图 12-7 Lazada 产品首图审核通过和拒绝示例

① 图片必须展示产品正面视图或 30°角视图,否则不会通过审核,如图 12-8 所示。

图 12-8 没有展示产品正面视图或 30°角视图的图片不会通过审核

② 图片中的产品必须清晰,不能模糊,不应使用滤镜,且产品边缘清晰、轮廓流畅,而模糊的或使用滤镜粗糙的抠图则不会通过审核,如图 12-9 所示。

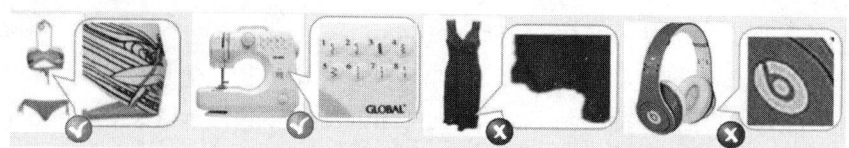

图 12-9　模糊的或使用滤镜粗糙的抠图则不会通过审核

③ 图片必须展示产品正面及全貌，不应裁剪导致物品缺失，或拉伸产品导致比例失调，如图 12-10 所示。

图 12-10　裁剪不当或拉伸产品导致比例失调的图片不会通过审核

④ 不含有人或其他物体的倒影，如图 12-11 所示。

图 12-11　含有倒影的图片不会通过审核

⑤ 产品必须在包装外看到实物，如图 12-12 所示。

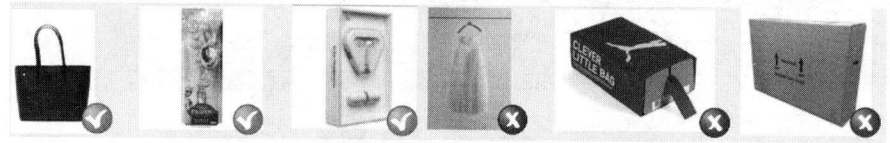

图 12-12　看不到实物的图片不会通过审核

⑥ 图片没有水印、文字、Logo（除非是印在产品包装上的），如图 12-13 所示。

图 12-13　有水印、文字、Logo 的图片不会通过审核

（2）Lazada 成套产品首图要求

产品名称必须清楚列明一套产品包含多少件产品。成套产品内包含的所有产品都必须在主图中整齐展示，排列不能混乱，如图 12-14 所示。

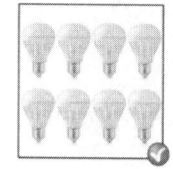

图 12-14　没包含成套产品、排列混乱的图片不会通过审核

1）Lazada 平台上产品主图的作用与特点。

按关键词或类目进行搜索之后，展示在买家眼前的图片就是产品主图。

① 作用：主图中展示了产品的款式、颜色、品牌等多个特征。

② 特点：在搜索或类目页面中脱颖而出，迅速地刺激着买家的眼球。

- 背景色单一。
- 画面清晰。
- 品牌突出。
- 主体产品突出。
- 差异化明显。

做出差异化，从而产生高的点击率，如图 12-15 所示。

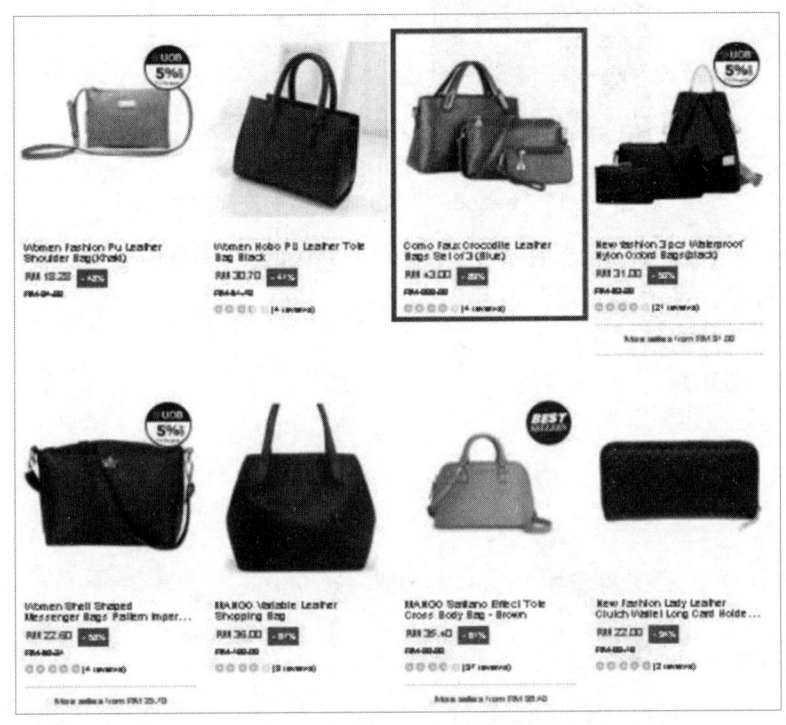

图 12-15　Lazada 平台上产品主图的作用与特点

2）Lazada 平台上产品主图的尺寸与比例。

① 产品主图的尺寸：800px×800px 以上，大小为 500KB 以内。

② 图片格式要求是 JPG 或 GIF 格式，可以实现放大镜功能（提示：小图片是不能被放大的）。

③ 比例为 1∶1 的正方形，且无边框，如图 12-16 所示。

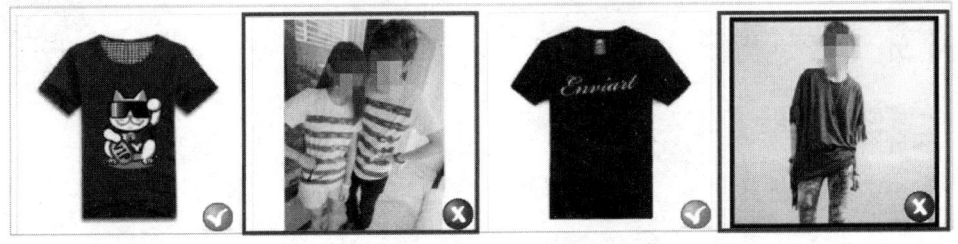

图 12-16　Lazada 平台上产品主图的尺寸与比例

3）Lazada 平台上产品主图的规范与否。

① 不规范的产品主图，如图 12-17 所示。

图 12-17　Lazada 平台上不规范的产品主图

② 规范的产品主图，如图 12-18 所示。
- 文字不能过多，且不能遮盖住产品主体。
- 主图简洁，产品清晰。
- 带有品牌识别元素。

图 12-18　Lazada 平台上规范的产品主图

4）Lazada 平台上产品主图的构图技巧。

① 直线式构图，如图 12-19 所示。

② 三角形式构图，如图 12-20 所示。

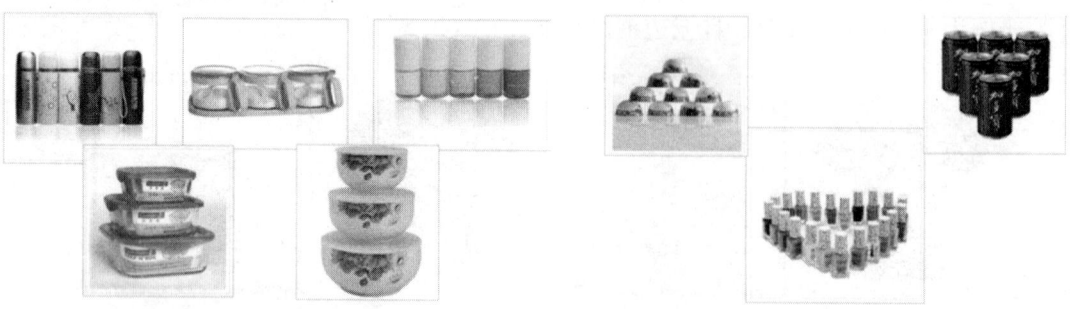

图 12-19　直线式构图　　　　　　图 12-20　三角形式构图

③ 对角线式构图，如图 12-21 所示。
④ 渐隐式构图，如图 12-22 所示。

图 12-21　对角线式构图

图 12-22　渐隐式构图

⑤ 扇形式构图，如图 12-23 所示。
⑥ 框架式构图，举例如下。

- 九宫格式构图，如图 12-24 所示。

图 12-23　扇形式构图

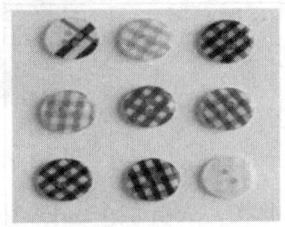

图 12-24　九宫格式构图

- 平均分配式构图，如图 12-25 所示。

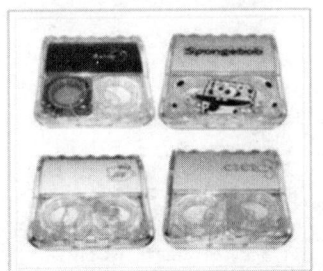

图 12-25　平均分配式构图

- 不对称式构图，如图 12-26 所示。

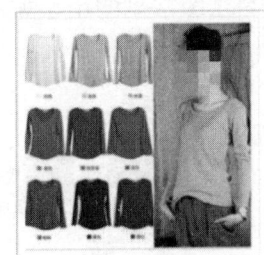

图 12-26　不对称式构图

5）素材的选择与调整。

① 尺寸不变的情况下，保持清晰度，如图12-27所示。

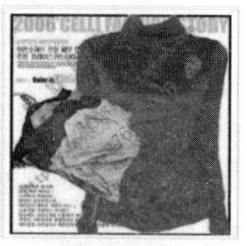

图12-27　清晰度差的图片不会通过审核

② 图片曝光不足，应当调整合适，如图12-28所示。

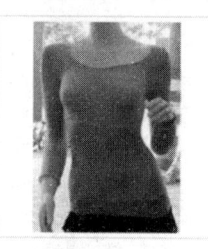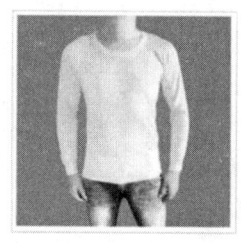

图12-28　曝光不足的图片不会通过审核

③ 1~8张图片，提供产品的360°无死角展示，至少3~4张高质量的图片，正面视图作为第一张主图，其他图片合理放置，如图12-29所示。

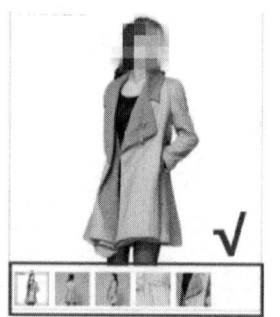

图12-29　产品图不完整不会通过审核

6）突出重点信息。

Lazada平台上产品主图常见的错误如图12-30所示。

① 图片模糊，缺乏质感。

② 重点不突出。

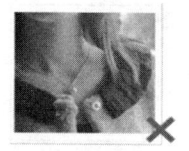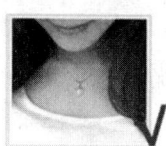

图12-30　Lazada平台上产品主图常见的错误

（3）Lazada 平台不同类目下对产品主图的要求

时尚类产品，即产品大类是“服装、鞋和包”，前两张图片必须遵循以下具体的要求：产品长宽边均要占据画面长宽的 80%或以上，建议图片长宽比为 3∶2，最小及最大像素仍为 500px 和 2000px（例如宽 500px，长 750px）。

图片可使用非纯白色背景，如海边或街道，但不可以有水印、文字和其他辅助性文字。如果长与宽的比是任意比例，图片必须为纯白色底色。产品必须去掉包装，要能看到实物。

图片可以含有模特或人体模型，不过在发布内衣裤、睡衣和泳装这些产品的图片时，应考虑当地的文化敏感性，模特不可以过于性感暴露。情趣用品只能有产品本身，情趣衣物不可以暴露隐私部位。

非时尚类产品，即产品大类不是“服装、鞋和包”的其他大类，第 1 张图片必须遵循以下具体的要求：产品最长边要占据画布最长边的 80%或以上，建议图片长宽比为 1∶1。

家居生活类，如手表、太阳眼镜、首饰类，运动户外类目下的服装和鞋，以上品类图的长宽比为 1∶1 的可以使用非纯白色底色。图片如果是其他比例，那么只可使用纯白色底色。

除生活用品之外的任何类目，只要产品包装上印有清晰可见的产品图像，图片可以展示未拆包装前的产品。家居生活类产品若与装饰品一同展示，所售主产品必须占据该组合的一半及以上。

在非时尚类产品中，只有健康美容和户外运动类的产品图片可以含有模特或人体模型；其他类别，如电子类产品，则不可以含有模特。

除了时尚类的前两张图片和非时尚类的第 1 张图片，其余图片格式均是 JPG 格式，像素在 500px 到 2000px 之间，不含裸露、色情等不合理的内容即可。

另外，插入产品描述中的图片，不能有商家官网网址或其他平台的网址，不能有退换货、保修和送货时间的信息，不得有卖家 QQ、电话、邮箱等联系方式，信息不能为中文。

12.1.3　订单管理

（1）使用 Lazada 平台“数据分析功能”查看订单，如图 12-31 所示

数据分析功能 – 速查表

行动	重设库存	降价	参加促销	创建新产品	提高产品内容质量
重点关注哪些 SKU？ 查看“My SKUs”以及“My Highlights”	热销产品：缺货/即将缺货	价格缺乏竞争力的SKU（页面浏览量高但是转化率低）	热销产品	品牌产品/热销类目产品	价格有竞争力且页面浏览量高，但销量不佳的产品
	最多被加入愿望清单但是库存不足的产品	最多被加入愿望清单但是价格不具竞争力的产品	价格具有竞争力，但是页面浏览量低且无销量的产品		最多被加入愿望清单，但是销量及转化率低的产品
			最多被加入愿望清单但是销量及转化率低的产品		退货率高的产品
目的	最大化销售额	增加转化率	增加流量	丰富SKU增加销量	增加转化率

图 12-31　使用 Lazada“数据分析功能”查看订单

- 通过不同指标查看店铺的总体表现，重点关注改善方面。
- 通过分析 SKU 层面的数据帮助您获得宝贵的业务透析。
- 持续更新顾客感兴趣的产品。

使用 Lazada 平台"数据分析功能"的具体操作步骤如下。

1）概况。

选择"Analytics"下面的"Analytics Portal"选项，如图 12-32 和图 12-33 所示。

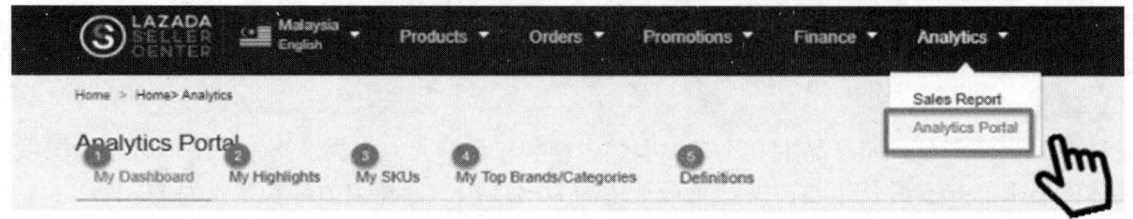

图 12-32　选择"Analytics"下面的"Analytics Portal"选项

My Dashboard 我的数据面板	您的每日销售额表现总结
My Highlights 我的重要数据	挖掘您的热销产品、滞销产品、缺货/即将缺货的热销产品以及缺乏竞争力产品
My SKUs 我的SKU	列出所有SKU细节，以及为提高销量您所需要做出的进一步行动
My Top Brands/Categories 我的热销品牌/类目	根据品牌/类目列出的数据
Definitions 定义	数据分析功能各指标定义表

图 12-33　查看 Lazada 数据分析功能

2）我的数据面板。

我的数据面板（My Dashboard）显示的是店铺总体表现数据，您可以通过以下指标筛选数据：

- Date：日期
- Brand：品牌
- Category：类目（最多 3 级）
- Language：语言（仅印尼、泰国及越南平台）

您可以查看数据，如图 12-34 所示。

① 主要指标数据。

② 产品分类比例。

③ 过去 30 日的销售状况。

主要指标数据，展示目前您的业务运转及运营表现。

显示现有数据，以及同较早数据的比较。例如，如果选择过去 30 天，将显示过去 30 天与再早 30 天的数据，二者会进行比较。

数据指标，如图 12-35 所示。

- Gross Revenue：总销售额
- Orders：订单量

- % Out of Stock SKUs：缺货的 SKU 百分比
- % Competitive SKUs：有竞争力的 SKU 百分比
- Views：页面浏览量
- Conversion Rate：转化率
- Items Shipped Total：产品发货数
- % Items Shipped in 7 days：日内分拣中心扫描产品比例
- Cancellations：订单取消量
- Returns：订单退货量

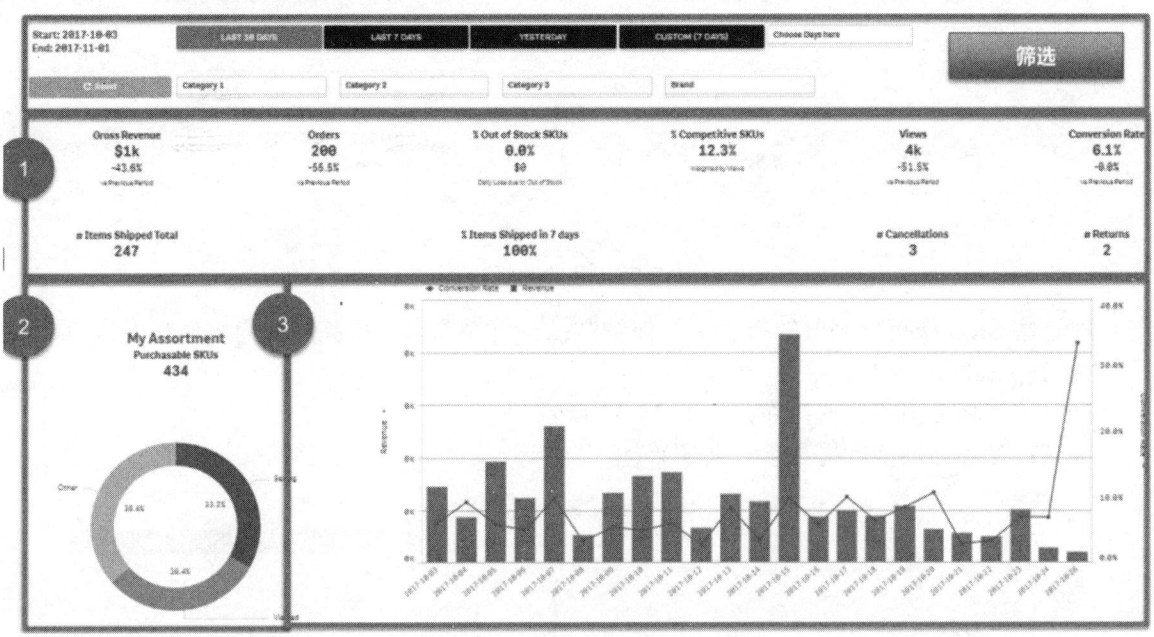

图 12-34 查看数据

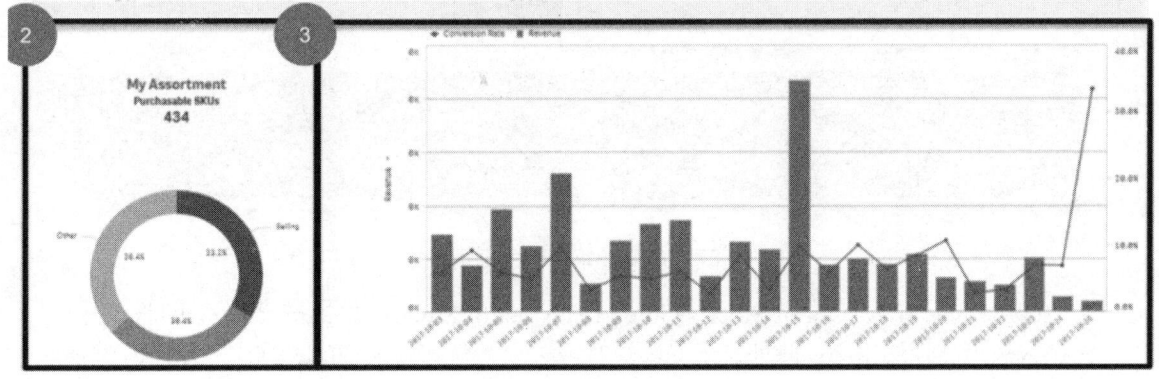

图 12-35 数据指标

我的产品——可销售 SKU 分类比例如下。

① Viewed SKUs：浏览的订单。在特定时间内有页面浏览量但是无销量的 SKU。
② Selling SKUs：售出的订单。在特定时间内至少售出一单的 SKU。
③ Others：其他。所有此时期内为激活状态并且有库存的 SKU。

3）我的重要数据。

我的重要数据（My Highlights）显示的是您需要从系统中获取的最重要数据，如图 12-36 所示。

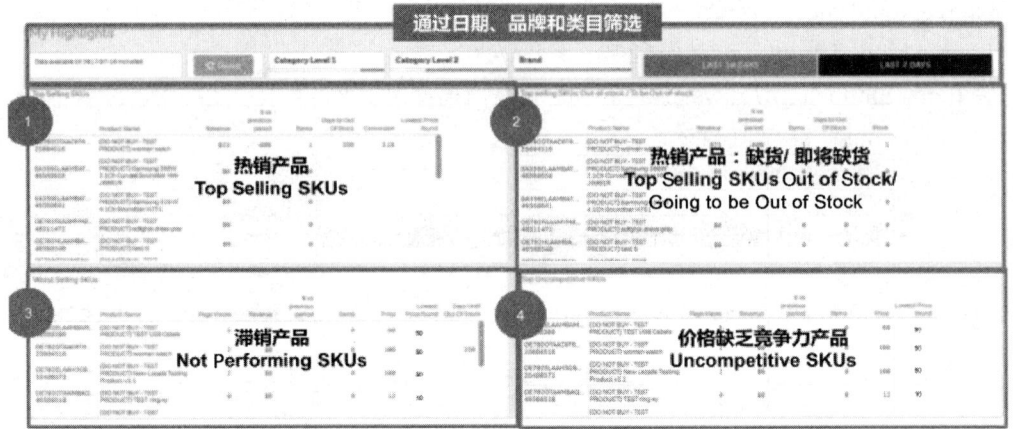

图 12-36　我的重要数据

对这些 SKU 您可以采取的行动包括促销产品、重设库存、提高产品内容质量及降价。

① Top Selling SKUs：热销产品。

产品按销售额由高到低排序，如图 12-37 所示。

建议：参加促销活动提高客户购买兴趣。

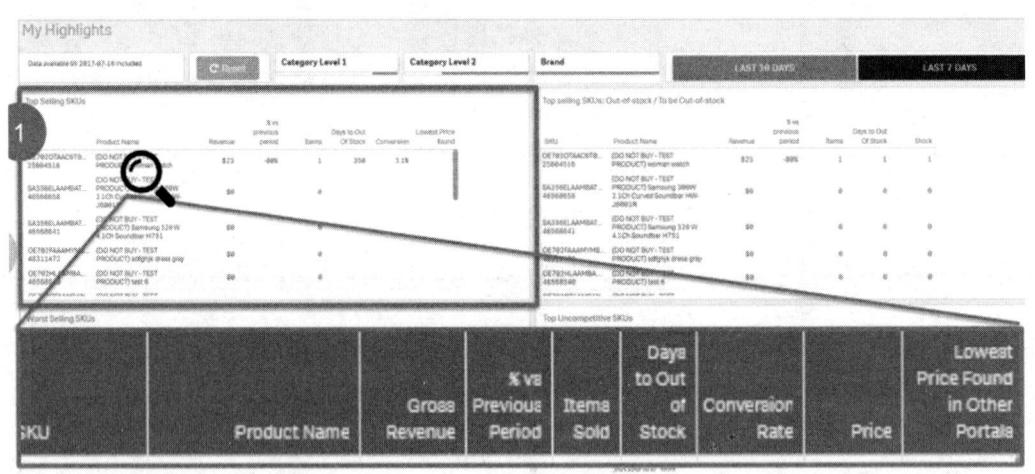

图 12-37　产品按销售额由高到低排序

② Top Selling SKUs Out of Stock / Going to be Out of Stock：热销产品缺货/即将缺货。

按销售额由高到低排序，此处显示已经缺货或未来 7 日即将缺货的 SKU，如图 12-38 所示。

建议：重设库存，添置销售额最高的 SKU 将损失降至最低。

③ Not Performing SKUs：滞销产品。

根据页面浏览量由高到低排序，此处显示所有无销量的 SKU。

建议：提高产品内容的质量。对于页面浏览量高但是销量低的 SKU 来说，除了要保证足够库存量及有竞争力的价格，提高产品内容的质量（例如，更多产品细节及图片）可以促成客户最终购买决定。

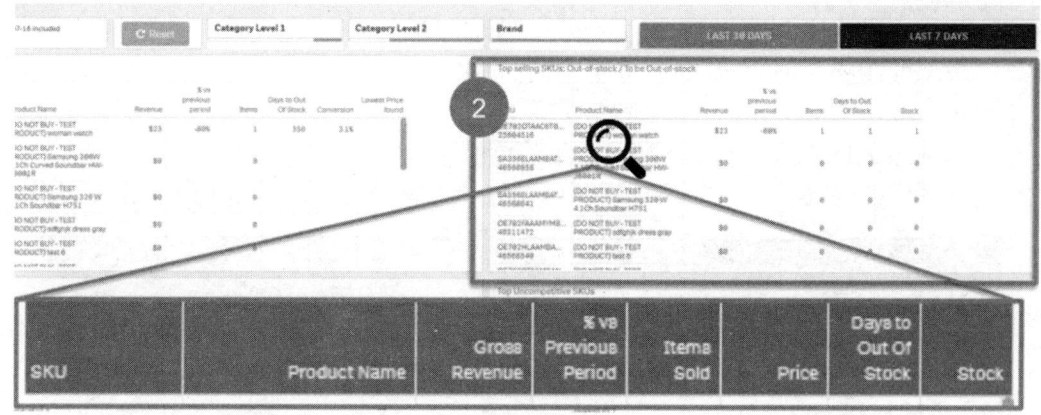

图 12-38　按销售额由高到低排序，显示已经缺货或未来 7 日即将缺货的 SKU

④ Uncompetitive SKUs：价格缺乏竞争力的产品。

根据页面浏览量由高到低排序，此处列出所有价格缺乏竞争力的产品（定价高于竞争者最低价），如图 12-39 所示。

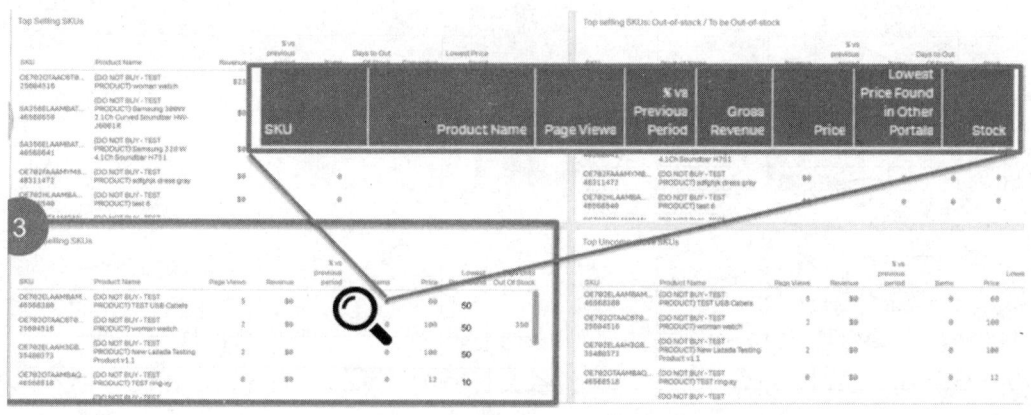

图 12-39　列出所有价格缺乏竞争力的产品

4）我的 SKU。

我的 SKU（My SKUs）给出更多细节及列表。您可以通过单击"Export"按钮后导出数据进行下一步分析及内部报告，如图 12-40 所示。

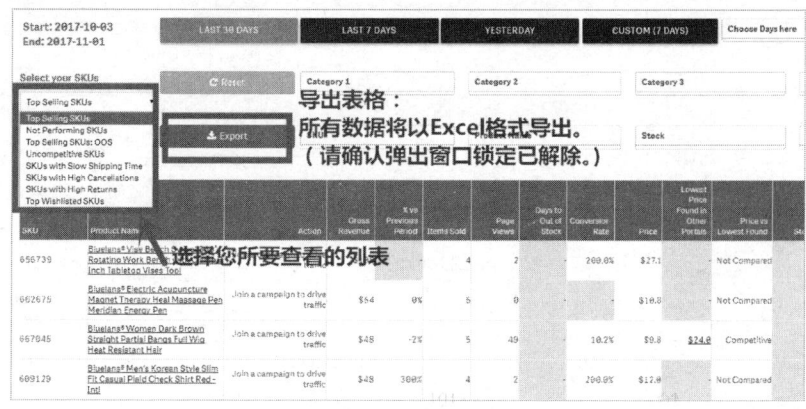

图 12-40　我的 SKU

- SKUs with Slow Shipping Time：运输时间长的 SKU。
- SKUs with High Cancellations：取消率高的 SKU。
- SKUs with High Returns：退货率高的 SKU。
- Top Wishlisted SKUs：被多次加入愿望清单的 SKU。

除了"My Highlights"的四个指标，此处还有其他 4 个列表，如图 12-41 所示。

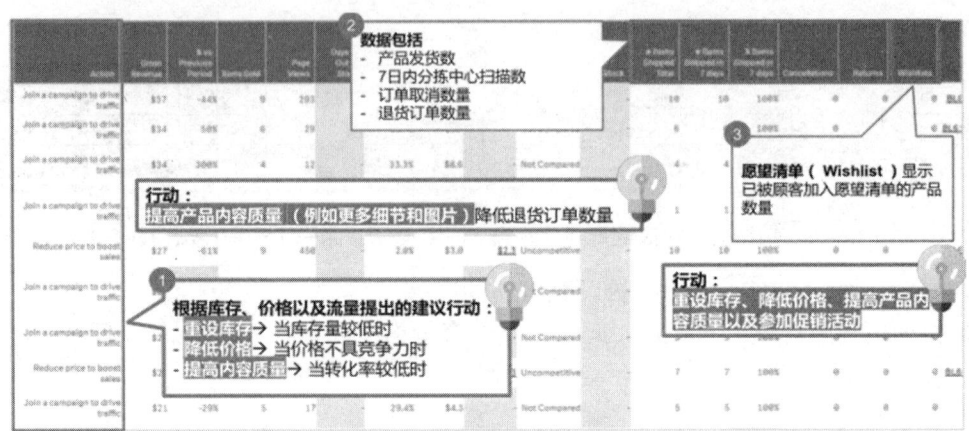

图 12-41　其他 4 个列表

与"My Highlights"相比，"My SKUs"多出了几项数据栏。

① 建议行动。

② 运营数据。

③ 愿望清单产品数。

5）我的热销品牌/类目。

我的热销品牌/类目（My Top Brands/ Categories）展示的是最佳销量品牌和类目。

根据品牌和类目，分析销售额、销售数量及页面浏览量的产品比例，如图 12-42 所示。

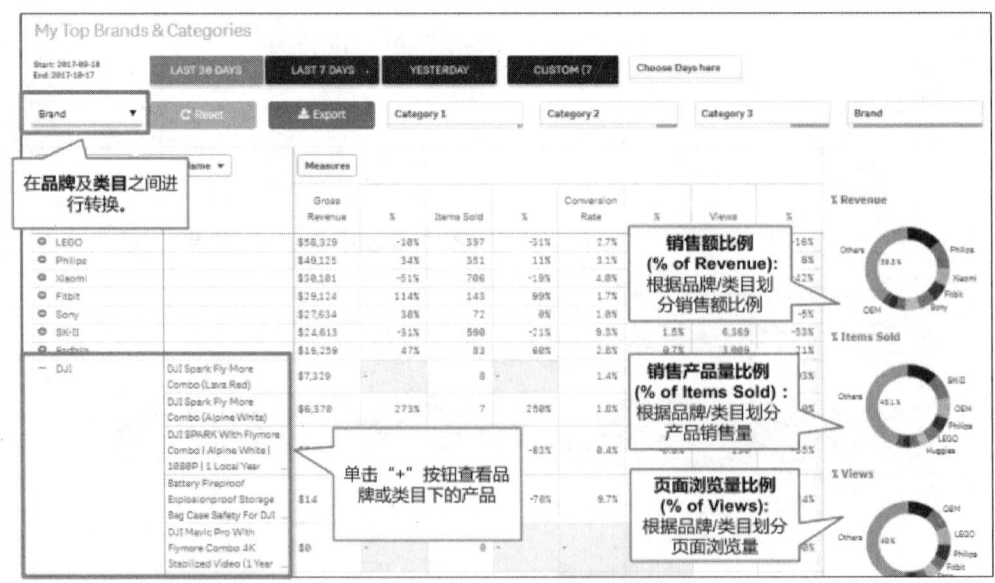

图 12-42　我的热销品牌/类目

(2) Lazada 平台订单发货流程

1) 如何查看 Lazada 平台上每日订单/销售数据。

卖家中心→Analytics（数据）→Sales Report（销售报告）→Orders 或 Sales→选择数据周期 Lazada 订单管理，如图 12-43 和图 12-44 所示。

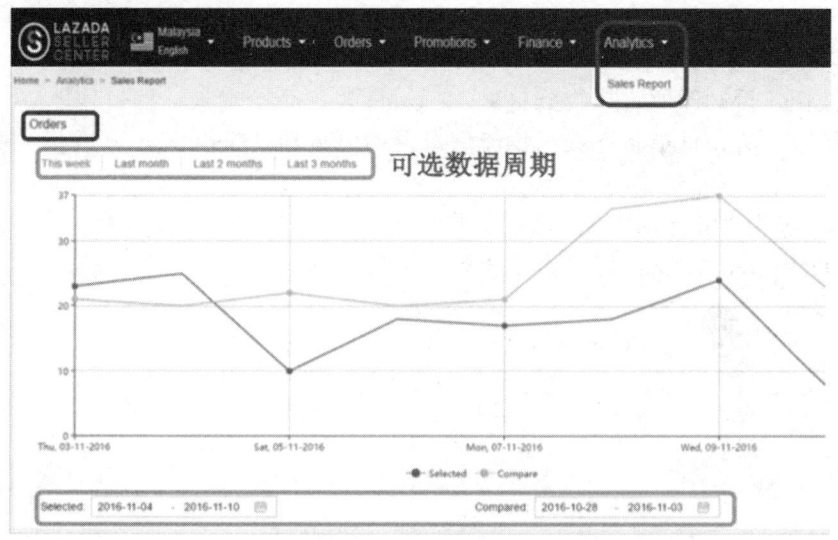

图 12-43　查看 Lazada 平台上每日订单数据

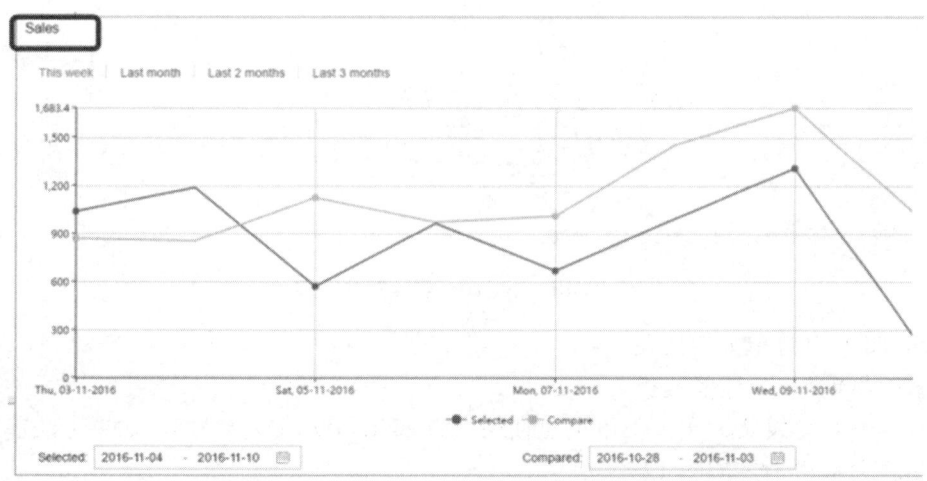

图 12-44　查看 Lazada 平台上每日销售数据

2) Lazada 平台订单操作流程。

选择"Orders"下面的"Manage Orders"选项，如图 12-45 所示。

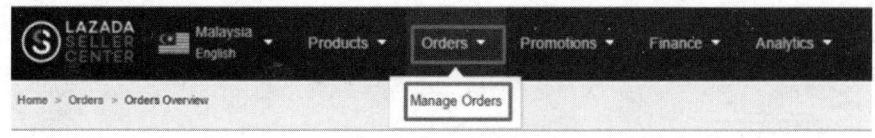

图 12-45　Lazada 平台订单操作流程

① 订单创建成功，显示在 Pending（待处理）中。如果您库存不足，订单必须取消，Lazada 平台不会跟任何客户联络提供产品或解决方案。因此，请切记实时更新库存。

② 您必须在订单创建后 48 小时内在"Pending"页面单击"Ready to Ship"(准备发货)按钮，将订单更新到准备发货页面。不要单击"Canceled"(取消)按钮，除非您库存不足或未及时发货。

③ 在包裹运抵分拣中心并成功出货扫描的下一个工作日，系统会将订单更新到"Shipped"(送货中)选项卡，订单状态为"In Transit"(货物在途)。在包裹运抵目的地国家物流中心后，系统会将订单状态更新为"Shipped"(已运达)。在此页面，请勿单击后边的"Delivery failed"(妥投失败)按钮，否则即便客户收到包裹，Lazada 也不会给卖家结算付款。

④ 客户签收包裹，订单状态根据物流信息自动更新到"Delivered"(妥投)页面。请注意卖家中心的订单状态可能延误两天才更新。

只要订单状态为"Shipped"，Lazada 会启动 Lazada 全球物流方案（LGS）运费计算。只有订单状态为"Delivered"，Lazada 平台才会启动付款。Lazada 平台订单管理，如图 12-46 所示。

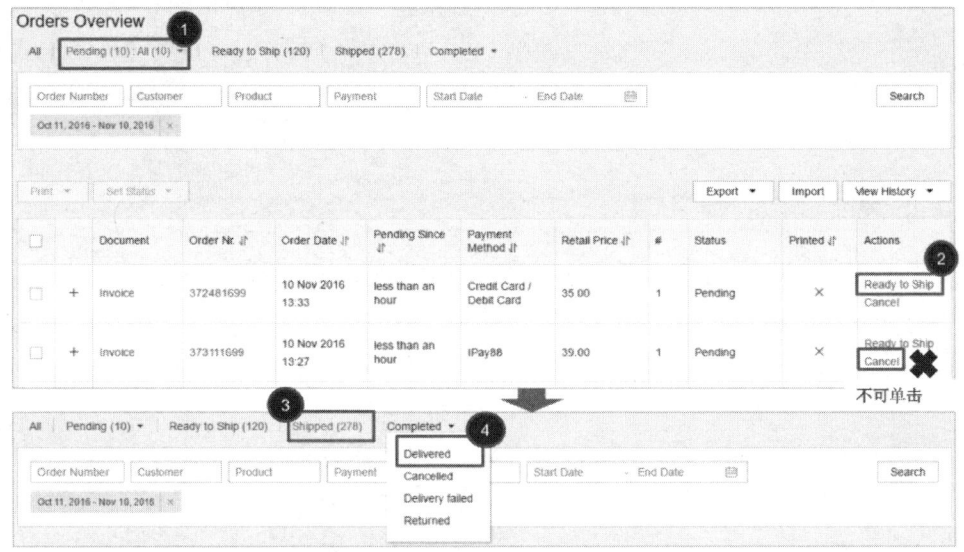

图 12-46　Lazada 平台订单管理

3）Lazada 平台订单如何发货？

① 每次只选择一个订单发货。

不允许合并订单发货：卖家不可重复使用"Tracking ID"(运单号)，如果无法追踪合并的订单，订单就会被取消，如图 12-47 所示。

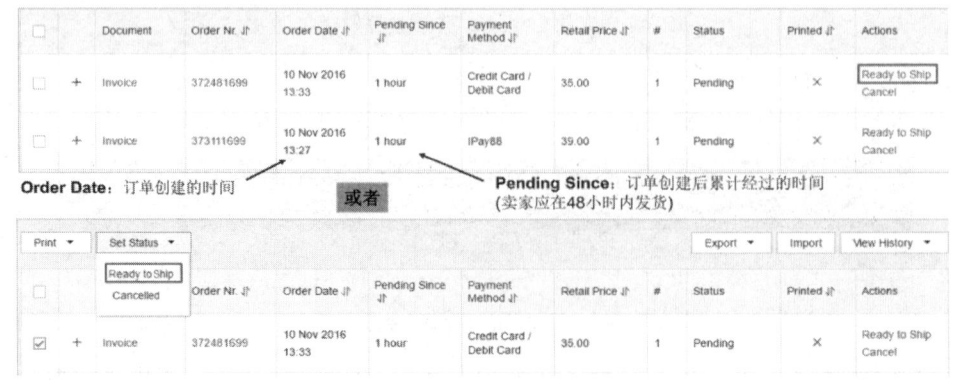

图 12-47　Lazada 平台订单发货

② 允许拆单发货。

在"Pending"页面，仅选择要以一个运单号发送的物品，在您想要运送的物品前边的方框中打钩，在"Set Status"处选择"Ready to Ship"选项，将想要运送的物品更新到"Ready to Ship"页面。在"Ready to Ship"页面，您必须为每个包裹打印单独的物流标签和发票，因而会生成不同的运单号，如图 12-48～图 12-53 所示。

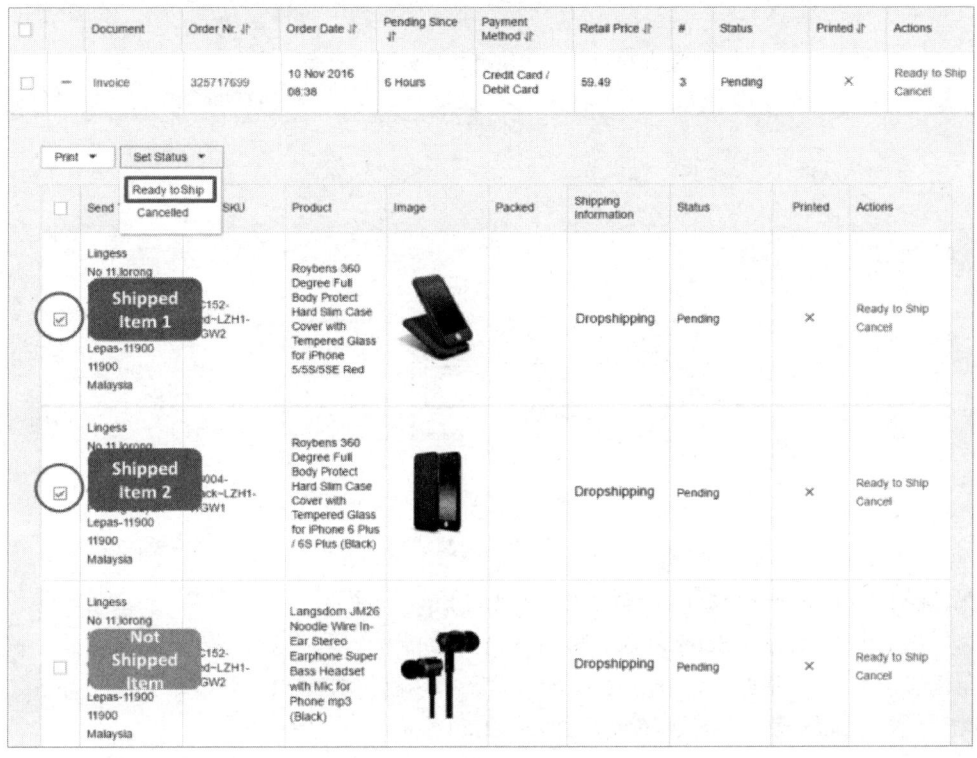

图 12-48　拆单发货

图 12-49　单独的物流

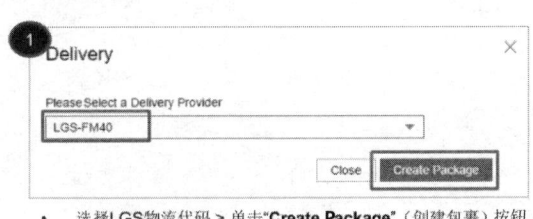

- 选择LGS物流代码 > 单击"**Create Package**"（创建包裹）按钮
- 注：您必须选择上图中正确的LGS物流代码。如果您的卖家中心没有正确的LGS物流代码，请立即停止操作并联系香港合作伙伴支援中心。

图 12-50　创建包裹

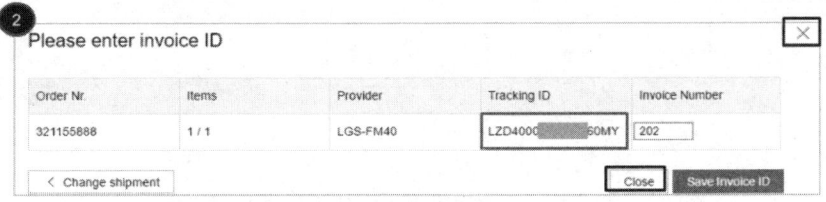

- 系统自动生成Tracking ID（运单号）
  如：LZD40xxxxxxxxxxxMY 表示经深圳分拣中心发往马来西亚的订单
- 输入发票号码 (任何数字或字母皆可)

图 12-51　自动生成运单号

3.1
- 如果卖家单击"Close"按钮或关闭窗口，订单就会显示为已创建包裹并且分配到一个运单号，但还在"Pending"选项卡（如上图）
- 若要成功更新状态为"RTS"，卖家必须再次操作第1步到第3.1步（运单号已分配，不会改变）

3.2
- 选择"Save Invoice ID"（保存发票号）选项
- 该订单已成功更新状态，会被转到"Ready to Ship"选项卡

图 12-52　创建包裹并且分配运单号

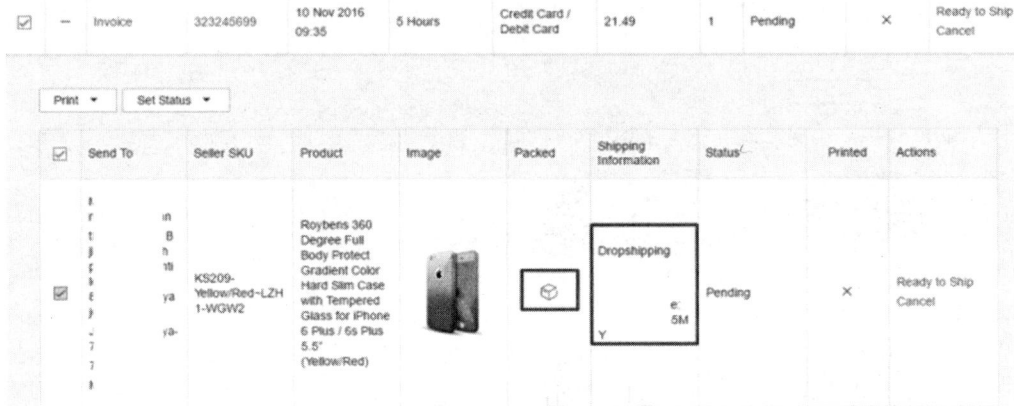

图 12-53　创建成功

确保订单由"Pending"页面转至"Ready to Ship"页面。

卖家应选择订单后在"Set Status"选项下打印物流标签和发票；将发票与物品一起放入包裹内，在包裹外贴上完整的 LGS 物流标签。卖家可以在"Read to Ship"页面，单击 "Order No."按钮再次检查系统生成的运单号，如图 12-54 所示。

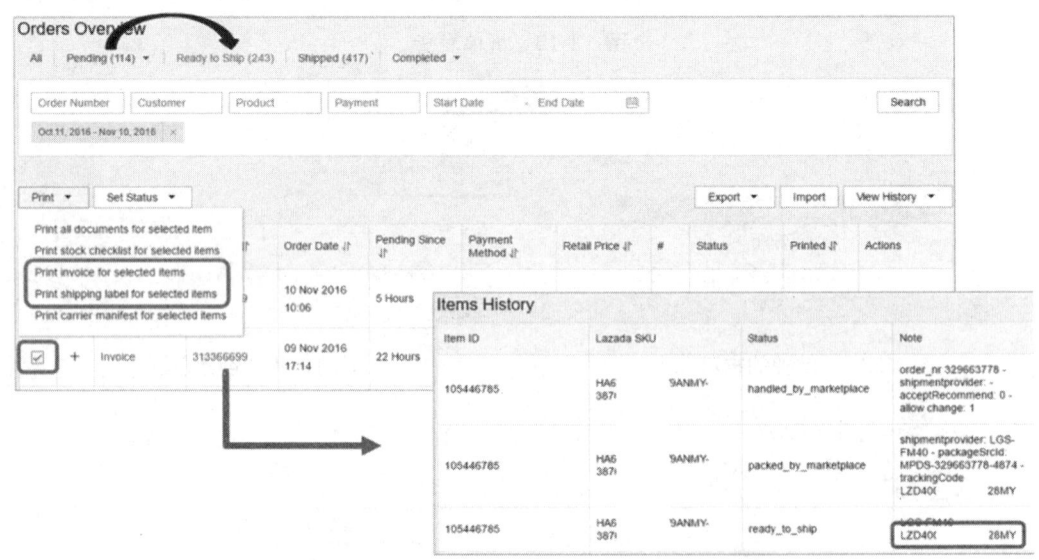

图 12-54　再次检查系统生成的运单号

4）订单状态自动更新。

包裹抵达目的地国家物流中心后，系统会自动更新订单状态为"Shipped"，包裹的 LGS 运

费会在"Shipped"之后的第二周出现在财务报表上，并且于当周收取运费，如图12-55所示。

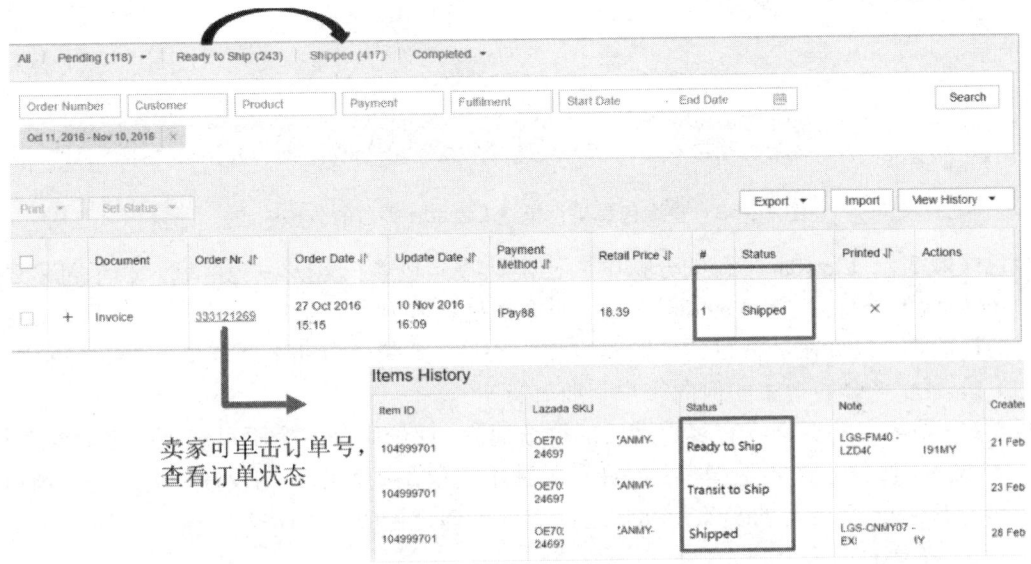

图 12-55　订单状态自动更新

在"Completed Delivered"选项卡中：Delivered（妥投）——已妥投订单会显示在此处。Lazada平台会在第二个周五支付本周妥投的订单款项，如图12-56所示。

图 12-56　已妥投订单

5）查询包裹是否抵达Lazada平台的分拣中心。

登录后，在左侧搜索栏输入运单号，如图12-57和图12-58所示。

图 12-57　在左侧搜索栏输入运单号

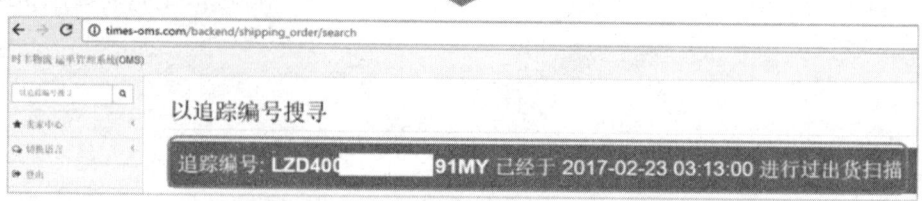

图 12-58　查询包裹是否抵达 Lazada 平台的分拣中心

绿色区域表示 Lazada 平台的分拣中心已确认收到包裹；若无绿色区域，表示包裹还未抵达 Lazada 平台的分拣中心。Lazada 平台一般会在确认收到包裹后的 1～2 个工作日发出包裹，运往目的地国家。包裹在运抵目的地国家物流中心后，系统会自动更新订单到"Shipped"页面。

（3）Lazada 平台的卖家如何向客户索要好评

对卖家、观望中的买家或有客户潜质的群众而言，评论区是一个不可忽视的重要参考指标。不过最关心评论区的当然还是卖家，好评和差评不仅仅是买家的一句反馈，更是关乎销售量的大事，作为 Lazada 平台上的卖家，你知道该如何处理评论吗？

1）亲，喜欢的话给个好评呗！

对于长期网购的"剁手党"来说，评论的数量和质量绝对是比销量还重要的参考指标。但许多买家购物过后就把评论抛之脑后了，作为卖家的你可千万不能也忘了！如果想让买家为你留下评论，卖家需要一些额外的小技巧。

例如，发货时在包裹内附上一张小卡片，温馨提示买家返回页面写评论。有的卖家则在客服上下功夫，不仅在货物到达时温馨提示买家提取包裹，同时还热心询问商品是否有什么问题。如果一切都好，卖家就可以趁热打铁地请求买家为自己留下评论。客户关系需要经营，卖家上心，好评自然如潮。

2）帮好评上头条。

收到好评，当然要帮它们上头条啦。心理学中的首因效应表明：人们对排在前面的信息印象会更加深刻，同时也更容易对其产生好的第一印象。

卖家虽然无法控制评论的质量，却可以决定好评的位置，将好评放在最容易被消费者注意的地方，产品的销量可能因此改变。

3）有技巧地回复评论，差评还能被抢救一下。

"萝卜青菜各有所爱"，金牌卖家也难以避免店铺中有差评的出现。一旦遭遇差评危机，卖家要如何应对呢？Lazada 平台认为积极解决问题为上策，自动回复为中策，置之不理为下策，而恶口相向则是下下策。

收到差评后，卖家首先要感谢买家的评论，然后针对他们提出的问题再一一解答，如果服务到位，有的买家还会重新修改评论。耐心回复不仅能让买家感受到自己的意见真的非常重要，对卖家而言也是改进产品与服务的好机会。

而回复评论的大忌就是和买家在评论区掀起骂战，评论区不是谁家后院，其他置身事外的人都能看到这样"不体面"的对话，人们看笑话不说，可能还会对卖家产生不信任。不论争端解决与否，只有买家开心，卖家才能放心。

评论是在互联网世界建立买家与卖家间信任的第一步，评论越多，人们的真实感越强。但如果想要进一步增加真爱粉，卖家仍需修炼自己的回复技能。想要借评论之力拉动销售，处理好评论至关重要。

12.2 Lazada 平台上的物流

Lazada 作为东南亚较大的本土电商平台，近年来受到了业内人士的广泛关注。自去年入华招商以来，吸引了我国许多的出口电商卖家。关于 Lazada 平台的相关运营内容，例如如何提高发货效率一直是新手卖家关注的热门问题。

由于东南亚地区存在交通设施不完善、物流服务落后的问题，Lazada 平台与 70 多个物流服务商建立了合作，并成立了自己的物流配送服务 LEX（Lazada Express），目前已经可以做到超过 60%的订单实现次日达。现在 Lazada 平台已经有完善的下单和配送流程体系，LGS 物流点到点，全程轻松掌控，每日直接寄送至东南亚地区，大幅度缩短配送时效，通过统一货运及当地物流运送，降低运送收费率，通过发货及收货地的内部分拣管理机制，提升对交货及物流分载的掌控度。采用模块方式，可更灵活且大规模的管理不同的合作伙伴，以应对高低峰及其他未知情况，降低订单取消率及包裹丢失率。使用 LGS 的卖家可参加特定促销，如限时促销等。

（1）Lazada 平台上的物流可分为 3PL 和 LGS 两种方式

目前，主要以邮政快递（3PL）+LGS 相结合的解决方案。但在双十二活动期间，Lazada 平台推荐卖家尽量使用 LGS 物流。因为邮政快递在高峰期，整个网络和服务的弹性有限。如即将到来的圣诞节，西方国家的人们可能都度假去了，整个人力、运营能力明显不足。与此同时，订单又在增长，这种差距会带来很大的压力。LGS 是全球物流的解决方案，速度快、价格低、服务好，最重要的是 Lazada 平台有控制它整个产能的能力。Lazada 平台根据目前的市场状况，在每个市场开放两条线，如在深圳 Lazada 平台做了一个整体的归类，汇总所有的包裹，然后根据不同的市场情况，来寻找合适的伙伴和解决方案。

关于 LGS 物流费费用查询，可以登录卖家中心，在"Finance"下面的"Transaction Overview"选项中查询，如图 12-59 所示。

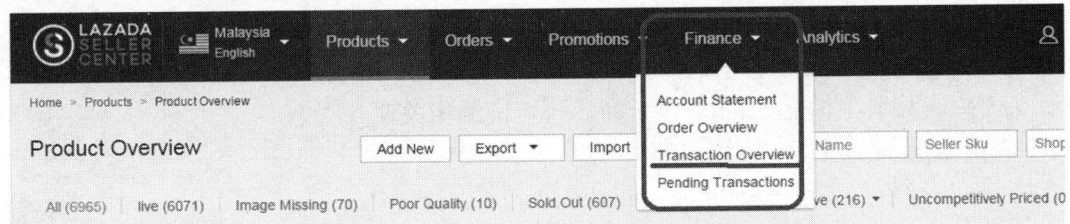

图 12-59 LGS 物流费费用查询

（2）3PL（第三方物流）

首先，卖家要在订单创建的 48 小时内发货，选择 3PL 选项，单击"Create Package &Next"（创建包裹并进行下一步）按钮，输入选择的 3PL 提供的 Trcaking ID（运单号），并单击"Save Tracking Code&Next"按钮。输入发票号码，确认运单号无误后，保存发票号码并单击"Ready to Ship"按钮。实际发货包裹必须包含所有相关的材料，如 Invoice。

其次，对已经拥有运单号的订单准备发货，单击右侧"Ready to Ship"按钮或在左侧方框内选择"Set Status"下面的"Ready to Ship"选项。需要注意的是发货的订单每次只能选择一个，不能合并发货。

最后在"Ready to Ship"页面，在要发货的订单中选择"Print invoice for selected items"选项，然后打印出发票。

将发票与物品一起放入包裹内，在包裹外贴上完整的3PL物流标签，将包裹交给3PL，随后进入配送流程。

在收到订单后48小时之内（不包括国内法定节假日），卖家必须发货至物流公司，在"Seller Center"中添加有效的物流运单号，确保订单从"Pending"状态更新为"Ready to Ship"状态，否则订单将有可能被Lazada平台取消。

另外，输入运单号后72小时内，必须在AfterShip或17TRACK网站可以追踪到，否则，订单将被Lazada平台取消。

需要注意的是，卖家将无法收到被取消订单的货款，即使卖家已经发货，对于被取消的订单，佣金将不会被扣除。

（3）LGS（Lazada平台上的自建物流）

首先，选择LGS，单击"Create Package &Next"（创建包裹并进行下一步）按钮，输入发票号码，确认运单号无误后，保存发票号码并进行下一步的操作。

其次，系统自动生成运单号后，确认信息无误后单击"Ready to Ship"按钮。实际发货包裹必须包含所有相关的材料，如"Invoice"。

最后，在"Ready to Ship"页面，在要发货的订单中选择"Print invoice for selected items"选项，然后打印出发票。

再选择"Print shipping labels for selected items"（打印所选物流标签）选项。

将发票与物品一起放入包裹，在包裹外贴上完整的LGS物流标签，随后进入配送流程。

在收到订单后48小时之内（不包括国内法定节假日），卖家必须发货至物流公司，在"Seller Center"中把订单状态从"Pending"更新为"Ready to Ship"，由系统生成运单号，并且发货至Lazada深圳分拣中心。否则，订单将有可能被Lazada平台取消。

包裹需在订单创建后8个自然日内（含收到订单当天），由Lazada深圳分拣中心接受，否则，订单将被Lazada平台取消。包裹抵达目的地国家物流中心后，系统会自动更新订单状态为"Shipped"。

（4）如何查询Lazada平台上的海运到达仓库

作为卖家，如何操作Lazada平台上的后台查询的相关业务呢？

1）查询Lazada订单的方式如下。

① Lazada运单追踪系统是https://crossborder.lazada.com/。

② 尝试登录新系统（如需要，请单击"Forgot Your Password?/ First Time Login?"按钮，输入马来西亚卖家中心的登录邮箱，然后根据指示重置密码）。

③ 卖家可使用此系统查询在分拣中心内的包裹的状态及经分拣中心量度后的每件包裹的状态。

2）在此运单追踪系统中，可以使用以下功能。

① 按日期范围下载报告。

② 按运单号下载报告。

③ 通过上传CSV下载报告。

3）按日期范围下载报告。

① 可以选择日期范围下载。

② 避免下载超过 30 天的数据按日期范围下载。

4）按追踪号下载报告。

可以按追踪/包裹编号下载报告。

① 输入您所要查询的追踪号/包裹。

② 按照页面上的说明进行操作。

③ 单击下载。

④ 报告将可供下载。

注意：扫描报告包括所有分拣中心已扫描的订单，您可以看到所有包裹的当前状态。如果系统没有找到任何信息，B 列中就会显示"Data no found"（找不到数据）。

5）直接查询报告状态。

① 在分拣中心扫描日期和状态。

② 扫描报告包括了所有分拣中心已扫描的订单。

③ 您可以看到所有包裹的当前状态。

（5）如何查询 Lazada 包裹是否抵达 Lazada 平台的分拣中心

1）查询快递运单号。

2）查找 Seller ID，在马来西亚卖家中心下的"Settings"→"Your Profile"→"General"→"Seller ID"里面查找。

3）打开时丰物流 OMS 链接，输入登录名称和密码（均为马来西亚卖家中心的 Seller ID）。

4）登录后，在左侧搜索栏输入运单号。

5）绿色区域表示 Lazada 平台的分拣中心已确认收到包裹；若无绿色区域，表示包裹还未抵达 Lazada 平台的分拣中心。

系统一般会在确认收到包裹后的 1~2 个工作日发出包裹，运往目的地国家。包裹在运抵目的地国家物流中心后，系统会自动更新订单状态到"Shipped"。

6）在卖家中心操作拆单发货。

在"Ending"页面，仅选择要以一个运单号发货的物品。

① 在你想要运送的物品前边的方框中打钩，选择"Set Status"下面的"Ready to Ship"选项，单击"Go"按钮，将想要运送的物品状态更新到"Ready to Ship"。

② 在"Ready to Ship"页面，必须为每个包裹打印单独的物流标签和发票，因而会生成不同的运单号。

12.3　Lazada 平台上的收付款

Lazada 平台目前有两种跨境支付方式，平台以当地货币结算，实际付款金额转换成美元打入卖家的账户，采用实时汇率。卖家账户每周收到的款项是由当地货币换算成的美元；至于卖家从账户提取何种货币到账户关联的银行账户，由卖家自行决定。Lazada 平台上的费用主要分为两部分：一部分是 Lazada 平台上的固定收取的费用，包括订单佣金（Commission）、增值税（GST）、账务处理费（销售总额的 2%），另一部分是物流等其他费用，除运费外，其他的费用包括各国关税、Payoneer 手续费等。

Lazada 平台上的跨境支付方式有 Payoneer 与 World First 两种，而只有当 P 卡、WF 卡账户在卖家中心（Seller Center）各个站点上成功对接时，Lazada 卖家账户才可能上线销售。下面介绍卖家在 Lazada 平台上如何成功对接 Payoneer 卡与 World First 卡。

（1）Lazada 平台对接 Payoneer 的步骤

1）请先登录到 Seller Center，如图 12-60 所示。

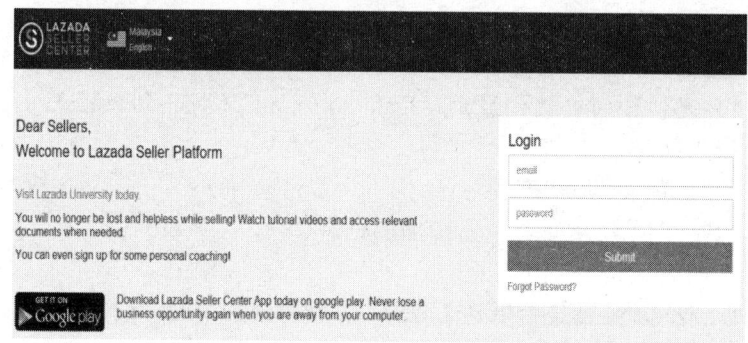

图 12-60　登录 Seller Center

2）在"My Account"（我的账户）中选择"Profile"（档案）选项，如图 12-61 所示。

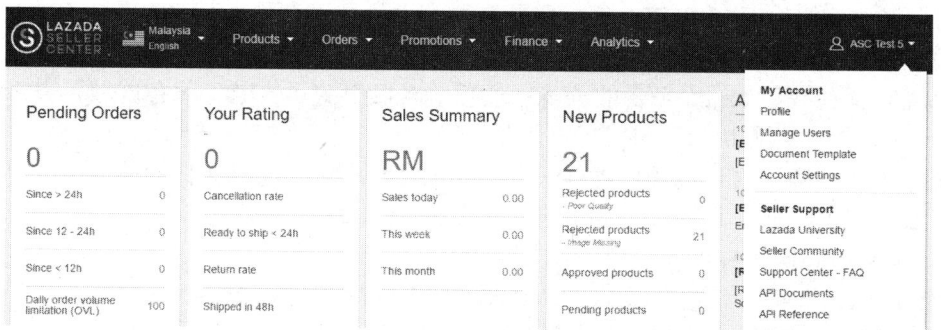

图 12-61　选择"Profile"选项

3）单击"Payout"按钮。

4）在"Payoneer"下单击"Register"（注册）按钮，如图 12-62 所示。

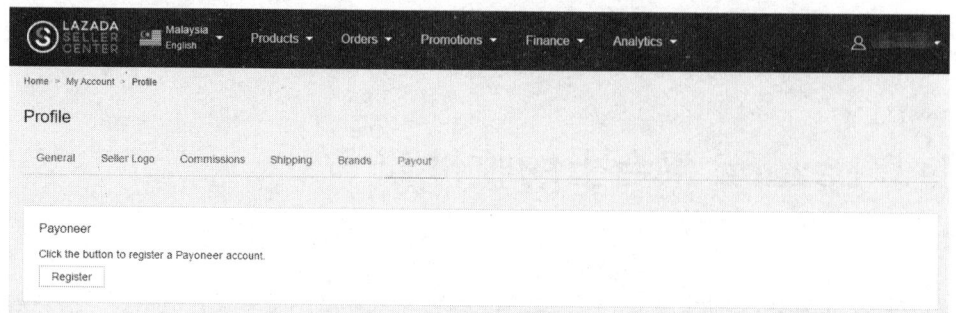

图 12-62　注册

注意：在等待审核期间或信息尚未完善之时，页面会显示为"Continue registration"。在此情况下，请耐心等待或单击按钮完善信息，如图12-63所示。

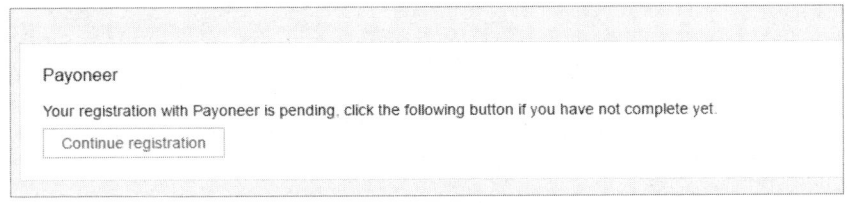

图12-63　完善信息

5）如果您已注册（包括审核中的）Payoneer的公司账户，单击"Click Here"按钮，如图12-64所示。

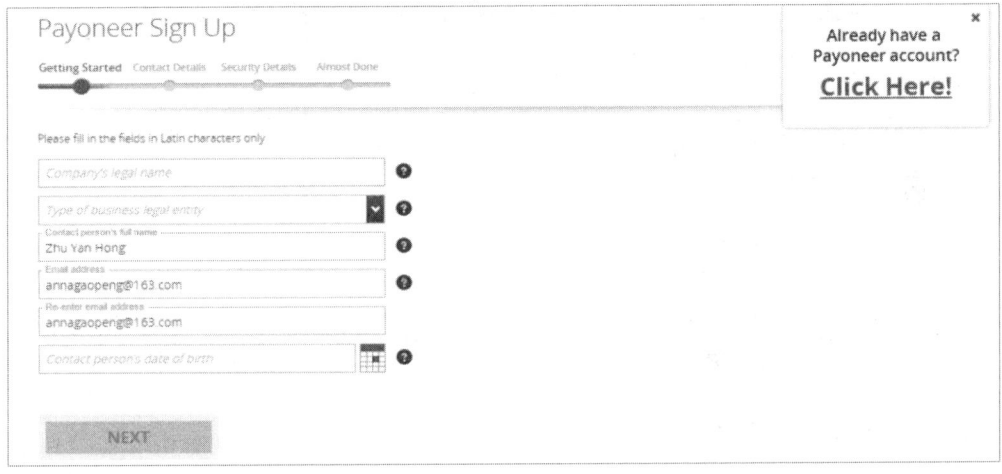

图12-64　单击"Click Here"按钮

注意：已经注册P卡的个人账户将不会对接成功，这样会影响卖家上线进度。

6）在弹出的窗口中，填写登录Payoneer的账户名称和密码，单击"CONTINUE"（继续）按钮，如图12-65所示。

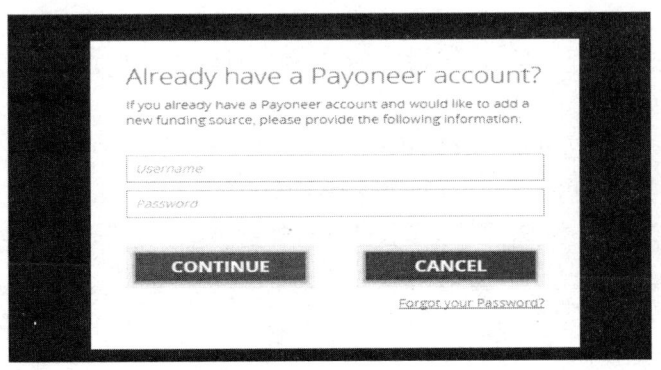

图12-65　登录Payoneer

7）Payoneer注册/对接状态查询。

① Payoneer企业账号正在进行文件提交或审核，如图12-66所示。

② Payoneer企业账号对接成功，如图12-67所示。

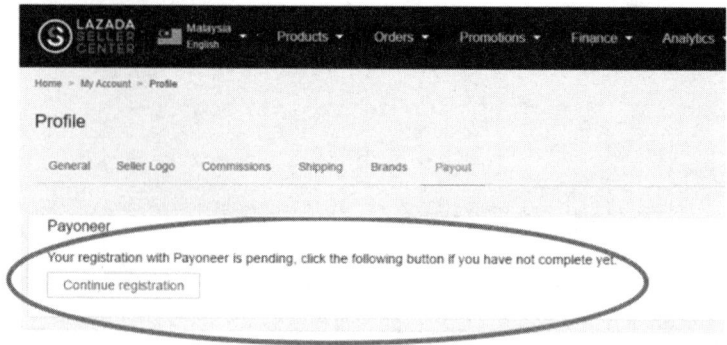

图 12-66　正在进行文件提交或审核

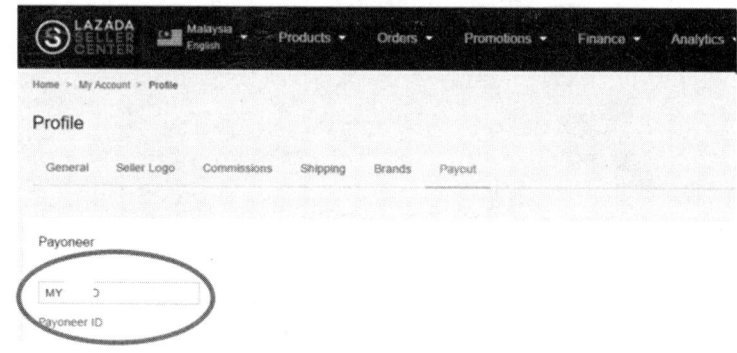

图 12-67　企业账号对接成功

8）Payoneer 收款须知。
- 佣金：各个产品类别的佣金比例，在合同中清楚列明。此外，卖家中心右上角店铺名称下（Profile→Commissions）也有显示。
- 卖家的 P 卡账户必须是企业账户。
- P 卡账户必须在卖家中心成功对接，卖家的店铺才能上线销售。
- 扩展销售涉及多个国家，必须在每个国家的卖家中心分别对接。
- Lazada 平台每周以当地货币结算，实际付款金额转换成美元打入卖家的 P 卡账户，采用实时汇率。
- 卖家从 P 卡账户提取何种货币到 P 卡关联的银行账户，由卖家自行决定，也取决于关联银行账户的收款账户限制。

（2）Lazada 平台对接 World First 的步骤

1）若卖家没有 World First 账号，操作步骤如图 12-68 所示。

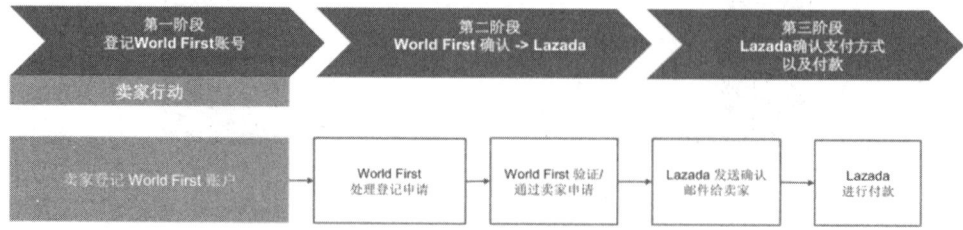

图 12-68　没有 World First 账号的操作步骤

2）若卖家已有 World First 账号，操作步骤如图 12-69 所示。

第12章　Lazada 平台

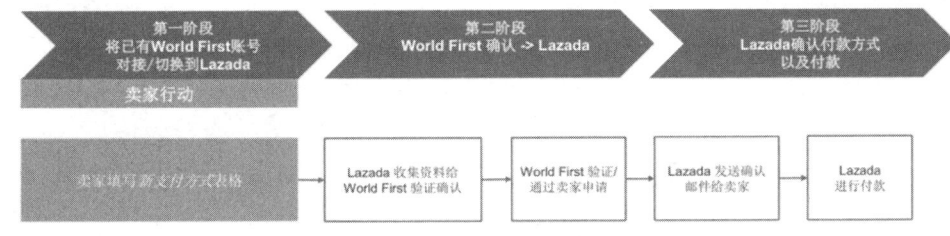

图 12-69　已有 World First 账号的操作步骤

（3）卖家绑定 P 卡常见问题解答

不少想要在 Lazada 平台上注册的卖家，他们绑定 P 卡的时候经常会有各种各样的问题，在这里列出了几个常见的问题。

1）卖家的 P 卡账户必须是企业账户，不能用个人账户注册。

2）Lazada 平台每周以当地货币结算，实际付款金额转换成美元打入卖家的 P 卡账户，采用实时汇率。

3）Payoneer 企业账户只能提现到对公、法人或股东的银行卡里，由于对公账户可能涉及税收，一般建议用法人或股东的个人银行卡，也就是说申请时最后一步的"银行账户类别"选个人，然后填写相关信息。如果绑定的是公司股东的银行账户，需要提交股东身份证彩色扫描件和《公司章程》里有各股东照片的页面。

4）如果后台没有出现绑定 Payoneer 的页面，则先检查注册流程的各个步骤，P 卡绑定的前几步是否有遗漏，没有遗漏的话将店铺名称和注册邮件发给客服来解决。

5）需要更换 P 卡账户的卖家，请把原来的 P 卡账户，以及新的 P 卡账户（一定要是企业账户）一并提供给 Lazada 平台。

12.4　Lazada 平台上的禁售

Lazada 平台对禁售品采取零容忍的政策，卖家在 Lazada 平台上销售的必须是全新的、合法的授权产品或自产产品，不可以销售二手产品，违法产品，没有 FDA（美国食品及药物管理局）许可的产品，未经授权产品/假冒产品，宣传暴力、犯罪、歧视或者与宗教信仰冲突的产品如图 12-70 所示。

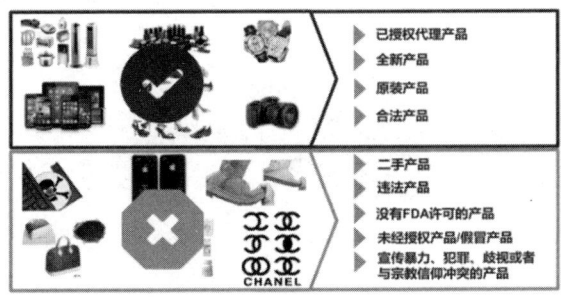

图 12-70　对禁售品采取零容忍政策

12.5 促销活动

Lazada 平台上的促销活动同国内阿里巴巴平台上的促销活动基本相似，同样有"女王节"、母亲节、"双十一"及"双十二"年度大型促销活动，也有着东南亚本地特色风俗习惯的促销活动。在亚太地区每到大型促销节日销售额增长都会非常明显，达到日常销售额的 5 倍，最高可达 10 倍以上。Lazada 平台上参加促销活动的过程和标准如图 12-71 所示。

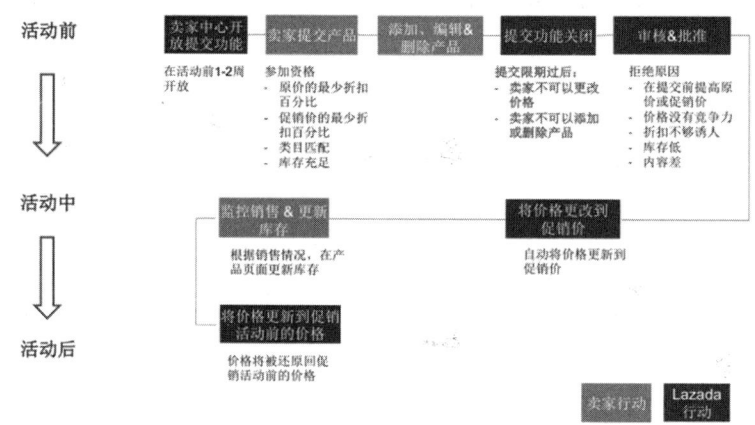

图 12-71　Lazada 平台上参加促销活动的过程和标准

那么，Lazada 平台上的卖家如何使用促销工具参加促销活动呢？

（1）在 Lazada 平台上的卖家中心使用促销工具的方法如下。

方法一：在卖家中心主页申请参加促销活动，如图 12-72 所示。

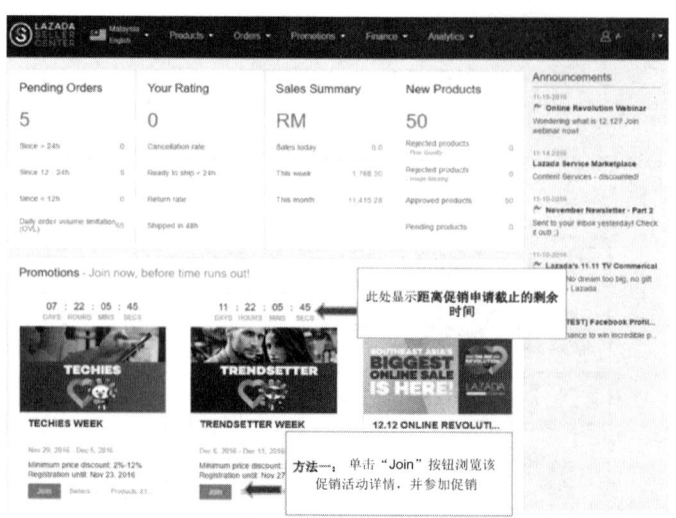

图 12-72　在卖家中心主页申请参加促销活动

方法二：在"Promotions"下面选择"All Promotions"选项卡，申请参加促销活动，如图 12-73 所示。

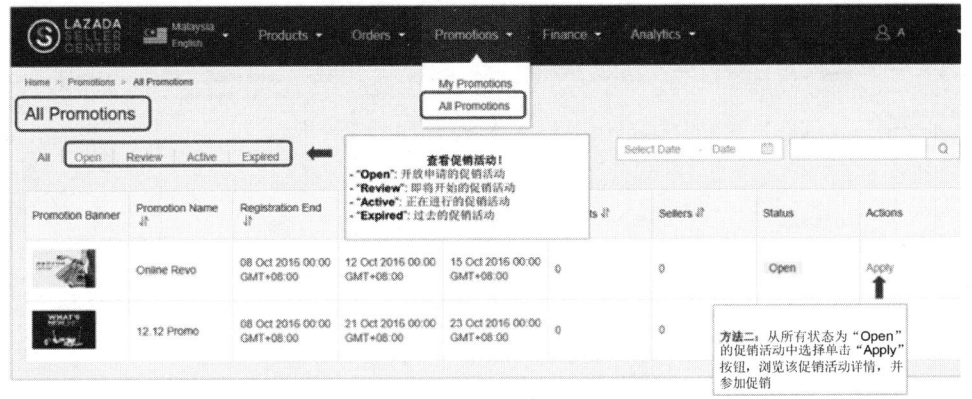

图 12-73　在"All Promotions"选项卡下面申请参加促销活动

- Open：开放申请的促销活动
- Review：即将开始的促销活动
- Active：正在进行的促销活动
- Expired：过去的促销活动

1)"Promotion Details"（促销活动详情）选项卡。

介绍促销活动详情，如图 12-74 所示。

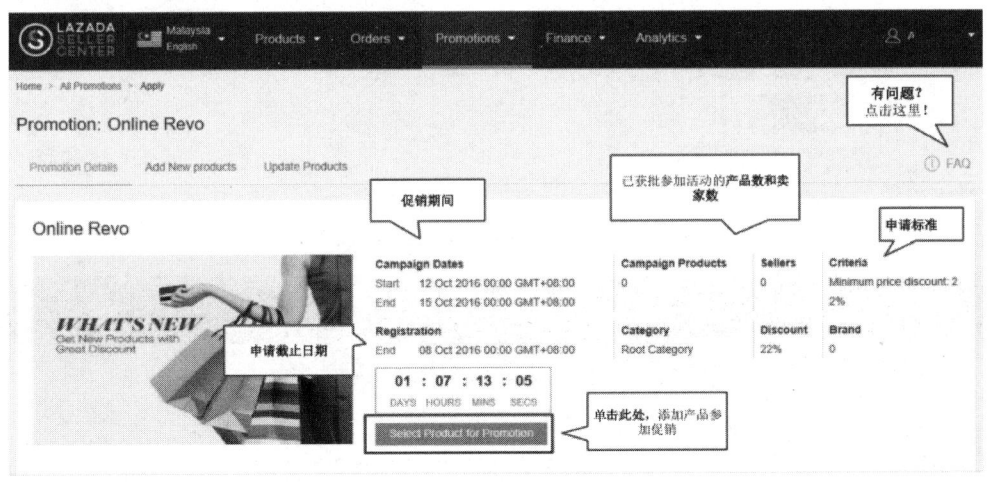

图 12-74　介绍促销活动详情

2)"Add New Products"（添加新产品）选项卡，如图 12-75 所示。
- "Add New Products"选项卡，显示店内所有符合促销类目的已上线产品。
- 添加产品到促销活动后，Lazada 平台会审核您的产品质量，确保其贴切客户的需求。

3)"Update Products"（更新产品）选项卡，更新/移除产品，如图 12-76 所示。
- 查看产品状态。
- 更新或移除产品。

4) 在"Promotions"下面选择"My Promotions"选项卡。

在此页面管理您的促销活动，如图 12-77 所示。

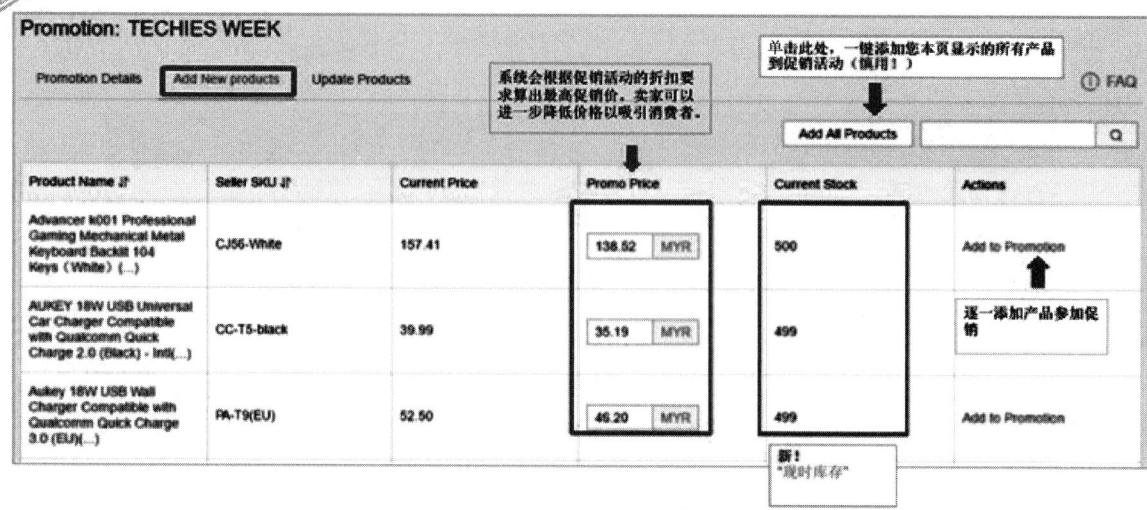

图 12-75 "Add New Products"选项卡

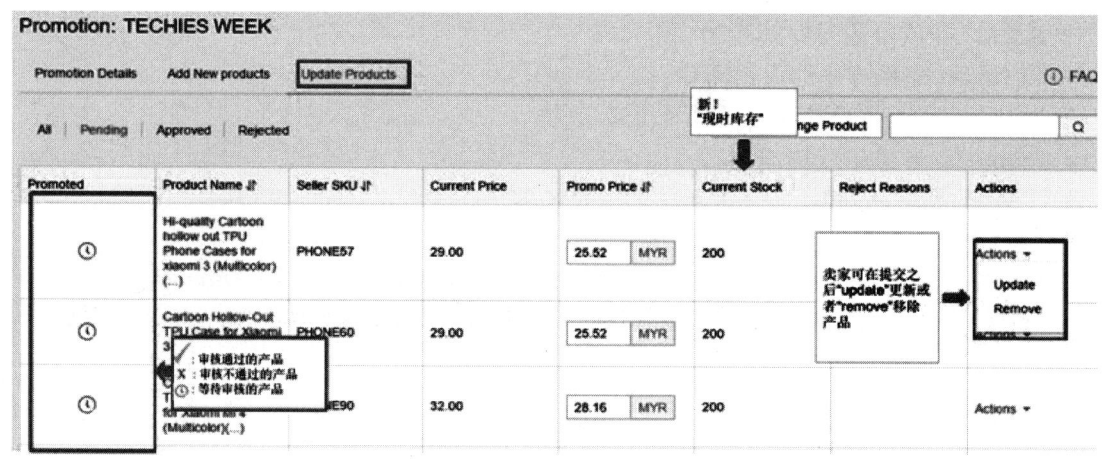

图 12-76 "Update Products"选项卡

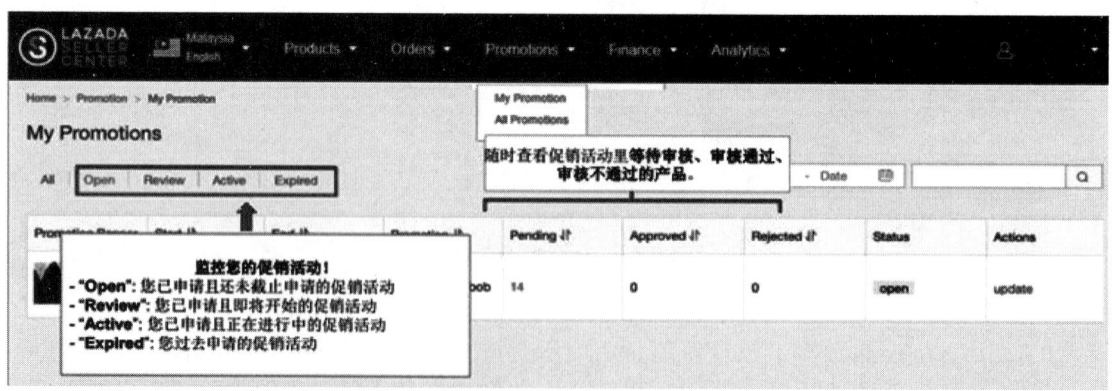

图 12-77 "My Promotions"选项卡

注意：①在"Open"页面，若修改产品细节，需要重新等待审核。②申请获得批准后，不可以更改已批准的促销价格或退出促销活动。

促销活动开始后产品会在所选促销页面显示，如图 12-78 所示。

第 12 章 Lazada 平台

图 12-78 促销显示

（2）Lazada 平台上参加促销活动的具体操作步骤

积极参加 Lazada 平台上的促销活动，可以增加产品在 Lazada 平台上的曝光率。另外，促销活动的流量巨大，很多卖家都希望通过参与官方活动，快速增加店铺的流量及订单量。那么要怎样参加促销活动呢？

1）确定促销活动，在活动前 1～2 周开放，卖家可以在后台单击查看该活动是否适合自己，如图 12-79 所示。

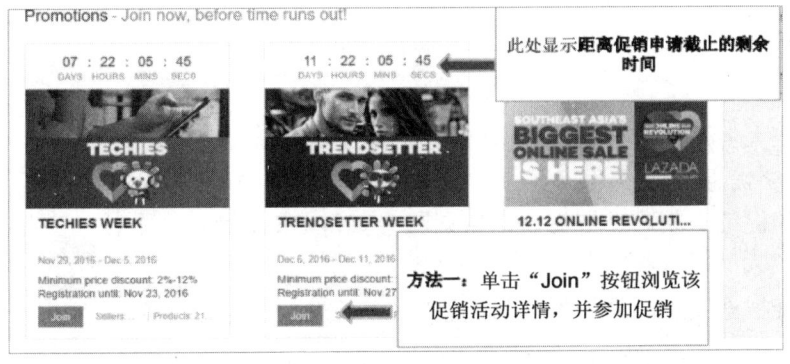

图 12-79 确定促销活动

2）确定参加促销活动的产品，Lazada 平台上的促销活动都会针对某一品类的产品进行推广。卖家必须明确参加资格：原价的最少折扣百分比、促销价的最少折扣百分比、类目、库存充足，如图 12-80 所示。

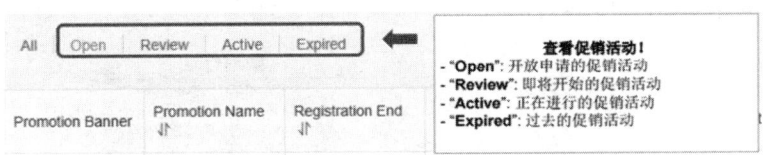

图 12-80 确定参加促销活动的产品

3）添加、编辑或删除产品。在添加产品到促销活动后，可以根据实际情况对产品进行添加、编辑或删除，如图 12-81 所示。

317

4）检查完毕后单击"提交"按钮，在提交产品之后卖家不可以更改价格也不可以添加或删除产品。

5）接下来就是 Lazada 平台审核产品是否符合促销活动的条件，如图 12-82 所示。

6）在促销期间，买家页面自动将价格更改到促销价。

7）监控销售或更新库存，卖家可以根据销售情况，在产品页面更新库存。

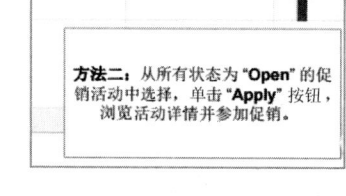

图 12-81　添加、编辑或删除产品

图 12-82　审核产品是否符合促销活动的条件

关于 Lazada 平台拒绝卖家参加促销活动的原因有以下几种。

1）在提交前提高原价或促销价。

2）价格没有竞争力。

3）折扣不够诱人。

4）库存低。

5）内容差。

（3）如何在大促期间提升 Lazada 平台上店铺的曝光率

1）多多提交优惠产品。

当您提交的促销产品通过审核后，店铺就会获得 SKU 徽章。上传的产品越多，曝光度就越高。

店铺徽章会根据卖家产品的价值与优惠的数量发放，拥有店铺徽章就有机会出现在促销活动主页面。

2）创建折扣力度大的卖家优惠券。

优惠力度大的优惠券将被展示在促销活动主页面下的优惠券分页。

3）提升搜索排名。

Lazada 平台上的卖家在促销活动主页的可见性除了决定客户（顾客）的购买/浏览行为，对排名规则也有很大的影响。排名规则决定着卖家行动，如图 12-83 所示。

图 12-83　排名规则决定着卖家行动

（4）Lazada 平台上的卖家优惠券的创建步骤

Lazada 平台上的卖家优惠券是一个可以让卖家自行设定优惠金额或折扣，从而为自己的店铺提升销量的工具。

数据表明，在促销月份，Lazada 平台上的卖家可以通过 1 美元的优惠券获得高达 10 美元的收益。

1）卖家优惠券的类型。

① 现金优惠券：用于全店范围进行金额扣减的优惠券。

条件：
- 卖家可自定义"促销时间"及"优惠券编码"；
- "优惠券总数量"及"优惠金额"需从预设值中进行选择；
- "促销形式"目前仅提供全店促销。

举例：最低消费××美元，即可获得扣减××美元的产品金额。

② 折扣优惠券：用于全店范围进行打折的优惠券。

2）如何创建 Lazada 平台上的卖家优惠券。

① 选择"Promotions"下面的"Seller Voucher"选项，然后单击"Create New Voucher"按钮，开始创建卖家优惠券，如图 12-84 所示。

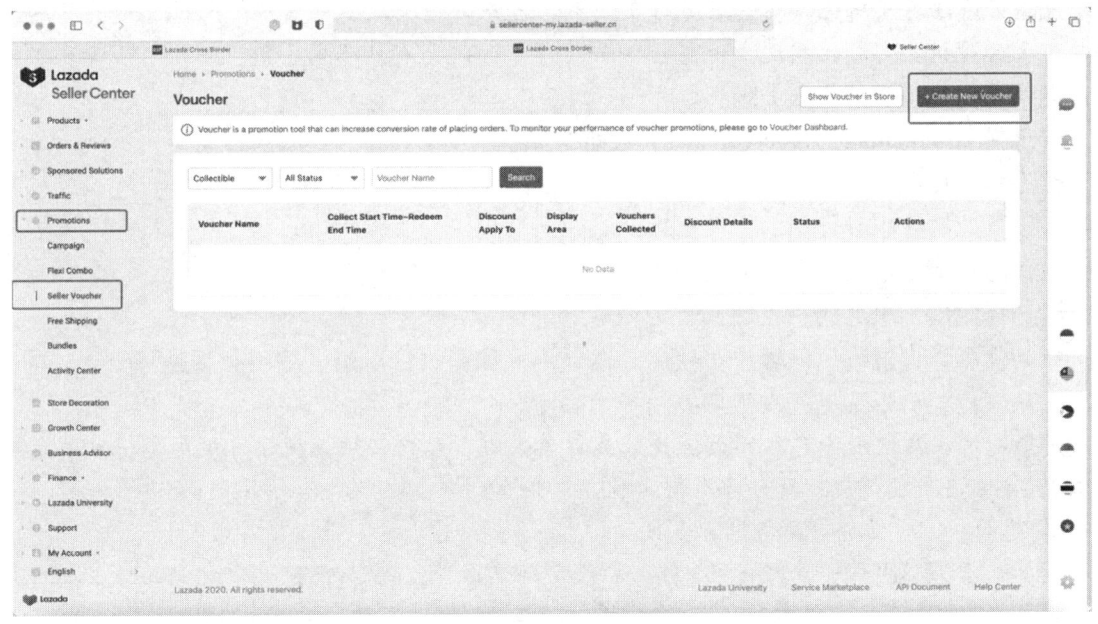

图 12-84　创建卖家优惠券

创建现金优惠券的步骤，如图 12-85 所示。
- 选择"Money value voucher"设定现金优惠券。
- 为此次优惠券促销设定名称。
- 设置此次优惠券促销的有效日期。
- 优惠券范围请选择全店促销。
- 选择此次优惠券的总张数。
- 为优惠券设置编码，客户在使用时需使用此编码进行申请（编码必须是独一无二的）。
- 从下拉菜单中选择此优惠券的现金金额。

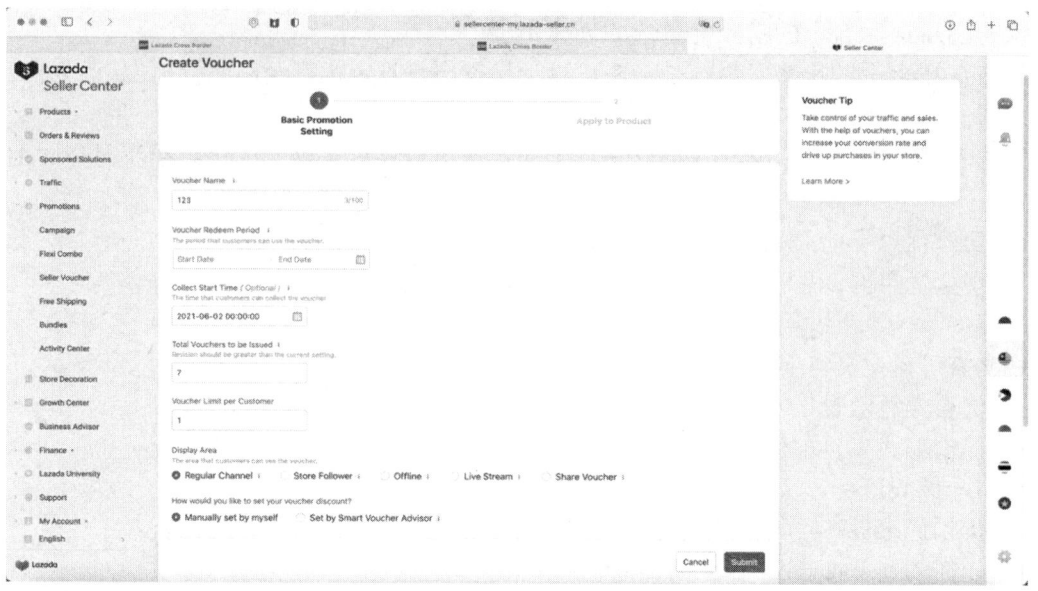

图 12-85　创建现金优惠券

注意：请注意使用优惠券的最低订单金额，客户必须满足才可使用（一旦设定不可更改）。各电商平台对折扣百分比及现金优惠（例如封顶）的规定有所不同。

创建折扣优惠券的步骤如下。

- 选择"Percentage value voucher"设定折扣优惠券。
- 为此次优惠券促销设定名称。
- 设置此次优惠券促销的有效日期。
- 优惠券范围请选择全店促销。
- 选择此次优惠券的总张数。
- 为优惠券设置编码，客户在使用时需使用此编码进行申请（编码必须是独一无二的）。
- 从下拉菜单中选择此次优惠券的折扣幅度。

注意：请注意使用优惠券的最低及最高订单金额，客户必须满足才可使用（一旦设定不可更改）。各电商平台对折扣百分比及现金优惠（例如封顶）的规定有所不同。

② 选择产品，如图 12-86 所示。

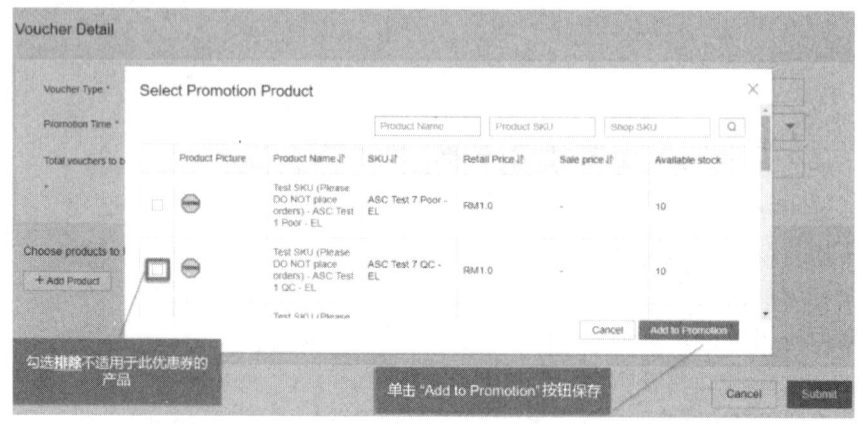

图 12-86　选择产品

③ 提交优惠券，如图 12-87 所示。

单击"Submit"按钮提交卖家优惠券。

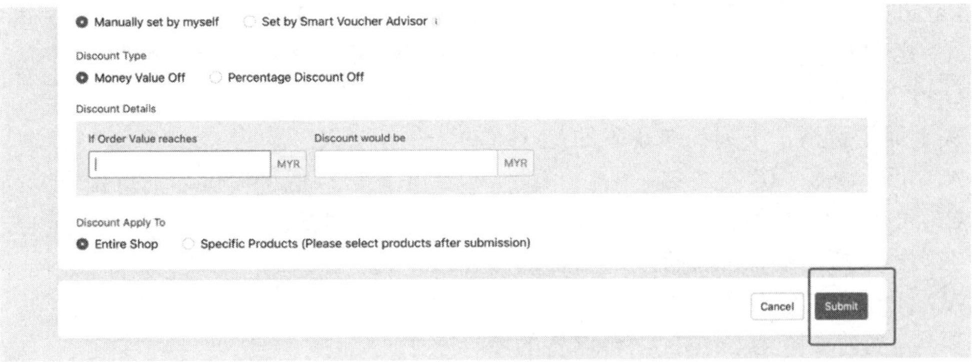

图 12-87　提交优惠券

课后习题

单选题

1. 卖家创建产品的方式有几种？（　　）
   A．逐个创建　　　B．批量上传　　　C．API 导入　　　D．以上皆是
2. 以下哪些产品属于 Lazada 平台上的禁售品类？（　　）
   A．食品及食用保健品
   B．假冒伪劣产品、危险品及法律法规禁止产品
   C．有专营权的禁售品牌产品
   D．以上皆是
3. Lazada 平台关于图片的审核标准，以下说法不正确的是（　　）
   A．图片质量审批仅限于主图，其他图片，只需图片内容不裸露即可
   B．产品必须清晰可见，产品轮廓必须清晰流畅，不可以模糊
   C．主产品的正面视图必须清晰展示，不能被阻挡或覆盖
   D．所有图片均无特定要求
4. 为什么必须选择正确的产品分类？（　　）
   A．错误分类会导致产品无法被客户搜索到
   B．正确分类有助于提高产品曝光率和点击率
   C．正确分类有助于提高销量
   D．以上皆是
5. Lazada 平台对创建产品多属性（Variation）有哪些规定？（　　）
   A．任何产品都可以创建尺码和颜色的多属性
   B．Lazada 平台只能做颜色的多属性
   C．Lazada 平台所有产品都可以做尺码的多属性
   D．Lazada 平台所有产品不可以做颜色的多属性

6. Lazada 平台产品售价以何种货币定价？（ ）
   A．美元   B．人民币   C．当地货币   D．港币
7. Lazada 平台上产品定价应包含以下哪些内容？（ ）
   A．运费和可能产生的关税   B．消费者信用卡付款费用
   C．产品成本   D．以上所有
8. 关于促销价格，下列说法正确的是（ ）
   A．可以输入"0"   B．必须低于原价，但折扣不能高于 80%
   C．可以高于原价   D．只需低于原价即可
9. 在卖家中心，卖家应该标明什么样的库存水平？（ ）
   A．任意的库存水平
   B．为当前卖家为 Lazada 平台储备的库存水平
   C．为卖家当前的存货的库存水平，与是否为 Lazada 平台储备而用无关
   D．如果下了订单，卖家可以从其他贸易商处采购的水平
10. 作为一名国际卖家，拓展去东南亚不同国家销售，需要注意什么？（ ）
    A．卖家必须先从马来西亚上线，然后拓展去其他国家
    B．卖家可以首先开通印尼站销售
    C．卖家必须自行在各国卖家中心上传产品
    D．所有产品拓展去各国没有任何限制
11. 申请参加 Lazada 平台的促销活动，必须符合哪些条件才能获得批准？（ ）
    A．必须是促销规定的品类   B．价格必须有竞争力
    C．卖家库存必须充足   D．以上皆是
12. 关于促销活动，以下说法不正确的是（ ）
    A．申请促销活动需通过选择"All Promotions"下面的"Open"选项，进入正在开放申请的促销列表
    B．促销活动审核包括库存、分类、价格及产品内容质量
    C．促销活动审核仅包括销量及点击量
    D．促销活动一旦申请成功，价格可进一步降低，但不可以提高
13. 卖家收到订单后（ ）内必须在卖家中心维护订单状态到"Ready to Ship"。
    A．24 小时   B．48 小时   C．72 小时   D．没有限制
14. Seller Rating（卖家评级）考核卖家哪些运营指标？（ ）
    A．准时发货率和准时到达分拣中心率
    B．取消订单率
    C．退货率
    D．以上皆是
15. 如果买家要求退货，卖家可以如何做？（ ）
    A．卖家不可以联络买家，由 Lazada 平台当地客服按 Lazada 平台规则操作
    B．卖家可以自行为买家提供换货
    C．卖家可以自行为买家提供退货
    D．卖家必须自行为买家提供退货
16. 买家要求退货的流程是（ ）
    A．Lazada 平台将产品寄回分拣中心，卖家在到达后 15 个工作日内自行取回产品

B．Lazada 平台将价值不小于 10 美元的产品退回给卖家提供的地址，免收任何费用。如果产品价值低于 10 美元，不会被退回

C．卖家联络买家取回退货

D．买家需要将产品寄回给卖家

17．Lazada 平台何时开始计算给卖家的付款？（　　）

A．当订单状态为"Delivered（妥投）"的下一周

B．当订单状态为"Ready to Ship（待发货）"

C．当订单状态为"Shipped（已发货）"

D．当订单状态为"Pending（待处理）"

18．卖家没有按时收到货款，原因可能是（　　）

A．P 卡公司账户未在卖家中心关联　　B．卖家的产品被退货

C．卖家的产品投递失败　　　　　　　D．以上皆是

19．LGS（非 FBL）为卖家提供哪些服务？（　　）

A．集中卖家产品在分拣中心后统一发往东南亚各国

B．在国内的仓储服务

C．在东南亚当地的仓储服务

D．以上皆是

20．关于 LGS 收费，以下说法正确的是？（　　）

A．去东南亚各国费率相同　　　　　　B．按包裹实际重量收费

C．实际重量与体积重量，按较重者为准　D．以上皆是

第 13 章 平台比较与选择

13.1 阿里巴巴国际站、环球资源网、中国制造网比较

阿里巴巴国际站、环球资源网、中国制造网比较，如表 13-1 所示。

表 13-1　阿里巴巴国际站、环球资源网、中国制造网比较

	阿里巴巴国际站	环球资源网	中国制造网
客户对比	帮助中小型企业拓展国际贸易的出口营销推广服务，买卖双方可以更高效地找到合适的彼此，并更快、更安心地达成交易。它基于阿里巴巴国际站贸易平台（B2B），通过向海外买家展示、推广供应商的企业和产品，进而获得贸易商机和订单，是出口企业拓展国际贸易的首选网络平台	面向大中华地区，多渠道 B2B 媒体公司，致力于促进大中华地区的对外贸易	汇集中国企业的产品，面向**全球采购商、中小型企业**
功能对比	提供一站式的店铺装修、产品展示、营销推广、生意洽谈及店铺管理等全系列线上服务和工具，帮助企业降低成本、高效率地开拓外贸大市场	通过网站、杂志和展会等多渠道国际贸易平台，为其所服务的行业提供最广泛的媒体及出口市场推广服务，并同时提供**广告创作、教育项目和网上内容管理**等服务。供货商采用公司的四项基本服务，包括**网站、专业杂志、展览会和网上直销服务进行出口市场推广**	为全球采购商提供信息发布与搜索等服务。帮助中小型企业利用互联网络开展国际营销。但是该网站只针对中国企业的产品
盈利模式对比	1.会员费：注册为阿里巴巴国际站付费会员，便可无限量发布产品信息。 2.广告费 3.竞价排名（根据会员缴费的多少，确定企业排名顺序）	1.会员费 2.以提供线下服务为主，主要收入来源为：线下会展、商情刊物、出售行业资讯报告等所带来的广告和所收取的增值服务费用 3.环球资源网的展会现已成为重要的盈利模式，占其收入的三分一左右	1.会员费 2.增值服务：为注册收费会员提供靠前排名、产品展台、横幅推广及认证供应商服务 3.认证供应商收取的认证费

13.2 蜜芽宝贝、洋码头、敦煌网比较

蜜芽宝贝、洋码头、敦煌网比较，如表 13-2 所示。

表 13-2 蜜芽宝贝、洋码头、敦煌网比较

	蜜芽宝贝	洋码头	敦煌网
客户对比	母婴	想要购买海外产品的中国客户	中小型企业
功能对比	进口母婴品牌限时特卖商城。从单纯的母婴产品转向家庭消费产品，从实体产品转向虚拟产品，然后从虚拟产品转向线下的服务。线下服务包括亲子游、周末游、儿童游乐、早教等	国内首家引进海外零售商的海外购物网站，也是首家自建国际物流的跨境电商平台。海外**直购直邮**服务，提升国内消费者海外购物的消费体验和服务标准（无须代购，无须自助海淘，无须任何进口代理商，可以无条件境内退换货，无须任何专业的保税区仓储物流，无须冗长的供应链和大量的库存风险）	中小型企业提供 B2B 网上交易的网站。在免费为买卖双方提供信息发布平台的基础上，主要提供物流、支付、翻译等服务，通过整合产业链，为买卖双方顺利完成在线交易奠定基础
盈利模式对比	靠前端供应链的深入、中间内部效率的提升，各项费用的降低（包括履约费用、市场投放费用、管理费用、研发费用等），最后才能生存、盈利	硅谷建仓库，降低物流成本	采取佣金制，免费注册，只在买卖双方交易成功后按交易金额收取费用

13.3 亚马逊、eBay 平台比较

亚马逊平台："以客户为中心"的外贸平台，如图 13-1 所示。

eBay 平台：全球人民的线上拍卖、购物网站。

亚马逊平台和 eBay 平台比较，如表 13-3 所示。

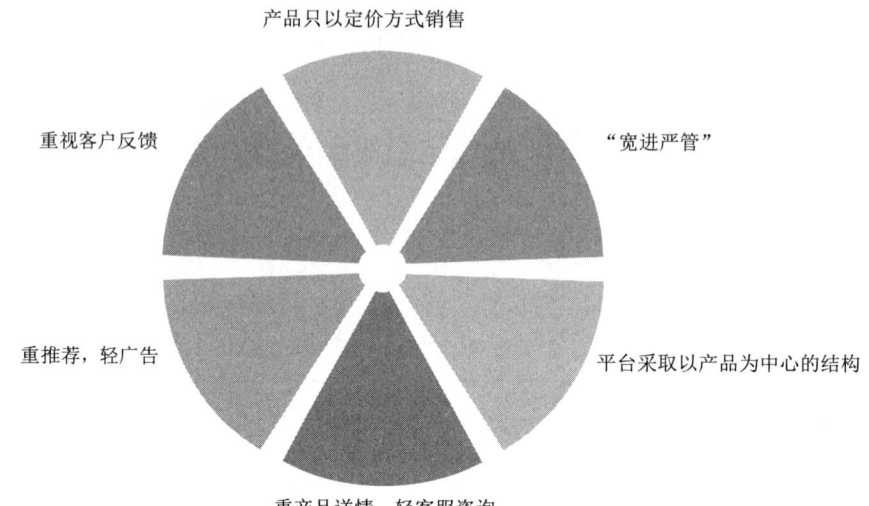

图 13-1 亚马逊平台介绍

表 13-3 亚马逊平台和 eBay 平台比较

对比项目	亚马逊平台	eBay 平台
开店门槛	相对来说，门槛较高	门槛较低，比较容易成功
开店需要的材料	相对比较简单，提供一张 Visa 卡或 MastCard 信用卡即可	注册的时候需要材料交付，如即将销售的物品的发票、银行账单或水电账单等
开店费用	月租性质，上架产品不必交费，但是每个产品都需要一个 UPC 码	根据店铺等级支付相应的月租，上架商品、产品成交都需要支付相应的费用
店铺审核周期	在产品生产前核对原材料，跟踪生产过程及每个时间段的进度，确保产品的生产技术及质量符合要求保证正常包装出运	审核周期较长，刚开店只能以拍卖形式出售物品，有了一定数量的反馈后才能卖一口价产品
对产品的限制	产品限制较严格，很多产品限制销售，平台规则有明确说明	所销售的产品需要符合平台的相关规定
产品销售方式	全部都是一口价销售	可以拍卖，也可以一口价销售
竞争	对卖家要求严格，服务质量较高，产品的价格相对较高	由于门槛较低，开店的人数多，产品没有价格优势
支付方式	必须有美国银行账户来收款，要有在美国注册的公司	有自己的支付通道 PayPal，提现较方便

13.4 敦煌网的商业模式

（1）交易佣金模式

敦煌网为交易双方提供了一个交易平台，买卖双方可以在该平台上完成交易，交易成功后，平台向买家收取一定比例的佣金。敦煌网的交易佣金收取方式，如图 13-2 所示。

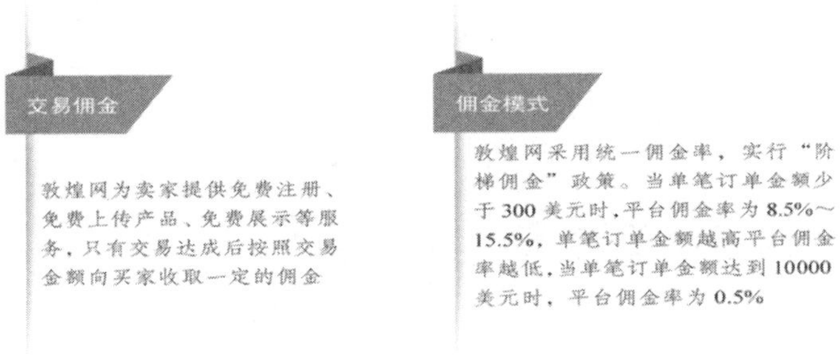

交易佣金
敦煌网为卖家提供免费注册、免费上传产品、免费展示等服务，只有交易达成后按照交易金额向买家收取一定的佣金
佣金模式
敦煌网采用统一佣金率，实行“阶梯佣金”政策。当单笔订单金额少于 300 美元时，平台佣金率为 8.5%~15.5%，单笔订单金额越高平台佣金率越低，当单笔订单金额达到 10000 美元时，平台佣金率为 0.5%

图 13-2　敦煌网的交易佣金收取方式

（2）服务费模式

由于跨境电商交易所面对的市场是全球 200 多个国家及十几万个城市，且跨境电商的整个交易流程更加复杂，也就需要更多的服务环节来支持。基于跨境电商的这个特点，敦煌网为用户提供物流、金融服务、代运营等一系列服务，并从中收取相应的服务费。图 13-3 所示为敦煌网的服务费模式。

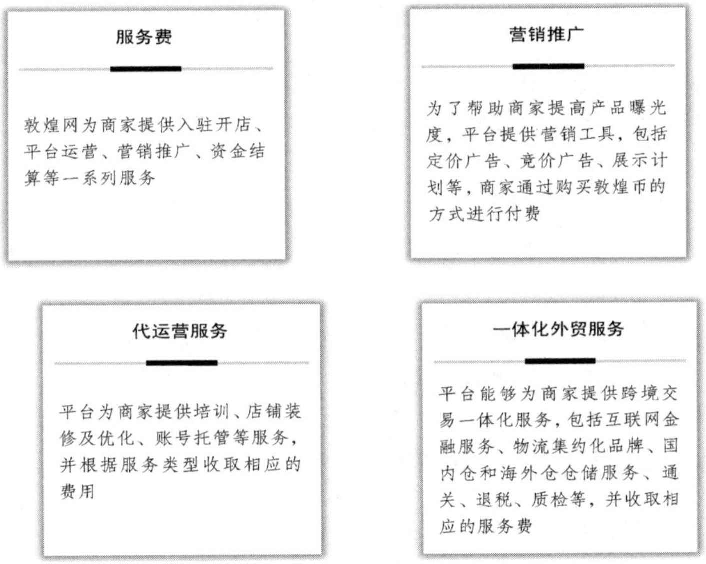

服务费
敦煌网为商家提供入驻开店、平台运营、营销推广、资金结算等一系列服务
营销推广
为了帮助商家提高产品曝光度，平台提供营销工具，包括定价广告、竞价广告、展示计划等，商家通过购买敦煌币的方式进行付费
代运营服务
平台为商家提供培训、店铺装修及优化、账号托管等服务，并根据服务类型收取相应的费用
一体化外贸服务
平台能够为商家提供跨境交易一体化服务，包括互联网金融服务、物流集约化品牌、国内仓和海外仓仓储服务、通关、退税、质检等，并收取相应的服务费

图 13-3　敦煌网的服务费模式

（3）敦煌网服务链，如图 13-4 所示

在线支付
在线物流
金融服务
敦煌网服务链
海外营销
移动端
交易支持
网货中心

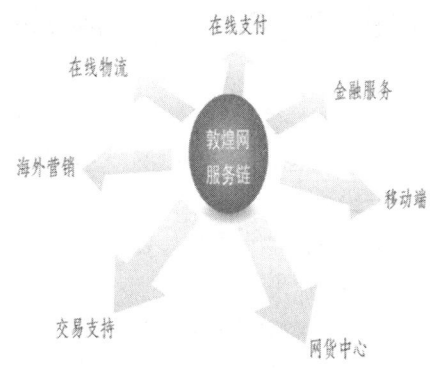

图 13-4　敦煌网服务链

13.5 Wish、速卖通平台比较

（1）两者定位不同

Wish 平台是新兴的基于 App 的跨境电商平台，主要依靠价廉物美来吸引客户，在美国市场有非常高的人气，核心品类包括服装、饰品、手机、礼品等，大部分都是从中国发货。

速卖通平台是阿里巴巴未来国际化的重要战略产品，已成为全球最活跃的跨境电商平台之一，并依靠阿里巴巴庞大的会员基础，成为目前全球产品品类最丰富的平台之一。

速卖通平台的特点是价格比较敏感，低价策略比较明显，这也跟阿里巴巴导入淘宝卖家客户策略有关，很多人现在做速卖通的策略就类似于前几年的淘宝店铺。

（2）两者吸引的人群不同

速卖通平台适合初级卖家，尤其是其产品特点符合新兴市场的卖家，产品有供应链优势，寻求价格优势的卖家，最好是供应商直接拿货销售。

（3）店铺审核周期不同

Wish 平台比较容易，审核周期一般为两天到一周。速卖通平台审核时间最快，基本上一到两天就会审核完毕。

（4）对产品的限制不同

速卖通平台除非有品牌商过来投诉，一般二三线品牌是没问题的。Wish 平台查的稍微严一些，仿牌和仿款，笔者所了解的门槛比较松。

（5）针对的市场不同

Wish 平台主要以北美地区为主。速卖通平台主要以巴西、俄罗斯、乌克兰、智利（南美、东欧）为主。

13.6 具有代表性的四种出口平台模式

电子商务研究中心数据显示，2017 年我国跨境电商交易规模为 7.6 万亿元，同比增长 30%，其中出口电商占比约 8 成。经历近 20 年的不断发展，跨境电商出口在各环节中信息化程度进一步提升，衍生出多种创新模式，逐渐成为我国对外贸易的新动能。根据出口电商的发展，这里主要介绍具有代表性的四种出口平台模式。

（1）以阿里巴巴国际站为代表的"批发贸易平台模式"，如图 13-5 所示

该模式以信息撮合为重点，以平台型 B2B 为主要业务模式，是我国最早的出口电商模式，解决了传统贸易中信息高度不对称的问题。通过提供信息发布平台，使买卖双方信息互通，相

比传统贸易，效率得到了大幅提升。大宗商品批发贸易平台又分为综合型和垂直型两类，主要用户为生产企业及大型贸易企业，其盈利模式主要来源于平台的入驻费用。该模式在 2008 年金融危机之后式微，但 2015 年开始又掀起第二轮创新创业热潮。近年来，随着互联网金融和供应链金融的创新发展，以金融为典型代表的供应链服务推动 B2B 进入交易发展新阶段，其盈利模式为供应链服务费。此类平台信息量丰富，从出口规模上看，是目前我国跨境电商出口的主要形式。

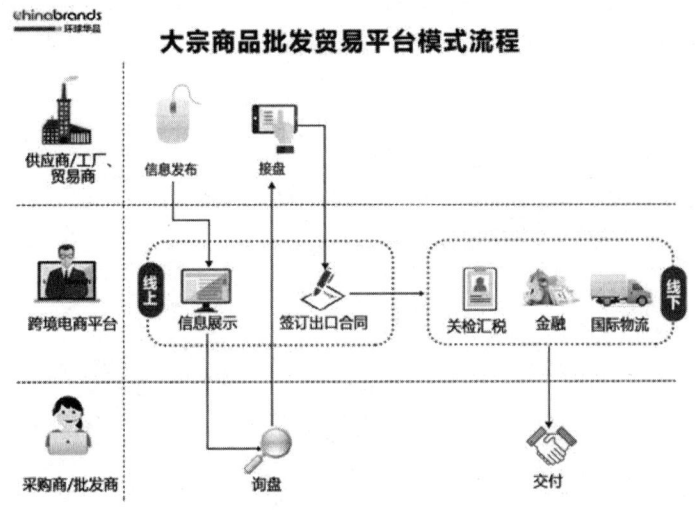

图 13-5　大宗商品批发贸易平台模式流程

由于大宗商品批发贸易涉及复杂的贸易环节，如支付、物流、报关、报检、退税、结汇等，目前该模式仅在营销和交付环节实现了在线化，其交易环节依然采取传统贸易的线下方式进行。随着信息科技的不断渗透，该模式也有着交易和服务产生闭环的趋势。

（2）以速卖通和敦煌网为代表的"批发零售平台模式"，如图 13-6 所示

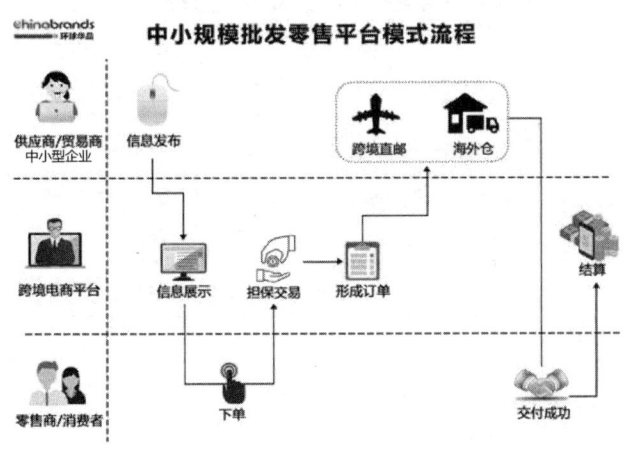

图 13-6　中小规模批发零售平台模式流程

该模式以在线一站式交易为核心，以平台型小额 B2B 和 B2C 为主要业务模式。将信息撮合、在线交易、物流实时追踪进行一站式整合，解决了中小型企业碎片化、高频化、个性化的需求。2008 年全球金融危机以后，我国外贸产生了明显的碎片化、个性化等需求，此类出口电商企业得以迅速成长。这类平台的用户主要为中小贸易商、中小零售商和终端消费者，其盈利

模式主要为交易产生的佣金。该模式实现了全流程的在线交易闭环,交易数据得到留存。随着大数据、云计算、人工智能等新一代信息技术的快速发展,产生了相关的数据服务、精准营销、金融、信保等增值服务,成为小规模批发零售平台的又一盈利点。该模式具有对市场需求反应迅速、交易流程清晰透明等显著优势,但由于平台供应端和采购端多为中小型企业或个人,平台对于供应链的把控面临着前所未有的挑战。

为了帮助更多的优质企业、优质品牌出海,速卖通推出"中国好卖家"项目,为企业量身定制了各种资源及保障,为其出海保驾护航。成为速卖通的"中国好卖家"可以享受一系列的优惠措施,如图 13-7 所示。

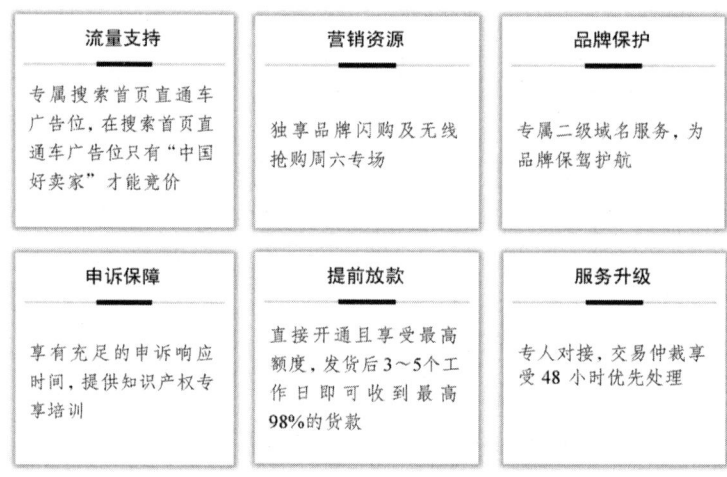

图 13-7　速卖通的"中国好卖家"享受的一系列优惠措施

(3) 自营零售平台与开放平台 POP 共建模式流程,如图 13-8 所示

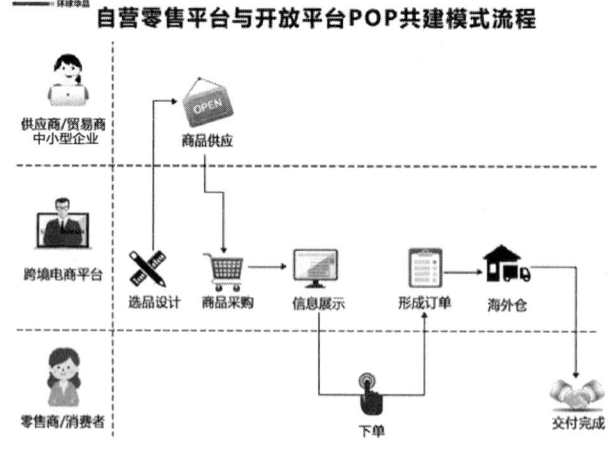

图 13-8　自营零售平台与开放平台 POP 共建模式流程

该模式以面对海外终端消费者的需求为核心,以自营 B2C 和商家入驻平台销售为主要业务形式。自营型出口电商专注于某个领域或品类,对于该领域具有较深刻的认知,在供应链方面的控制能力较强,产品品控、流程管理、营销渠道等方面得到了有力的保障,终端消费者的体验也相对较好。但是自营模式需要大量的现金用于产品的生产制造、采购、仓储物流等环节,对于市场需求变化的把握和对资金的管理提出了较高的要求。开放平台 POP 模式采用品牌化

的战略，针对终端消费者的核心需求，从产品的设计、制造、营销、销售等环节进行全流程把控，该模式的企业大多拥有一个或多个自有品牌，利用中国制造积累的优势，以高性价比为抓手通过平台进行销售，在品牌效益产生后组建打造自有平台并试探开拓周边品类。其主要盈利模式为产品销售产生的利润。

（4）以执御为代表的"本土化蓝海战略模式流程"，如图 13-9 所示

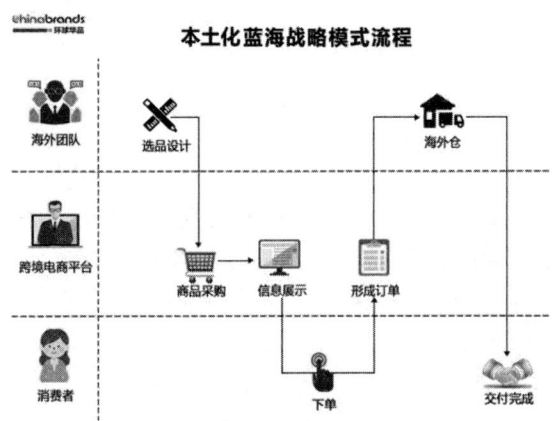

图 13-9　本土化蓝海战略模式流程

该模式针对某个特定市场差异化的需求，以自营或平台型 B2C 为主要业务模式。传统跨境电商出口以美国为主，一方面由于美国等发达国家互联网及电子商务起步较早，网络用户渗透率较高；另一方面由于市场规模可观，对于出口企业的风险较小。随着电子商务在全球的迅速渗透、"一带一路"倡议的推进，特定市场的活力被激发，近年来呈现爆发增长的趋势。但特定市场受基础设施、消费习惯、宗教文化等因素影响较大，因此面对欧美市场的经验很难有效的复制。该模式的创新在于利用企业自身对特定市场熟悉的优势，采取差异化的蓝海战略，针对性地设计和打造相应的支付、物流、信息展示等环节，并根据当地消费习惯进行商品选择和设计等。该模式竞争环境较为宽松，对于当地市场的培养往往需要较长的时间，目前在特定市场中具有一定寡头优势，但随着电子商务巨头的进入，竞争将越来越激烈。

总结：由于阿里巴巴、敦煌网 B2B 模式具有跨境出口龙头的垄断优势，行业已经进入成熟阶段，行业集中度较高，但国际市场空间还很大，比如非洲的新型市场有待开发。B2C 出口模式，从 2006 年开始，以 DX、兰亭集势、环球易购等为代表的跨境 B2C 企业先后成立，这批企业最大化地缩减了产业链的中间环节，近几年获得了快速发展。总的来说，无论是以阿里巴巴为代表的 B2B 批发贸易平台模式，还是环球易购等出口 B2B2C 自营型+分销模式，从国家政策及未来增长趋势来看，加强精细化、专业化操作，未来在国际市场上的增长空间还是很大的。

课后习题

简答题

1. 请简述阿里巴巴国际站与中国制造网的功能对比。
2. 请简述亚马逊平台和 Wish 平台之间的不同点。
3. 请简述 Wish 平台与速卖通平台之间的不同点。

参考文献

[1] 井然哲．跨境电商运营与案例[M]．北京：电子工业出版社，2016．

[2] 速卖通大学．跨境电商营销：阿里巴巴速卖通宝典[M]．北京：电子工业出版社，2015．

[3] 马述忠，卢传胜，丁红朝，等．跨境电商理论与实务[M]．杭州：浙江大学出版社，2018．

[4] 老魏．亚马逊跨境电商运营宝典[M]．北京：电子工业出版社，2018．

[5] Wish 电商学院．Wish 官方运营手册：开启移动跨境电商之路[M]．北京：电子工业出版社，2017．

[6] 马述忠，柴宇曦，濮方清，等．跨境电子商务案例[M]．杭州：浙江大学出版社，2017．

[7] 吴正锋．跨界营销[M]．广州：广东经济出版社，2018．